시 대 에 듀

독학사 4단계

─ 컴퓨터공학과 ─

알고리즘

SD에듀
(주)시대고시기획

머리말

학위를 얻는 데 시간과 장소는 더 이상 제약이 되지 않습니다. 대입 전형을 거치지 않아도 '학점은행제'를 통해 학사학위를 취득할 수 있기 때문입니다. 그중 독학학위제도는 고등학교 졸업자이거나 이와 동등 이상의 학력을 가지고 있는 사람들에게 효율적인 학점 인정 및 학사학위 취득의 기회를 줍니다.

학습을 통한 개인의 자아실현 도구이자 자신의 실력을 인정받을 수 있는 스펙으로서의 독학사는 짧은 기간 안에 학사학위를 취득할 수 있는 가장 빠른 지름길로 많은 수험생들의 선택을 받고 있습니다.

독학학위취득시험은 1단계 교양과정 인정시험, 2단계 전공기초과정 인정시험, 3단계 전공심화과정 인정시험, 4단계 학위취득 종합시험의 1~4단계까지의 시험으로 이루어집니다. 4단계까지의 과정을 통과한 자에 한해 학사학위취득이 가능하고, 이는 대학에서 취득한 학위와 동등한 지위를 갖습니다.

이 책은 독학사 시험에 응시하는 수험생들이 단기간에 효과적인 학습을 할 수 있도록 다음과 같이 구성하였습니다.

01 핵심이론
다년간 출제된 독학학위제 평가영역을 철저히 분석하여 시험에 꼭 출제되는 내용을 '핵심이론'으로 선별하여 수록하였으며, 중요도 체크 및 이론 안의 '더 알아두기'를 통해 심화 학습과 학습 내용 정리를 효율적으로 할 수 있게 하였습니다.

02 OX문제
장별로 'OX문제'를 수록하여 해당 학습영역의 중요사항을 한 번 더 점검할 수 있도록 하였습니다.

03 실제예상문제
해당 출제영역에 맞는 핵심포인트를 분석하여 풍부한 '실제예상문제'를 수록하였습니다.

04 최종모의고사
최신 출제유형을 반영한 최종모의고사를 통해 자신의 실력을 점검해 볼 수 있으며, 실제 시험에 임하듯이 시간을 재고 풀어보면 시험장에서 실수를 줄일 수 있을 것입니다.

편저자 드림

BDES

독학학위제 소개

독학학위제란?

「독학에 의한 학위취득에 관한 법률」에 의거하여 국가에서 시행하는 시험에 합격한 사람에게 학사학위를
수여하는 제도

> ✓ 고등학교 졸업 이상의 학력을 가진 사람이면 누구나 응시 가능
>
> ✓ 대학교를 다니지 않아도 스스로 공부해서 학위취득 가능
>
> ✓ 일과 학습의 병행이 가능하여 시간과 비용 최소화
>
> ✓ 언제, 어디서나 학습이 가능한 평생학습시대의 자아실현을 위한 제도
>
> ✓ 학위취득시험은 4개의 과정(교양, 전공기초, 전공심화, 학위취득 종합시험)으로 이루어져 있으며 각
>   과정별 시험을 모두 거쳐 학위취득 종합시험에 합격하면 학사학위 취득

독학학위제 전공 분야 (11개 전공)

국어국문학 영어영문학 심리학 경영학 법학 행정학
컴퓨터공학 가정학 유아교육학 정보통신학 간호학

※ 유아교육학 및 정보통신학 전공 : 3, 4과정만 개설
※ 간호학 전공 : 4과정만 개설
※ 중어중문학, 수학, 농학 전공 : 폐지 전공으로 기존에 해당 전공 학적 보유자에 한하여 응시 가능

※ SD에듀는 현재 4개 학과(심리학과, 경영학과, 컴퓨터공학과, 간호학과) 개설 완료
※ 추가로 2개 학과(국어국문학과, 영어영문학과) 개설 진행 중

독학학위제 시험안내

과정별 응시자격

단계	과정	응시자격	과정(과목) 시험 면제 요건
1	교양	고등학교 졸업 이상 학력 소지자	• 대학(교)에서 각 학년 수료 및 일정 학점 취득 • 학점은행제 일정 학점 인정 • 국가기술자격법에 따른 자격 취득 • 교육부령에 따른 각종 시험 합격 • 면제지정기관 이수 등
2	전공기초		
3	전공심화		

4	학위취득	• 1~3과정 합격 및 면제
		• 대학에서 동일 전공으로 3년 이상 수료
		  (3년제의 경우 졸업) 또는 105학점 이상 취득
		• 학점은행제 동일 전공 105학점 이상 인정
		  (전공 28학점 포함) → 22.1.1. 시행
		• 외국에서 15년 이상의 학교교육과정 수료
			없음(반드시 응시)

응시 방법 및 응시료

• 접수 방법 : 온라인으로만 가능
• 제출 서류 : 응시자격 증빙 서류 등 자세한 내용은 홈페이지 참조
• 응시료 : 20,400원

독학학위제 시험 범위

• 시험과목별 평가 영역 범위에서 대학 전공자에게 요구되는 수준으로 출제
• 시험 범위 및 예시문항은 독학학위제 홈페이지(bdes.nile.or.kr) – 학습정보 – 과목별 평가영역에서 확인

문항 수 및 배점

과정	일반 과목			예외 과목		
	객관식	주관식	합계	객관식	주관식	합계
교양, 전공기초 (1~2과정)	40문항×2.5점 =100점	–	40문항 100점	25문항×4점 =100점	–	25문항 100점
전공심화, 학위취득 (3~4과정)	24문항×2.5점 =60점	4문항×10점 =40점	28문항 100점	15문항×4점 =60점	5문항×8점 =40점	20문항 100점

※ 2017년도부터 교양과정 인정시험 및 전공기초과정 인정시험은 객관식 문항으로만 출제

합격 기준

• 1~3과정(교양, 전공기초, 전공심화) 시험

단계	과정	합격 기준	유의 사항
1	교양	매 과목 60점 이상 득점을 합격으로 하고, 과목 합격 인정(합격 여부만 결정)	5과목 합격
2	전공기초		6과목 이상 합격
3	전공심화		

• 4과정(학위취득) 시험 : 총점 합격제 또는 과목별 합격제 선택

구분	합격 기준	유의 사항
총점 합격제	• 총점(600점)의 60% 이상 득점(360점) • 과목 낙제 없음	• 6과목 모두 신규 응시 • 기존 합격 과목 불인정
과목별 합격제	• 매 과목 100점 만점으로 하여 전 과목(교양 2, 전공 4) 60점 이상 득점	• 기존 합격 과목 재응시 불가 • 1과목이라도 60점 미만 득점하면 불합격

시험 일정

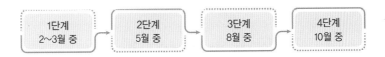

```
1단계          2단계        3단계        4단계
2~3월 중  →   5월 중   →   8월 중   →   10월 중
```

• 컴퓨터공학과 4단계 시험 과목 및 시험 시간표

구분(교시별)	시간	시험 과목명
1교시	09:00~10:40 (100분)	국어, 국사, 외국어 중 택2과목 (외국어를 선택할 경우 실용영어, 실용독일어, 실용프랑스어, 실용중국어, 실용일본어 중 택1과목)
2교시	11:10~12:50 (100분)	알고리즘 통합컴퓨터시스템
중식	12:50~13:40 (50분)	
3교시	14:00~15:40 (100분)	통합프로그래밍 데이터베이스

※ 시험 일정 및 시험 시간표는 반드시 독학학위제 홈페이지(bdes.nile.or.kr)를 통해 확인하시기 바랍니다.

※ SD에듀에서 개설되었거나 개설 예정인 과목은 빨간색으로 표시했습니다.

독학학위제 과정

대학의 교양과정을 이수한
사람이 일반적으로 갖추어야 할
학력 수준 평가

1단계
교양과정 01

02 **2단계**
전공기초

각 전공영역의 학문을 연구하기
위하여 각 학문 계열에서 공통적
으로 필요한 지식과 기술 평가

각 전공영역에서의 보다
심화된 전문 지식과 기술 평가

3단계
전공심화 03

04 **4단계**
학위취득

학위를 취득한 사람이 일반적으로
갖추어야 할 소양 및 전문 지식과
기술을 종합적으로 평가

GUIDE

독학학위제 출제방향

국가평생교육진흥원에서 고시한 과목별 평가영역에 준거하여 출제하되, 특정한 영역이나 분야가 지나치게 중시되거나 경시되지 않도록 한다.

교양과정 인정시험 및 전공기초과정 인정시험의 시험방법은 객관식(4지택1형)으로 한다.

단편적 지식의 암기로 풀 수 있는 문항의 출제는 지양하고, 이해력·적용력·분석력 등 폭넓고 고차원적인 능력을 측정하는 문항을 위주로 한다.

독학자들의 취업 비율이 높은 점을 감안하여, 과목의 특성상 가능한 경우에는 학문적이고 이론적인 문항뿐만 아니라 실무적인 문항도 출제한다.

교양과정 인정시험(1과정)은 대학 교양교재에서 공통적으로 다루고 있는 기본적이고 핵심적인 내용을 출제하되, 교양과정 범위를 넘는 전문적이거나 지엽적인 내용의 출제는 지양한다.

이설(異說)이 많은 내용의 출제는 지양하고 보편적이고 정설화된 내용에 근거하여 출제하며, 그럴 수 없는 경우에는 해당 학자의 성명이나 학파를 명시한다.

전공기초과정 인정시험(2과정)은 각 전공영역의 학문을 연구하기 위하여 각 학문 계열에서 공통적으로 필요한 지식과 기술을 평가한다.

전공심화과정 인정시험(3과정)은 각 전공영역에 관하여 보다 심화된 전문적인 지식과 기술을 평가한다.

학위취득 종합시험(4과정)은 시험의 최종 과정으로서 학위를 취득한 자가 일반적으로 갖추어야 할 소양 및 전문지식과 기술을 종합적으로 평가한다.

전공심화과정 인정시험 및 학위취득 종합시험의 시험방법은 객관식(4지택1형)과 주관식(80자 내외의 서술형)으로 하되, 과목의 특성에 따라 다소 융통성 있게 출제한다.

독학학위제 단계별 학습법

1 단계

평가영역에 기반을 둔 이론 공부!

독학학위제에서 발표한 평가영역에 기반을 두어 효율적으로 이론 공부를 해야 합니다. 각 장별로 정리된 '핵심이론'을 통해 핵심적인 개념을 파악합니다. 모든 내용을 다 암기하는 것이 아니라, 포괄적으로 이해한 후 핵심내용을 파악하여 이 부분을 확실히 알고 넘어가야 합니다.

2 단계

시험 경향 및 문제 유형 파악!

독학사 시험 문제는 지금까지 출제된 유형에서 크게 벗어나지 않는 범위에서 비슷한 유형으로 줄곧 출제되고 있습니다. 본서에 수록된 이론을 충실히 학습한 후 '실제예상문제'를 풀어 보면서 문제의 유형과 출제의도를 파악하는 데 집중하도록 합니다. 교재에 수록된 문제는 시험 유형의 가장 핵심적인 부분이 반영된 문항들이므로 실제 시험에서 어떠한 유형이 출제되는지에 대한 감을 잡을 수 있을 것입니다.

3 단계

'실제예상문제'를 통한 효과적인 대비!

독학사 시험 문제는 비슷한 유형들이 반복되어 출제되므로 다양한 문제를 풀어 보는 것이 필수적입니다. 각 단원 끝에 수록된 '실제예상문제' 및 '주관식 문제'를 통해 단원별 내용을 제대로 학습했는지 꼼꼼하게 체크합니다. 이때 부족한 부분은 따로 체크해 두고 복습할 때 중점적으로 공부하는 것도 좋은 학습 전략입니다.

4 단계

복습을 통한 학습 마무리!

이론 공부를 하면서, 혹은 문제를 풀어 보면서 헷갈리고 이해하기 어려운 부분은 따로 체크해 두는 것이 좋습니다. 중요 개념은 반복학습을 통해 놓치지 않고 확실하게 익히고 넘어가야 합니다. 마무리 단계에서는 '최종모의고사'를 통해 실전연습을 할 수 있도록 합니다.

COMMENT
합격수기

> 저는 학사편입 제도를 이용하기 위해 2~4단계를 순차로 응시했고 한 번에 합격했습니다.
> 아슬아슬한 점수라서 부끄럽지만 독학사는 자료가 부족해서 부족하나마 후기를 쓰는 것이 도움이 될까 하여
> 제 합격전략을 정리하여 알려 드립니다.

#1. 교재와 전공서적을 가까이에!

학사학위취득은 본래 4년을 기본으로 합니다. 독학사는 이를 1년으로 단축하는 것을 목표로 하는 시험이라 실제 시험도 변별력을 높이는 몇 문제를 제외한다면 기본이 되는 중요한 이론 위주로 출제됩니다. SD에듀의 독학사 시리즈 역시 이에 맞추어 중요한 내용이 일목요연하게 압축·정리되어 있습니다. 빠르게 훑어보기 좋지만 내가 목표로 한 전공에 대해 자세히 알고 싶다면 전공서적과 함께 공부하는 것이 좋습니다. 교재와 전공서적을 함께 보면서 교재에 전공서적 내용을 정리하여 단권화하면 시험이 임박했을 때 교재 한 권으로도 자신 있게 시험을 치를 수 있습니다.

#2. 아리송한 용어들에 주의!

진법 변환, 부울대수, 컴퓨터 명령어, 기억장치, C프로그래밍 언어 등 공부를 하다 보면 여러 생소한 용어들을 접할 수 있습니다. 익숙하지 않은 기본 개념들을 반복해서 보면서 숙지하고 점차 이해도를 높여나가는 학습이 합격에 도움이 된다고 생각합니다.

#3. 시간확인은 필수!

쉬운 문제는 금방 넘어가지만 지문이 길거나 어렵고 헷갈리는 문제도 있고, OMR 카드에 마킹도 해야 하니 실제로 주어진 시간은 더 짧습니다. 1번에 어려운 문제가 있다고 해서 1번에서 5분을 허비하면 쉽게 풀 수 있는 마지막 문제들을 놓칠 수 있습니다. 문제 푸는 속도도 느려지니 집중력도 떨어집니다. 그래서 어차피 배점은 같으니 아는 문제를 최대한 많이 맞히는 것을 목표로 했습니다.
① 어려운 문제는 빠르게 넘기면서 문제를 끝까지 다 풀고 ② 확실한 답부터 우선 마킹하고 ③ 다시 시험지로 돌아가 건너뛴 문제들을 다시 풀었습니다. 확실히 시간을 재고 문제를 많이 풀어봐야 실전에 도움이 되는 것 같습니다.

#4. 문제풀이의 반복!

어떠한 시험도 그렇듯이 문제는 많이 풀어볼수록 좋습니다. 이론을 공부한 후 실제예상문제를 풀다 보니 부족한 부분이 어딘지 확인할 수 있었고, 공부한 이론이 시험에 어떤 식으로 출제될지 예상할 수 있었습니다. 그렇게 부족한 부분을 보충해가며 문제유형을 파악하면 이론을 복습할 때도 어떤 부분을 중점적으로 암기해야 할지 알 수 있습니다. 이론 공부가 어느 정도 마무리되었을 때 시계를 준비하고 최종모의고사를 풀었습니다. 실제 시험시간을 생각하면서 예행연습을 하니 시험 당일에는 덜 긴장할 수 있었습니다.

> 학위취득을 위해 오늘도 열심히 학습하시는 동지 여러분에게도 합격의 영광이 있으시길 기원하면서 이만 줄입니다.

이 책의 구성과 특징

01

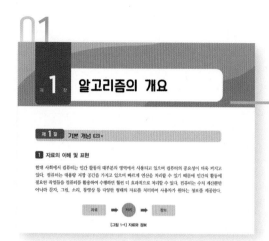

핵심이론

독학사 시험의 출제 경향에 맞춰
시행처의 평가영역을 바탕으로
과년도 출제문제와 이론을
빅데이터 방식에 맞게 선별하여
가장 최신의 이론과 문제를
시험에 출제되는 영역 위주로 정리하였습니다.

02

OX문제

장별로 핵심이론을 학습한 후,
해당 영역에서 가장 중요한 부분을 중심으로
큰 뼈대를 확인하고 정리할 수 있도록
○×문제를 수록하였습니다.

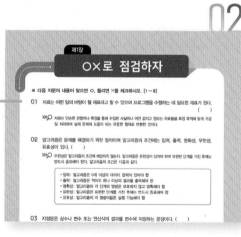

03

실제예상문제

독학사 시험의 경향에 맞춰
전 영역의 문제를 새롭게 구성하고
지극히 지엽적인 문제나 쉬운 문제를 배제하여
학습자가 해당 교과정에서 필수로
알아야 할 내용을 문제로 정리하였습니다.
풍부한 해설을 통해 이해를 쉽게 하고
문제를 통해 이론의 학습내용을 반추하여
실제시험에 대비할 수 있도록 구성하였습니다.

04

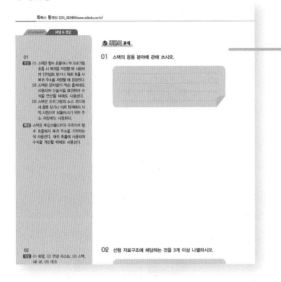

주관식 문제

다년간 각종 시험에 출제된 기출문제 중
주관식으로 출제될 만한 문제들을 엄선하여
가공 변형 후 수록하였으며,
배점이 큰 '주관식 문제'에 충분히
대응할 수 있도록 구성하였습니다.

05

최종모의고사

'핵심이론'을 공부하고,
'실제예상문제'를 풀어보았다면 이제
남은 것은 실전 감각 기르기와 최종 점검입니다.
'최종모의고사'를 실제 시험처럼
시간을 두고 풀어보고,
정답과 해설을 통해 복습한다면
좋은 결과가 있을 것입니다.

독학사 컴퓨터공학과 4단계

최종모의고사 | 알고리즘

제한시간: 50분 | 시작 ___시 ___분 ~ 종료 ___시 ___분

→ 정답 및 해설 367p

01 다음 중 알고리즘의 특성에 대한 설명으로 올바른 것은?

① 반드시 외부에서 제공되는 자료가 1개 이상 있다.
② 처리된 결과가 없는 경우도 있다.
③ 각 명령은 명확하여 모호하지 않아야 한다.
④ 컴퓨터 처리가 불가능할 수도 있다.

02 다음 설명 중 옳지 않은 것은?

① 순환(recursion)을 사용한 알고리즘은 반복 알고리즘보다 수행 시간이 빠르다.
② 데이터 타입이란 객체와 그 객체 위에 작동하는 연산들의 집합이다.

03 다음 정렬 알고리즘으로 n개의 원소들을 정렬할 때 정렬된 입력에 대한 수행 시간의 복잡도와 역순으로 정렬된 입력에 대한 수행 시간의 복잡도 차이가 가장 큰 것은?

① 방법 정렬
② 히프 정렬
③ 삽입 정렬
④ 퀵 정렬

04 15개의 자료가 있다고 가정할 때 버블 정렬을

CONTENTS

목차

핵심이론 +
실제예상문제

제1장 알고리즘의 개요

핵심이론 ····················· 003
실제예상문제 ················ 067

제2장 트리

핵심이론 ····················· 075
실제예상문제 ················ 098

제3장 그래프

핵심이론 ····················· 105
실제예상문제 ················ 148

제4장 정렬

핵심이론 ····················· 159
실제예상문제 ················ 206

제5장 탐색

핵심이론 ····················· 217
실제예상문제 ················ 238

제6장 스트링 처리 알고리즘

핵심이론 ····················· 245
실제예상문제 ················ 263

제7장 기하 알고리즘

핵심이론 ····················· 271
실제예상문제 ················ 286

제8장 NP-완전 문제

핵심이론 ····················· 295
실제예상문제 ················ 316

제9장 병렬 알고리즘

핵심이론 ····················· 325
실제예상문제 ················ 351

제10장 특수한 알고리즘

핵심이론 ····················· 359
실제예상문제 ················ 374

최종모의고사

최종모의고사 ·· 381
최종모의고사 정답 및 해설 ································ 387

제1장

알고리즘의 개요

제1절   기본 개념
제2절   알고리즘 기술 언어
제3절   기본 자료구조
제4절   순환과 점화관계
실제예상문제

I wish you the best of luck!

혼자 공부하기 힘드시다면 방법이 있습니다.
SD에듀의 동영상강의를 이용하시면 됩니다.
www.sdedu.co.kr ➔ 회원가입(로그인) ➔ 강의 살펴보기

제 1 장 알고리즘의 개요

제 1 절 기본 개념 중요 ★

1 자료의 이해 및 표현

현대 사회에서 컴퓨터는 인간 활동의 대부분의 영역에서 사용되고 있으며 컴퓨터의 중요성이 더욱 커지고 있다. 컴퓨터는 대용량 저장 공간을 가지고 있으며 빠르게 연산을 처리할 수 있기 때문에 인간의 활동에 필요한 작업들을 컴퓨터를 활용하여 수행하면 훨씬 더 효과적으로 처리할 수 있다. 컴퓨터는 수치 계산뿐만 아니라 문자, 그림, 소리, 동영상 등 다양한 형태의 자료를 처리하여 사용자가 원하는 정보를 제공한다.

[그림 1-1] 자료와 정보

자료(data)는 단순한 관찰이나 측정을 통해 수집된 사실이나 어떤 값을 의미한다. 어떤 일의 바탕이 될 재료라고 할 수 있으며 프로그램을 수행하는 데 필요한 재료가 된다. 정보(information)는 자료를 특정 목적에 맞게 가공하고 처리하여 실제 문제에 도움이 되는 유용한 형태로 변환한 것이나. 즉, 정보는 사용자의 요구에 따라 꼭 필요한 항목만 추출하고 가공한 자료이다. 일상생활에서 자료를 정리하고 조직화하는 이유는 사물을 편리하고 효율적으로 사용하기 위함이다. 컴퓨터 프로그램의 가장 기본적인 내용은 자료구조와 알고리즘이다. 자료구조(data structure)는 데이터의 표현 및 저장 방법을 의미하며 컴퓨터에서 자료를 정리하고 조직화하는 다양한 구조를 말한다. 데이터를 효율적으로 표현하고 저장하기 위해 구조화하는 것이며 자료가 얼마나 잘 구조화되어 있느냐에 따라 프로그램의 속도, 개발 시간, 유지보수의 비용이 달라진다. 자료를 정돈하는 목적은 프로그램에서 저장하는 데이터에 대해 삽입, 삭제, 검색 등의 연산을 효율적으로 수행하기 위해서이다. 따라서 자료구조를 설계할 때에는 자료와 자료에 관련된 연산들을 함께 고려해야 한다.

2 알고리즘의 이해

알고리즘(algorithm)은 어떤 작업을 수행하기 위해 입력을 받아 원하는 출력을 만들어내는 과정을 기술한 것이다. 작업을 수행하는 방법을 정의하는 단계들의 집합이라 할 수 있다.

> 정의 **알고리즘**
> 어떤 문제를 해결하기 위해 구성된 일련의 절차를 말한다.

알고리즘의 어원은 9세기경의 수학자 알콰리즈미(Al Khwarizmi)의 이름에서 유래되었다. 수학에서는 문제를 풀기 위해 정의나 정리들을 활용하는 데 비해 컴퓨터에서는 알고리즘을 이용한다. 문제의 복잡성에 따라 컴퓨터 프로그램을 통해 문제를 해결할 수 있으며 알고리즘은 컴퓨터 프로그램을 작성하는 바탕이 된다. 컴퓨터가 어떤 작업을 수행하려면 컴퓨터로 하여금 해야 할 일을 정확하게 지시하는 알고리즘이 주어져야 한다.

> ❗ **더 알아두기** 🔍
>
> 알고리즘은 자료구조와 함께 프로그램 개발의 가장 근본이 되는 학문 분야 중 하나이다. 자료구조가 자료를 효율적으로 저장하는 방법을 알려준다면 알고리즘은 자료구조를 바탕으로 프로그램이 효율적으로 동작하는 방법을 알려준다.

알고리즘으로 해결할 수 있는 문제는 다양하다. 내비게이션의 경우 두 지점 간의 최단 거리나 최단 시간이 걸리는 경로를 찾아주는 최단 경로 알고리즘이 필요하다. 인터넷 검색의 경우 수조 페이지 이상의 데이터가 존재하는 인터넷에서 원하는 정보를 최대한 빨리 정확하게 검색해 주는 알고리즘도 필요하다. 제조 공정에서는 작업의 선후 관계가 존재하는 경우 위상 정렬 알고리즘을 적용할 수 있다.

알고리즘을 설계하기 위해서는 먼저 해야 할 작업을 명확하게 명시해야 한다. 설계하려는 알고리즘이 무엇을 하는지를 입력과 출력으로 명시할 수 있다. 예를 들어, 학생 10명의 시험 점수를 입력으로 받아 최고점을 출력하는 작업을 한다면 알고리즘의 입력과 출력은 다음과 같이 표현할 수 있다.

> • 입력: 10개의 점수
> • 출력: 입력된 10개의 점수 중 최댓값

입력과 출력을 좀 더 구체적으로 표현하면 다음과 같다.

> • 입력: 10개의 변수 $A[1]$, ⋯, $A[10]$의 값
> • 출력: $A[1]$, ⋯, $A[10]$ 중 최댓값

10명의 시험 점수 중 최고점을 출력하는 알고리즘을 말로 표현하면 다음과 같다.

> ① 첫 번째 점수의 숫자를 읽고 머릿속에 기억해 둔다.
> ② 다음 점수의 숫자를 읽고 그 숫자를 머릿속의 숫자와 비교한다.
> ③ 비교 후 큰 숫자를 머릿속에 기억해 둔다.
> ④ 다음에 읽을 점수가 남아있으면 ②로 간다.
> ⑤ 머릿속에 기억된 숫자가 최대 점수이다.

10명의 시험 점수 중 최고점을 출력하는 알고리즘을 의사코드로 표현하면 다음과 같다. 배열 A에는 학생 점수가 10개 있다고 가정한다.

```
max_score()
{
    max = A[0];
    for i = 1 to 9
        if (A[i] > max)
            max = A[i];
    return max;
}
```

컴퓨터 프로그램은 특정한 목적의 일을 하거나 문제를 해결하기 위해 만들어진다. 이때 프로그램 내부에서 프로그램이 만들어진 목적대로 작업을 수행하도록 하는 것이 알고리즘이다. 알고리즘의 조건은 다음과 같다.

> • 입력 : 0개 이상의 데이터 입력이 있어야 한다.
> • 출력 : 적어도 하나 이상의 결과를 출력해야 한다.
> • 명확성 : 각 단계와 명령은 모호하지 않고 명확해야 한다.
> • 유한성 : 유한한 단계를 거친 후에는 반드시 종료해야 한다.
> • 유효성 : 각 명령어들은 실행 가능해야 한다.

알고리즘은 입력은 없어도 되지만 출력은 적어도 하나 이상 있어야 한다. 문제를 해결했을 때 그 결과에 해당하는 출력이 반드시 존재해야 한다. 알고리즘의 각 단계와 명령은 모호하지 않고 명확해야 한다. 또한 알고리즘은 일정한 시간 내에 반드시 종료되어야 한다. 알고리즘의 수행이 끝나지 않거나 매우 오래 걸리면 해를 얻을 수 없게 된다. 무한히 반복되는 명령들은 알고리즘이 될 수 없다. 즉, 알고리즘은 유한한 단계를 거친 후에는 반드시 종료해야 한다. 또한 알고리즘의 모든 명령들은 실행 가능해야 한다. 컴퓨터가 실행할 수 없는 명령어를 사용하면 알고리즘이 될 수 없다.

3 알고리즘의 표현 방법

알고리즘은 자연어, 순서도, 의사코드, 프로그래밍 언어를 사용하여 기술할 수 있다.

> 📁 **알고리즘의 기술 방법**
> ① 자연어(한국어, 영어 등)
> ② 순서도
> ③ 의사코드
> ④ 프로그래밍 언어(C, C++, JAVA 등)

(1) 자연어

자연어는 한국어, 영어, 일어처럼 사람이 의사소통을 위해 사용하는 언어를 의미한다. 알고리즘을 자연어로 기술하여 사람이 사용하는 문장으로 설명할 수도 있다. 일상적으로 사용하는 자연어로 알고리즘을 기술하면 읽고 이해하기가 쉽다는 장점이 있다. 그러나 사용하는 단어들을 정확하게 정의하지 않으면 내용이 모호해질 수 있다. 따라서 명령어로 쓰이는 단어들을 명백하게 정의해야만 알고리즘이 될 수 있다. 또한 자연어로 알고리즘을 작성하면 알고리즘이 길어질 수도 있으며 복잡한 알고리즘을 기술하기에는 적절하지 않다.

배열 A에서 최고점을 찾는 알고리즘을 자연어로 기술하면 다음과 같다.

> max_score(A, n)
> 배열 A의 첫 번째 요소를 변수 tmp에 복사
> 배열 A의 다음 요소들을 차례대로 tmp와 비교하면 더 크면 tmp로 복사
> 배열 A의 모든 요소를 비교했으면 tmp를 반환

(2) 순서도

순서도(flow chart)는 어떤 문제를 해결하는 데 필요한 작업들을 도형들의 관계로 표현하는 방법이다. 문제 해결 과정을 기호와 도형을 사용하여 표현하는 방식이며 기호와 도형을 사용해서 문제나 일의 논리적 흐름을 표현한 것이다. 과정과 절차를 순서대로 나타냈다고 해서 '순서도'라고 하며 일을 하거나 프로그래밍하는 순서를 알 수 있게 해준다. 순서도는 다양한 도형을 이용하여 알고리즘의 논리적인 흐름이나 연결 관계 등을 표현할 수 있다. 명령의 종류와 기능에 따라 도표를 만들고 명령들의 순서대로 도표를 나열해서 표현한다. 작업들의 흐름 관계를 표현하기 위해 화살표를 이용한다. 순서도를 이용하면 알고리즘을 가시적이고 직관적으로 표현할 수 있으므로 알고리즘을 이해하기 쉽다. 문제 해결에 필요한 과정들을 도형들의 관계로 표현함으로써 도형들의 관계로 작업의 논리적인 흐름을 나타낸다. 따라서 작업들의 연관 관계와 선후 관계를 시각적으로 보여줄 수 있다. 순서도는 국제 표준화 기구(ISO)에서 정한 기호를 사용하는데 [그림 1-2]와 같은 것들이 있다.

명칭	기호	의미	명칭	기호	의미
처리		산술연산, 데이터의 이동 편집 등의 처리	서류/문서		서류를 매체로 하는 입·출력기능
입·출력		데이터의 입·출력 기능	자기테이프		자기테이프의 입·출력
연결자		다음에 처리할 순서가 있는 곳으로 연결	자기디스크		자기디스크의 입·출력
흐름선		제어의 흐름과 실행순서 표시	화면표시		영상화면을 통한 출력
준비		처리전의 준비 및 선언	온라인장치		대용량 기억장치를 이용한 온라인 처리
비교·판단		조건의 비교·판단	수동입력		자판을 통한 수작업 입력
정리된 처리		미리 정의된 서브 루틴의 처리	통신연결		통신 회선에 의한 연결
단말기		처리의 시작과 종료	페이지 연결자		다음 페이지로 연결

[그림 1-2] 순서도 기호

[그림 1-3]은 배열 A에서 최고점을 찾는 알고리즘을 순서도로 표현한 것이다.

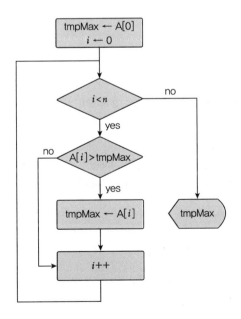

[그림 1-3] 순서도로 표현한 최고점을 찾는 알고리즘

순서도는 도형들의 관계가 작업의 논리적인 흐름을 나타내므로 전체적인 내용을 한눈에 알 수 있고 알고리즘의 흐름 파악이 용이하다는 장점이 있다. 그러나 내용이 복잡해지면 뒤엉킨 화살표들로 인해 알고리즘의 구조를 이해하기 어려운 경우가 발생한다. 복잡한 알고리즘의 경우 순서도가 상당히 복잡해지게 된다는 단점이 있다. 따라서 순서도는 복잡한 알고리즘을 표현하기에는 적합하지 않다.

(3) 의사코드 중요 ★★

의사코드(pseudo code)는 프로그램 코드와 유사한 형식을 가지며 잘 정의된 문장 구조를 사용한다. 말 그대로 흉내만 내어 알고리즘을 써놓은 코드이기 때문에 실제 프로그래밍 언어로 작성된 코드처럼 컴퓨터에서 직접 실행할 수는 없다. 의사코드는 알고리즘을 작성할 때 어떤 문법 환경에서도 통용되는 코드를 위해 사용된다. 의사코드는 프로그램 명령문 형식을 취하지만 특정한 프로그래밍 언어의 문법에 따라 쓰인 것이 아니며 각 명령을 사람이 이해하기 쉽게 적당한 뜻을 가진 단어로 나타낸 것이다. 의사코드는 자연어도 아니고 프로그래밍 언어도 아닌 그 중간 단계의 언어로서 형식적이고 명확한 문장과 제어 구조는 갖추고 있지만 상세 구현 레벨까지는 신경을 쓰지 않아도 된다. 의사코드는 알고리즘을 기술하는 데 가장 선호되는 표기법이며 실제 알고리즘을 기술하는 데 주로 사용한다.

다음은 배열 A에서 최고점을 찾는 알고리즘을 의사코드로 표현한 것이다.

```
max_score(A, n)
{
    tmp = A[0];
    for i = 1 to n − 1 do
        if tmp 〈 A[i] then
            tmp = A[i];
    return tmp;
}
```

의사코드는 알고리즘의 핵심적인 내용에 대한 표현에만 집중할 수 있고 실제 프로그래밍 언어와 비슷하여 이해하기가 쉽다. 또한 프로그래밍 언어의 엄밀한 문법을 따를 필요가 없으며 프로그램을 구현할 때의 여러 가지 문제들을 감출 수 있다. 의사코드는 자연어보다는 더 체계적이고 구조적인 표현 방법이지만 프로그래밍 언어보다는 엄격하지 않으며 덜 구체적인 표현 방법이라 할 수 있다. 의사코드는 일반적인 프로그래밍 언어의 형태이므로 특정 프로그래밍 언어로 변환하는 것이 용이하다.

더 알아두기 Q

의사코드(pseudo code)
① 의사란 '실제와 비슷하다'라는 뜻임
② pseudo의 뜻은 '허위의, 가짜의, 모조의'에 해당함
③ 알고리즘의 이해를 쉽게 하기 위한 단순하면서도 프로그램 코드와 유사한 형식
④ 우리가 보통 사용하는 프로그래밍 언어의 형식과 유사하게 작성함
⑤ 프로그램 작성의 직전 단계에서 알고리즘 작성에 사용함
⑥ 의사코드에 대한 표준은 존재하지 않음
⑦ 알고리즘의 구조를 쉽게 파악할 수 있도록 적당한 들여쓰기(indentation)를 사용함
⑧ 실제 프로그램의 자세한 사항은 생략함

(4) 프로그래밍 언어

알고리즘을 프로그래밍 언어로 기술할 수도 있다. C, C++, JAVA 등과 같은 특정 프로그래밍 언어를 사용하면 알고리즘을 가장 정확하게 기술할 수 있다. 프로그래밍 언어로 알고리즘을 기술하면 실제 구현을 위한 많은 구체적인 사항들을 포함하게 된다. 따라서 프로그래밍 언어에 대한 이해가 있다 하더라도 알고리즘의 핵심적인 내용들을 파악하고 이해하는 데 어려움이 있을 수 있다.

4 알고리즘의 성능 분석

(1) 알고리즘의 설계와 분석

알고리즘을 고안하는 것은 까다로운 작업이다. 해결해야 할 문제가 간단할 때는 직관적으로 알고리즘을 설계할 수 있지만 문제가 복잡해지면 복잡한 요구사항을 반영해야 한다. 어떤 경우에는 이 알고리즘이 과연 문제를 제대로 해결하는지 여부를 파악하기 어려운 경우가 있다. 알고리즘을 설계하는 작업은 여러 전략적인 선택이 필요하다. 해결할 문제의 특성을 이해하고 적절한 자료구조를 선택할 줄 알아야 한다. 하나의 문제를 해결하는 알고리즘은 여러 개가 있을 수 있지만 그중에서 가장 적합한 알고리즘을 찾는 것이 중요하다. 프로그램의 개발은 알고리즘을 설계하는 과정과 알고리즘을 프로그램으로 표현하는 과정으로 구성된다. 알고리즘을 설계할 때는 명확하고 효율적으로 설계해야 한다. 특정 프로그래밍 언어로 변환하는 데 어렵지 않을 정도가 되어야 한다.

더 알아두기 Q

알고리즘을 명확하게 작성해야 한다고 해서 특정한 프로그래밍 언어의 문법에 맞춰야 하는 것은 아니다. 그런 경우 오히려 너무 자세해서 알고리즘의 명확성을 해칠 수 있다. 알고리즘 작성 시 지나친 세부 사항들을 구구절절 기술하는 것은 오히려 알고리즘의 명확성을 떨어뜨린다.

프로그램을 작성하기 위해서는 다음의 단계들을 거치게 된다.

① 문제를 분석한다.
② 문제 해결을 위한 알고리즘을 설계하고 기술한다.
③ 프로그램으로 코딩한다.
④ 프로그램이 정확한지 테스트하고 평가한다.
⑤ 프로그램을 수정하고 유지보수한다.

이를 기초로 프로그램 작성 과정을 살펴보면 [그림 1-4]와 같다.

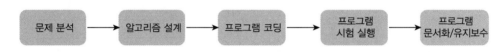

[그림 1-4] 프로그램 작성 과정

① **문제 분석**

주어진 문제에 대한 논리적 분석을 통하여 핵심 사항들을 분석해야 한다. 프로그램 목적, 사용자, 입출력, 데이터 처리에 관한 요구사항 등을 분석하고 구현상의 문제를 분석하며, 타당성 조사 등 전 과정에 대해 분석하는 것이 필요하다.

② **알고리즘 설계**

주어진 문제에 대한 알고리즘을 설계하고 분석하며 적용하는 과정은 다양하고 복잡한 절차를 통하여 문제를 해결하는 과정이라 할 수 있다. 문제에 대한 단계적인 해결책이나 설명, 지시 사항들을 설계한다. 무작정 알고리즘을 작성하는 것이 아니라 문제 해결 과정을 여러 단계로 나누어 보고 각 단계를 잘 수행하기 위한 여러 기술들을 적용해야 한다. 자신이 알고 있는 기술을 직접적으로 적용할 수 있는 단순한 문제의 경우에는 상관없지만 어려운 문제일수록 다양한 방법을 시도해 보면서 답안을 찾아야 한다. 알고리즘 설계에서는 의사코드나 순서도를 사용해서 프로그램의 논리적인 실행 순서와 내용을 구체화한다.

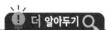

좋은 알고리즘인지 아닌지 평가하는 기준 중에 큰 문제의 경우 계산량이 문제의 크기와 어떤 관계가 있는지 평가하는 것이 있다. 10개의 데이터와 1억 개의 데이터를 동일한 순서, 동일한 계산량으로 취급할 수는 없다. 문제가 커지고 처리할 데이터의 양이 증가하면 계산량 또한 증가하게 된다.

③ **프로그램 코딩**

적절한 프로그래밍 언어를 선택해서 구문에 맞는 프로그램 작성하는 단계이다. 즉, 프로그래밍 언어로 프로그램을 작성하는 일이라 할 수 있다. 프로그램 코딩 단계에서 중요한 일은 적당한 프로그래밍 언어를 선정하는 일이다. 수학적 문제 해결이나 통계 처리에 유용한 언어인지, 데이터 처리에 유용한 언어인지 등을 판단하여 프로그래밍 언어를 선택해야 한다. 그런 다음에는 해당 프로그래밍 언어의 문법이나 구문을 철저하게 지키면서 코딩해야 한다.

④ **프로그램 시험 실행**

프로그램 테스팅 과정이라고 할 수 있다. 프로그램 디버깅과 실질적인 데이터와 실질적인 사용자에 의한 시험 실행이 이에 해당한다.

⑤ **프로그램 문서화/유지보수**

하드웨어와 소프트웨어 요구사항, 입출력과 프로그램 파일 관리 등 전체적인 사용 설명서를 작성하고 프로그램의 효과적인 사용을 위한 유지보수를 하게 된다.

(2) 알고리즘의 설계 기법

효율이 좋고 가장 널리 사용되고 있는 대표적인 알고리즘 설계 기법들은 다음과 같다.

① **분할 정복(divide and conquer)**

분할 정복 알고리즘은 그대로 해결할 수 없는 문제를 작은 문제로 분할하여 문제를 해결하는 방법이다. 작은 부분 문제를 해결해 나간 뒤 그 해답들을 통합하여 본래의 문제를 해결하는 방법이다. 해결하려고 하는 문제를 크기가 보다 작은 여러 개의 부분 문제로 분할한다. 이때 크기가 작은 부분 문제에 대한 답으로부터 원래의 문제에 대한 해답을 쉽게 얻을 수 있게 분할한다. 분할(divide), 정복(conquer), 결합(combine) 과정을 거친다.

② **동적 계획법(dynamic programming)**

문제를 여러 개의 하위 문제로 나누어 푼 다음 그것을 결합하여 최종적인 목적에 도달하는 것이다. 각 하위 문제의 해결을 계산한 뒤 그 해결책을 저장하여 후에 같은 하위 문제가 나왔을 경우 그것을 간단하게 해결할 수 있다. 동적 계획법은 분할 정복과 유사하다. 둘 다 문제를 더 작은 부분 문제들로 쪼개어 나가고 그 답들로부터 원래 문제의 답을 도출해 내는 방식이다. 그러나 동적 계획법의 부분 문세들은 의존직 관계가 존재히지만 분할 정복의 부분 문제들은 서로 독립적인 관계를 유지한다는 점이 다르다.

③ **탐욕 알고리즘(greedy algorithm)**

선택해야 할 방법이 여러 가지일 때 현재 상황에서 가장 최선인 것을 먼저 선택하는 기법이다. 여러 경우 중 하나를 결정해야 할 때마다 그 순간에 최적이라고 생각되는 것을 선택해 나가는 방식으로 진행하여 최종적인 해답에 도달한다. 그러나 이 방법은 언제나 최적해를 구한다는 보장은 없다.

④ **백트래킹(backtracking)**

백트래킹은 말 그대로 역추적을 의미하며 우선 어떤 하나의 가능한 경우를 확인하고 가능하지 않다면 다시 되돌아가고 다시 다른 가능성이 있는 경우를 확인해간다. 이러한 과정을 결과가 도출될 때까지 계속적으로 반복한다. 따라서 일반적으로 백트래킹은 알고리즘의 구조 특성상 재귀 함수를 사용하여 구현된다.

5 알고리즘의 복잡도

(1) 계산 복잡도

오늘날의 컴퓨터는 매초 수백만 개의 명령을 실행할 수 있지만 효율성은 여전히 알고리즘 설계에서 중요한 사항이다. 하나의 문제를 해결하는 알고리즘은 여러 개 있을 수 있으며 이들 중 효율적인 알고리즘과 비효율적인 알고리즘이 있을 수 있다. 어떤 알고리즘을 선택하느냐에 따라 문제에 대한 실용적인 해결 방법을 얻기도 하고 그렇지 않기도 한다. 따라서 알고리즘의 성능을 비교할 필요가 있다. 그러나 알고리즘의 성능 분석은 사용되는 데이터의 형태나 시스템의 성능 등에 따라 공평한 결과가 나오기 힘들고 비교 결과가 항상 일정하지 않을 수도 있다. 문제의 규모가 커지면 경로의 수나 계산량도 막대하게 늘어난다. 크기가 작은 문제는 알고리즘의 효율성이 중요하지 않으며 비효율적인 알고리즘도 무방하다. 그러나 크기가 충분히 큰 문제는 알고리즘의 효율성이 중요하다. 이 경우 비효율적인 알고리즘은 치명적이다. 그러므로 관심의 대상이 되는 것은 입력의 크기가 충분히 클 때이다. 충분히 큰 입력에서는 알고리즘의 효율성에 따라 수행 시간이 크게 차이가 날 수 있다. 같은 문제를 해결하는 데 1분이 걸리는 알고리즘도 있고 100년이 걸리는 알고리즘도 있을 수 있다. 이렇게 **입력이 충분히 큰 경우에 대한 분석을 점근적 분석(asymptotic analysis)**이라고 **한다**.

점근적 분석은 각 알고리즘이 데이터의 크기에 따라 수행 시간이나 사용 공간이 얼마나 되는지를 객관적으로 비교할 수 있는 기준을 제시해준다. 두 알고리즘의 속도를 비교하는 가장 직관적인 방법은 각각을 실제 프로그램으로 구현한 뒤 같은 입력에 대해 두 프로그램의 수행 시간을 측정하는 것이다. 이 기준은 현실적으로도 유용하다. 이론적으로는 아무리 빠른 알고리즘이라도 실제 구현했을 때 사용자가 느끼기에 너무 느리다면 아무 소용이 없기 때문이다. 하지만 프로그램의 실행 시간은 사용한 프로그래밍 언어나 하드웨어, 운영체제나 컴파일러 등 수많은 요소에 의해 바뀔 수 있다. 더 빠르게 동작하던 프로그램이 다른 컴퓨터에서는 더 느리게 동작하는 경우도 얼마든지 있을 수 있다. 심지어 이런 외적 요인을 전부 통일하더라도 어떤 문자열 구현을 사용했는지, 함수 인자를 어떻게 넘겼는지 등의 사소한 문제에 따라 프로그램의 최종 수행 시간은 크게 달라질 수 있다. 알고리즘은 언제나 같은 속도로 동작하는 것은 아니며 입력의 크기나 특성에 따라 수행 시간이 달라질 수 있다. 속도에 해당하는 알고리즘의 수행 시간 분석 결과를 가리켜 시간 복잡도라 하고 메모리 사용량에 대한 분석 결과를 가리켜 공간 복잡도라고 한다. 사실 메모리를 적게 사용하고 속도도 빨라야 최적의 알고리즘이라 할 수 있다. 그러나 일반적으로 알고리즘을 평가할 때는 메모리의 사용량보다 실행 속도에 초점을 둔다. 대개는 속도에 관심이 더 많고 더 중요한 요소로 판단되기 때문이다. 물론 특정 알고리즘에 대해서 상대적인 우월성을 입증해야 하는 경우에는 메모리의 사용량도 함께 고려되지만 이미 검증이 끝난 알고리즘의 적용을 고려하는 경우에는 속도에 초점을 두어 적합성 여부를 판단하게 된다.

> **더 알아두기**
>
> **알고리즘의 성능 분석 방법**
> - 실행 시간을 측정하는 방법
>   ① 실제로 구현하는 것이 필요
>   ② 두 개의 알고리즘의 실제 실행 시간을 측정하는 것
>   ③ 동일한 하드웨어를 사용하여야 함
>
> - 알고리즘의 복잡도를 측정하는 방법
>   ① 직접 구현하지 않고서도 수행 시간을 분석하는 것
>   ② 알고리즘이 수행하는 연산의 횟수를 측정하여 비교
>   ③ 일반적으로 연산의 횟수는 n의 함수
>   ④ 공간 복잡도 : 수행 시 필요로 하는 메모리 공간
>   ⑤ 시간 복잡도 : 수행 시간

① 공간 복잡도

공간 복잡도(space complexity)는 알고리즘의 메모리 사용량에 대한 분석 결과이며 알고리즘이 문제를 해결하기 위해서 사용하는 메모리의 크기를 말한다. 공간 복잡도는 프로그램의 성능을 분석하는 방법 중 하나이며 말 그대로 공간이 얼마나 소요되는가를 따지는 방법이다. 프로그램이 실행된 이후 종료될 때까지 얼마나 많은 공간을 차지해 가는지를 확인하는 것이라 할 수 있다. 프로그램에서 바로 처리되어야 할 모든 데이터들은 컴퓨터의 주기억장치에 저장된 상태에서 실행되고 처리된다. 그런데 주기억장치는 저장 공간이기 때문에 데이터를 저장할 수 있는 용량이 존재하는데 주기억장치에 있는 공간을 얼마만큼 차지하는가는 프로그램의 성능과 효율을 확인할 수 있는 중요한 요소가 된다. 이것이 공간 복잡도이다. 공간 복잡도는 보통 시간 복잡도에 비해 중요하게 생각하지 않는 경우가 많다. 과거에는 메모리의 용량이 크지 않았기 때문에 각각의 데이터가 얼마만큼 주기억장치 공간을 차지하는지 확인하는 것이 필요했지만 최근에는 대용량 컴퓨터가 많아져서 공간 복잡도를 중요하게 생각하지 않기도 한다.

② 시간 복잡도 중요 ★★

시간 복잡도(time complexity)는 알고리즘을 실행시켜 완료하기까지 걸리는 시간을 의미한다. 시간 복잡도는 좋은 알고리즘을 선별하는 기준 중 하나이다. 어떤 문제만 해결할 수 있으면 걸리는 시간이 중요하지 않다고 생각할 수도 있지만 프로그램이 오래 걸리면 CPU를 차지하는 시간이 길어지게 된다. 그렇게 되면 CPU가 다른 일을 처리하지 못하기 때문에 그만큼 컴퓨터의 효율이 떨어질 수 있다. 시간 복잡도는 데이터를 처리하는 데 걸리는 시간을 분석한다고 할 수 있다. 알고리즘의 실행 시간을 어떻게 평가할 수 있을까? 시계를 가져다 놓고 수행 시간을 재본다 하더라도 큰 의미는 없다. 왜냐하면 처리해야 할 데이터양의 변화에 따라 속도의 증가나 감소 정도를 알아야 하기 때문이다. 조건을 달리하면서 수백 번, 수천 번 실행해가며 시간을 잴 수는 없는 일이기 때문이다.

> **! 더 알아두기 Q**
>
> 실제 프로그램의 계산량을 예측한다는 것이 그렇게 간단한 것은 아니다. 실행하지 않고도 예측하고 싶지만 특히 외부에서 입력을 받아들일 때에 실행하지 않고 예측하는 것은 매우 어렵다. 실제 프로그램에서는 다수의 처리 과정이 복잡하게 맞물려 구성되어 있다. 전체의 계산량을 좌우하는 곳은 어디인지, 계산량을 효율적으로 축소하기 위해서는 어떤 부분을 다시 생각하면 좋은지를 분석하는 것은 쉽지 않은 일이다.

알고리즘의 수행 속도를 평가할 때는 알고리즘의 연산 횟수를 센다. 시간 복잡도는 알고리즘을 이루고 있는 연산들이 몇 번이나 실행되는지를 숫자로 표시한다. 실행 시간은 입력의 크기가 커지면 증가한다. 총 실행 시간은 단위 연산이 몇 번 수행되는가에 거의 비례하기 때문에 단위 연산이 수행되는 횟수를 분석하여 알고리즘의 효율성을 분석한다. 연산의 횟수를 통해서 알고리즘의 빠르기를 판단하며 연산 횟수가 적어야 빠른 알고리즘이다. 그리고 처리해야 할 데이터의 수 n에 대한 연산 횟수의 함수 T(n)을 구성한다. 이는 데이터의 수를 함수에 입력하면 연산의 횟수가 바로 계산이 되는 식을 구성한다는 의미이다. 알고리즘별로 연산 횟수를 함수 T(n)의 형태로 구성하면 [그림 1-5]에서 보이는 바와 같이 그래프를 통해서 데이터 수의 변화에 따른 연산 횟수의 변화 정도를 한눈에 파악할 수 있다. 이를 통해 둘 이상의 알고리즘을 비교하기가 용이해진다.

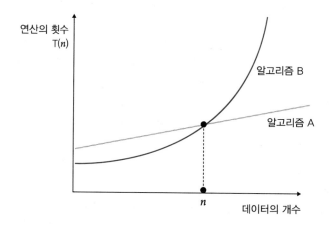

[그림 1-5] 알고리즘의 수행 속도 비교

[그림 1-5]는 동일한 기능을 제공하는 서로 다른 두 알고리즘의 성능을 비교한 결과라고 가정하자. 데이터 수가 n보다 적으면 알고리즘 A에 비해 알고리즘 B의 연산 횟수가 적다. 이는 알고리즘 B가 더 빠르다는 의미가 되기도 한다. 그런데 데이터 수가 좀 늘어나 n보다 크면 알고리즘 A가 훨씬 더 빨라진다. 이러한 분석 결과를 토대로 데이터 수가 적은 경우에는 알고리즘 B를 적용하고 데이터 수가 많은 경우에는 알고리즘 A를 적용해야 한다고 분석할 수 있다. 데이터의 수가 적은 경우 두 알고리즘이 속도 차이가 있어봐야 큰 차이가 아니다. 중요한 것은 데이터의 수가 많아짐에 따른 연산 횟수의 증가 정도이다. 그렇게 놓고 보면 알고리즘 A가 훨씬 좋은 알고리즘이다. 대개 알고리즘 A와

같이 안정적인 성능을 보장하는 알고리즘은 알고리즘 B와 같은 성격의 알고리즘에 비해서 구현의 난이도가 높은 편이다. 따라서 데이터의 수가 많지 않고 성능에 덜 민감한 경우라면 구현의 편의를 이유로 알고리즘 B를 선택하기도 한다. 알고리즘은 상황에 맞게 선택해야 한다.

시간 복잡도는 산술, 대입, 비교, 이동의 기본적인 연산을 고려하여 알고리즘 수행에 필요한 연산의 개수를 계산한다. 입력의 개수 n에 대한 함수를 시간 복잡도 함수인 T(n)으로 표시할 수 있다. 예를 들어, 다음 [그림 1-6]과 같이 n을 n번 더하는 문제에 대한 알고리즘 A, 알고리즘 B, 알고리즘 C를 살펴보자. 각 알고리즘이 수행하는 연산의 개수를 계산해 보자. 단, for 루프의 제어 연산은 고려하지 않는다.

알고리즘 A	알고리즘 B	알고리즘 C

sum = n * n;	sum = 0;
	for i = 1 to n
	　sum = sum + n;
		sum = 0;
		for i = 1 to n
		　for j = 1 to n
		　　sum = sum + 1;

(a) 알고리즘

구분	알고리즘 A	알고리즘 B	알고리즘 C
대입 연산	1	$n+1$	n^2+1
덧셈 연산		n	n^2
곱셈 연산	1		
전체 연산 횟수	2	$2n+1$	$2n^2+1$

(b) 알고리즘의 연산 횟수

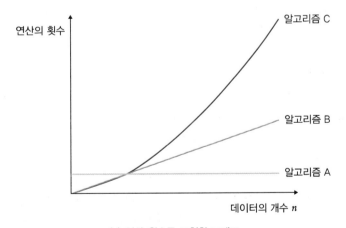

(c) 연산 횟수를 표현한 그래프

[그림 1-6] 시간 복잡도의 예

> **더 알아두기**
>
> 알고리즘의 수행 시간을 지배하는 것은 반복문이다. 물론 입력에 상관없이 항상 같은 수행 시간을 갖는 알고리즘도 있지만 대개는 입력의 크기에 따라 수행 횟수가 정해지는 반복문이 있기 때문이다. 반복문은 알고리즘에서 가장 많은 시간을 잡아먹는 것이라고 할 수 있다. 100번의 지정문(할당문)보다 100번 반복하는 반복문이 더 많은 시간을 소비한다. 일반적으로 알고리즘의 수행 시간은 반복문이 수행되는 횟수로 측정한다. 이때 반복문의 수행 횟수는 입력의 크기에 대한 함수로 표현한다. 전체 수행 시간에 큰 영향을 미치지 않는 상수 부분은 무시하고 반복문의 반복 횟수만 고려하면 된다.

[그림 1-6]의 (a)에서 알고리즘 A는 sum = n * n 문장뿐이며 여기서 대입 연산 1번과 곱셈 연산 1번이 수행되어 전체 연산 횟수는 2가 된다. 알고리즘 B에서 for 문은 i가 1부터 n이 될 때까지 n번 수행되므로 for 문 안에 있는 문장인 sum = sum + n도 n번 수행된다. 따라서 for 문 안에서 대입 연산은 n번 수행되고 덧셈 연산도 n번 수행된다. 또한 맨 위의 문장 sum = 0에서 대입 연산이 1번 추가 수행되므로 알고리즘 B의 전체 대입 연산은 $n + 1$번 수행되게 된다. 대입 연산과 덧셈 연산을 더하여 전체 연산 횟수를 계산하면 $2n + 1$이 된다. 알고리즘 C는 중첩 for 문을 사용하므로 for 문 안의 문장인 sum = sum + 1은 대입 연산 n^2번과 덧셈 연산 n^2번이 수행된다. 또한 맨 위의 문장 sum = 0에서 대입 연산이 1번이 추가되어 전체 대입 연산은 $n^2 + 1$번이 된다. 따라서 전체 연산 횟수는 $2n^2 + 1$이 된다. 전체 연산 횟수에 대한 함수를 그래프로 표현하면 [그림 1-6]의 (c)가 된다. 알고리즘 A가 가장 수행 속도가 빠른 알고리즘이라 할 수 있다.

알고리즘의 분석은 주로 최선의 경우, 평균의 경우, 최악의 경우에 대해 이루어진다. 최선의 경우(best case)는 수행 시간이 가장 빠른 경우이고 평균의 경우(average case)는 수행 시간이 평균적인 경우이다. 최악의 경우(worst case)는 수행 시간이 가장 늦은 경우를 의미하며 최악의 경우를 가장 널리 사용한다. 최악의 경우는 계산하기가 쉽고 응용에 따라서 중요한 의미를 가질 수도 있다.

(2) 계산 복잡도 표기법

알고리즘의 성능을 실제 알고리즘 실행에 걸리는 시간으로 나타낼 수 있으나 이는 컴퓨터의 성능에 따라 달라질 수 있다. 따라서 시간과 관련하여 좀 더 객관적인 지표가 필요하다. 보통 알고리즘의 성능으로 시간을 사용할 때는 시간 복잡도라는 지표를 사용한다. 일반적으로 시간 복잡도는 입력의 개수 n에 대한 상당히 복잡한 수식으로 나타날 수 있다. 그러나 자료의 개수가 많아질수록, 즉 n이 커질수록 차수가 가장 큰 항의 영향이 절대적이 되고 다른 항들은 무시될 수 있을 정도로 작아진다. 점근적 분석은 데이터의 개수 n이 무한대가 될 때 수행 시간이 증가하는 증가율로 시간 복잡도를 표현하는 기법이다. 점근적 표기법은 어떤 함수의 증가나 감소 양상을 다른 간단한 함수와의 비교로 표현하는 방법이다. **점근적 표기법에는 big-O(빅-오), big-Ω(빅-오메가), big-Θ(빅-세타) 표기법이 있다.**

① 빅-오(big-O) 표기법

시간 복잡도에는 여러 개념이 있지만 그중에서 **아무리 많이 걸려도 이 시간 안에는 끝날 것**이라는 개념이 가장 중요하다. 처리에 필요한 시간의 최대치를 나타내는 것이다. 이것은 빅-오 표기법의 개념이며 빅-오 표기는 **성능의 상한(upper bound)**을 나타낸다. 주어진 알고리즘의 성능이 아무리 나빠도 빅-오 표기의 함수보다는 좋으며 시간이 적게 걸린다는 의미이다.

빅-오 표기법의 정의는 다음과 같다.

> **정의** **빅-오 표기법**
> $f(n)$과 $g(n)$이 주어졌을 때 모든 $n \geq n_0$에 대하여 $f(n) \leq cg(n)$을 만족하는 상수 c와 n_0가 존재하면 $f(n) = O(g(n))$이다.

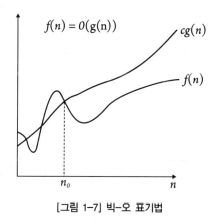

[그림 1-7] 빅-오 표기법

[그림 1-7]은 n_0를 기준으로 n_0보다 오른쪽에 있는 모든 n에 대해서 함수 $f(n)$의 값은 $cg(n)$과 같거나 아래쪽에 있다는 의미이다. 보통 알고리즘의 성능을 시간 복잡도로 비교할 때 시간 복잡도 함수 자체를 이용하지 않는다. 대신 빅-오 표기법 등으로 대표되는 점근적 표기 방법을 사용한다. 점근적 표기법은 시간 복잡도 함수 중에서 가장 큰 영향력을 주는 n에 대한 항만을 표시하는 것을 말한다. 왜냐하면 입력값 n이 충분히 커졌다면 n에 대한 최고차항만 고려해도 충분하기 때문이다. 또한 최고차항들의 증가율 특성 때문에 점근적 표기에서는 보통 최고차항에 붙은 계수 또한 무시한다.

예를 들어, $2n^2+3n$은 시간 복잡도 함수에서 $2n^2$과 $3n$이라는 2개의 항이 있지만 최고차항은 $2n^2$이다.

$$2n^2 + 3n$$

따라서 $2n^2$에서 최고차항의 계수 2를 생략하여 빅-오 표기법으로 나타내면 다음과 같다.

$$O(n^2)$$

빅-오 표기법은 점근적 표기법의 가장 대표적인 방법이다. 또한 최고차항에 붙은 계수는 무시되어 $2n^2$이 아니라 n^2이 되었다는 것도 확인할 수 있다. 이러한 n에 대한 최고차항을 정리하면 다음과 같으며 빅-오 표기법으로 연산 시간의 크기를 표시한 것이다.

> **📁 연산 시간의 크기순서**
>
> $O(1) \langle O(\log n) \langle O(n) \langle O(n \log n) \langle O(n^2) \langle O(n^3) \langle O(2^n) \langle O(n!)$

연산 시간의 크기 순서에서 왼쪽에서 오른쪽으로 갈수록, 즉 최고차항일수록 성능이 좋지 않다. 왜냐하면 n이 커짐에 따라 걸리는 시간이 더욱 더 크게 증가하기 때문이다. 따라서 최고차항이 $O(n!)$이라면 가장 성능이 좋지 않은 경우에 해당하며 최고차항이 상수 $O(1)$이라면 가장 성능이 좋은 경우에 해당한다.

빅-오 표기법의 각 연산 시간의 크기를 정리하면 다음과 같다.

㉠ $O(1)$

상수 시간(constant time)을 의미하며 상수형 빅-오라 한다. 이는 데이터 수와는 상관없이 연산 횟수가 고정인 유형의 알고리즘을 뜻한다. 입력값 n이 주어졌을 때 알고리즘이 문제를 해결하는 데 오직 한 단계만 거친다. 예를 들어, 연산의 횟수가 데이터 수에 상관없이 3회 진행되는 알고리즘일지라도 $O(3)$이라 하지 않고 $O(1)$이라 한다. 이렇듯 $O(1)$에는 연산 횟수가 고정인 유형의 알고리즘을 대표한다는 의미가 담겨 있다.

㉡ $O(\log n)$

로그 시간(logarithmic time)을 의미하며 로그형 빅-오라 한다. 이는 데이터 수의 증가율에 비해서 연산 횟수의 증가율이 훨씬 낮은 알고리즘을 의미한다. 따라서 매우 바람직한 유형이다. 참고로 로그의 밑이 얼마냐에 따라서 차이가 나긴 하지만 그 차이는 알고리즘의 성능 관점에서 매우 미미하기 때문에 대부분의 경우에 있어서 무시된다.

㉢ $O(n)$

선형 시간(linear time)을 의미하며 선형 빅-오라 한다. 문제를 해결하기 위한 데이터의 수와 연산 횟수가 비례하는 알고리즘을 의미한다.

㉣ $O(n \log n)$

로그 선형 시간(log-linear time)을 의미하며 선형 로그형 빅-오라 한다. 이는 데이터의 수가 2배로 늘어날 때 연산 횟수는 2배를 조금 넘게 증가하는 알고리즘을 의미한다.

ⓜ O(n^2)

제곱 시간(quadratic time)을 의미하며 문제를 해결하기 위한 단계의 수는 입력값 n의 제곱에 해당하는 연산 횟수를 요구하는 알고리즘이다. 따라서 데이터의 양이 많은 경우에는 적용하기가 부적절하며 주로 중첩된 반복문이 많은 알고리즘에서 이러한 연산 횟수가 발생할 수 있다.

ⓗ O(n^3)

세제곱 시간(cubic time)을 의미하며 데이터 수의 세제곱에 해당하는 연산 횟수를 요구하는 알고리즘을 의미한다. 이는 삼중으로 중첩된 반복문 내에서 알고리즘에 관련된 연산이 진행되는 경우에 발생한다.

ⓢ O(2^n)

지수 시간(exponential time)을 의미하며 지수형 빅-오라 한다. 지수적 증가라는 매우 급격한 연산 횟수의 증가를 보이기 때문에 현실적으로 사용하기 적합하지 않은 알고리즘이라 할 수 있다. 만약 어떤 알고리즘이 이러한 성능을 보인다면 현실적인 연산 횟수를 보이는 알고리즘으로 수정하여야 한다.

ⓞ O($n!$)

계승 시간 알고리즘을 의미한다. 이는 알고리즘 시간이 극단적으로 올라가는 시간 복잡도라 할 수 있다.

> **❗ 더 알아두기 🔍**
>
> 문제의 규모가 커질 경우 계산량이 증가한다. 실제로 해결해야만 할 문제가 어느 정도의 규모인지에 따라 다르지만 대체로 O($n\log n$) 유형을 넘어가기 시작하면서 계산량이 폭발적으로 늘어난다. 물론 이용 가능한 자원이 많지 않고 실행 시간의 제약이 심한 경우에는 O($n\log n$)보다 수행 시간이 작은 유형에서도 계산량을 줄이기 위한 노력이 필요할 수도 있다.

데이터 수의 증가에 따른 연산 횟수의 증가율을 그래프로 정리하면 [그림 1-8]과 같다.

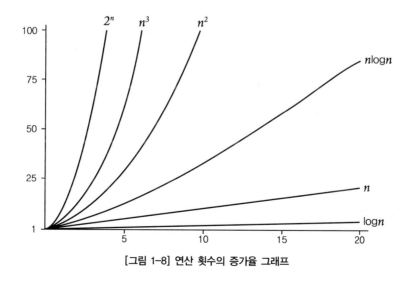

[그림 1-8] 연산 횟수의 증가율 그래프

② 빅-오메가(big-Ω) 표기법

빅-오메가 표기법은 성능의 하한(lower bound)을 나타낸다. 주어진 알고리즘의 성능이 아무리 좋아도 빅-오메가 표기의 함수보다는 나쁘며 시간이 많이 걸린다는 의미이다.

> **정의** **빅-오메가 표기법**
>
> f(n)과 g(n)이 주어졌을 때 모든 n ≥ n_0에 대하여 f(n) ≥ cg(n)을 만족하는 상수 c와 n_0가 존재하면 f(n) = Ω(g(n))이다.

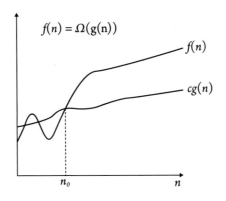

[그림 1-9] 빅-오메가 표기법

[그림 1-9]는 n_0를 기준으로 n_0보다 오른쪽에 있는 모든 n값에 대해 함수 f(n)은 함수 cg(n)보다 크거나 같다는 의미이다. 적어도 g(n)의 비율로 증가하는 함수이며 주어진 알고리즘이 아무리 좋아도 비교하는 함수와 같거나 나쁘다. g(n)은 n_0보다 큰 모든 n에 대해서 항상 f(n)보다 작다는 것을 보여준다.

③ 빅-세타(big-Θ) 표기법

빅-세타 표기는 상한과 하한 모두를 동시에 나타내는 표기법이다. 주어진 알고리즘의 성능이 아무리 좋거나 나빠도 빅-세타 표기의 함수 사이에 있다는 것을 의미한다. 빅-세타 표기는 점근적 상한과 점근적 하한의 교집합이라 할 수 있다. 주어진 알고리즘이 아무리 좋아지거나 나빠지더라도 비교하는 함수의 범위 안에 있다.

> **정의** **빅-세타 표기법**
>
> f(n)과 g(n)이 주어졌을 때 모든 n ≥ n_0에 대하여 c_1g(n) ≤ f(n) ≤ c_2g(n)을 만족하는 상수 c_1, c_2와 n_0가 존재하면 f(n) = Θ(g(n))이다.

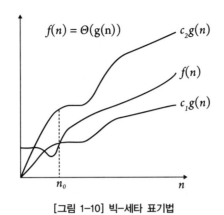

[그림 1-10] 빅-세타 표기법

[그림 1-10]은 n_0를 기준으로 n_0보다 오른쪽에 있는 모든 n값에 대해 함수 f(n)은 함수 c_1g(n)보다 크거나 같고 c_2g(n)보다 작거나 같다는 의미이다.

점근적 표기법 중에서 가장 정밀한 것은 빅-세타 표기법이지만 실질적으로 빅-오 표기법을 많이 사용한다. 세 가지 표기법 중에서 빅-오 표기법을 가장 많이 사용하는 이유는 바로 빠른 알고리즘을 선호하기 때문이다. 알고리즘의 성능 측정에서 중요한 것은 알고리즘이 얼마만큼 빠른지 여부이다. 그러나 속도가 중요한 경우 성능의 상한은 빠름의 한계가 된다. 즉, 이 수준으로 느리다는 뜻은 여기가 성능의 한계라는 것을 명확하게 해준다.

제 2 절 알고리즘 기술 언어

1 변수와 지정문

(1) 변수

컴퓨터의 주기억장치 안에는 각각의 위치들을 나타내는 숫자 형태의 주소를 갖는데 프로그래밍 언어에서는 이러한 주소 대신 특정한 이름을 사용하여 표시할 수 있다. 이러한 이름을 변수(variable)라고 하며 **변수는 문자나 숫자 같은 값을 담는 공간**이라 할 수 있다. 변수는 프로그램을 구성하는 최소 단위이며 특정 값을 저장하기 위한 목적으로 사용자가 생성한다. 데이터가 입력되면 어딘가에 저장해야만 다음에 사용할 수 있다. 따라서 변수가 필요하며 프로그램의 실행에 필요한 어떤 값을 기억시키기도 하고 기억된 값을 계속 변경시킬 수도 있다.

프로그램에서 사용할 변수는 반드시 사용 전에 변수를 위한 기억 공간을 확보하기 위해 변수 선언이 필요하다. 변수를 선언하는 것은 컴파일러에게 어떤 변수를 사용하겠다고 미리 알리는 것이다. 변수에 대한 선언문은 다음과 같이 자료형과 변수명을 지정해주어야 한다. 변수명은 사용자가 임의로 정할 수 있으며 변수의 자료형은 변수가 가질 수 있는 값들의 자료형을 의미한다.

> 자료형 변수명;

변수를 선언하는 선언문의 예는 다음과 같다.

> int x;

이 선언문에서 변수의 이름은 x이고 정수형(integer)임을 알 수 있다. 하나의 변수는 항상 하나의 값만 가질 수 있다. 즉, 하나의 변수에 동시에 두개 이상의 값을 가질 수 없다. 변수에 값을 저장하기 위해서는 지정 연산자(assignment operator)를 사용한다. 일반적으로 '=' 표시로 표현한다. 변수명과 변수가 갖고 있는 값은 다르다. 'int x = 0'에서 변수명은 x가 되고 변수가 갖고 있는 값은 0이 된다. 변수를 선언하고 나면 변수의 이름을 이용해서 메모리에 접근할 수 있다. 프로그램을 작성할 때는 자료형마다 표현 방식과 제한된 크기를 미리 알고 처리할 자료에 가장 적절한 자료형을 선택해야 효과적이고 올바른 프로그램을 작성할 수 있다.

더 알아두기

기본 자료형
① 문자형 : char
② 정수형 : short, int, long
③ 실수형 : float, double

변수를 생성하는 규칙은 프로그래밍 언어마다 다를 수 있으나 일반적으로 변수는 영문 알파벳과 숫자로 구성되는데 첫 문자는 알파벳 문자나 밑줄 문자(_)로 시작된다. 프로그램에서 사용되는 변수의 이름인 변수명을 만들 때는 다음과 같이 몇 가지 주의해야 할 규칙들이 있다.

① 변수명으로 사용 가능한 문자는 영문자(대문자 A ~ Z, 소문자 a ~ z), 숫자(0 ~ 9)와 밑줄 문자(_)로 구성된다.
② 변수명의 첫 글자는 반드시 영문자 또는 밑줄 문자(_)로 시작해야 하며 숫자나 다른 특수 문자를 사용해서는 안 된다.
③ 변수명 지정시 영문자의 대문자와 소문자는 각각 다른 변수로 인식하기 때문에 구별하여 사용해야 한다.
④ 변수명에는 특수 기호, 한글, 공백을 사용할 수 없다.
⑤ 프로그래밍 언어에서 사용되는 예약어는 변수명으로 사용할 수 없다.

(2) 상수

상수(constant)는 값이 변하지 않고 항상 일정한 값을 갖는 수를 의미한다. 상수는 프로그램이 실행되는 동안 고정된 값을 가지며 변수를 포함한 수식에서는 수 자체도 상수라고 한다. 상수는 변하는 값인 변수와 반대되는 개념이다. 변수와 상수는 모두 메모리의 특정한 주소에 위치한 일련의 바이트들로 구성되며 그 형태는 자료형에 따라 달라진다. 상수는 정수형 상수, 문자형 상수, 부동 소수점형 상수로 구분할 수 있다.

(3) 지정문

알고리즘은 명령문들을 사용하여 기술하는데 가장 기본적인 명령문이 지정문(assignment)이라 할 수 있다. 지정문은 변수나 상수 또는 연산식의 결과를 변수에 저장하는 문장을 의미한다. 변수에 어떤 값을 저장하면 이전에 갖고 있던 값은 잃어버리고 새로운 값으로 변경되게 된다.

지정문의 일반적인 구문은 변수, 지정 연산을 나타내는 기호, 지정될 값을 가리키는 식이 차례대로 나타나는 형식을 취한다. 대입 연산자(=)의 오른쪽에 있는 식이 계산되고 그 결괏값이 왼쪽에 있는 변수에 저장된다. 지정문의 형식은 다음과 같다.

변수 = 식;

> **더 알아두기**
>
> 변수 x에 값을 저장하는 지정문을 작성할 때는 x = 3과 같이 등호를 사용할 수도 있지만 x ← 3처럼 화살표를 사용하기도 한다.

여기에서 변수는 나중에 결괏값을 참조하기 위해 사용할 변수이며 식은 결괏값을 얻기 위한 계산을 나타낸다. 지정문은 먼저 식의 값을 계산한 다음 그 결과를 변수의 값으로 저장하라는 의미이다. 예를 들어, 'Z = X + Y'라는 문장은 X와 Y의 합을 계산하여 그 결과를 변수 Z에 저장하라는 의미이다.

> **더 알아두기**
>
> **지정문**
> 지정문의 오른쪽과 왼쪽에 나타난 변수는 다른 의미를 갖는다. 지정문의 오른쪽 변수는 그 변수로부터 읽어온 값을 의미하며 지정문 왼쪽 변수는 그 변수에 저장하라는 의미이다. 예를 들어 'sum = sum + 1'의 경우 등호의 왼쪽과 오른쪽에 같은 변수명 sum을 사용하였다. 이런 경우 오른쪽의 sum은 변수 sum에 저장된 값을 읽어오게 되고 그 값에 1을 더한 결과는 왼쪽의 변수 sum에 저장된다. 따라서 기존 sum의 값이 새로운 값으로 대체된다. 변수의 읽기는 그 값을 변경시키지 않지만 변수에 쓰기를 하면 이전 값을 새로운 값으로 대체시킨다.

2 반복문 중요 ★★

프로그램의 제어 흐름 유형은 [그림 1-11]과 같이 순차 구조, 선택 구조, 반복 구조가 있다. 순차 구조는 프로그램을 구성하는 명령문들이 작성 순서대로 하나씩 실행되는 구조이다. 실행 순서가 시작부터 끝까지 한 방향으로만 되어있는 구조라 할 수 있다. 선택 구조는 프로그램이 다음에 무엇을 해야 하는지를 결정하는 분기 구조이다. 실행 순서가 주어진 조건에 따라 다르게 진행되는 구조이며 프로그래밍에서는 조건문이라고 한다. 반복 구조는 주어진 조건에 따라 특정 부분의 처리를 되풀이하여 실행하는 구조이다.

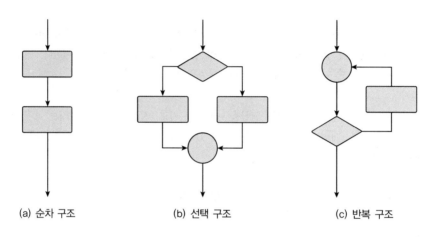

(a) 순차 구조   (b) 선택 구조   (c) 반복 구조

[그림 1-11] 프로그램 제어 흐름의 유형

알고리즘에는 정해진 숫자만큼 또는 어떤 조건을 만족하는 동안 동일한 작업을 반복하는 작업이 포함될 수 있다. 같은 명령이 여러 번 반복되는 경우 명령문을 순서대로 나열하는 것만으로는 효과적으로 표현할 수 없다. 같은 명령문을 반복해서 써 주어야 하고 조건에 따라 반복하는 경우에는 명령문을 몇 번 써야 하는지 알 수 없다. 이와 같이 같은 명령을 반복하는 것을 지정하는 제어 구조가 반복 구조이다. 반복문은 특정 부분을 반복해서 실행하는 구조이다. 반복문은 프로그래밍에서 가장 중요한 요소 중 하나이며 프로그래밍 언어에서 반복 구조를 작성할 수 있도록 만든 명령문이다. 반복문에는 반복 횟수를 지정하는 형태와 반복 조건을 제시하는 형태가 있다. 반복 조건을 제시하는 형태는 명령어들을 실행하는 조건을 제시하는 형태와 반복을 끝내는 종료 조건을 제시하는 형태 등이 있다. 반복문은 반드시 적절한 종료 조건에 이를 수 있도록 해야 한다.

(1) for 문

for 문은 가장 많이 사용하는 반복문 중 하나이며 **초깃값, 조건식, 증감값**의 세 부분으로 구성된다. 초깃값은 반복문을 시작하는 시작값이고 한 번 수행할 때마다 증감값에 따라 증가하거나 감소하면서 조건식을 검사하여 참이면 명령문을 반복 수행한다. 증감값은 반복될 때마다 계산되며 반복 횟수를 증가(또는 감소)시키는 데 사용한다. for 문은 초깃값, 조건식, 증감값이 모두 한 줄에 있다. 조건식의 결과가 거짓이면 for 문을 빠져 나가고 조건식의 결과가 참이면 명령문을 수행한다.

> **형식**
>
> for (초깃값; 조건식; 증감값)
>   명령문;

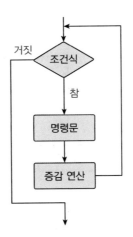

[그림 1-12] for 문의 흐름도

다음은 for 문을 사용하여 "Hello, World!"를 10번 출력하는 프로그램이다.

```
int main()
{
    for (int i = 0; i < 10; i++)
        printf("Hello, World!");
}
```

(2) while 문

알고리즘에서 어떤 조건을 만족하는 동안 동일한 동작을 반복하는 부분이 있을 수 있다. while 문은 **조건식이 참인 동안 명령문을 반복 수행한다.** 프로그램이 실행되다가 while 문을 만나면 먼저 조건식을 검사하는데, 만약 조건식이 거짓이면 문장을 실행하지 않고 while 문을 빠져나온다. 조건식이 참이면 해당 명령문을 수행하고 또 다시 조건식이 참이면 계속적으로 해당 명령문을 수행한다. 이런 동작은 조건식이 거짓이 될 때까지 반복하는데 조건식이 거짓이면 비로소 while 문을 빠져나온다. 조건식에는 비교 또는 논리 연산식이 주로 오는데 반복 수행 도중 조건식이 거짓이 되면 반복 행위를 멈추고 while 문을 종료한다. 만약 처음부터 조건식이 거짓이면 해당 명령문은 한 번도 수행되지 않고 while 문을 빠져나온다.

while 문의 형식은 다음과 같다.

📁 **형식**

while (조건식)
  명령문;

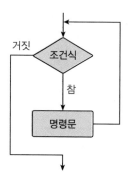

[그림 1-13] while 문의 흐름도

다음은 while 문을 사용하여 "Hello, World!"를 10번 출력하는 프로그램이다.

```
int main()
{
    int i = 0;
    while (i < 10)      // i가 10보다 작을 때 반복(0에서 9까지 증가하면서 10번 반복)
    {
        printf("Hello, World!");
        i++;                // i를 1씩 증가시킴
    }
}
```

for 문과 while 문은 서로 변환이 가능하기 때문에 반복문을 작성할 때 어느 것을 사용해도 상관없다. 일반적으로 for 문은 반복 횟수를 알고 있을 때 주로 사용하고 while 문은 조건에 따라 명령문을 반복할 때 주로 사용한다.

💡 **더 알아두기** 🔍

for 문을 사용하는 경우	while 문을 사용하는 경우
반복 횟수가 정해진 경우	특정 조건에 만족할 때까지 반복해야 하는 경우

(3) do ~ while 문

while 문은 조건식이 만족하지 않으면 반복을 하지 않고 넘어간다. do ~ while 문은 while 문과 비슷하지만 반복해서 수행할 문장을 최소한 한 번은 수행해야 할 때 사용한다. while 문에서는 초기 조건식이 거짓인 경우 while 문 안의 명령문은 한 번도 수행되지 않는다. 그러나 do ~ while 문은 먼저 명령문을 실행한 후 조건식을 검사하므로 조건식의 결과에 상관없이 무조건 한번은 명령문을 실행하게 된다. while 문과 do ~ while 문의 차이점은 조건식을 먼저 검사하는지 아니면 나중에 검사하는지이며 동작 방식은 비슷하다.

📁 **형식**

```
do
    명령문;
while (조건식)
```

---

do ~ while 문은 먼저 조건식과 상관없이 명령문을 무조건 실행한다. 그런 다음 조건식을 판별하여 참이면 명령문을 계속 반복하고 거짓이면 반복문을 끝낸 뒤 다음 명령문을 실행한다.

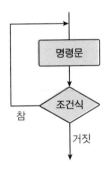

[그림 1-14] do ~ while 문의 흐름도

다음은 do~while 문을 사용하여 "Hello, World!"를 10번 출력하는 프로그램이다.

```
int main()
{
    int i = 0;
    do      // 처음 한 번은 아래 코드가 실행됨
    {
        printf("Hello, World!");
        i++;            // i를 1씩 증가시킴
    } while (i < 10);   // i가 10보다 작을 때 반복(0부터 9까지 증가하면서 10번 반복)
}
```

do ~ while 문에서 do 다음에 오는 명령문은 조건식의 결과와 상관없이 무조건 한 번은 실행된다. 또한 do ~ while 문은 반드시 do ~ while 문 안에 증감값을 지정해야 한다. 만약 조건식만 지정하고 증감값을 생략하면 반복이 끝나지 않고 계속 실행되어 무한 루프가 되므로 주의해야 한다.

3 조건문 중요 ★★

프로그램으로 다양한 문제를 해결하기 위해서는 상황에 따라 서로 다른 명령을 실행할 수 있어야 한다. 일반적으로 프로그램의 명령문들은 위에서 아래로 차례대로 실행되는 순차적인 구조를 가지고 있다. **조건문은 주어진 조건이 참이냐 거짓이냐에 따라 서로 다른 명령을 처리하도록 판단(decision)하는 명령문이다.** 판단 결과는 yes/no 또는 true/false로 나타난다. 조건문은 여러 가지 상황에서 유연하게 대처할 수 있도록 사용되는 구문이며 조건에 따라 실행할 명령문이 결정되는 선택적 제어 구조이다. 특정 조건을 만족할 때 명령문을 실행하고 만족하지 않으면 명령문을 실행하지 않고 피해가게 된다. 조건문은 조건에 따라 둘 또는 그 이상의 실행 경로 중에서 하나를 선택할 수 있는 수단을 제공한다. 가장 기본이 되는 조건문은 if 문이다. if는 '만약'이라는 의미인데 주로 가정하거나 조건을 내걸 때 사용하는 단어이다. 컴퓨터에서도 조건문을 작성할 때 if 문을 사용한다.

일상생활의 예를 if 문을 사용하여 작성해 보자. 날씨에 따라 다른 행동을 한다면 다음과 같은 조건문을 만들 수 있다.

```
if (내일 날씨가 좋으면) then
{
    놀이 공원에 간다.
else
    마트에 간다.
}
```

💡 **더 알아두기** 🔍

선택 및 조건부 수행이 필요한 상황의 예
① 내일 비가 오면, 집에서 쉰다.
② 월급이 10% 인상된다면, 적금에 가입한다.
③ 나이가 60세 이상이면, 연금을 받는다.
④ 운전면허 시험에 합격한다면, 축하 파티를 한다.

if 문은 괄호 안에 조건식을 지정하여 사용하는데 조건문의 형태는 참일 때만 명령을 실행하는 형태와 참과 거짓일 때 서로 다른 명령을 실행하는 형태가 있다. if 문의 형식은 다음과 같다.

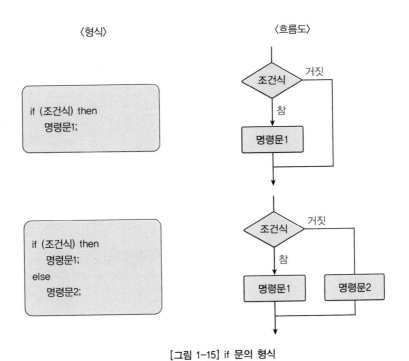

〈형식〉　　　　　　　　　　　　　　〈흐름도〉

```
if (조건식) then
    명령문1;
```

```
if (조건식) then
    명령문1;
else
    명령문2;
```

[그림 1-15] if 문의 형식

if 문은 주로 'if (조건식) then (명령문1) else (명령문2)' 형태로 쓰는데 if 뒤에 있는 조건식이 참이면 then 뒤에 있는 명령문1을 실행하고 조건이 거짓이면 else 뒤에 있는 명령문2를 실행하게 된다. if 문에 else를 사용하면 조건식이 만족할 때와 만족하지 않을 때 각각 다른 코드를 실행할 수 있다. 즉, 프로그램이 두 방향으로 분기하게 된다.

다음은 if ~ else 문을 사용한 프로그램이다.

```
int main()
{
    int num = 15;

    if (num < 10)   // num이 10보다 작으면
        printf("10보다 작습니다.");
    else            // if의 조건식이 만족하지 않으면
        printf("10 이상입니다.");
}
```

조건문 중에는 여러 조건 중에 하나를 선택해서 실행하는 다중 조건문도 있다. 다중 조건문은 조건 비교가 한 가지로 충분치 않을 경우에 사용한다. 프로그램은 다양한 조건에 따라 서로 다른 명령문이 처리될 수 있어야 한다. 따라서 정확한 조건에 따라 다양한 조건문을 구성한다면 원하는 정보를 보다 쉽게 얻어낼 수 있다. 다중 if 문의 형식은 다음과 같다.

📠 다중 if 문

```
if (조건식1) then
    명령문1;
else if (조건식2) then
    명령문2;
else if (조건식3) then
    명령문3;
        …
else
    명령문n;
```

다음은 다중 if 문을 사용하여 학생들의 성적을 입력받아 학점을 출력하는 프로그램이다.

📁 학점

A : 90점 이상
B : 80점 이상 89점 이하
C : 70점 이상 79점 이하
D : 60점 이상 69점 이하
F : 60점 미만

```
int main()
{
    int score;
    printf("성적을 입력하시오: ");
    scanf("%d", &score);

    if (score >= 90)
        printf("A학점");
    else if (score >= 80)
        printf("B학점");
    else if (score >= 70)
        printf("C학점");
    else if (score >= 60)
        printf("D학점");
    else
        printf("F학점");
}
```

4 배열 중요 ★★

만약 30명의 학생 성적을 입력받아 전체 평균을 구하는 프로그램을 작성하고자 한다면 어떻게 해야 할까? 먼저 30명의 학생들의 성적을 저장할 변수 30개를 선언해야 하여 각 성적을 저장한 후 모두 더한 뒤 30으로 나누면 된다. 이 경우 변수 30개를 일일이 만들어야 한다. 그런데 만약 3,000명의 학생들의 성적을 처리해야 한다면 3,000개의 변수를 만들어야 한다. 30,000명의 학생들의 성적을 처리하기 위해서는 30,000개의 변수가 필요하게 된다. 이처럼 비슷한 형태의 많은 변수들을 만들어야 하는 경우 배열(array)을 이용하면 아주 간단하게 처리할 수 있다. 배열은 여러 개의 동일한 자료형의 데이터를 한꺼번에 만들 수 있으며 같은 자료형의 데이터를 순서대로 나열한 구조이다. 배열은 같은 자료형을 갖는 두 개 이상의 데이터 항목을 하나의 변수 이름으로 묶어서 사용한다. 배열은 데이터를 컴퓨터 기억 장치 내의 연속적인 기억 공간에 저장하여 순차적으로 또는 임의적으로 접근할 수 있는 가장 간단한 선형 자료구조이다. 배열은 같은 자료형의 변수를 일렬로 늘어놓은 형태이며 반복문과 결합하면 연속적이고 반복되는 값을 손쉽게 처리할 수 있다. 배열의 요소를 구별하기 위해서는 번호를 사용하는데 이를 인덱스(index)라고 한다. 배열은 인덱스를 사용하여 배열 안의 요소들의 상대적인 위치를 알 수 있다. 가장 단순한 배열의 형태는 1차원 배열이다. 1차원 배열은 인덱스를 하나만 사용하는 배열로 같은 자료형의 변수가 일직선으로 이루어진다.

1차원 배열을 선언하는 방법은 다음과 같다.

자료형 배열명[배열의 개수];

여기서 자료형은 배열 요소들의 자료형으로 모든 요소들은 같은 자료형으로 만들어진다. 하나의 배열의 자료형은 모두 동일해야 하며 정수형, 실수형, 문자형 모두 사용할 수 있다. 배열명은 배열의 요소에 접근할 수 있는 유일한 이름이며 변수명과 같은 규칙으로 만들 수 있다. 배열의 개수는 배열 요소의 개수를 나타내는 정수이며 배열의 인덱스는 0부터 (배열의 크기−1)까지가 된다.

예를 들어, 배열 이름이 A이고 크기가 5이며 요소들이 정수형인 1차원 배열을 선언하는 구문은 다음과 같다.

int A[5];

여기서 int는 배열을 이루는 변수의 자료형이고 A는 배열의 이름이며 5는 배열의 크기가 된다. 배열 A는 A[0], A[1], A[2], A[3], A[4]와 같이 5개의 요소를 가지며 각 인덱스에 의해 해당 요소들을 구분하게 된다.

배열 A의 구조를 살펴보면 다음과 같다.

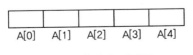

[그림 1-16] 배열 A의 구조

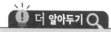

> **! 더 알아두기 Q**
>
> C, C++ 언어에서 배열의 인덱스는 0부터 시작한다. 그러나 알고리즘을 작성할 때는 배열의 인덱스를 사용하는 데 특정한 제한을 받지 않는다. 즉, 1부터 시작하거나 다른 자연수의 값을 배열의 시작 인덱스로 사용해도 무방하다. 그러나 대개 0부터 시작하도록 작성하는 것이 일반적이다.

컴퓨터 메모리는 바이트로 구성되어 있고 각 바이트마다 순차적으로 주소가 매겨져 있는데 A는 배열이 저장된 공간의 시작 주소(또는 기본 주소)가 된다. 각 항목들의 주소는 기본 주소로부터 일정하게 계산된다. 1차원 배열 A[i]의 주소를 계산하는 경우를 생각해 보자. 배열 A[n]에서 첫 번째 요소의 인덱스가 a이고 시작 주소가 base, 요소의 크기가 size라 할 때 A[i]의 주소는 다음과 같다.

$$A[i]의\ 주소 = base + (i - a) \times size$$

크기가 5인 int형 배열 A에서 A[0]의 시작 주소는 200이고, 각 요소의 크기는 4 바이트라고 가정할 때 A[2]의 주소는 다음과 같이 계산할 수 있다.

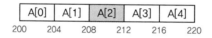

A[0]	A[1]	A[2]	A[3]	A[4]
200	204	208	212	216	220

[그림 1-17] 1차원 배열 요소의 주소

배열의 시작 주소가 200이므로 base는 200이고 A[2]의 주소를 구하는 것이므로 i는 2가 된다. 배열의 인덱스가 0으로 시작되므로 a는 0이고 요소의 크기는 4 바이트이므로 size는 4가 된다. 따라서 최종적으로 A[2]의 주소는 208이 된다.

$$
\begin{aligned}
A[2]의\ 주소 &= base + (i - a) \times size \\
&= 200 + (2 - 0) \times 4 \\
&= 200 + 8 \\
&= 208
\end{aligned}
$$

> **! 더 알아두기 Q**
>
> 일반적으로 C언어를 비롯한 많은 프로그래밍 언어들은 배열의 인덱스가 0부터 시작한다. 예를 들어, 배열의 길이가 3이라면 배열의 첫 번째 요소의 인덱스는 0이고 두 번째 요소는 1이고 세 번째 요소는 2가 된다. 그러나 배열의 인덱스는 절대적인 기준은 아니며 인덱스가 1부터 시작하는 경우도 있으며 언어의 구현에 따라서 달라질 수 있다.

배열을 이용하여 30명의 학생 성적의 총점을 계산하는 프로그램을 작성하면 다음과 같다.

```
int main()
{
    int A[30];
    int i;
    int sum = 0;

    for(i = 0; i < 30; i++) {
        scanf("%d", &A[i]);
        sum = sum + A[i];
    }
    printf("총점은 %d입니다.", sum);
}
```

배열은 사용하는 첨자의 수에 따라 1차원 배열, 2차원 배열, … n차원 배열 등으로 구분할 수 있다. 다차원 배열은 2차원 이상의 배열로 구성되는데 2개 이상의 첨자를 사용하여 각 요소와 대응시킨다. 2차원 배열은 가로 줄을 행(row), 세로 줄을 열(column)이라고 하는데 가로×세로 형태로 이루어져 있다. 2개의 첨자인 행과 열을 이용하여 각각의 요소를 나타내며 첫 번째 첨자는 행을, 두 번째 첨자는 열을 나타낸다.

2차원 배열은 1차원 배열과 같이 배열명과 첨자를 사용하여 선언한다. 2차원 배열을 선언하는 방법은 다음과 같다.

> 자료형 배열명[행의 개수][열의 개수];

배열명은 2차원 배열의 이름이며 행의 개수는 2차원 배열의 가로 줄의 개수이다. 열의 개수는 2차원 배열의 세로 줄의 개수이다.

예를 들어, 다음과 같이 2차원 배열을 선언할 수 있다.

> int A[4][3];

이 배열은 정수형이며 배열명은 A임을 알 수 있다. 배열 A는 [그림 1-18]과 같이 4개의 행과 3개의 열로 구성된 행렬과 같은 형태의 배열이 된다.

	열번호 0	열번호 1	열번호 2
행번호 0	A[0][0]	A[0][1]	A[0][2]
행번호 1	A[1][0]	A[1][1]	A[1][2]
행번호 2	A[2][0]	A[2][1]	A[2][2]
행번호 3	A[3][0]	A[3][1]	A[3][2]

[그림 1-18] 배열 A[4][3]의 구조

다음은 2차원 배열을 선언하고 요소의 값을 출력하는 프로그램이다.

```
int main()
{
    int A[3][4] = {
        {11, 22, 33, 44},
        {55, 66, 77, 88},
        {99, 110, 121, 132}
    };
    printf("%d\n", A[0][0]);    // 11 출력
    printf("%d\n", A[1][2]);    // 77 출력
    printf("%d\n", A[2][0]);    // 99 출력
    printf("%d\n", A[2][3]);    // 132 출력
}
```

정수형 2차원 배열 A를 선언하고 [그림 1-19]와 같이 값을 초기화하였으며 배열의 요소는 인덱스를 이용하여 접근할 수 있다.

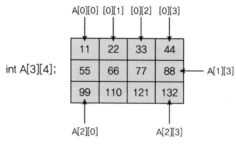

[그림 1-19] 배열 A[3][4]

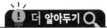

두 개 이상 여러 개의 배열로 구성된 배열을 다차원 배열이라 한다. 2차원 배열은 가로와 세로를 가지는 평면 구조의 사각형의 형태를 가지지만 3차원 배열은 가로와 세로, 높이를 가지는 직육면체의 구조를 가진다.

5 포인터

포인터(pointer)는 메모리의 주소를 가지는 변수이다. 포인터는 포인터가 가리키는 변수의 메모리 주소값을 저장한다. 따라서 포인터의 주소값을 따라가면 해당 변수를 찾을 수 있다. 포인터 자체도 하나의 변수이기 때문에 포인터 값을 바꾸게 되면 포인터가 가리키는 변수도 달라질 수 있다.

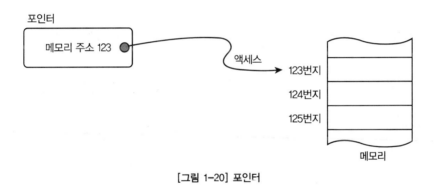

[그림 1-20] 포인터

포인터를 선언하는 형식은 다음과 같다.

① 포인터 자체의 자료형이 아니라 포인터에 저장할 주소에 있는 일반 변수의 자료형이다.
② 일반 변수 이름과 구별되도록 앞에 *를 붙여 포인터임을 나타낸다.

[그림 1-21]은 포인터를 사용한 예이다. 정수형 변수 i가 선언되어 있고 포인터 ptr이 선언되어 있다. int *ptr = &i; 문장은 포인터 ptr에 변수 i의 주소값을 저장하라는 의미가 된다. 만약 i가 메모리의 150번지에 저장되어 있다면 포인터 ptr에는 i의 주소값인 150이 저장되게 된다. 따라서 ptr은 변수 i가 있는 위치를 가리키는 형태가 된다.

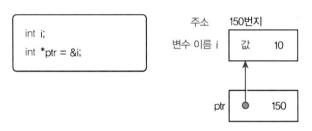

[그림 1-21] 포인터 사용의 예

포인터는 다양한 자료형으로 선언할 수 있다. [그림 1-22]는 포인터를 다양한 자료형으로 선언한 예이다.

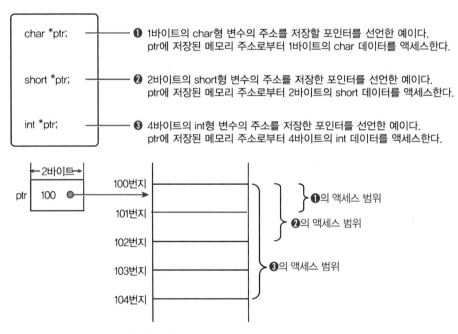

[그림 1-22] 포인터에서 선언한 자료형에 따른 메모리 액세스 범위

포인터 연산자 중 주소 연산자로는 &을 사용하는데 & 연산자는 변수의 주소를 얻기 위해 사용한다.

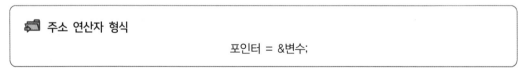

📁 주소 연산자 형식

포인터 = &변수;

[그림 1-23]은 포인터를 선언하고 사용한 예이다.

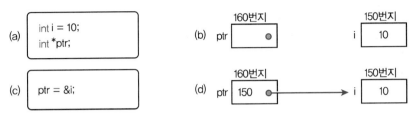

[그림 1-23] 포인터 선언과 사용의 예

먼저 정수형 변수 i를 선언하고 i에 10을 저장하였다. 그런 다음 포인터 변수 ptr을 선언하고 ptr에 변수 i의 주소를 저장하면 ptr에는 i의 메모리 위치인 150이 저장된다. 따라서 ptr은 150번지를 가리키게 된다.

포인터에서 참조 연산자로는 *를 사용한다. * 연산자는 저장된 주소에 있는 값을 액세스하는 연산자이다.

> 📑 **참조 연산자 형식**
> ① *포인터 = 값;
> ② 변수 = *포인터;

다음은 포인터 연산자를 사용한 예이다.

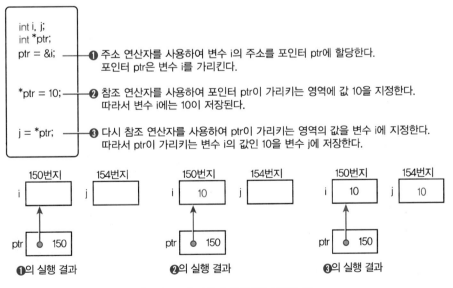

[그림 1-24] 포인터 연산자를 사용한 예

포인터에 주소를 지정하는 방법은 다음과 같다.

(1) 주소 연산자를 사용하여 변수의 주소를 지정한다.

```
int i;
int *ptr = &i;
```

(2) 동적 메모리를 할당하고 그 시작 주소를 포인터값으로 지정한다.

```
char *ptr = (char *)malloc(100);
```

(3) 문자형 포인터에 문자열의 시작 주소를 지정한다.

```
char *ptr = "korea";
```

(4) 배열 이름을 이용하여 배열 시작 주소를 지정한다.

```
char A[100];
char *ptr = A;
```

(5) 배열의 첫 번째 요소의 주소를 이용하여 배열 시작 주소를 지정한다.

```
char A[100];
char *ptr = &A[0];
```

6 구조체

여러 자료를 묶어서 하나의 단위로 처리하는 자료형을 구조적 자료형(structured data type)이라고 한다. 구조체는 배열처럼 여러 개의 데이터를 그룹으로 묶어서 하나의 자료형으로 정의하여 사용하는 자료형이다. 배열의 경우 동일한 자료형의 데이터를 묶는 데 반해, 구조체는 서로 다른 자료형의 데이터를 묶는 것이다. 따라서 구조체는 복잡한 자료 형태를 정의하는 데 유용하다. 여러 자료형의 필드를 가지고 있는 레코드를 만들 때 구조체를 사용한다.

데이터를 조직화하는 데 있어 필요한 기본 단위는 필드(field)이다. [그림 1-25]와 같이 이름, 입사 연도, 연봉 등은 필드에 해당한다. 각각의 필드가 모인 것이 레코드(record)이다. 레코드들이 모여 하나의 파일(file)을 이룬다. 구조체(structure)는 레코드를 의미한다.

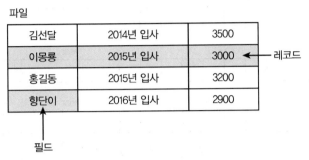

[그림 1-25] 필드, 레코드, 파일의 개념

구조체는 여러 자료형의 변수들을 그룹으로 묶어서 하나의 자료형으로 선언한다. 구조체 이름, 자료형, 데이터 항목으로 구성된다. 구조체 이름은 구조체의 이름이고, 항목은 구조체를 구성하는 내부 변수들의 이름이다. 구조체에서 각 항목은 서로 다른 자료형을 가질 수 있기 때문에 항목별로 자료형과 항목 이름(변수 이름)을 선언해야 한다.

[그림 1-26]은 구조체형의 선언과 사용 형식이다.

```
struct  구조체이름 {
    자료형 항목1;
    자료형 항목2;
    ...
    자료형 항목n;
};
```

(a) 선언 형식

```
struct  구조체이름  구조체변수이름;
```

(b) 사용 형식

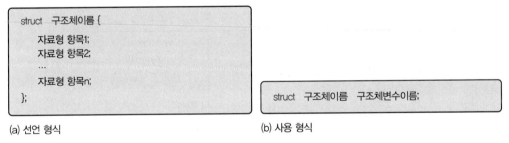

[그림 1-26] 구조체형의 선언과 사용 형식

[그림 1-27]은 구조체형 employee 선언의 예를 보여준다.

```
struct employee {
    char name[10];
    int year;
    int pay;
};
```

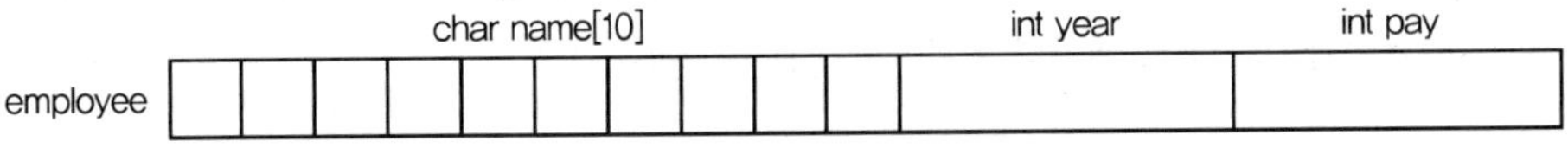

[그림 1-27] 구조체형 employee 선언의 예

[그림 1-28]은 구조체형 employee에 대한 구조체 변수 선언의 예를 보여준다.

struct employee Lee, Kim, Park;

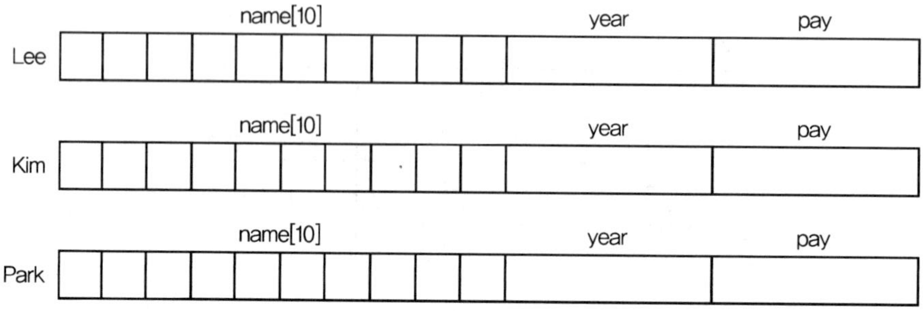

[그림 1-28] 구조체형 employee에 대한 구조체 변수 선언의 예

구조체 변수의 선언 방법은 [그림 1-29]와 같다.

방법	예

구조체형을 선언한 후에 구조체 변수 선언	struct employee {
	    char name[10];
	    int year;
	    int pay;
	};
	struct employee Lee;

구조체형과 구조체 변수를 연결하여 선언	struct employee {
	    char name[10];
	    int year;
	    int pay;
	} Lee;

구조체형과 이름을 생략하고 구조체 변수 이름만 선언	struct {
	    char name[10];
	    int year;
	    int pay;
	} Lee;

[그림 1-29] 구조체 변수의 선언 방법

[그림 1-30]은 구조체 변수를 초기화하는 것을 표현한 것이다. 구조체 변수를 초기화하려면 일반 변수 초기화와 마찬가지로 구조체 변수를 선언하면서 변수의 초깃값을 지정해야 한다. 일반 변수의 경우 값을 하나만 가지므로 초깃값도 하나이지만, 구조체는 내부 항목이 여러 개일 수 있으므로 내부 항목의 자료형과 개수를 순서에 맞추어 초깃값 리스트로 지정하고 중괄호({ })를 사용한다.

```
struct employee { // 구조체형 선언
    char name[10];
    int year;
    int pay;
};
struct employee Lee = { "Ann", 2015, 4200 }; // 구조체 변수의 초기화
```

		name[10]									year	pay
Lee	A	n	n	\0							2015	4200

[그림 1-30] 구조체 변수를 초기화한 예

7 함수 중요 ★

함수(function)는 동일한 작업을 수행하기 위해 자주 사용하는 기능을 미리 만들어 놓고, 반복적으로 사용할 수 있도록 만든 명령문들의 집합을 말한다. 함수는 반복적으로 사용되는 절차를 하나의 단위로 만들어 매개변수의 값만 바꾸면서 다양한 입력에 대한 여러 가지의 결과를 만들어 낼 수 있다. C언어로 만든 프로그램은 main( ) 함수로 시작한다. main( )을 시작으로 하나의 완성된 프로그램을 만들 수 있다.

```
main( )
{
    …
    프로그램 코드
    …
}
```

만약 프로그램의 모든 명령문들을 main( ) 안에 작성한다면 어떤 문제가 발생할 수 있을까? 규모가 큰 프로그램의 경우 내용이 점점 길어지고 복잡해지게 되어 소스 코드를 이해하기 힘들어지게 된다. 또한 같은 기능을 하는 코드가 반복적으로 필요할 때에도 [그림 1-31]과 같이 매번 반복하여 입력해야 한다.

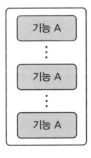

[그림 1-31] 같은 기능 A의 코드가 반복적으로 필요한 프로그램 구조

만약 main( ) 안에 이미 작성된 아주 많은 코드 중 일부를 재활용하여 새로운 프로그램을 만들고자 한다면 main( ) 안에서 해당 코드를 일일이 찾아내는 작업이 필요하다. 뿐만 아니라 소스 코드가 늘어나게 되면 필요한 변수도 많아지게 되어 관리가 점점 복잡해진다. 예를 들어, 기존의 다른 변수와 변수명이 중복되지 않아야 하므로 변수의 이름을 만드는 것조차 점점 어려워진다. 그러나 함수를 사용하면 이러한 문제점들이 모두 해소된다. **함수는 하나의 특별한 작업을 수행하기 위해 독립적으로 설계된 코드의 집합이다.** 특정한 기능을 하는 소스 코드를 따로 빼내어 묶어놓은 것이다. 함수를 사용하면 반복적인 프로그래밍을 피할 수 있다. 프로그램에서 특정 작업을 여러 번 반복해야 하는 경우 해당 작업을 수행하는 함수를 작성하고 [그림 1-32]와 같이 해당 함수가 필요할 때마다 작성한 함수를 호출하여 사용하면 된다.

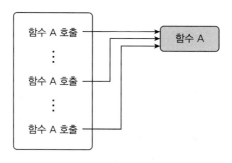

[그림 1-32] 함수로 작성한 프로그램 구조

프로그램에서 여러 번 사용되는 기능을 하나의 처리 함수로 작성할 수 있는데 이처럼 함수로 작성하면 동일한 코드를 여러 번 작성해야 하는 번거로움이 줄어들게 된다. 또한 한 번 만든 함수는 여러 번 호출할 수 있기 때문에 프로그램의 재사용이 가능하다. 함수를 호출하면 함수의 처리가 완료된 후 제어가 함수를 호출한 원래의 위치로 돌아오기 때문에 프로그램의 흐름은 결국 main( ) 함수로 돌아간다. 프로그램을 여러 개의 함수로 나누어 작성하면 모듈화로 인해 전체적인 코드의 가독성이 좋아진다. 프로그램에 문제가 발생하거나 기능의 변경이 필요할 때에도 손쉽게 유지보수를 할 수 있다. 함수는 일반적으로 하나의 기능을 하나의 함수로 만드는 것이 좋다.

함수의 구조는 다음과 같다. 기본적인 작성법은 main( ) 함수와 동일하다.

```
반환자료형 함수명(매개변수 목록)
{
    명령문
    …
}
```

반환자료형은 함수에서 리턴하는 데이터의 자료형이며 리턴값이 없으면 void를 사용한다. 함수명은 변수명과 동일하게 명명 규칙을 따르고 있으며 자유롭게 지정할 수 있다. 함수명은 일반적으로 그 함수가 수행하는 작업을 알기 쉽게 나타낼 수 있는 이름으로 하는 것이 바람직하다. 매개변수 목록은 함수에 전달되는 매개변수 리스트이다. 매개변수는 함수로 유입되는 입력값을 의미하는데 어떤 값을 매개변수로 전달하느냐에 따라서 함수가 반환하는 값이나 동작 방법을 다르게 할 수 있다. 매개변수 목록과 반환값을 이용하면 함수 간에 데이터를 교환할 수 있다.

예를 들어, [표 1-1]과 같이 학생들의 과목별 점수가 데이터로 저장되어 있다고 가정하자. 만일 학생별로 평균 점수를 구하려고 한다면 학생별로 동일한 작업을 반복적으로 수행해야 한다.

[표 1-1] 학생들의 과목별 성적

구분	컴퓨터개론	C언어	자바	자료구조
홍길동	90	87	74	91
이순신	78	92	85	90
김유신	85	75	90	95
...	...	...	...	...
...	...	...	...	...

한 학생의 평균 점수를 구하는 작업을 함수로 만든다면 학생 이름을 형식매개변수로 하여 함수 avg(학생이름)를 정의할 수 있다. 주프로그램에서는 [그림 1-33]과 같은 명령문을 넣어 각 학생들의 평균을 간단히 구할 수 있다.

```
avg(홍길동)
avg(이순신)
avg(김유신)
...
```

[그림 1-33] 함수 사용의 예

다음은 사각형의 넓이와 둘레를 출력하는 프로그램을 함수를 사용하지 않고 작성한 프로그램이다. main( ) 함수 안에 넓이를 구하는 코드와 둘레를 구하는 코드가 들어있다.

```
main( ) {
    int x = 10, y = 20;
    int area, round;

    // 넓이 = 가로 * 세로
    area = x * y;
    printf("사각형의 넓이 : %d\n", area);

    // 둘레 = (가로 + 세로) * 2
    round = (x + y) * 2;
    printf("사각형의 둘레 : %d\n", round);
}
```

이 프로그램을 함수를 사용하여 다음과 같이 작성할 수도 있다.

```
int get_area(int x, int y)   // 사각형의 넓이를 구하는 함수
{
    int area;
    area = x * y;
    return area;
}

int get_round(int x, int y)   // 사각형의 둘레를 구하는 함수
{
    int round;
    round = (x + y) * 2;
    return round;
}

main( )
{
    int x = 10, y = 20;
    int area, round;
    area = get_area(x, y);
    round = get_round(x, y);
    printf("사각형의 넓이 : %d\n", area);
    printf("사각형의 둘레 : %d\n", round);
}
```

이처럼 소스 코드를 함수 단위로 작성하면 소스 코드가 기능별로 깔끔하게 구분되기 때문에 시간이 많이 흐른 후에도 분석하기가 쉬워진다. 또한 같은 코드가 여러 번 필요하게 될 때 그것을 하나의 함수로 만들고 그 함수를 필요만큼 호출해주기만 하면 된다. 만약 기존에 작성한 코드를 재활용하여 새로운 프로그램을 만들어야 한다면 해당하는 함수만 복사해서 사용하면 된다. 함수는 하나의 기능을 재실행할 수 있도록 하는 것으로 코드의 재사용성을 높여준다. 또한 각 함수별로 변수가 관리되어 보기에 깔끔하고 변수명이 중복되거나 헷갈리게 되는 경우도 적어진다.

프로그램을 작성한다는 것은 수행해야 할 작업들을 명령문들로 대체하는 것이다. 많은 작업들이 반복되고 프로그램 작성이 구조화되어야 하기 때문에 프로그램 작성 시에는 많은 함수들을 작성하게 된다. 따라서 대규모의 프로그램은 내부에 많은 수의 함수들을 갖게 되는데 다양한 분야에서 많이 사용하는 함수들은 미리 작성해 두고 사용한다. 이처럼 특정 분야에서 자주 사용되는 함수를 구현하여 모아놓은 것을 라이브러리 함수(library function)라고 한다. 함수는 사용자가 직접 만들어 사용할 수도 있고 미리 만들어져 있는 라이브러리 함수를 사용할 수도 있다.

예를 들어, 화면에 문자열을 출력하는 printf()나 키보드 입력을 받는 scanf()는 언제든지 사용할 수 있도록 미리 만들어져 있는 라이브러리 함수이다. 라이브러리 함수에는 그래픽 라이브러리, 통계분석 라이브러리, 수학연산 라이브러리 등이 존재한다. 프로그램 작성 시에는 미리 구축되어 있는 라이브러리 함수를 적절히 사용하면 개발 기간을 단축할 수 있으며 작성된 프로그램의 신뢰성을 증가시킬 수 있다. 사용자는 프로그램 작성 중에 필요한 경우 함수를 만들 수 있는데 이렇게 **사용자가 만드는 함수를 사용자 정의 함수(user defined function)라고 한다.** 사용자 정의 함수는 프로그래밍 언어에서 원래 주어지는 것이 아니라 사용자가 직접 정의하여 사용하는 함수를 의미한다.

8 재귀 호출

알고리즘이나 함수가 수행 도중에 자기 자신을 다시 호출하여 문제를 해결하는 재귀 호출 기법이다. 재귀 호출은 자신이 수행할 작업을 유사한 형태의 여러 조각으로 쪼갠 뒤 그 중 한 조각을 수행하고 나머지를 자기 자신을 호출해 실행하는 것을 가리킨다. 즉, 한 번 호출된 함수가 실행 중에 자기 자신을 다시 호출하는 것으로 반복적인 호출이 일어나는 함수이다. 따라서 재귀 호출에서는 무한 반복이 이루어질 수 있으므로 재귀 호출이 종료되도록 적절한 탈출 조건을 주어 해당 함수를 벗어나도록 해 주어야 한다.

> **! 더 알아두기 Q**
>
> 재귀 알고리즘의 구조에서 재귀 호출을 멈추는 종료 조건이 없다면 시스템 오류가 발생할 때까지 무한정 호출하게 된다. 따라서 재귀 호출을 멈추는 조건이 존재해야 한다.

재귀 호출은 다양한 알고리즘을 구현하는데 매우 유용하게 사용할 수 있는 도구이다. 재귀는 수학적 귀납법이나 수열의 점화식과 동일한 개념이라 할 수 있다. **재귀의 예로는 팩토리얼 값 구하기, 피보나치 수열** 등이 있다. 먼저 팩토리얼을 살펴보자. n 팩토리얼은 1부터 n개의 양의 정수를 모두 곱한 것이며 n!로 나타낸다. 따라서 n! = $1 \times 2 \times 3 \times \cdots\cdots \times (n - 1) \times n$이 된다. n은 보통 양의 정수 범위에서 주어진다. n! = $n \times (n - 1)!$이므로 n이 1일 때 $1 = 1 \times 0!$이 되므로 $0! = 1$로 약속한다. 팩토리얼은 이처럼 n!을 계산하기 위해 $n \times (n - 1)!$의 재귀 과정을 반복한다. 즉, 크기만 다를 뿐이지 같은 연산을 계속 반복적으로 수행한다.

> **📁 팩토리얼**
>
> $$n! = \begin{cases} 1 & (n = 0, 1) \\ n \times (n-1)! \end{cases}$$

n = 5일 때 n!의 값을 구하는 과정은 다음과 같다.

$$
\begin{aligned}
5! &= 5 \times 4! \\
   &= 5 \times 4 \times 3! \\
   &= 5 \times 4 \times 3 \times 2! \\
   &= 5 \times 4 \times 3 \times 2 \times 1! \\
   &= 5 \times 4 \times 3 \times 2 \times 1 \\
   &= 120
\end{aligned}
$$

팩토리얼 알고리즘을 살펴보면 다음과 같다.

```
int factorial(int n)
{
    if( n = 1 ) return 1;              // n = 1인 경우(재귀를 멈추는 종료 조건)
    else return (n * factorial(n - 1));    // n > 1인 경우(재귀 호출을 하는 부분)
}
```

팩토리얼에서 재귀 호출 순서를 살펴보자.

예를 들어, factorial(3)을 계산한다고 하면 [그림 1-34]와 같이 재귀 호출된다.

$$
\begin{aligned}
factorial(3) &= 3 * factorial(2) \\
             &= 3 * 2 * factorial(1) \\
             &= 3 * 2 * 1 \\
             &= 3 * 2 \\
             &= 6
\end{aligned}
$$

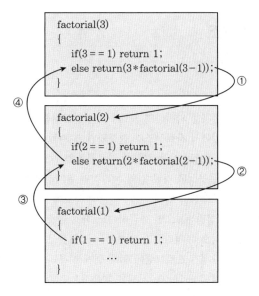

[그림 1-34] 팩토리얼의 재귀 호출

재귀를 갖고 있는 또 다른 예는 피보나치 수열이다. 피보나치 수열은 처음 두 항을 1로 한 후 세 번째 항부터는 바로 앞의 두 개의 항을 더해 만드는 수열을 말한다. 따라서 피보나치 수열에서 n번째 항을 fib(n)으로 표시한다면 fib(n)은 fib(n − 1)과 fib(n − 2)를 더하여 구할 수 있다.

> **정의 피보나치 수열**
> $fib(1) = 1$, $fib(2) = 1$
> $fib(n) = fib(n-1) + fib(n-2)$, $n \geq 3$

$fib(3) = fib(2) + fib(1) = 1 + 1 = 2$가 된다. 즉, 피보나치 수열은 1, 1, 2, 3, 5, 8, 13, 21,… 이다.

피보나치 수열을 계산하는 알고리즘은 다음과 같다.

```
int fib(n)
{
  if(n <= 2)
     return 1;
  else
     return fib(n − 1) + fib(n − 2);
}
```

여기서 fib(n)을 계산하기 위해 fib(n − 1)과 fib(n − 2)를 호출하고 있으므로 재귀를 사용하고 있다.

제 **3** 절　**기본 자료구조**

1 순차 자료구조

알고리즘은 어떤 문제를 해결하는 절차를 의미하며 자료구조는 알고리즘에 필요한 데이터의 집합이다. 자료구조와 알고리즘은 밀접한 관계가 있어서 자료구조가 결정되면 그 자료구조에서 사용할 수 있는 알고리즘이 결정된다. 또한 프로그램을 작성할 때에는 가장 적합한 자료구조와 알고리즘을 선택해야 한다. 자료구조는 프로그램에서 쉽게 이용할 수 있도록 구성된 자료 간의 논리적인 관계라고 할 수 있다. 같은 알고리즘이라도 자료구조가 달라지면 전혀 다른 프로그램이 될 수 있기 때문에 자료에 알맞은 자료구조를 만드는 것이 매우 중요하다. 일상생활에서 물건을 잘 정리해놓으면 깔끔하기도 하고 나중에 필요한 물건을 찾기도 쉽다. 이와 마찬가지로 컴퓨터가 문제를 효율적으로 처리하기 위해서는 자료를 보관하고 정리하는 기술이 필요하다. 자료구조는 자료 사이의 논리적인 관계가 프로그램에 의해 쉽게 이용되도록 구성한 개별적인 자료 요소들의 집합이다. 적절한 자료구조는 자료의 추가, 삭제, 검색을 효율적으로 수행할 수 있게 해준다. 컴퓨터가 복잡한 자료들을 빠르게 저장하고 처리하기 위해서는 자료구조가 효율적으로 조직화되어 있어야 한다.

일상생활에서 사용하는 자료구조의 예는 [표 1-2]와 같다.

[표 1-2] 일상생활에서의 자료구조 예

일상생활에서의 예	자료구조
물건을 쌓아두는 것	스택
영화관 매표소의 줄	큐
할 일 리스트	리스트
영어 사전	탐색구조
지도	그래프
조직도	트리

컴퓨터는 자료의 특성에 따라 다양한 자료구조를 사용한다. 자료구조에는 단순 구조, 선형 구조, 비선형 구조가 있다. 단순 구조는 정수, 실수, 문자, 문자열 등과 같은 자료의 형태를 말한다. 선형 구조는 자료를 저장시키는 데 있어 자료와 자료 간의 연결 관계가 일대일 관계를 가지는 형태로 자료들이 기다란 선처럼 연결되어 있는 구조이다. 선형 자료구조에는 배열, 연결 리스트, 스택, 큐가 있다. 비선형 구조는 자료 간의 연결 관계가 일대다 또는 다대다의 관계를 가지는 형태이다. 비선형 자료구조에는 트리, 그래프가 있다. 선형 자료구조는 자료를 순서대로 저장하는 특징이 있고 비선형 자료구조는 자료를 순서대로 저장하지 않는 특징이 있다.

(1) 배열

배열은 같은 자료형의 요소들이 동일한 크기로 순서를 갖고 나열되어 있는 집합이다. 프로그램을 작성할 때 한꺼번에 많은 자료를 처리해야 하는 경우 배열을 사용하면 유용하다. 배열은 자료구조 중에서 가장 기본적인 구조이며 대부분의 프로그래밍 언어에서 배열을 표현할 수 있다. 배열은 순차적인 방법으로 기억 장소에 저장되며 여러 항목을 하나의 집단으로 취급하여 사용할 수 있다. 배열은 인덱스를 지정하여 그 위치에 있는 요소를 참조할 수 있는데 이 경우 O(1)의 시간이면 충분하다. 접근 속도가 빠르다는 것은 배열의 최대 장점이다.

배열은 데이터를 연속된 위치에 기억 공간의 낭비 없이 저장하지만 데이터를 삽입하거나 삭제하기 위해서는 데이터의 이동이 많이 일어나기 때문에 쉽지 않다. 배열에 데이터를 삽입할 때는 그 데이터를 넣을 장소를 비우기 위해 요소를 하나씩 뒤로 이동해야 한다. 예를 들어, 배열에 다음과 같이 5개의 데이터가 저장되어 있을 때 새로운 데이터인 50을 삽입하는 과정을 살펴보자.

36	54	24	16	48

만약 첫 번째 위치에 50을 삽입한다고 가정하자. 맨 앞에 50을 삽입하기 위해서는 이미 저장되어 있던 36부터 48까지 모든 데이터를 뒤로 한 칸 이동시켜야 한다. 즉, 5번의 자료 이동이 발생하게 된다. 두 번째 위치에 50을 삽입하는 경우에는 54부터 48까지 데이터를 뒤로 한 칸 이동시켜야 하므로 4번 자료 이동이 발생한다. 세 번째 위치에 삽입하는 경우에는 3번, 네 번째 위치에 삽입하는 경우에는 2번, 다섯 번째 위치에 삽입하는 경우에는 1번의 자료 이동이 발생한다. 따라서 삽입 시 평균 자료 이동의 횟수는 $\frac{n+1}{2}$ 이 된다.

데이터 삭제에 대해서도 삽입의 경우와 유사하게 삭제된 데이터를 저장했던 장소를 채우기 위해서 요소를 하나씩 앞으로 이동해야 한다. 만약 첫 번째 데이터인 36을 삭제하는 경우에는 54부터 48까지의 데이터를 모두 한 칸씩 앞으로 이동시켜야 한다. 따라서 4번의 자료 이동이 발생하게 된다. 두 번째 위치의 데이터를 삭제하는 경우에는 3번의 자료 이동이 발생하고, 세 번째 위치의 데이터를 삭제하는 경우에는 2번, 네 번째 위치의 데이터를 삭제하는 경우에는 1번, 다섯 번째 위치의 데이터를 삭제하는 경우에는 0번의 자료 이동이 발생하게 된다. 따라서 삭제 시 평균 자료 이동의 횟수는 $\frac{n-1}{2}$ 이 된다.

만약 데이터 개수가 n개인 배열에서 데이터를 삽입이나 삭제하기 위해서는 O(n)의 시간이 필요하게 된다. 일반적으로 기억되어 있는 데이터의 위치 관계를 바꿀 필요가 있는 경우에는 배열을 사용하는 것은 적당하지 않다. 반대로 배열은 위치 관계를 바꾸지 않고 사용하는 경우에는 가장 적합한 자료구조라 할 수 있다. 또한 접근 시간이 빠르기 때문에 임의의 요소에 대한 직접 접근이 필요한 경우에 배열을 이용하는 것이 가장 바람직하다.

배열 구조의 장단점을 살펴보면 다음과 같다.

장점	단점
• 접근 속도가 빠르다. • 가장 간단한 구조이다.	• 삽입, 삭제 시 자료 이동이 필요하다. • 메모리에 종속적이다.

2 연결 자료구조

(1) 연결 리스트

배열은 인덱스를 하나씩 증가하여 그 배열의 요소에 접근할 수 있으며 인덱스만 알면 임의의 요소에 접근하는 속도가 빠르다. 그러나 데이터를 삽입하거나 삭제할 경우 배열의 요소들을 뒤나 앞으로 이동시켜서 연속적으로 저장되도록 해야 한다. 자리 이동이 빈번하게 발생하므로 항목의 개수가 많고 삽입과 삭제 연산이 많은 경우 비효율적이다. 이러한 문제점을 해결하기 위하여 연결 리스트를 사용할 수 있다. 연결 리스트(linked list)는 선형 리스트를 표현하는 또 하나의 대표적인 방법이다. 연결 리스트는 데이터들이 한곳에 모여 있을 필요없이 기억 장소의 어디나 흩어져서 존재할 수 있다. 각각의 데이터는 순서를 유지하기 위해 다음 데이터를 가리키는 포인터를 가지며 이 포인터를 이용하여 여러 개의 작은 공간을 연결하여 하나의 전체 자료구조를 표현할 수 있다. 각 데이터들은 주기억장치의 어느 위치에 저장되든 상관없고 단지 각 데이터들이 포인터에 의해 연결되어 있기만 하면 된다.

연결 리스트는 [그림 1-35]와 같이 데이터를 포인터로 연결한 것이다.

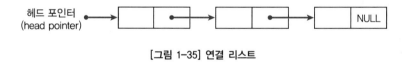

[그림 1-35] 연결 리스트

포인터로 연결된 각 기억 장소를 노드(node)라고 하는데 노드는 두 부분으로 구성된다. 데이터를 저장하는 데이터 필드와 다음 데이터가 저장된 노드를 가리키는 포인터가 저장되는 링크 필드로 구성된다. [그림 1-35]에서 노드의 왼쪽 부분에는 그 노드에 들어갈 데이터를 넣고 오른쪽 부분에는 다음 요소를 가리키는 포인터를 넣는다. 연결 리스트에서는 마지막 노드의 포인터 부분에 리스트의 끝을 나타내는 특별한 포인터 값인 NULL을 넣어둔다. 연결 리스트는 포인터로 연결되어 있으므로 선두 노드만 알고 있으면 포인터를 따라감으로써 모든 노드에 도달할 수 있다. 연결 리스트는 배열로 표현하는 방법과는 반대로 개개의 요소를 직접 접근하는 기능을 갖고 있지 않다.

연결 리스트에서 데이터를 삽입하거나 삭제하는 연산은 배열에 비해 매우 유용하게 할 수 있다. 연결 리스트에서는 항목들의 이동이 필요 없으며 삽입이나 삭제를 빠른 시간 내에 할 수 있다. 따라서 자료의 삽입과 삭제가 자주 발생하는 경우 연결 리스트를 사용하면 속도가 빠르다. 연결 리스트는 기억 장소내의 연속된 위치에 저장할 필요 없이 포인터를 이용하여 여러 개의 작은 공간을 연결하여 사용할 수 있다.

따라서 용량이 고정되지 않으며 언제든지 중간에 추가할 수 있다. 그러나 연결 리스트는 다음 요소의 주소를 저장하고 있는 포인터에 해당하는 링크 필드를 위한 추가 공간이 필요하다. 또한 어떤 데이터를 찾고자 할 때에는 항상 첫 번째 노드부터 다음 노드를 링크로 이동하며 탐색해야 한다. 원하는 데이터가 있는 노드를 찾을 때까지 차례로 방문하는 순차 탐색을 해야 하므로 시간 복잡도는 O(n)이 된다. 따라서 데이터의 탐색이 자주 발생하는 경우 속도가 느리다. 연결 리스트는 연산의 구현이나 사용 방법이 배열에 비해 복잡하다.

> **! 더 알아두기 Q**
>
> **연결 리스트의 장단점**
>
> | 장점 | 단점 |
> |---|---|
> | • 노드의 삽입, 삭제가 쉽다.
• 메모리에 대해 독립적이다.
• 메모리 단편화를 방지하여 기억 장소를 절약할 수 있다.
• garbage collection을 할 수 있다.
• 희소 행렬을 연결 리스트로 표현하면 기억 장소가 절약된다. | • 접근 속도가 느리다.
• 포인터를 위한 추가 공간이 필요하다.
• 중간에 단절되면 다음 노드를 찾기 어렵다. |
>
> **garbage collection(쓰레기 수집)**
> ① 사용하지 못하는 기억 공간을 모으는 작업
> ② 메모리 관리 기법 중의 하나로 프로그램이 동적으로 할당했던 메모리 영역 중에서 필요 없게 된 영역을 해제하는 기능

연결 리스트에서 노드를 삽입하는 방법은 다음과 같다.

> ① 삽입할 노드를 생성한다.
> ② 새 노드의 데이터 필드에 값을 저장한다.
> ③ 새 노드의 링크값을 지정한다.
> ④ 리스트의 이전 노드에 새 노드를 연결한다.

[그림 1-36]은 연결 리스트에서 노드를 삽입하는 과정을 보인 것이다. 노드 B와 노드 C 사이에 새로운 노드 N을 삽입하려고 한다.

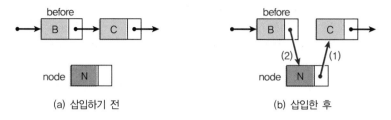

(a) 삽입하기 전   (b) 삽입한 후

[그림 1-36] 연결 리스트에서의 노드 삽입

[그림 1-36]에서 데이터 B가 저장된 노드 이름은 before이고 데이터 N이 저장된 노드 이름은 node라고 하자. 삽입 연산을 위해서는 먼저 node 노드가 데이터 C를 저장한 노드를 가리키도록 한 다음 before 노드가 node 노드를 가리키도록 하면 된다.

연결 리스트에서 노드를 삭제하는 방법은 다음과 같다.

---
① 삭제할 노드의 앞 노드를 찾는다.
② 앞 노드에 삭제할 노드의 링크 필드값을 저장한다.
③ 삭제한 노드의 앞 노드와 삭제한 노드의 다음 노드를 연결한다.

[그림 1-37]은 연결 리스트에서 노드를 삭제하는 과정을 보인 것이다. 노드 B와 노드 C 사이에 있는 노드 N을 삭제하려고 한다.

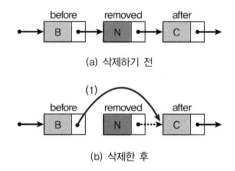

(a) 삭제하기 전

(b) 삭제한 후

[그림 1-37] 연결 리스트에서의 노드 삭제

삭제 연산은 단순히 before 노드가 다음 노드로 after 노드를 가리키도록 변경하기만 하면 된다. 먼저 removed 노드가 NULL이 아닌 경우 before 노드가 after 노드를 가리키게 한 다음 removed 노드를 반환하면 된다. 연결 리스트의 가장 큰 장점은 삽입이나 삭제가 간편하다는 점이다. 데이터를 이동하지 않아도 되며 단지 링크 부분만 변경하면 삽입이나 삭제를 쉽게 할 수 있다.

연결 리스트는 연결 방식에 따라 단순 연결 리스트, 이중 연결 리스트, 원형 연결 리스트가 있다. 단순 연결 리스트(single linked list)는 [그림 1-38]과 같이 각 노드가 한 개의 데이터 필드와 한 개의 링크 필드를 갖는다. 노드들이 한 방향으로만 연결되어 있으며 맨 마지막 노드의 링크 필드에는 더 이상의 데이터가 없다는 의미로 NULL 값을 갖는다. 단순 연결 리스트는 가장 단순하고 이해하기 쉬운 형태이면서 가장 많이 사용되는 구조이다.

[그림 1-38] 단순 연결 리스트

단순 연결 리스트에서는 각 노드가 다음 노드를 가리키고 있으나 이전 노드를 가리키지 않아 이전 노드로 접근할 수 없다. 임의의 노드에서부터 이전에 위치한 노드에 접근하기 위해서는 다시 헤드 포인터로부터 시작해야 하는 문제점이 있다. 이를 해결하기 위해서 각 노드에 다음 노드를 가리키는 포인터 영역뿐만 아니라 이전 노드를 가리키는 포인터 영역을 두는 이중 연결 리스트를 사용할 수 있다. 이중 연결 리스트 (double linked list)는 단순 연결 리스트와 비슷하지만 [그림 1-39]와 같이 각 노드가 하나의 데이터 필드와 두 개의 링크 필드를 갖는다. 두 개의 링크 필드 중 왼쪽 링크 필드는 이전 노드를 가리키고 오른쪽 링크 필드는 다음 노드를 가리킨다. 즉, 두 개의 링크 필드를 이용하여 각 노드의 선행 노드와 후속 노드를 가리킨다. 이중 연결 리스트에서 맨 앞에 있는 첫 번째 노드는 이전 노드가 존재하지 않으므로 포인터가 NULL 값을 갖는다. 마찬가지로 맨 마지막 노드는 다음 노드가 존재하지 않으므로 포인터가 NULL 값을 갖게 된다.

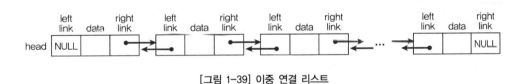

[그림 1-39] 이중 연결 리스트

원형 연결 리스트(circular linked list)는 단순 연결 리스트와 같이 노드를 구성할 때 링크 부분을 하나 두고 구성하는 형태이지만 [그림 1-40]과 같이 처음과 끝을 서로 연결하여 원형으로 만든 연결 리스트이다. 즉, 단순 연결 리스트의 마지막 노드의 링크 필드에 첫 번째 노드에 대한 시작 주소를 넣어 원형의 연결성을 갖는 구조이다.

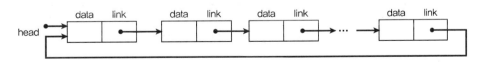

[그림 1-40] 원형 연결 리스트

3 스택

스택(stack)의 사전적인 의미는 '(보통 깔끔하게 정돈된) 무더기, 더미'를 의미한다. 스택의 예로, 차곡차곡 쌓여있는 접시 더미나 책상에 쌓여있는 책 등을 들 수 있다. 스택은 입력되는 데이터들이 순서대로 차곡차곡 쌓이므로 맨 아래에는 가장 먼저 입력된 데이터가 놓이고 맨 위에는 가장 최근에 입력된 데이터가 놓이게 된다. 스택은 중간에서 데이터를 꺼낼 수 없으며 맨 위에 있는 데이터만 꺼낼 수 있다. 스택에서 데이터의 입출력이 이루어지는 맨 위 부분을 top이라고 한다. 스택에 저장된 데이터들을 꺼내거나 새로운 데이터를 삽입하고자 할 경우에는 top에서만 접근할 수 있다. 스택은 한쪽 방향으로만 입출력하는 구조이다. 맨 마지막에 입력한(Last-In) 데이터가 맨 먼저에 출력되는(First-Out) 후입선출(LIFO : Last-In First-Out) 구조이다.

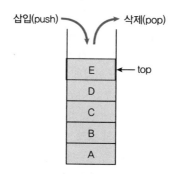

[그림 1-41] 스택의 구조

스택에는 두 가지 기본 연산이 있다. 하나는 스택에 데이터를 삽입하는 연산인데 push라 하고 다른 하나는 데이터를 삭제하는 연산으로 pop이라 한다. 스택에 데이터가 하나도 없는 경우 공백 스택(empty stack)이라 한다. [그림 1-42]는 스택에서 삽입과 삭제 연산을 보여주고 있다. 맨 처음 공백 상태에서 push(A)를 수행하면 스택의 맨 아래에 A가 삽입된다. 다시 push(B)를 수행하면 A위에 B가 삽입된다. 다시 push(C)를 수행하면 A와 B가 이미 쌓여있는 스택의 맨 위에 C가 삽입된다. 이때 스택에는 A, B, C가 순서대로 쌓여있는 상태이다. 이 상태에서 pop( )을 수행하면 스택의 가장 위에 있는 데이터인 C가 삭제된다.

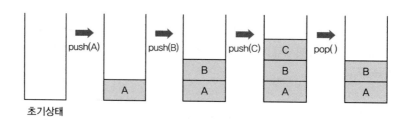

[그림 1-42] 스택의 삽입과 삭제 연산

스택은 삽입과 삭제 연산을 하는 경우 top 포인터가 가리키는 데이터가 삽입되거나 삭제된다. 따라서 삽입 연산을 하기 위해서는 top 포인터의 값을 하나 증가시켜 top+1이 되어야 한다. 삭제 연산을 하는 경우에는 현재 top이 가리키는 데이터를 삭제한 후 top을 하나 감소시켜 top-1이 되어야 한다. 또한 스택에 삽입이나 삭제 연산을 하려면 스택이 공백 상태인지, 포화 상태인지를 확인하는 과정이 필요하다. 만약 스택에 삽입하고자 하는데 스택이 가득차 있다면 입력이 불가능하므로 오버플로우가 발생한다. 또한 삭제하고자 하는데 스택이 비어있는 상태라면 출력할 데이터가 존재하지 않으므로 언더플로우가 발생하게 된다.

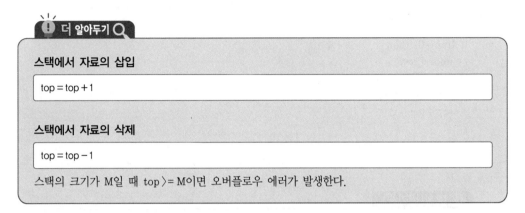

더 알아두기

스택에서 자료의 삽입

top = top + 1

스택에서 자료의 삭제

top = top − 1

스택의 크기가 M일 때 top >= M이면 오버플로우 에러가 발생한다.

스택은 배열이나 연결 리스트를 사용하여 구현할 수 있다. 배열로 구현하는 방법은 구현이 쉽고 간단한 반면 크기가 고정된다는 단점이 있다. 배열은 사용 중에 크기를 변경하기 어려우므로 배열을 최대 크기로 할당해 놓기 때문에 메모리의 낭비가 발생할 수 있다. 연결 리스트를 이용하여 구현하는 방법은 구현이 약간 복잡하지만 필요할 때마다 언제든지 추가할 수 있기 때문에 배열처럼 크기 제한이 없으며 포화 상태인지를 확인할 필요가 없다. 따라서 스택의 크기를 필요에 따라 가변적으로 변경할 수 있다. 다음은 스택에서 데이터를 삽입하는 push() 알고리즘이다.

스택의 삽입 알고리즘

```
push()
{
    if (top >= M) then
        overflow;
    else {
        top = top + 1;
        STACK(top) = x;
    }
}
```

다음은 스택에서 데이터를 삭제하는 pop() 알고리즘이다.

📁 **스택의 삭제 알고리즘**

```
pop()
{
    if (top = 0) then
        underflow;
    else {
        x = STACK(top);
        top = top - 1;
    }
}
```

💡 **더 알아두기** 🔍

오버플로우(overflow) 발생
스택이 가득 차서 더 이상 삽입할 수 없을 경우

언더플로우(underflow) 발생
스택이 비어서 더 이상 삭제할 수 없을 경우

스택은 산술식 계산에도 사용된다. 일반적으로 연산식은 연산자의 위치에 따라 전위 표기법, 중위 표기법, 후위 표기법으로 표현할 수 있다. 전위 표기법은 연산자를 피연산자들 앞에 표시하며 연산자-피연산자-피연산자 순으로 표기한다. 중위 표기법은 연산자를 피연산자들 사이에 표시하며 피연산자-연산자-피연산자 순으로 표기한다. 후위 표기법은 연산자를 피연산자들 뒤에 표시하며 피연산자-피연산자-연산자 순으로 표기한다.

예를 들어, 산술식 5 + A × B를 전위 표기법으로 표현하면 + 5 × AB가 되고, 중위 표기법으로 표현하면 5 + A × B가 된다. 후위 표기법으로 표현하면 5AB × +가 된다. 일반적으로 사람들이 많이 사용하고 익숙한 표기법은 중위 표기법이다. 그러나 중위 표기법으로 표현된 연산식을 컴퓨터로 처리하기 위해서는 수식 안에 있는 괄호나 연산자의 우선순위를 고려하여 계산해야 하므로 복잡하다. 때문에 컴퓨터는 후위 표기법을 사용하는데 후위 표기법은 모든 연산자가 자신의 피연산자들의 직후에 위치하도록 표기하는 방법이다. 후위 표기법은 쉽고 간단하게 계산할 수 있는 형태이다. 후위 표기법으로 표기된 수식은 괄호나 연산자 우선순위를 고려할 필요가 없으며 수식의 맨 앞에서부터 차례대로 하나씩 읽어서 처리한다. 읽어들인 데이터가 숫자인 경우에는 단순히 스택에 추가하고 연산자인 경우에는 스택의 제일 위에 있는 두 개의 데이터를 꺼내 연산을 한다. 연산한 결과는 다시 스택에 넣는데 이 과정을 계속 반복하면 마지막에 스택에 남은 값이 수식 전체의 최종 결과가 된다.

예를 들어, $4 \times 7 - (5 + 3)$이라는 산술식을 스택을 이용하여 계산하는 절차는 [그림 1-43]과 같다.

> 📁 **계산 순서**
> ① 원래의 식 $4 \times 7 - (5 + 3)$
> ② 후위 표기법 $47 \times 53 + -$
> ③ 스택에 의한 계산

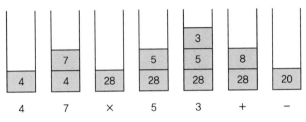

[그림 1-43] 산술식 계산 절차

스택이 응용되는 분야를 살펴보면 다음과 같다.

(1) 함수 호출에서 복귀 주소를 기억하는 데 스택을 사용한다. 함수는 실행이 끝나면 가장 최근에 자신을 호출한 함수로 되돌아가야 한다. 함수는 호출된 순으로 스택에 현재 실행 중인 문장의 주소를 저장하는데 함수 수행이 끝나면 스택에서 복귀 주소를 구해서 그곳으로 되돌아간다. 복귀 시에는 호출 순서와는 반대 순서로 이루어져야 하므로 이때 정보들이 저장된 역순으로 필요하게 되어 스택이 필요한 것이다. 이러한 경우에 사용되는 스택은 컴퓨터의 운영체제만 사용하는 시스템 스택으로 사용자는 접근할 수 없다.

(2) 스택은 데이터가 입력되는 순서의 역순으로 출력해야 하는 경우 매우 유용하다. 예를 들어, 데이터가 (A, B, C, D) 순으로 있을 때 이를 (D, C, B, A)처럼 역순으로 하고 싶은 경우 스택을 사용할 수 있다. 즉, (A, B, C, D)를 순서대로 스택에 삽입한 다음 삭제 연산을 4번 수행하면 역순인 (D, C, B, A)가 출력되게 된다. 스택을 사용하면 문자열 뒤집기와 같은 연산이 가능하다.

(3) 스택은 고급 언어의 명령문을 컴파일러가 번역할 때에도 사용한다. 산술식에는 연산자와 피연산자를 사용하는데 연산자는 어떤 연산을 할지 나타내고, 피연산자는 연산의 대상이 되는 것을 의미한다. 산술식은 연산의 우선순위에 따라 번역된다. 연산자의 우선순위는 복잡한 산술식에서 어느 연산을 먼저 계산할 것인가를 결정하는 것인데 이렇게 연산의 순서를 정하는 경우에도 스택을 사용한다. 스택은 수식을 계산하는데 매우 효과적이다.

(4) 스택은 프로그램의 소스 코드에서 괄호 닫기가 제대로 되었는지 확인하는 경우에도 사용한다. 괄호는 여는 괄호와 닫는 괄호가 쌍을 이루어야 하는데 여러 유형의 괄호를 사용하는 소스 코드를 스택을 이용하여 괄호 검사를 할 수 있다.

(5) 스택은 미로 탐색에서 시작 지점으로 되돌아가기 위해 지나온 지점의 위치를 저장할 때 사용할 수 있다. 미로를 출발할 때 지점의 정보를 스택에 계속 쌓는다. 그런 후 되돌아가야 할 상황이 발생하면 스택에 저장된 정보를 위에서부터 확인하면 돌아가는 길을 확인할 수 있다.

> **❗ 더 알아두기 🔍**
>
> **스택의 응용 분야**
> ① 함수 호출이나 부 프로그램 호출 시 복귀를 저장할 때
> ② 인터럽트 분기 시 복귀 주소를 저장할 때
> ③ 되부름 시 복귀 주소를 저장할 때
> ④ 수식을 연산할 때(산술식 표현)

4 큐

큐(queue)는 일상생활에서 어떤 서비스를 받기 위해서 줄을 서는 것과 같은 형태의 자료구조이다. 큐는 한쪽 방향으로 데이터가 삽입되고 반대 방향으로 데이터가 삭제되는 구조이다. 즉, 한쪽 방향에서는 입력만 하고 다른 한쪽 방향에서는 출력만 하는 구조이다. **큐는 삽입되는 순서에 따라 출력되는 순서가 결정되는데 가장 먼저 삽입(First-In)된 데이터가 가장 먼저 삭제(First-Out)된다.** 이러한 구조를 선입선출(FIFO : First-In First-Out) 구조라 한다. 큐를 대기 행렬이라고도 하는데 대기 행렬이란 극장이나 식당 등에서 차례를 기다리는 행렬이 마치 선입선출 원칙에 따라 처리된다는 점에서 생긴 이름이다. 일상생활에서도 큐를 설명할 수 있다. 예를 들어, 마트에서 구입할 물건을 고르고 계산을 하기 위해 계산대 앞에 줄을 서는 것도 일종의 큐라고 할 수 있다. 계산을 하기 위해서는 [그림 1-44]와 같이 계산대에 도착한 순서대로 줄을 서야 한다. 먼저 온 사람은 대기 행렬의 앞에 서게 되고 나중에 도착한 사람은 뒤에 서게 된다. 계산대 앞쪽 사람들이 차례로 계산이 완료되면 뒤에서 기다리던 사람들은 서서히 앞쪽으로 이동하게 된다. 그러다가 드디어 계산대의 맨 앞에 섰을 때 물건값을 계산할 수 있다. 큐는 이와 같이 새로운 데이터 삽입은 한쪽에서만 이루어지고 삭제는 다른 한쪽에서만 이루어지는 형태의 자료구조이다.

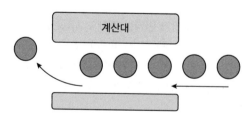

[그림 1-44] 마트의 계산대

큐는 삽입과 삭제가 이루어지는 위치를 가리키기 위해 front와 rear라는 포인터를 이용한다. [그림 1-45]와 같이 큐에서 데이터의 삽입이 일어나는 한쪽 끝을 rear라 하고 데이터의 삭제가 일어나는 다른 한쪽 끝을 front라고 한다. 큐는 배열이나 연결 리스트를 사용하여 구현할 수 있다.

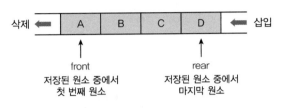

[그림 1-45] 큐의 구조

큐에서 새로운 데이터가 삽입될 때는 rear 포인터가 가리키는 쪽에서만 삽입이 일어나므로 rear 포인터가 증가한다. 큐에서 데이터가 삭제될 때는 front 포인터가 가리키는 쪽에서만 삭제가 이루어지므로 front 포인터가 증가한다. 큐의 삽입 연산은 enqueue이고 삭제 연산은 dequeue다.

큐의 삽입과 삭제 연산을 살펴보면 다음과 같다. [그림 1-46]은 공백 큐에서 데이터를 삽입하고 삭제하는 과정을 보인 것이다.

① 큐가 비어있는 상태

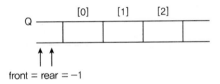

② 'A'를 삽입

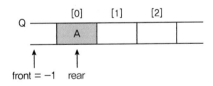

③ 'B'를 삽입

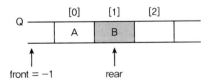

④ 삭제('A'가 삭제됨)

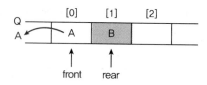

⑤ 'C'를 삽입

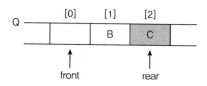

⑥ 삭제('B'가 삭제됨)

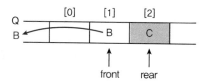

⑦ 삭제('C'가 삭제됨)

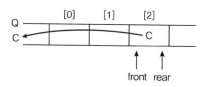

[그림 1-46] 큐의 삽입과 삭제 연산

다음은 큐에서 데이터를 삽입하는 enqueue() 알고리즘이다.

> **🗃 큐의 삽입 알고리즘**
>
> ```
> enqueue()
> {
>    if (rear >= M) then     // M은 큐의 전체 크기
>       overflow;
>    else {
>       rear = rear + 1;
>       QUEUE(rear) = x;
>    }
> }
> ```

삽입 연산을 하기 위해서는 먼저 큐가 꽉 찬 포화 상태인지를 확인해야 한다. rear 포인터가 큐의 전체 크기인 M보다 크거나 같으면 오버플로우가 발생한다. 그렇지 않으면 큐에서 rear 포인터를 하나 증가시킨 후 rear 포인터가 가리키는 위치에 x라는 데이터를 삽입한다.

다음은 큐에서 데이터를 삭제하는 dequeue() 알고리즘이다.

> **🗂 큐의 삭제 알고리즘**
>
> ```
> dequeue()
> {
>     if (front = rear) then
>         underflow;
>     else {
>         front = front + 1;
>         return QUEUE(front);
>     }
> }
> ```

삭제 연산을 하기 위해서는 먼저 큐가 공백 상태인지 확인해야 한다. front 포인터와 rear 포인터가 같으면 데이터가 없는 것이므로 삭제 연산을 중단한다. 공백 상태가 아니면 큐의 가장 앞에 있는 원소를 삭제해야 하므로 front 포인터를 하나 증가시키고 front 포인터가 가리키는 위치의 데이터를 삭제한다.

큐의 삽입 알고리즘과 삭제 알고리즘을 살펴보면 rear 포인터나 front 포인터 모두 값을 하나씩 증가시키면서 삽입하고 삭제하게 된다. 즉, front와 rear의 값은 계속 증가하기만 한다. 큐를 배열과 같은 순차 자료구조로 구현하는 경우 삽입과 삭제 연산이 계속 반복 수행되다 보면 front와 rear의 값은 계속 증가하게 된다. 따라서 최종적으로는 배열의 끝에 도달하게 되며 rear 포인터는 큐의 전체 크기인 M과 같아지게 된다.

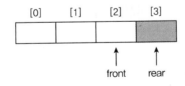

[그림 1-47] 큐에서 잘못 인식된 포화 상태

이런 경우 배열의 앞부분이 비어 있더라도 포화 상태(rear = M)로 인식하게 되어 오버플로우가 발생한다. 즉, 큐에 데이터를 삽입할 빈 공간이 없는 것으로 판단하여 더 이상의 삽입을 수행하지 않는다. [그림 1-47]과 같이 큐의 앞부분이 비어있음에도 rear가 큐의 크기와 같아 데이터를 삽입할 수 없는 문제점을 해결하기 위해 원형 큐를 사용한다.

배열을 이용하여 구현한 큐
먼저 크기가 n인 1차원 배열을 생성하고 front와 rear를 −1로 초기화한다.
① 큐의 크기 = 배열의 크기
② 변수 front : 배열에 저장된 첫 번째 원소의 인덱스
③ 변수 rear : 배열에 저장된 마지막 원소의 인덱스
④ 초기 상태 : front = rear = −1
⑤ 공백 상태 : front = rear
⑥ 포화 상태 : rear = n−1 (n : 배열의 크기, n−1 : 배열의 마지막 인덱스)

원형 큐(circular queue)는 배열로 구현한 큐의 이동 문제를 해결하기 위한 방법이라 할 수 있다. 원형 큐는 [그림 1-48]과 같이 큐의 처음과 끝을 연결한 원형의 구조이며 마지막 공간이 다음 큐의 시작점이 된다. 원형 큐에서는 오버플로우가 발생하더라도 rear 포인터를 하나 증가시켜 계속 새로운 공간을 확보할 수 있으므로 삽입 연산이 가능하다.

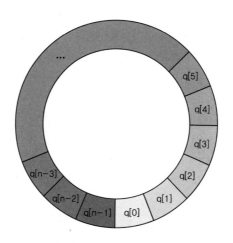

[그림 1-48] 원형 큐의 구조

큐에서는 맨 처음 큐가 비어있는 공백 상태일 때는 front와 rear 포인터가 모두 −1이었다. 그러나 원형 큐에서는 선형 큐와는 달리 front와 rear가 같은 위치를 가리키기만 하면 된다. [그림 1-49]와 같이 front는 항상 큐의 첫 번째 항목의 하나 앞을 가리키고, rear는 마지막으로 입력된 항목을 가리킨다.

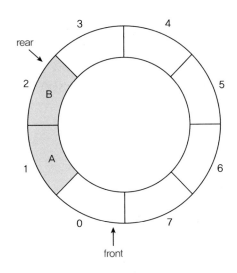

[그림 1-49] 원형 큐의 front와 rear

큐의 특별한 구조로 데크(deque : double-ended queue)라는 자료구조가 있다. 큐에서는 데이터를 선형 리스트의 선두에서 삭제하고 끝에서 삽입하지만 데크에서는 [그림 1-50]과 같이 **삽입과 삭제를 양쪽에서 모두 행할 수 있는 자료구조**이다.

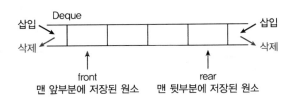

[그림 1-50] 데크의 구조

데크는 기본적으로 양쪽 끝에서 삽입, 삭제가 가능하지만 양쪽 끝에서 데이터의 삽입이나 삭제에 제한을 둘 수 있다. 그런 경우 데크의 한쪽 끝에서만 삽입과 삭제가 가능하다. 데이터를 입력할 때는 한쪽에서만 가능하고 출력은 양쪽에서 수행되도록 제한한 자료구조를 입력 제한 데크 또는 스크롤(scroll)이라고 한다. 데이터를 입력할 때는 양쪽에서 가능하고 출력할 때는 한쪽에서 수행되도록 제한한 자료구조를 출력 제한 데크 혹은 셸프(shelf)라고 한다. 데크는 큐보다도 일반적인 특성을 가지는 구조이지만 이용하는 범위는 한정되어 있다.

큐는 많은 분야에서 광범위하게 활용된다. 큐가 응용되는 분야를 살펴보면 다음과 같다.

① 큐는 서로 다른 속도로 실행되는 두 프로세스 간의 상호 작용을 조화시키는 버퍼 역할을 담당한다. 예를 들어, CPU와 프린터 사이의 프린터 버퍼, CPU와 키보드 사이의 키보드 버퍼 등이 이에 해당한다. 큐는 운영체제의 스케줄링 작업에도 사용된다. 스케줄링이란 처리하는 일들의 진행 순서를 정하는 작업이다.

② 큐는 큐잉 이론에 따라 컴퓨터로 시스템의 특성을 시뮬레이션하여 분석하는 데 이용된다. 큐잉 모델은 고객에 대한 서비스를 수행하는 서버와 서비스를 받는 고객들로 이루어진다. 예를 들어, 공항의 비행기들 이나 은행에서 기다리는 고객들이 서비스를 받고 나가는 과정을 시뮬레이션할 수 있다. 도착한 시간과 서비스를 받기위해 기다리는 평균 시간이 얼마나 되는지 등을 큐로 시뮬레이션할 수 있다. 시뮬레이션이 끝나면 고객들의 평균 대기 시간이나 종료 시간 등을 계산할 수 있다.

제 **4** 절 순환과 점화관계 중요 ★★

순환(recursion)은 문제의 유형이 자신과 같지만 크기가 다른 문제로 정의되고 이들 간의 관계로 문제를 해결하는 방법이다. 어떤 문제 안에 크기만 다를 뿐 성격이 똑같은 작은 형태의 문제들이 포함되어 있는 것이라 할 수 있다.

점화 관계(recurrence relation)는 어떤 함수를 자신과 똑같은 함수를 이용하여 나타내는 것이다. 점화식은 어떤 함수를 자신보다 더 작은 변수에 대한 함수와의 관계로 표현한 것이다. 수열은 원소들을 일정한 순서로 나열한 형태로 표현한다. 이러한 원소들 사이에는 일정한 규칙이 있을 수 있고 원소들의 나열 대신 이 규칙으로 표현하는 것도 점화식이라 한다. 등차 수열의 경우 앞의 항에 항상 일정한 수를 더하여 만들어가는 수열이다. 예를 들어, 수열이 2, 5, 8, 11, 14, … 와 같은 경우 이 수열은 앞의 항에 3을 더하여 다음 항이 만들어짐을 알 수 있다. 따라서 n번째 수열 a_n은 a_n의 바로 앞의 항인 a_{n-1}에 3을 더한 형식으로 표현하여 $a_n = a_{n-1} + 3$이라 할 수 있다. 이와 같이 수열에서 n번째 항 a_n을 그 앞의 항인 a_{n-1}, a_{n-2},… 등에 의해 표현하는 형식을 점화식이라 하며 적절한 처음 몇 항이 주어지면 수열의 모든 항을 구할 수 있다. 점화식은 자기 호출을 사용하는 순환 함수의 복잡도를 구하는 데 유용하다. 순환적 관계를 이용하여 알고리즘의 수행 시간을 점화식으로 표현할 수 있다. 자기 호출을 사용하는 알고리즘은 많다. 자신과 똑같지만 크기만 다른 함수를 호출하는 순환 호출을 사용하는 다른 예로는 이항 계수, 하노이의 탑 문제, 병합 정렬, 이진 탐색 등이 있다.

○×로 점검하자

※ 다음 지문의 내용이 맞으면 ○, 틀리면 ×를 체크하시오. [1~9]

01 자료는 어떤 일의 바탕이 될 재료라고 할 수 있으며 프로그램을 수행하는 데 필요한 재료가 된다.
( )

>>>○ 자료는 단순한 관찰이나 측정을 통해 수집된 사실이나 어떤 값이고 정보는 자료들을 특정 목적에 맞게 가공 및 처리하여 실제 문제에 도움이 되는 유용한 형태로 변환한 것이다.

02 알고리즘은 문제를 해결하기 위한 절차이며 알고리즘의 조건에는 입력, 출력, 명확성, 무한성, 유효성이 있다. ( )

>>>○ 무한성은 알고리즘의 조건에 해당되지 않는다. 알고리즘은 유한성이 있어야 하며 유한한 단계를 거친 후에는 반드시 종료해야 한다. 알고리즘의 조건은 다음과 같다.

> • 입력 : 알고리즘은 0개 이상의 데이터 입력이 있어야 함
> • 출력 : 알고리즘은 적어도 하나 이상의 결과를 출력해야 함
> • 명확성 : 알고리즘의 각 단계와 명령은 모호하지 않고 명확해야 함
> • 유한성 : 알고리즘은 유한한 단계를 거친 후에는 반드시 종료해야 함
> • 유효성 : 알고리즘의 각 명령어들은 실행 가능해야 함

03 지정문은 상수나 변수 또는 연산식의 결과를 변수에 저장하는 문장이다. ( )

>>>○ 지정문은 알고리즘의 명령문을 기술하는 데 가장 기본적인 명령문이라 할 수 있으며 상수나 변수 또는 연산식의 결과를 변수에 지정하는 문장을 의미한다. 지정문으로 변수에 새로운 값을 대입하면 그 변수가 갖고 있던 기존 값은 없어지고 새로 지정된 값을 가지게 된다.

04 배열에는 동일한 유형의 데이터를 여러 개 저장할 수 있다. ( )

>>>○ 배열은 동일한 유형의 데이터를 순서대로 나열한 구조이며 두 개 이상의 데이터 항목을 하나의 변수 이름으로 묶어서 사용한다.

05 프로그램을 여러 개의 함수로 나누어 작성하면 모듈화로 인해 전체적인 코드의 가독성이 좋아진다.
( )

>>>○ 함수는 동일한 작업을 수행하는 기능을 미리 만들어 놓고 반복적으로 사용하는 방법이다. 함수로 작성하면 동일한 코드를 여러 번 작성해야 하는 번거로움이 줄어들게 된다. 손쉽게 유지보수를 할 수 있으며 모듈화로 인해 전체적인 코드의 가독성이 좋아진다.

정답 **1** ○ **2** × **3** ○ **4** ○ **5** ○

06 연결 리스트의 노드는 데이터를 저장하는 데이터 필드들로만 구성된다. (　　)

>>>🔍 연결 리스트는 데이터를 저장하는 데이터 필드와 다음 데이터가 저장된 노드를 가리키는 포인터가 저장되는 링크 필드로 구성된다. 연결 리스트는 기억 장소에서 서로 떨어져 있는 자료도 포인터로 연결하여 사용할 수 있으며 각 데이터는 다음 데이터를 가리키는 포인터를 가진다.

07 큐는 LIFO 구조이고 스택은 FIFO 구조이다. (　　)

>>>🔍 큐는 한쪽 방향으로 데이터가 삽입되고 반대 방향으로 데이터가 삭제되는 구조이며 가장 먼저 삽입된 데이터 가 가장 먼저 삭제되는 선입선출(FIFO) 구조이다. 스택은 맨 마지막에 입력시킨 데이터가 맨 처음에 출력되는 후입선출(LIFO) 구조이다.

08 빅-오 표기법의 크기 중에서 가장 성능이 좋은 알고리즘은 $O(2^n)$이다. (　　)

>>>🔍 빅-오 표기법에서 연산 시간의 크기 순서는 $O(1) < O(\log n) < O(n) < O(n\log n) < O(n^2) < O(n^3) < O(2^n) < O(n!)$이며 왼쪽에서 오른쪽으로 갈수록 성능이 좋지 않다. 가장 성능이 좋은 알고리즘은 $O(1)$이다.

09 재귀 호출에서는 무한 반복이 이루어질 수 있으므로 재귀 호출이 종료되도록 적절한 탈출 조건을 주어야 한다. (　　)

>>>🔍 순환은 자신과 같지만 크기가 다른 문제로 정의되고 이들 간의 관계로 문제를 해결하는 방법이다. 재귀 호출 에서는 반드시 재귀 호출을 멈추는 종료 조건이 있어야 한다. 만약 종료 조건이 없다면 무한히 호출하게 되어 시스템 오류가 발생하게 된다.

정답 **6** × **7** × **8** × **9** ○

실제예상문제

01 프로그램 코드를 흉내내어 알고리즘을 써놓은 것이며 프로그램 코드와 유사한 형식을 갖는 코드는 무엇인가?

① 자연어
② 순서도
③ 프로그래밍 언어
④ 의사코드

02 알고리즘에 대한 설명으로 옳지 <u>않은</u> 것은?

① 주어진 문제를 해결하기 위한 문제 해결 과정을 묘사하는 것이다.
② 알고리즘에서 각 단계와 제시한 명령문은 명확하고 모호하지 않아야 한다.
③ 입력이나 출력은 있어도 되고 없어도 상관이 없다.
④ 알고리즘으로 작성한 프로그램은 반드시 종료해야 한다.

03 알고리즘 작성 시 고려해야 할 요소가 <u>아닌</u> 것은 무엇인가?

① 소요 시간
② 명확성
③ 중복성
④ 소요 공간

정답 01 ④ 02 ③ 03 ③

04 함수를 사용하면 모듈화를 할 수 있어 체계적으로 프로그램을 작성할 수 있으며 문제의 분할과 유지보수가 용이하다. 또한 함수를 확장하기가 용이하다.

04 함수를 사용하는 이유에 해당하지 <u>않는</u> 것은?

① 함수로 나누어 작성하면 모듈화로 인해 기능별 분류로 프로그램을 체계화할 수 있다.
② 함수는 기존에 작성한 함수를 재활용하여 새로운 프로그램을 만들거나 확장할 수 있다.
③ 함수는 기능의 변경이 필요할 때에도 손쉽게 유지보수를 할 수 있다.
④ 함수를 작성함으로써 프로그램의 복잡성을 증가시킬 수 있다.

05 연결 리스트는 기억 장소에 떨어져 있는 데이터들을 포인터로 연결할 수 있는 자료구조이다. 행렬의 요소값이 0인 요소가 많은 행렬을 희소행렬이라 한다. 이러한 행렬을 표현하는 경우 연결 리스트를 사용하면 0이 아닌 요소만 표현하면 되므로 낭비되는 기억공간이 없어지므로 효율적이다.

05 행렬의 요소값이 0인 요소가 많은 행렬을 표현하기 적절한 자료구조는?

① 트리
② 스택
③ 연결 리스트
④ 그래프

06 의사코드는 프로그램 명령문 형식을 취하고 각 명령을 사람이 이해하기 쉽게 적당한 뜻을 가진 단어로 나타낸 것이다. 기호와 도형을 사용하여 표현하는 방식은 순서도이다.

06 다음 중 알고리즘에 대한 설명으로 <u>틀린</u> 것은?

① 알고리즘은 순서도나 의사코드로 표현할 수 있다.
② 알고리즘은 문제를 해결하기 위한 체계적이고 순서적인 절차이다.
③ 알고리즘을 프로그래밍 언어로 변환하면 컴퓨터 프로그램이 된다.
④ 의사코드는 문제 해결 과정을 기호와 도형을 사용하여 표현하는 방식이다.

정답 04 ④ 05 ③ 06 ④

해설 & 정답 checkpoint

07 점화식에 대한 설명 중 **틀린** 것은?

① 병합 정렬은 점화 관계로 표현할 수 없다.
② 점화식은 어떤 함수를 자신보다 더 작은 변수에 대한 함수와의 관계로 표현한 것이다.
③ 자기 호출을 사용하는 함수의 복잡도를 구하는 데 유용하다.
④ $f(n) = f(n-1) + f(n-2)$와 같은 형식도 점화식이라 할 수 있다.

07 입력의 크기가 n인 배열을 병합 정렬하려면 일단 배열을 이등분한 다음 각각을 재귀적으로 병합해 이들을 다시 병합함으로써 정렬이 끝난다. 따라서 병합 정렬은 재귀 호출의 형태인 점화 관계로 표현할 수 있다.

08 다음 설명 중 **틀린** 것은?

① 분할 정복은 하향식 접근 방법으로 최상위 사례의 해답은 아래로 내려가면서 작은 사례에 대한 해답을 구함으로써 구한다.
② 어떤 부분 문제는 두 개 이상의 문제 답을 여러 번 계산하는 대신 한 번만 계산하고 계산 결과를 재활용함으로써 속도의 향상을 꾀하는 방법은 동적 계획법이다.
③ 병합 정렬은 입력이 2개의 부분 문제로 분할하여 부분 문제의 크기가 1/2로 감소하는 분할 정복 알고리즘이다.
④ 분할 정복은 함수를 재귀적으로 호출하지만 함수 호출에 의한 오버헤드가 발생하지는 않는다.

08 함수를 재귀적으로 호출함으로 인해 함수 호출로 인한 오버헤드가 발생한다.

09 다음 중 분할 정복에 대한 설명으로 **틀린** 것은?

① 분할 정복은 주어진 문제를 부분으로 분할하여 문제를 해결하는 방식이다.
② 분할 정복은 동적 계획법이라고도 한다.
③ 문제를 나누고 이렇게 나누어진 문제들을 각각 풀어 전체 답을 얻는다.
④ 분할한 입력에 대하여 동일한 알고리즘을 적용하여 해를 구한다.

09 분할 정복은 동적 계획법과 유사하나 서로 다른 개념이다. 분할 정복의 부분 문제들은 서로 독립적인 관계를 유지하고 동적 계획법의 부분 문제들은 의존적 관계가 존재하므로 서로 다른 방식이다.

정답 07 ① 08 ④ 09 ②

10 i가 1부터 n까지 a = 3 * n + i * i 문장이 n번 수행된다. 따라서 O(n)이 된다.

11 중첩 for 문을 사용하여 a = a + j가 수행된다. 첫 번째 for 문에서는 i가 0부터 n - 1까지 n번 수행되고 두 번째 for 문에서는 j가 3부터 n + 1까지 n - 1번 수행된다. i가 하나씩 증가할 때마다 j가 반복 수행되므로 $n(n-1) = n^2 - n$이 되어 O($n^2 - n$)이므로 결국 복잡도는 O(n^2)이 된다.

12 선형 자료구조에는 배열, 연결 리스트, 스택, 큐가 있고 비선형 구조에는 트리와 그래프가 있다.

정답 10 ① 11 ② 12 ②

10 다음 알고리즘의 복잡도를 바르게 구한 것은 어느 것인가?

```
for i = 1 to n
    a = 3 * n + i * i;
```

① O(n)
② O(n^2)
③ O($n\log n$)
④ O($\log n$)

11 다음 알고리즘의 복잡도를 바르게 구한 것은 어느 것인가?

```
int a = 0;
int i, j;
for i = 0 to n - 1
    for j = 3 to n + 1
        a = a + j;
        print a;
    next j
next i
```

① O(n)
② O(n^2)
③ O($n\log n$)
④ O($\log n$)

12 다음 중 비선형 자료구조에 해당하는 것은?

① 큐
② 그래프
③ 연결 리스트
④ 스택

13 다음 중 변수의 메모리 주소값을 저장하는 것은 무엇인가?

① 배열
② 포인터
③ 구조체
④ 스택

14 다음 중 여러 자료형의 필드를 가지고 있는 레코드를 만들 때 사용하기 적합한 것은?

① 구조체
② 배열
③ 포인터
④ 해싱

정답   13 ②   14 ①

checkpoint 해설 & 정답

01

정답 (1) 스택은 함수 호출이나 부 프로그램 호출 시 복귀를 저장할 때 사용하며 인터럽트 분기나 재귀 호출 시 복귀 주소를 저장할 때 응용된다.
(2) 스택은 문자열의 역순 출력에도 사용되며 산술식을 표현하여 수식을 연산할 때에도 사용된다.
(3) 스택은 프로그램의 소스 코드에서 괄호 닫기나 미로 탐색에서 시작 지점으로 되돌아가기 위한 주소 저장에도 사용된다.

해설 스택은 후입선출(LIFO) 구조이며 함수 호출에서 복귀 주소를 기억하는 데 사용한다. 재귀 호출에 사용되며 수식을 계산할 때에도 사용된다.

02

정답 (1) 배열, (2) 연결 리스트, (3) 스택, (4) 큐, (5) 데크

해설 선형 자료구조는 자료를 구성하는 원소들은 순차적으로 나열시킨 형태이다. 선형 자료구조는 구조가 간단하고 기억 장소 효율을 나타내는 메모리의 밀도가 높으며 배열과 같이 연속한 기억장소에 저장되는 리스트이다. 자료를 삽입하고 삭제하는 경우 앞뒤 원소의 이동이 발생한다.

✔ **주관식 문제**

01 스택의 응용 분야에 관해 쓰시오.

02 선형 자료구조에 해당하는 것을 3개 이상 나열하시오.

제2장

트리

제1절   트리의 표현
제2절   이진 트리의 순회
제3절   이진 트리의 응용
실제예상문제

I wish you the best of luck!

제 2 장 트리

제 1 절 트리의 표현

1 트리의 이해

(1) 트리의 개념

트리(tree)는 그래프의 특수한 형태이며 계층적인 구조를 표현하는 데 이용되는 자료구조이다. 정점과 연결선으로 구성되어 있으며 정점 사이에는 사이클이 형성되지 않아야 한다. 일반적으로 트리를 구성하는 정점을 노드(node)라고 한다. 트리는 자료들의 단순한 나열이 아닌 연관 관계를 나타내는 데 사용할 수 있다. 트리로 자료 사이의 관계가 계층적인 구조임을 표현할 수 있으며, 트리를 이용하여 데이터를 효과적으로 저장하고 탐색할 수 있다. 계층적인 구조를 트리라고 부르는 이유는 이러한 구조들이 마치 실제 나무를 거꾸로 뒤집은 모양이기 때문이다. 나무가 하나의 줄기에서 여러 가지들로 나뉘어 가듯이, 하나의 줄기에서 여러 줄기로 확장되어 가는 구조이다. 우리 주위에는 트리로 표현할 수 있는 것이 매우 많이 있는데 이들 중에서 가장 알기 쉬운 것이 [그림 2-1]과 같이 친족 관계를 나타내는 가계도이다.

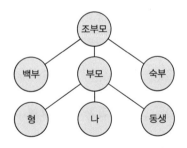

[그림 2-1] 트리의 예(가계도)

트리는 컴퓨터 프로그램에서 사용하는 자료구조 중에서 계층적인 구조를 이용하여 데이터를 효과적으로 탐색할 수 있다. 트리를 구성하는 데이터 항목들은 노드의 형태로 표현된다. 따라서 트리는 1개 이상의 노드로 이루어진 유한 집합이라 할 수 있다. 트리는 노드와 간선(edge)으로 연결되는 구조인데 노드 중에는 다른 노드와 특별히 구별되는 루트 노드(root node)가 있으며 일반적으로 트리의 가장 위쪽에 표시한다. 트리에는 루트 노드라고 불리는 노드가 반드시 하나 있어야 한다. 이 루트를 중심으로 하나 이상의 노드들이 순환 경로 없이 연결되어 있는 형태가 트리이다. 자연계의 식물인 트리에서는 뿌리가 밑에 있고 리프(leaf)가 위에 있지만, 자료구조에서의 트리는 반대로 뿌리에 해당하는 루트가 위에 있고

리프는 밑에 위치한다. 트리에서 어떤 노드의 상위에 연결되어 있는 노드를 부모 노드(parent node)라고 하고, 하위에 연결되어 있는 노드를 자식 노드(children node)라고 한다. 부모 노드는 어떤 노드에서 그 노드 바로 위에 있으면서 그 노드와 간선으로 연결된 노드를 의미한다. 자식 노드는 어떤 노드 바로 아래에 있으면서 간선으로 연결된 노드를 의미한다. 트리에서 루트 노드를 제외한 각 노드는 단 하나의 부모 노드를 갖지만 자식 노드의 수에는 제한이 없다. 트리에 있는 노드 사이의 관계를 나타낼 때 친족 관계의 용어를 이용한다. 어떤 정점 A에 있어서 A의 부모, 조부, 증조부 등의 존속들을 정점 A의 조상 노드(ancestor node)라고 하고 정점 A의 자식, 손자, 증손자 등의 비속들을 정점 A의 자손 노드 (descendant node)라고 한다. 조상 노드는 주어진 노드의 위치에서 루트 노드에 이르기까지 상위에 연결되어 있는 모든 노드들을 의미한다. 자손 노드는 어떤 노드의 위치에서 그 노드와 간선으로 연결되어 있는 하위의 모든 노드들을 의미한다.

(2) 트리의 용어

트리는 루트 노드를 기준으로 여러 노드들이 부모와 자식 그리고 자손 관계를 이루며 연결되어 있다. 루트 노드에서 트리의 임의의 노드로 가는 경로는 단 하나밖에 없다. 단말 노드는 자식 노드를 갖지 않으며 트리의 맨 끝에 위치한다. 즉, 단말 노드는 루트 노드에서 가장 멀리 위치한다. [그림 2-2]는 트리의 예이다.

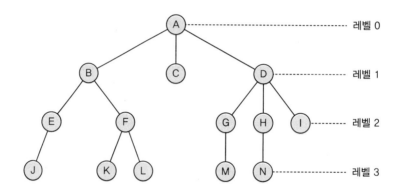

[그림 2-2] 트리의 예

트리에서 임의의 노드를 선택하면 이 노드 아래에 있는 노드들은 다시 트리 구조가 된다. 이런 구조를 부분 트리(subtree)라고 한다. 어떤 노드의 바로 위에 있는 노드는 부모 노드가 되고 바로 아래에 있는 노드는 자식 노드가 된다. [그림 2-2]에서 노드 B의 부모 노드는 노드 A이고, 노드 B의 자식 노드는 노드 E와 노드 F이다. 그리고 같은 부모 노드를 가지는 노드들을 형제 노드(sibling node)라고 한다. 따라서 노드 E와 노드 F는 같은 부모 노드를 가지므로 형제 노드이다. 레벨(level)은 트리의 각 층에 번호를 매기는 것이며, 루트의 레벨은 0이 되고 한 층씩 내려갈수록 1씩 증가한다. 노드의 높이(height) 는 루트에서 해당 노드에 이르는 간선의 수, 즉 노드의 레벨이라 할 수 있다. 트리의 높이는 트리에 있는 노드의 높이 중에서 가장 큰 값을 말한다. 이는 루트 노드에서 단말 노드에 이르는 가장 긴 경로의 간선 수를 의미하며 트리의 최대 레벨이라 할 수 있다. 트리의 높이를 트리의 깊이(depth)라고도 한다. 노드의 차수는 한 노드에 연결된 자식 노드의 수를 의미한다. 따라서 단말 노드는 차수가 0인 노드가 되고 비단말 노드는 자식을 가지는 노드이므로 차수가 1 이상인 노드라고 할 수 있다. 트리의 차수 (degree of tree)는 트리에 있는 모든 노드들의 차수 중에서 가장 큰 차수이다. 포리스트(forest)는 트리 에서 루트를 제거하여 만든 부분 트리의 집합을 의미한다. 즉, 독립적인 여러 트리의 집단을 의미한다. [그림 2-2]의 트리에서 노드 A를 제거하면 노드 A의 자식 노드 B, C, D에 대한 부분 트리가 생기고 이들의 집합은 [그림 2-3]과 같은 포리스트가 된다.

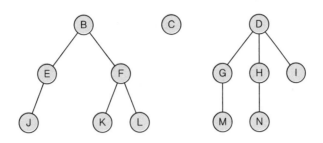

[그림 2-3] 포리스트

2 이진 트리

이진 트리(binary tree)는 모든 노드들의 자식 노드가 2개 이하인 트리를 의미한다. [그림 2-4]와 같이 각 노드는 자식 노드를 최대한 2개까지만 가질 수 있으며 왼쪽 자식 노드와 오른쪽 자식 노드로 구분된다. 이진 트리가 되려면 루트 노드를 중심으로 둘로 나뉘는 두 개의 부분 트리도 이진 트리여야 하고 그 부분 트리의 모든 부분 트리도 이진 트리여야 한다. 이진 트리는 트리 중에서 단순하면서도 특수한 형태라고 할 수 있다.

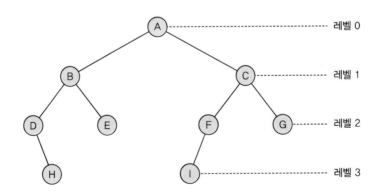

[그림 2-4] 이진 트리

이진 트리는 왼쪽 부분 트리와 오른쪽 부분 트리를 분명하게 구분한다. [그림 2-5]의 (a)는 오른쪽 부분 트리가 공백인 이진 트리이며, (b)는 왼쪽 부분 트리가 공백인 이진 트리이다. 따라서 [그림 2-5]의 (a)와 (b)는 서로 다른 이진 트리이다.

(a) 오른쪽 부분 트리가 공백   (b) 왼쪽 부분 트리가 공백

[그림 2-5] 이진 트리

이진 트리가 일반 트리와 다른 점은 노드 차수가 2로 제한된다는 점이다. 또한 공백 트리의 개념이 있으며 부분 트리의 순서를 구별한다. 깊이가 k인 이진 트리에서 최대 노드 수는 $2^{k+1}-1$이 된다. 이진 트리는 배열이나 연결 리스트를 이용해서 구현할 수 있다.

3 이진 트리의 구현

이진 트리는 형태에 따라 포화 이진 트리, 완전 이진 트리, 편향 이진 트리 등으로 분류할 수 있다.
포화 이진 트리(full binary tree)는 모든 노드가 채워진 이진 트리이다. 포화 이진 트리는 이진 트리가 가질 수 있는 노드의 최대 수를 지닌 이진 트리라 할 수 있다. 따라서 포화 이진 트리는 노드의 총 개수가 $2^{k+1}-1$이다.

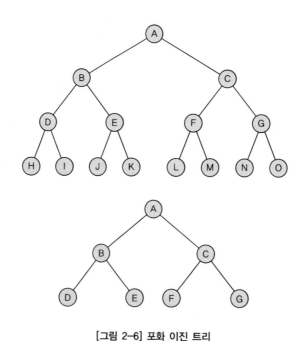

[그림 2-6] 포화 이진 트리

완전 이진 트리(complete binary tree)는 단말 노드를 제외한 나머지 노드가 2개의 자식 노드를 가지고 있는 트리이다. 마지막 레벨을 제외한 각 레벨이 노드들로 꽉 차 있고 마지막 레벨에는 노드들이 왼쪽부터 오른쪽으로 채워져 가는 트리이다.

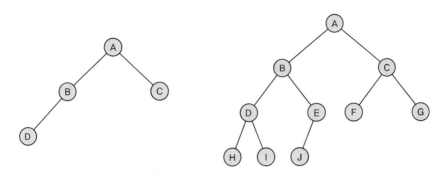

[그림 2-7] 완전 이진 트리

편향 이진 트리(skewed binary tree)는 왼쪽 부분 트리나 오른쪽 부분 트리만 가지는 트리이다. 편향 이진 트리는 높이 h에 대한 최소 개수의 노드를 가지면서 한쪽 방향의 자식 노드만을 가진 이진 트리이다. 즉, 하나의 차수로만 이루어진 경우이다. 이런 경우는 선형 구조와 다른 점이 없으며 특정 노드를 탐색하는 시간 복잡도가 O(n)이기 때문에 좋지 않은 트리 구조 중에 하나라고 할 수 있다.

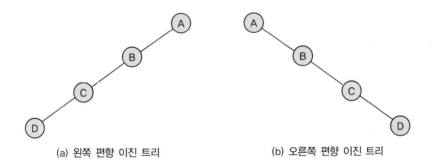

(a) 왼쪽 편향 이진 트리   (b) 오른쪽 편향 이진 트리

[그림 2-8] 편향 이진 트리

제 **2** 절 이진 트리의 순회

이진 트리의 순회(binary tree traversal)는 이진 트리의 모든 노드를 일정한 규칙에 따라 꼭 한 번씩만 방문하는 것을 의미한다. 즉, 모든 노드들을 하나도 빠뜨리지 않고 정확히 한 번만 중복 없이 방문해야 한다. 이진 트리를 순회한다는 것은 이진 트리에 속하는 모든 노드를 한 번씩 방문하여 노드가 가지고 있는 데이터를 목적에 맞게 처리하는 것을 의미한다. 모든 순회 방식은 루트 노드부터 순회를 시작하여 트리의 모든 노드들을 반드시 한 번씩 방문해야 순회가 종료된다. 이진 트리를 순회하는 방법에는 전위 순회(preorder traversal), 중위 순회(inorder traversal), 후위 순회(postorder traversal)가 있다. 각 순회 방법에 따라 노드를 방문하는 순서는 다음과 같다.

> ① 전위 순회
>   루트 노드를 방문 → 왼쪽 부분 트리를 전위 순회 → 오른쪽 부분 트리를 전위 순회
> ② 중위 순회
>   왼쪽 부분 트리를 중위 순회 → 루트 노드를 방문 → 오른쪽 부분 트리를 중위 순회
> ③ 후위 순회
>   왼쪽 부분 트리를 후위 순회 → 오른쪽 부분 트리를 후위 순회 → 루트 노드를 방문

1 전위 순회

전위 순회는 자손 노드보다 루트 노드를 먼저 방문한다. 즉, 루트 노드를 가장 먼저 방문하고 왼쪽 자손 노드를 방문한 후 마지막으로 오른쪽 자손 노드를 방문한다.

2 중위 순회

중위 순회는 먼저 왼쪽 자손 노드를 방문하고 루트 노드를 방문한 후 마지막으로 오른쪽 자손 노드를 방문한다.

3 후위 순회

후위 순회는 가장 먼저 왼쪽 자손 노드를 방문하고 오른쪽 자손 노드를 방문한 후 마지막으로 루트 노드를 방문한다. 즉, 루트 노드를 가장 마지막으로 방문하는 방법이다.

[그림 2-9]는 이진 트리의 노드들을 전위 순회, 중위 순회, 후위 순회의 방법으로 방문한 순서를 보여준다. 노드에 적힌 번호는 노드를 방문한 순서를 의미한다. [그림 2-9]의 (a)는 전위 순회한 결과이며, (b)는 중위 순회한 결과이고, (c)는 후위 순회한 결과이다.

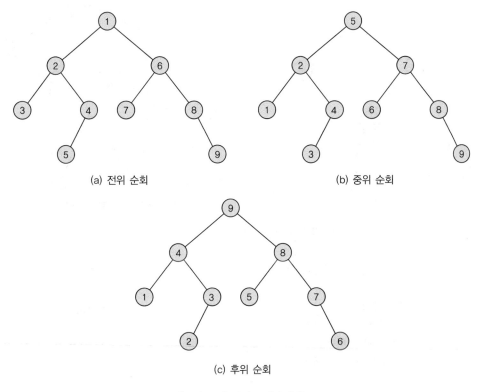

(a) 전위 순회

(b) 중위 순회

(c) 후위 순회

[그림 2-9] 이진 트리의 순회

4 스레드 이진 트리

이진 트리를 연결 리스트로 표현하는 경우 하나의 노드는 데이터 필드와 링크 필드를 갖는다. 데이터 필드는 데이터를 저장하고 링크 필드는 포인터를 이용하여 자식 노드를 가리킨다. 만약 임의의 노드가 자식 노드를 갖지 않는 경우 링크 필드는 NULL 값을 갖게 된다.

스레드 이진 트리(thread binary tree)는 자식 노드가 없는 경우 링크 필드에 NULL 대신 순회 순서상의 다른 노드를 가리키도록 설정하는 것이다. 이때 사용되는 포인터를 스레드(thread)라고 한다. 즉, 이진 트리의 순회 시 사용되지 않는 NULL 링크를 이용하여 방문 노드들에 대한 정보를 유지하도록 활용하는 것이다. 스레드 이진 트리의 스레드는 오른쪽 스레드와 왼쪽 스레드가 있다. 현재 방문한 노드의 왼쪽 스레드는 순회 순서에 따라 바로 전 방문 노드에 대한 연결 포인터이고, 오른쪽 스레드는 순회 순서에 따라 다음 방문 노드의 포인터를 갖는다.

[그림 2-10]은 이진 트리를 중위 순회하는 스레드 이진 트리로 표현한 것이다. 스레드는 순회하는 방법에 따라 다른 포인터를 갖게 된다.

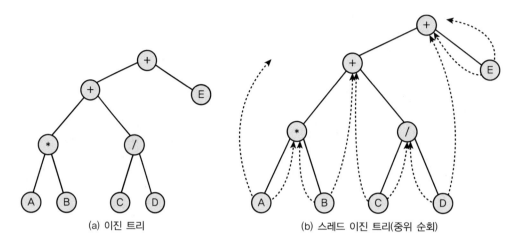

(a) 이진 트리　　　　　　　　　(b) 스레드 이진 트리(중위 순회)

[그림 2-10] 이진 트리와 스레드 이진 트리

스레드 이진 트리의 생성 방법은 다음과 같다.

> • 노드 p의 p → llink가 NULL이면 p → llink는 순회 순서에 따라 선행 노드를 가리키는 왼쪽 스레드가 된다(선행 노드에 대한 포인터 저장).
> • 노드 p의 p → rlink가 NULL이면 p → rlink는 순회 순서에 따라 후속 노드를 가리키는 오른쪽 스레드가 된다(후속 노드에 대한 포인터 저장).

스레드 이진 트리는 이진 트리의 NULL 링크를 이용하여 순환 호출 없이도 트리의 노드 순회가 가능하다. 일반적으로 이진 트리는 스택을 이용하여 순회를 하지만 스레드 이진 트리는 스레드 포인터를 이용하여 순회한다. 함수의 순환 호출보다 포인터를 이용한 구현이 속도 면에서 빠르기 때문에 스레드 이진 트리의 순회 속도가 빠르다. 그러나 스레드 이진 트리에서는 스레드를 위해 추가 기억 공간이 필요하다.

제 3 절 이진 트리의 응용

1 이진 탐색 트리 ⭐⭐⭐

(1) 이진 탐색 트리

이진 탐색 트리(binary search tree)는 이진 트리의 형태로서 왼쪽 부분 트리에는 부모 노드보다 작은 킷값이 위치하고, 오른쪽 부분 트리에는 부모 노드보다 큰 킷값이 위치하도록 조직된 형태이다. 데이터가 입력되는 순서에 따라 첫 번째 데이터가 루트 노드가 되고 다음 데이터는 루트 노드와 비교하여 루트 노드보다 작으면 왼쪽에 연결하고 크면 오른쪽에 연결하여 이진 탐색 트리로 구성하여 탐색하는 방식이다. 이진 탐색 트리에서 특정 킷값을 찾고자 할 때는 먼저 루트 노드와 찾고자 하는 킷값을 비교하여 킷값이 루트 노드보다 작으면 왼쪽 경로를 추적하고 크면 오른쪽 경로를 추적하여 원하는 데이터를 탐색하게 된다. 이진 탐색 트리는 데이터의 삽입, 삭제, 탐색 등이 자주 발생하는 경우에 효율적인 구조이다. 이진 탐색 트리에는 같은 데이터를 갖는 노드가 없어야 한다. 또한 [그림 2-11]과 같이 왼쪽 부분 트리에 있는 모든 데이터는 현재 노드의 데이터보다 작고 오른쪽 부분 트리에 있는 모든 노드의 데이터는 현재 노드의 데이터보다 크다.

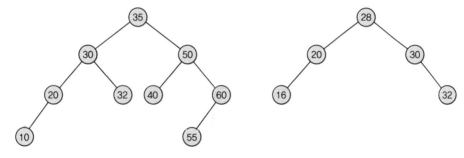

[그림 2-11] 이진 탐색 트리의 예

이진 탐색 트리는 하나의 부모 노드 밑에 자식 노드가 두 개이며 왼쪽 자식 노드가 오른쪽 자식 노드보다 작은 형태이다. 이진 탐색 트리에서 데이터를 검색하기 위해서는 최상위 루트 노드로부터 최하위 자식 노드에 다다르기까지 걸리는 시간만 필요하게 된다. 만약 탐색 대상이 되는 데이터가 10,000개라면 이진 트리 구조의 깊이는 약 14단계가 된다. 따라서 문제의 대상 데이터 크기에 비해 적은 탐색 횟수만으로도 탐색이 가능하다. 이진 탐색 트리는 파일에서 임의의 원소를 삽입, 삭제, 검색하거나 또는 많은 자료를 순차적으로 정렬하는데 사용되는 효율적인 자료구조이다.

이진 탐색 트리가 만족해야 할 성질은 다음과 같다.

> • 모든 노드는 트리에서 유일한 킷값을 가진다.
> • 왼쪽 부분 트리에 있는 모든 노드의 킷값들은 루트 노드의 킷값보다 작다.
> • 오른쪽 부분 트리에 있는 모든 노드의 킷값들은 루트 노드의 킷값보다 크다.
> • 왼쪽 부분 트리와 오른쪽 부분 트리 모두 이진 탐색 트리이다.

[그림 2-12]와 같은 이진 탐색 트리에서 데이터를 탐색하는 과정을 살펴보자. 찾고자 하는 데이터는 360이며 킷값이 된다. 이진 탐색 트리는 왼쪽 부분 트리에 있는 모든 데이터는 현재 노드의 값보다 작고, 오른쪽 부분 트리에 있는 모든 노드의 데이터는 현재 노드의 값보다 크다. 트리를 이용하여 이진 탐색을 하기 위해서는 먼저 루트 노드와 비교한다. 루트 노드 120과 킷값 360을 비교하여 120〈360이므로 오른쪽 부분 트리로 이동한다. 오른쪽 부분 트리의 루트 노드인 400과 비교하는데 400〉360이므로 400의 왼쪽 부분 트리로 이동한다. 다시 왼쪽 부분 트리의 루트 노드인 300과 비교하여 300〈360이므로 300의 오른쪽 부분 트리로 이동한다. 오른쪽 부분 트리의 노드 360과 찾고자 하는 킷값 360이 같으므로 원하는 데이터를 찾았으므로 탐색에 성공한다.

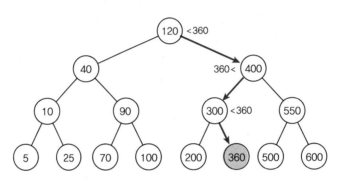

[그림 2-12] 이진 탐색 트리의 탐색

이진 탐색 트리에서 노드를 탐색하는 알고리즘은 다음과 같다.

[이진 탐색 트리의 탐색 알고리즘]

```
searchbst(bst, x)
{
   p = bst;              /* 이진 탐색 트리를 포인터 p로 지정 */
   if (p = NULL) then /* 이진 탐색 트리가 공백인 경우 */
       return NULL;
   if (x = p→key) then /* 탐색 키가 현재 트리의 루트 킷값과 같은 경우 */
       return p;
   if (x〈p→key) then /* 탐색 키가 현재 트리의 루트 킷값보다 작은 경우 */
       return searchbst(p→left, x);
   else                  /* 그 이외의 경우 */
       return searchbst(p→right, x);
}
```

(2) 이진 탐색 트리의 삽입

이진 탐색 트리에서 데이터를 삽입하는 과정을 살펴보자. 다음과 같은 이진 탐색 트리에서 데이터가 9인 노드를 삽입하려고 한다.

① 먼저 삽입할 위치를 루트 노드부터 찾아가는데 삽입할 노드의 데이터가 비교하는 노드의 데이터보다 작으면 왼쪽 부분 트리로 진행하고 크면 오른쪽 부분 트리로 진행한다.

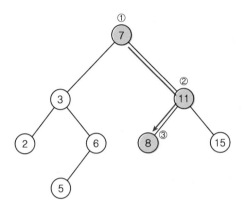

② 단말 노드의 데이터 8보다 삽입할 노드의 데이터 9가 크므로 단말 노드의 오른쪽 자식 노드로 삽입한다. 만약 삽입할 노드의 데이터가 작으면 왼쪽 자식 노드로 삽입해야 한다.

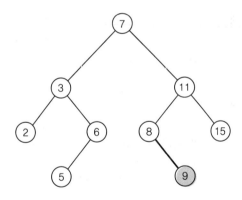

이진 탐색 트리에서 노드를 삽입하는 알고리즘은 다음과 같다.

[이진 탐색 트리의 삽입 알고리즘]

```
insertbst(bst, x)
{
    p = bst;
    while (p ≠ NULL)  {
        if (x = p→key) then return;
        q = p;
        if (x ⟨ p→key) then p = p→left;
        else p = p→right;
    }
    new = getNode();
    new→key = x;
    new→left = NULL;
    new→right = NULL;

    if (bst = NULL) then bst = new;
    else if (x ⟨ q→key) then q→left = new;
    else q→right = new;
    return;
}
```

(3) 이진 탐색 트리의 삭제

이진 탐색 트리에서 노드를 삭제하려면 먼저 삭제할 노드의 위치를 탐색한 후 노드를 삭제한다. 그런 다음 나머지 노드들이 이진 탐색 트리를 유지하도록 재구성해야 한다.

이진 탐색 트리에서 데이터를 삭제하기 위해서는 다음의 3가지 경우를 고려해야 한다.

① 삭제할 노드가 단말 노드인 경우(차수 = 0)
② 삭제할 노드가 하나의 자식 노드를 가진 경우(차수 = 1)
③ 삭제할 노드가 두 개의 자식 노드를 가진 경우(차수 = 2)

① 삭제할 노드가 단말 노드인 경우(차수 = 0)

삭제할 노드가 단말 노드인 경우에는 간단하다. 단말 노드는 자식 노드를 갖지 않으므로 먼저 단말 노드를 삭제하고 부모 노드의 연결을 끊어주면 된다. [그림 2-13]에서 단말 노드 4를 삭제하려면 일단 단말 노드 4를 삭제한 후 부모 노드인 노드 5의 연결을 끊어주면 된다.

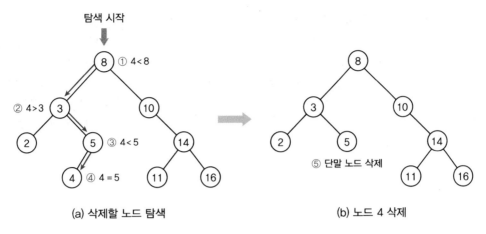

(a) 삭제할 노드 탐색   (b) 노드 4 삭제

[그림 2-13] 이진 탐색 트리에서 단말 노드 4를 삭제

② 삭제할 노드가 하나의 자식 노드를 가진 경우(차수 = 1)

삭제되는 노드가 왼쪽이나 오른쪽 자식 노드 중 하나만 갖고 있을 때에는 그 노드는 삭제하고 자식 노드를 부모 노드가 가리키도록 하면 된다. [그림 2-14]와 같이 노드 10을 삭제하려면 먼저 삭제할 노드 10을 탐색해야 한다. 탐색한 후 노드 10을 삭제하고 자식 노드 14를 이동시켜 트리를 재구성하면 된다.

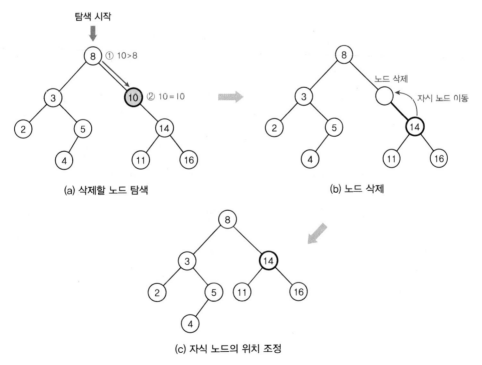

(a) 삭제할 노드 탐색   (b) 노드 삭제

(c) 자식 노드의 위치 조정

[그림 2-14] 이진 탐색 트리에서 자식 노드가 하나인 노드 10을 삭제

③ 삭제할 노드가 두 개의 자식 노드를 가진 경우(차수 = 2)

삭제하려는 노드가 두 개의 자식 노드를 갖고 있는 경우 노드를 삭제하면 자식 노드들은 트리에서 연결이 끊어지게 된다. 노드가 삭제된 후에도 이진 탐색 트리가 유지되어야 하므로 트리를 재구성해야 한다. 자손 노드들 중에 삭제한 노드의 자리에 들어올 노드를 선택해야 한다. 이때 삭제 노드와 가장 비슷한 값을 가진 노드를 삭제 노드 위치로 가져와야 한다. 삭제 노드와 가장 비슷한 값을 가진 노드는 [그림 2-15]와 같이 왼쪽 부분 트리에서 킷값이 가장 큰 노드이거나 오른쪽 부분 트리에서 킷값이 가장 작은 노드이다.

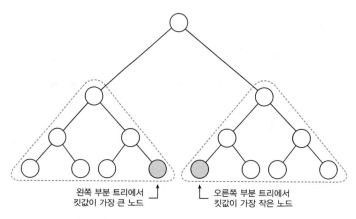

[그림 2-15] 삭제할 노드의 자리에 올 수 있는 자손 노드

삭제 노드의 위치로 올 수 있는 노드를 선택하는 방법은 다음과 같다.

> ① 왼쪽 부분 트리에서 킷값이 가장 큰 노드 선택
> ② 오른쪽 부분 트리에서 킷값이 가장 작은 노드 선택

왼쪽 부분 트리에서 킷값이 가장 큰 노드를 선택하는 방법은 왼쪽 부분 트리의 오른쪽 링크를 계속 따라가다가 오른쪽 링크 필드가 NULL인 노드인 가장 오른쪽에 있는 노드를 삭제 노드의 위치로 이동시키면 된다. 오른쪽 부분 트리에서 킷값이 가장 작은 노드를 선택하는 방법은 오른쪽 부분 트리의 왼쪽 링크를 계속 따라가다가 왼쪽 링크 필드가 NULL인 노드인 가장 왼쪽에 있는 노드를 삭제 노드의 위치로 이동시키면 된다. [그림 2-16]과 같이 루트 노드 8을 삭제하는 경우 왼쪽 부분 트리 중 가장 큰 킷값인 노드 5가 삭제한 노드인 루트 노드 자리에 올 수 있다. 또는 오른쪽 부분 트리 중 가장 작은 킷값인 노드 10이 삭제한 노드인 루트 노드 자리에 올 수 있다. 둘 중 어느 것을 선택해도 된다. 이진 탐색 트리에서 노드를 삭제한 후에는 이진 탐색 트리가 유지하도록 트리를 재구성하는 작업이 필요하다.

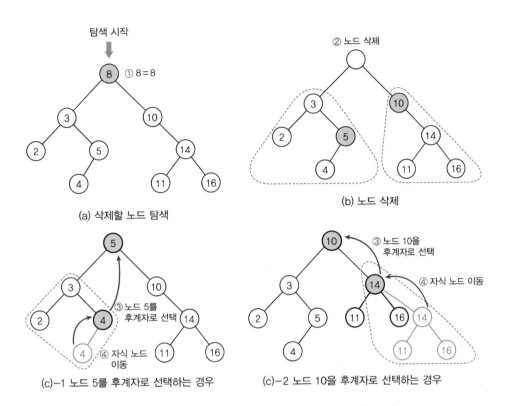

[그림 2-16] 이진 탐색 트리에서 자식 노드가 둘인 노드 8을 삭제

> **더 알아두기** 🔍
>
> **순차 탐색과 이진 탐색 트리**
> 순차 탐색은 항상 나쁘고 이진 탐색 트리는 항상 좋은 것은 아니다. 이진 탐색 트리는 탐색하기 전에
> 이진 트리 구조를 만들어야 한다. 만약 대상 데이터의 개수가 많으면 이진 트리를 만드는 작업에 많은
> 부하가 걸릴 수도 있다. 단지 몇 번의 탐색 횟수만 예상된다면 굳이 이진 탐색 트리를 이용하지 않고
> 순차 탐색을 이용해도 된다. 모든 경우에 효과적이고 타당한 알고리즘은 없다.
>
> | 구분 | 전체 데이터 수 | 예상되는 횟수 | 탐색을 준비하는 시간 |
> |---|---|---|---|
> | 순차 탐색이 적합한 경우 | 적다 | 적다 | 없다 또는 적다 |
> | 이진 탐색 트리가 적합한 경우 | 많다 | 많다 | 충분하다 |

이진 탐색 트리에서 노드를 삭제하는 알고리즘은 다음과 같다. 노드를 삭제한 후 왼쪽 부분 트리에서
가장 큰 원소를 선택하여 삭제 노드 위치로 이동시키는 방법을 사용하였다.

[이진 탐색 트리의 삭제 알고리즘]

```
deletebst(bst, x)
{
    p = 삭제할 노드;
    parent = 삭제할 노드의 부모 노드;

    if (p = NULL) then return; /* 삭제할 노드가 없는 경우 */

    /* 삭제할 노드의 차수가 0인 경우 */
    if (p→left = NULL and p→right = NULL) then {
        if (parent→left = p) then parent→left = NULL;
        else parent→right = NULL;
    }

    /* 삭제할 노드의 차수가 1인 경우 */
    else if (p→left = NULL or p→right = NULL) then {
        if (p→left ≠ NULL) then {
            if (parent→left = p) then parent→left = p→left;
            else parent→right = p→left;
        }
        else {
            if (parent→left = p) then parent→left = p→right;
            else parent→right = p→right;
        }
    }

    /* 삭제할 노드의 차수가 2인 경우 */
    else if (p→left ≠ NULL and p→right ≠ NULL) then {
        q = maxNode(p→left);
        p→key = q→key;
        deletebst(p→left, p→key);
    }
}
```

이진 탐색 트리의 탐색 시간 복잡도는 최악의 경우 $O(n)$이 되고 평균적인 경우 $O(logn)$이 된다. 이진 탐색 트리는 입력되는 데이터의 순서가 매우 중요하다. 이진 탐색 트리가 최악인 경우는 정렬된 데이터를 이진 탐색 트리로 구성한 경우이다. 이 경우 한쪽으로 치우친 **편향 이진 트리**가 된다. 예를 들어, [그림 2-17]과 같은 편향 이진 트리에서 노드 F를 찾는 경우 비교 횟수는 순차 탐색과 같으며 $O(n)$만큼의 시간이 걸린다. 이러한 최악의 경우를 방지하기 위해서는 트리의 좌우 높이를 균형 있게 만드는 기법이 필요하다. 트리의 균형이 잘 맞으면 탐색 효율이 높으며 가장 이상적인 경우는 이진 탐색 트리가 좌우 균형이 맞는 높이 균형 트리(AVL)가 되는 것이다. 탐색 효율은 이진 탐색 트리의 높이와 밀접한 관계가 있다.

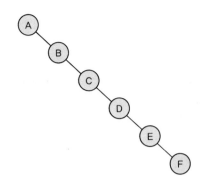

[그림 2-17] 이진 탐색 트리의 시간 복잡도가 최악인 경우

이진 탐색 트리는 삽입과 삭제가 용이하므로 데이터가 고정되지 않고 삽입과 삭제가 빈번한 경우에 적합하다.

> **! 더 알아두기 Q**
>
> **이진 탐색 트리의 시간 복잡도**
> ① 최선의 경우(이진 트리가 균형적으로 생성되어 있는 경우)
>   O(log$n$)
> ② 최악의 경우(한쪽으로 치우친 편향 이진 트리의 경우)
>   O(n) (순차 탐색과 시간 복잡도가 같음)

2 균형 이진 탐색 트리

이진 탐색 트리는 좌우 균형이 잘 맞으면 탐색의 성능이 높다. 즉, 같은 수를 탐색할 때 이진 트리의 높이가 낮을수록 탐색 성능이 높아지게 된다. n개 노드를 가진 이진 탐색 트리의 비교 연산 횟수는 높이가 최소일 때에는 O(log$n$)이 되고 높이가 최대일 때 O(n)이 된다.

균형 이진 탐색 트리(balanced binary search tree)는 노드의 왼쪽 서브 트리와 오른쪽 서브 트리의 높이가 서로 균형을 이루는 트리를 말한다. 왼쪽 서브 트리의 높이와 오른쪽 서브 트리의 높이 차이가 1 이하인 이진 탐색 트리를 의미하며, 이러한 높이 차이를 균형 인수(balance factor)라고 한다. 균형 트리는 노드의 삽입과 삭제 시에도 균형을 이룰 수 있도록 재균형이 필요하다. 따라서 삽입과 삭제가 적고 검색이 많은 자료 구조로서 적합하다. 이런 균형 트리의 대표적인 예로 AVL 트리가 있다. AVL 트리는 Adelson-Velski와 Landis 이름의 첫 글자를 딴 것으로, 트리를 구성하는 왼쪽 및 오른쪽 서브 트리의 높이가 1 이하인 균형 트리로서 트리 내의 검색 시간을 줄이는 것을 목적으로 한다.

AVL 트리는 각 노드에서 왼쪽 서브 트리의 높이와 오른쪽 서브 트리의 높이 차이가 1 이하이다. 각 노드의 균형 인수로 { -1, 0, +1} 값만 가지게 해서 왼쪽 및 오른쪽 서브 트리의 균형을 항상 유지한다.

다음은 AVL 트리가 아닌 예이다.

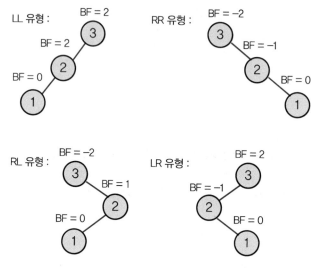

[그림 2-18] AVL 트리가 아닌 예

AVL 트리는 삽입과 삭제 이후에 균형 인수를 확인하여 균형을 맞추는 재구성 작업이 필요하다. 삽입과 삭제는 이진 탐색 트리와 같고 균형을 맞추는 재구성 작업을 회전 연산을 통해 진행한다. AVL 트리의 불균형 상태는 위의 [그림 2-18]의 4가지 경우인 LL 유형, LR 유형, RR 유형, RL 유형과 같다. 이 중 LL과 RR은 한 번만 회전하는 단순 회전을 진행하고, LR과 RL은 두 번 회전하는 이중 회전을 진행한다.

(1) 회전 연산

① LL 회전 연산

LL 회전은 LL 불균형일 때 적용한다. 균형 인수(BF)가 2나 −2가 된 부모 노드를 오른쪽으로 내려서 자식 노드가 부모 노드의 위치로 가면 세 노드의 BF가 0이 되면서 균형이 회복된다.

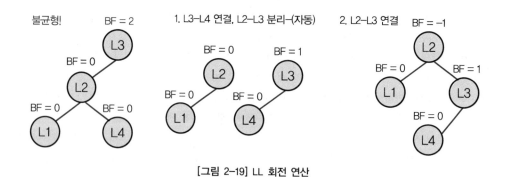

[그림 2-19] LL 회전 연산

[LL 회전 연산 알고리즘]

```
LL_rotate(L3)
     L2.right → L3.left
     L3 → L2.right
end LL_rotate()
```

② RR 회전 연산

RR 회전은 RR 불균형일 때 적용한다. LL 회전의 방식이 시계 방향이었다면 RR의 방식은 반시계 방향일 뿐이다.

③ LR 회전 연산

LR 회전은 LR 불균형일 때 적용한다. LR 회전은 이중 회전 연산으로 불균형 노드의 왼쪽 자식 노드와 그것의 오른쪽 자식 노드를 RR 회전하고 그것을 다시 불균형 노드와 LL 회전하여 균형을 회복한다.

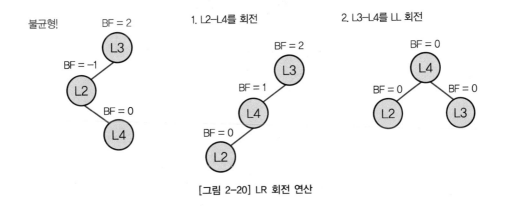

[그림 2-20] LR 회전 연산

[LR 회전 연산 알고리즘]

```
LR_rotate(L3)
     RR_rotate(L2)
     L4 → L3.left
     LL_rotate(L3)
end LR_rotate()
```

④ RL 회전 연산

RL 회전은 RL 불균형일 때 적용한다. LR 회전 연산의 세부 내용을 반대로 하면 된다.

[RL 회전 연산 알고리즘]

```
RL_rotate(L3)
      LL_rotate(L2)
      L4 → L3.right
      RR_rotate(L3)
end RL_rotate()
```

(2) AVL 트리 회전 연산 예시

데이터를 50, 60, 70, 90, 80, 75, 73, 72, 78 순서대로 AVL 트리에 삽입하여 균형 상태를 유지하는 과정을 보면 다음과 같다. 삽입은 이진 탐색 트리와 같이 하면 된다.

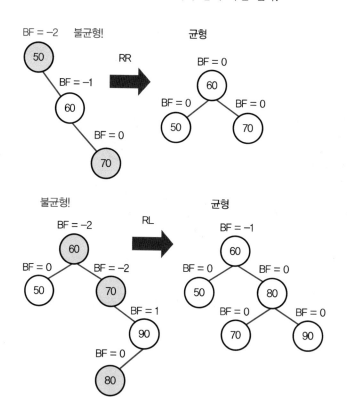

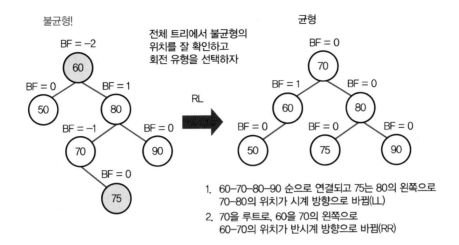

1. 60-70-80-90 순으로 연결되고 75는 80의 왼쪽으로
   70-80의 위치가 시계 방향으로 바뀜(LL)
2. 70을 루트로, 60을 70의 왼쪽으로
   60-70의 위치가 반시계 방향으로 바뀜(RR)

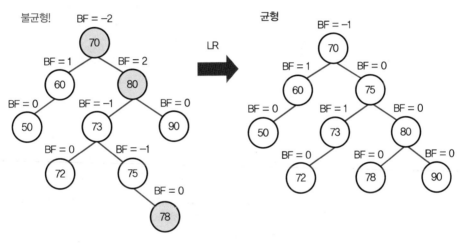

[그림 2-21] AVL 트리 회전 연산 예시

문제가 되는 노드가 여러 개일 경우 가장 밑에서부터 수정해서 균형을 회복한다. 가장 아래 문제 노드 80을 기준으로 LR을 실행한다. 73과 75의 위치를 반시계 방향으로 바꾼다(RR). 그리고 75와 80의 위치를 시계 방향으로 바꾼다(LL). 실행 과정에서 78은 80의 하위 노드가 된다.

이렇게 AVL 트리로 삽입하게 되면 AVL 트리의 높이는 3이 된다. 만약 이 데이터를 이진 탐색 트리로 삽입했다면 트리의 높이는 7이 되게 된다.

3 히프

히프는 완전 이진 트리의 일종으로 우선순위 큐를 위한 자료구조이다. 히프는 여러 개의 값들 중 가장 큰 값이나 가장 작은 값을 빠르게 찾아낼 수 있다.

히프의 각 노드는 유일한 킷값을 가지는데 최대 히프(max heap)는 부모 노드의 킷값이 자식 노드의 킷값보다 크거나 같은 완전 이진 트리이다. 그러므로 최대 히프에서 루트 노드는 모든 노드 중 가장 큰 값이 위치하게 된다. 최소 히프(min heap)는 부모 노드의 킷값이 자식 노드의 킷값보다 작거나 같은 완전 이진 트리이다. 따라서 최소 히프의 루트 노드는 모든 노드 중 가장 작은 값이 위치하게 된다.

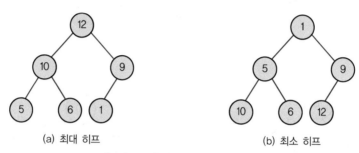

(a) 최대 히프　　　　　　　　　　　(b) 최소 히프

[그림 2-22] 최대 히프와 최소 히프

히프에서 삭제 연산은 항상 루트 노드를 삭제하여 수행된다. 삭제 연산을 한 번 수행하면 루트 노드가 삭제되는데 이때 나머지 노드들은 히프의 성질을 만족해야 하므로 히프를 재구성해야 한다. 히프에서 삽입 연산을 하려면 일단 새로운 노드를 히프의 마지막 노드에 이어서 삽입한다. 이렇게 새로운 데이터를 삽입한 후에도 역시 히프의 성질을 만족해야 하므로 새로운 노드를 부모 노드들과 교환하는 과정을 거쳐 가며 히프를 재구성해야 된다. 히프는 완전 이진 트리이므로 전체 높이는 $\log n$이다. 하나의 데이터를 히프에 삽입하거나 삭제할 때 히프를 재구성하는 시간은 $\log n$만큼 소요된다. 따라서 데이터의 개수가 n개이면 전체적으로 $O(n \log n)$의 시간이 걸린다.

○×로 점검하자

※ 다음 지문의 내용이 맞으면 ○, 틀리면 ×를 체크하시오. [1 ~ 5]

01 이진 탐색 트리는 왼쪽 자식 노드는 부모 노드보다 작고 오른쪽 자식 노드는 부모 노드보다 크다.
( )

≫≫○ 이진 탐색 트리는 이진 트리의 형태로서 왼쪽 부분 트리에는 부모 노드보다 작은 킷값이 위치하고, 오른쪽 부분 트리에는 부모 노드보다 큰 킷값이 위치하도록 조직된 형태이다.

02 스레드 이진 트리는 이진 트리의 한 종류이며 가리키는 곳이 없는 널 포인터(null pointer)를 활용하는 것이다. ( )

≫≫○ 스레드 이진 트리는 자식이 없는 노드가 갖는 NULL 포인터를 순회 순서상 다른 노드를 가리키도록 설정한 트리이다.

03 이진 트리는 스택을 이용하여 순회하지만 스레드 이진 트리는 스레드 포인터를 이용하여 순회한다.
( )

≫≫○ 스레드 이진 트리는 스레드 포인터를 이용하여 다른 노드를 가리키도록 한다.

04 어떤 노드의 바로 위에 있는 노드를 조상 노드라고 한다. ( )

≫≫○ 어떤 노드의 바로 위에 있는 노드는 부모 노드가 되고 바로 아래에 있는 노드는 자식 노드가 된다.

05 포리스트(forest)는 트리에서 루트를 제거하여 만든 부분 트리의 집합을 의미한다. ( )

≫≫○ 트리의 루트를 제거하면 여러 개의 서브 트리가 생기게 되는데 이것을 포리스트라고 한다.

정답 1 ○ 2 ○ 3 ○ 4 × 5 ○

실제예상문제

01 트리는 자료를 정리하여 표현하는 데 유용하며 계층적인 구조를 표현하기에 적합하다.

01 가계도, 파일 시스템, 윈도우 탐색기 등 계층적 관계를 표현하고 정렬하며 활용하는 데 적합한 자료구조는?

① 트리
② 그래프
③ 배열
④ 포인터

02 스레드 이진 트리는 왼쪽 스레드와 오른쪽 스레드를 순회 방법에 따라 각각 특정 노드의 직전 방문 노드와 다음 방문할 노드를 가리키도록 한다.

02 이진 트리의 NULL 링크를 활용하여 이진 트리 순회 시 방문 노드들에 대한 정보를 유지하도록 활용하는 것은 무엇인가?

① 이진 탐색 트리
② B 트리
③ 스레드 이진 트리
④ 선형 탐색 트리

03 루트 노드를 제외한 모든 노드는 정확히 하나의 부모 노드를 가진다. 루트 노드는 트리의 가장 상위에 위치하므로 부모 노드가 없다.

03 다음 중 트리에 대한 설명으로 틀린 것은?

① 한 노드의 자식 노드의 수를 차수라고 한다.
② 모든 노드는 하나의 부모 노드를 가진다.
③ 부모 노드가 같은 노드들을 형제 노드라고 한다.
④ 차수가 0인 노드를 단말 노드라고 한다.

정답 01 ① 02 ③ 03 ②

04 이진 탐색 트리에서 키 E를 탐색할 때 최악의 경우가 되는 키의 삽입 순서에 해당하는 것은?

① A, B, C, D, E
② E, D, C, B, A
③ C, A, D, B, E
④ C, D, B, E, A

04 이진 탐색 트리는 왼쪽 자식 노드에는 부모 노드보다 작은 킷값이 위치하고, 오른쪽 자식 노드에는 부모 노드보다 큰 킷값이 위치하도록 조직된 형태이다. 따라서 주어진 데이터에 이진 탐색 트리를 적용하면 'A, B, C, D, E' 순일 경우 4번의 비교 만에 탐색에 성공한다.

05 n개의 노드로 구성된 이진 탐색 트리에 대한 설명으로 올바른 것은?

① 최악 및 평균 시간 복잡도가 모두 $O(n)$이다.
② 최악의 시간 복잡도는 $O(n)$이고 평균적으로는 $O(\log n)$이다.
③ 최악 및 평균 시간 복잡도가 모두 $O(\log n)$이다.
④ 최악의 시간 복잡도는 $O(\log n)$이고 평균적으로는 $O(1)$이다.

05 이진 탐색 트리의 탐색 시간 복잡도는 최악의 경우 $O(n)$이 되고 평균적인 경우 $O(\log n)$이 된다.

06 자식 노드가 없는 경우 링크 필드에 NULL 대신 순회 순서상의 다른 노드를 가리키도록 설정하는 것은?

① 완전 이진 트리
② 스레드 이진 트리
③ 연결 트리
④ 편향 이진 트리

06 스레드 이진 트리는 자식이 없는 노드가 갖는 NULL 링크 대신 순회 순서에 따라 다른 노드를 가리키도록 하는 것이다.

정답 04 ① 05 ② 06 ②

07 노드의 차수는 한 노드에 연결된 자
식 노드의 수를 의미한다.

08 이진 트리는 모든 노드들의 자식 노
드가 2개 이하인 트리이다.

09 포화 이진 트리는 모든 노드가 채워
진 이진 트리이며 이진 트리가 가질
수 있는 노드의 최대 수를 지닌 이진
트리라 할 수 있다.

07 트리에서 한 노드에 연결된 자식 노드의 수를 무엇이라 하는가?

① 차수
② 후손
③ 조상
④ 형제 노드

08 모든 노드들의 자식 노드가 2개 이하인 트리를 무엇이라 하는가?

① 이진 탐색 트리
② 스레드 이진 트리
③ 이진 트리
④ AVL 트리

09 다음 중 포화 이진 트리(full binary tree)에 대한 설명으로 옳은
것은?

① 포화 이진 트리는 이진 트리가 가질 수 있는 노드의 최대 수를
지닌 이진 트리라 할 수 있다.
② 포화 이진 트리는 이진 탐색 트리의 일종이다.
③ 완전 이진 트리라고 한다.
④ 포화 이진 트리는 모든 노드가 왼쪽부터 채워지는 트리이다.

정답 07 ① 08 ③ 09 ①

10 단말 노드를 제외한 나머지 노드가 2개의 자식 노드를 가지고
   있는 트리는 무엇인가?

① 포화 이진 트리
② 이진 트리
③ 레드 블랙 트리
④ 완전 이진 트리

10 완전 이진 트리(complete binary tree)는 단말 노드를 제외한 나머지 노드가 2개의 자식 노드를 가지고 있는 트리이다.

✔ 주관식 문제

01 다음 설명에서 ㉠, ㉡, ㉢에 늘어갈 내용을 순서대로 쓰시오.

- 트리에서 노드의 (㉠)은/는 한 노드에 연결된 자식 노드의 수를 의미한다.
- 트리 중에서 (㉡)은/는 모든 노드들의 자식 노드가 2개 이하인 트리를 의미한다.
- 같은 부모 노드를 가지는 노드들을 (㉢) 노드라고 한다.

01
정답 ㉠ 차수
     ㉡ 이진 트리
     ㉢ 형제

해설 트리에서 노드의 차수는 한 노드에 연결된 자식 노드의 수를 의미한다. 자식 노드가 2개 이하인 트리는 이진 트리이며, 같은 부모 노드를 가지는 노드들을 형제 노드라 한다.

정답 10 ④

02

정답 전위 순회

해설 전위 순회는 루트 노드를 가장 먼저 방문하고 왼쪽 자손 노드를 방문한 후 마지막으로 오른쪽 자손 노드를 방문한다.

02 트리의 순회 방법 중 '루트 노드 → 왼쪽 서브 트리 → 오른쪽 서브 트리' 순으로 방문하는 순회 방법은 무엇인지 쓰시오.

제3장

그래프

제1절   그래프의 표현
제2절   그래프의 순회
제3절   그래프의 연결성
제4절   최소 비용 신장 트리(minimum spanning tree)
제5절   최단 경로(shortest path)
실제예상문제

I wish you the best of luck!

그래프

그래프의 표현

그래프(graph)는 어떤 개체들과 이들 사이의 연결 관계를 표현할 수 있는 자료구조이다. 그래프를 이용하면 현실 세계의 복잡한 작업을 시각적으로 구조화하여 표현할 수 있다. 그래프는 주어진 몇 개의 정점과 그 정점을 끝점으로 하는 선들로 구성되며 주요 요소들 간의 관계나 거리 또는 비용 등 다양한 주제를 표현할 수 있다. 그래프 이론은 1736년에 수학자 오일러에 의해 고안되었다. 오일러는 쾨니히스베르크 다리 문제를 풀기 위해 그래프 이론을 사용하였다. 쾨니히스베르크 다리 문제는 어느 한쪽 육지를 출발하여 모든 다리를 단 한 번씩 경유하여 다시 출발점으로 되돌아 올 수 있는지에 관한 문제이다. 오일러는 이 문제를 풀기 위해 각 지역을 정점(vertex)으로 정의하고 모든 다리를 간선(edge)로 정의하였다. 오일러는 임의의 정점을 출발하여 모든 간선을 한 번씩 거친 후에 출발한 정점으로 돌아오기 위해서는 홀수개의 간선을 갖는 정점 수가 0 또는 2개여야 함을 증명하였다. 이를 오일러 경로라고 한다. 그래프는 하나 이상의 정점 혹은 노드들의 집합 V와 두 정점의 쌍으로 구성되는 간선들의 집합 E로 이루어져 있다. 두 집합은 유한하다고 가정하며 G = (V, E)와 같이 표기한다. 그래프는 선형 자료구조나 트리 자료구조로 표현하기 어려운 다대다 관계를 가지는 요소들을 표현하기에 용이하다.

1 그래프의 구조 중요 ★★★

(1) 그래프의 개념

어떤 자료가 있을 때 이 자료와 관계를 맺고 있는 다른 자료가 여러 개 존재하는 경우 일대다 또는 다대다 관계를 갖는다고 한다. 이러한 일대다나 다대다 관계의 구조를 비선형 구조라고 하며 비선형 자료구조에 는 그래프, 트리 등이 있다. 그래프는 선형 자료구조로 표현하기 어려운 복잡한 작업이나 구조들의 관계 또는 순서를 보다 단순한 도형의 형태로 표현하여 직관적이며 이해하기 쉽다. 그래프는 정점들의 집합과 간선들의 집합으로 구성된다. 정점(vertex)이란 표현하고자 하는 대상 자료의 집합이며 여러 가지 특성을 가질 수 있는 자료의 단위라고 할 수 있다. 간선(edge)은 정점들 사이를 연결하는 선을 의미하며 정점들 간의 상호 연결 관계를 말한다. 그래프의 정점과 정점은 간선으로 서로 연결되며 간선은 정점 사이의 관계를 나타낸다.

그래프는 실제 세계의 현상이나 사물을 정점과 간선으로 표현하기 위해 사용할 수 있다. 예를 들어, [그림 3-1]은 집에서 도서관이나 강의실로 가는 경로를 그래프로 표현한 것이다. 집에서 출발하여 버스 정류장이나 지하철을 이용하여 학교에 갈 수 있고 학교에서는 도서관이나 강의실로 이동할 수 있다.

이것을 그래프로 표현할 수 있으며 그래프로 사물들 간의 순서를 표현한 것이다.

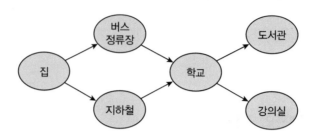

[그림 3-1] 그래프의 예

그래프는 주요 요소간의 관계, 거리, 비용 등 다양한 주제를 표현하고 설계할 때 유용하다. 우리가 실생활에서 자주 볼 수 있는 전국의 도로망이나 철도망, 지하철 노선도 등도 그래프의 일종이라 할 수 있다. 그래프는 가장 일반적인 자료구조 형태이며 현상이나 사물을 정점과 간선으로 표현한 것이다. 그래프를 이용하여 표현하면 어떤 문제의 구조를 이해하는 데 도움이 되고 더 효율적인 설계 구성이 가능하다. 때문에 그래프 이론은 최단 거리 탐색, 연구 계획 분석, 공정 계획 분석, 전자 회로 분석, 통계학 등의 여러 분야에서 다양하게 적용되고 활용되고 있다.

> **더 알아두기**
>
> 그래프로 표현할 수 있는 것은 다양하다. 부서 간의 관계를 나타내는 회사의 조직도나 가족 구성원들의 관계를 표현하는 가계도를 그래프로 표현할 수 있다. 또한 운동 경기할 때 대전하는 상대와의 관계를 나타내는 토너먼트의 조합이나 저항, 반도체 등의 결합 관계를 표현하는 전기 회로의 배선도 표현할 수 있다. 또한 화학 성분의 결합 구조를 표현하는 화학 구조나 각 지점별 네트워크 연결 구성을 표현하는 네트워크 구성도 그래프로 표현할 수 있다. 그 밖에도 도로망, 전력망, 인간관계, 사회 조직, 생물 유전자 관계, 지도에서 도시들의 연결 상태 등도 그래프로 표현할 수 있다.

그래프는 G = (V, E)로 표시할 수 있다. 여기서 V는 그래프 G의 정점들의 집합을 의미하고 E는 그래프 G의 간선들의 집합을 의미한다. 따라서 그래프는 다음과 같이 정의할 수 있다.

> **정의** **그래프**
>
> 공집합이 아닌 정점의 집합 V와 서로 다른 정점의 쌍(v_i, v_j)을 연결하는 간선의 집합 E로 구성되는 구조
> - G = (V, E)
> - $V = \{v_1, v_2, ..., v_n\}$
> - $E = \{e_1, e_2, ..., e_m\} = \{(v_i, v_j), \cdots \}$

그래프에서 정점(vertex)은 노드(node)라고도 하며 간선(edge)은 링크(link)라고도 한다. 그래프는 정점을 원으로, 간선을 선으로 그려서 시각적으로 표현하기도 하지만 이러한 시각적인 형태가 그래프의 정의는 아니다. 그래프는 정점과 간선의 집합이다.

그래프는 1736년에 수학자 오일러(Euler)가 쾨니히스베르크 다리 문제를 해결하는 데 처음으로 사용되었다. 쾨니히스베르크에는 [그림 3-2]의 (a)와 같이 프레겔 강에 두 개의 섬과 일곱개의 다리로 구성된 공원이 있었다. 쾨니히스베르크 다리 문제는 어느 한쪽 육지를 출발하여 모든 다리를 단 한 번씩 경유하여 출발점으로 다시 되돌아올 수 있는가에 관한 문제이다. 즉, 어떤 지점에서 출발하든지 모든 다리를 딱 한 번씩만 중복하지 않고 건너서 출발지로 돌아올 수 있는지에 관한 문제이다.

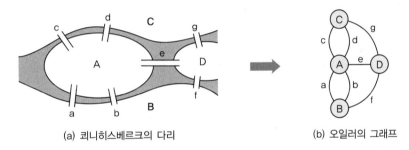

(a) 쾨니히스베르크의 다리   (b) 오일러의 그래프

[그림 3-2] 쾨니히스베르크의 다리와 오일러의 그래프

오일러는 이 문제를 해결하기 위해서 쾨니히스베르크의 다리를 [그림 3-2]의 (b)와 같이 단순화된 그래프로 표현하였다. [그림 3-2]의 (a)에서 B와 C는 강의 양쪽 육지를 의미하며 A와 D는 두 개의 섬을 나타낸다. 따라서 A, B, C, D는 정점으로 표현하고 강의 각 다리인 a, b, c, d, e, f, g는 간선으로 표현하였다. 즉, 4개의 정점과 7개의 간선으로 구성된 그래프가 된다. 오일러는 그래프를 구성하는 모든 정점의 차수가 짝수일 때 이 문제가 해결됨을 보였다.

그래프에서 정점의 차수(degree)는 정점에 연결된 연결선이나 간선의 개수를 의미한다.

[그림 3-2]의 (b)에서 정점 A는 차수가 5이고, 정점 B, 정점 C, 정점 D는 차수가 모두 3이며 홀수이다. 따라서 한 정점에서 시작하여 모든 간선을 정확히 한 번만 거쳐서 원위치로 돌아올 수 없음을 알 수 있다. 이를 통해 오일러는 쾨니히스베르크의 모든 다리를 한 번씩만 지나서 원래 위치로 되돌아오는 것이 불가능하다는 것을 증명하였다. 그래프의 모든 정점이 짝수 차수인 경우에는 어떤 정점에서 시작하든지 한 번씩 거쳐서 원래 위치로 돌아올 수 있다. 이렇게 오일러의 방법을 이용하면 그래프에 오일러의 경로가 존재하는지 여부를 손쉽게 알 수 있다.

(2) 그래프의 용어 중요 ★★

그래프에서 사용하는 주요 용어를 살펴보면 다음과 같다.

① **차수(degree)**

차수는 정점에 연결된 간선의 수를 의미하며 임의의 정점의 차수는 그 정점에 연결된 모든 간선들의 개수를 말한다. 특히, 차수가 홀수인 정점은 홀수점(odd vertex)이라 하며 차수가 짝수인 정점은 짝수점(even vertex)이라 한다. 간선에 방향이 없는 무방향 그래프에서 임의의 정점의 차수는 그 정점에 연결되어 있는 간선의 수가 된다. 그러나 간선에 방향이 존재하는 방향 그래프의 경우 임의의 정점에는 그 정점에서 나가는 간선과 그 정점으로 들어오는 간선이 존재할 수 있다. 따라서 방향 그래프에서 정점의 차수는 그 정점의 진입 차수와 진출 차수를 합한 개수가 된다. 여기서 **진입 차수**(in-degree)는 정점으로 들어오는 간선의 개수를 의미하고, **진출 차수**(out-degree)는 정점에서 나가는 간선의 개수를 의미한다.

② **경로(path)**

경로는 그래프에서 간선을 따라 갈 수 있는 길을 순서대로 나열한 것이다. 즉, 간선을 연결하는 정점들을 나열하여 임의의 정점과 정점을 연결하는 경로라고 할 수 있다. 경로의 길이(path length)는 같은 간선을 2번 이상 포함하지 않는 경로 중에 있는 간선의 개수를 의미한다. 단순 경로(simple path)는 시작 정점에서 종착 정점까지 가는 경로 중에 중복되는 정점이 없는 경우이다. 즉, 한 경로 상에 존재하는 모든 정점들이 반복되는 간선이 없이 서로 다른 경로라 할 수 있다. 사이클(cycle)은 단순 경로 중에서 경로의 시작 정점과 마지막 정점이 같은 경로이다. 트리(tree)는 그래프의 일종이지만 사이클을 형성하지 않는다. 사이클이 형성되는 경우를 트리와 구별하여 그래프라 한다.

③ **무방향 그래프**

무방향 그래프(indirect graph)는 그래프의 간선에 방향이 없는 그래프를 의미한다. 방향성이 없는 간선이란 방향성이 있는 간선 2개를 합친 것과 같다. 간선을 통해서 양쪽으로 서로 이동이 가능하다는 뜻이기 때문이다. 일반적으로 무방향 그래프를 그래프라고 한다.

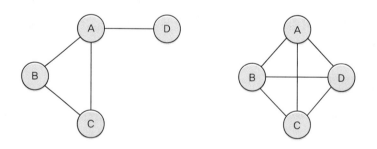

[그림 3-3] 무방향 그래프의 예

④ **방향 그래프**

방향 그래프(direct graph)는 간선에 방향이 있는 그래프를 의미한다. 방향 그래프에서는 간선을 통해서 한쪽 방향으로만 갈 수 있다. 방향 그래프에서 방향은 어떤 작업의 선후 관계를 표현할 수도 있고 기업 간의 공급 관계 등을 표현할 수도 있다.

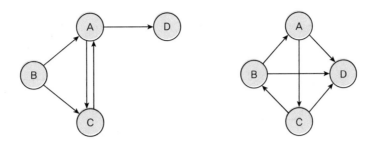

[그림 3-4] 방향 그래프의 예

⑤ **완전 그래프**

완전 그래프(complete graph)는 그래프를 구성하는 모든 정점에서 자기 자신을 제외한 모든 정점에 대하여 간선이 있는 경우를 의미한다. 즉, 모든 정점 사이에 간선이 존재하는 그래프라고 할 수 있다. 한 정점에서 나머지 모든 정점이 연결되었으므로 최대의 간선 수를 가진 그래프이다. 따라서 그래프의 정점의 수가 n이면 모든 정점의 차수는 n-1이 된다. 정점의 개수가 n인 무방향 완전 그래프의 간선의 수는 $\frac{n(n-1)}{2}$이고 방향 완전 그래프의 간선의 수는 n(n-1)이 된다.

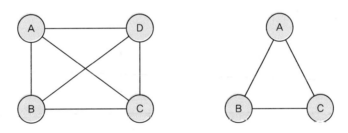

[그림 3-5] 완전 그래프의 예

⑥ **가중 그래프**

가중 그래프(weighted graph)는 그래프의 간선마다 가중치(weight)를 부여한 그래프이다. 간선의 가중치를 통해 두 정점 사이의 연결 상태뿐만 아니라 연결 강도까지 표현할 수 있다. 따라서 정점들의 다양하고 복잡한 관계를 추가로 표현할 수 있게 된다. 가중치는 간선의 비용이나 거리 등이 될 수 있다.

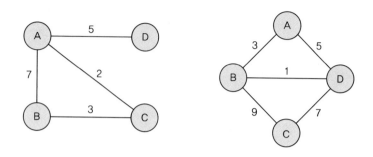

[그림 3-6] 가중 그래프의 예

그래프의 표현은 정점의 내용을 저장시키는 개념이 아니라 정점과 정점의 관계 즉, 간선의 관계를 표현하는 데 목적이 있다. 그래프 자료구조를 표현하는 방법은 크게 2가지가 있다. 인접 행렬을 이용하는 방법과 인접 리스트를 이용하는 방법이다. 인접 행렬은 간선 정보를 2차원 배열 형태로 저장하는 방법이며 인접 리스트는 간선 정보를 연결 리스트를 통해서 구현하는 방법이다. 인접 행렬은 그래프의 구조를 표현하기 위해서 정점들 사이의 인접 관계를 정점 수만큼의 행과 열을 갖는 행렬을 이용한다. 인접 리스트는 그래프를 구성하는 각각의 정점에 대해 간선으로 연결되어 있는 정점들을 연결 리스트로 표현하는 방법이다. 인접 행렬과 인접 리스트 표현 방법은 기억 공간의 사용량과 처리 시간 등에서 장단점을 가지므로 해결하려는 문제에 따라 적합한 표현 방법을 선택해야 한다.

그래프는 [표 3-1]과 같이 관련된 사물이나 개념을 간선으로 연결하여 표현할 수 있다.

[표 3-1] 그래프로 표현 가능한 개념들

그래프	정점	간선
통신	전화, 컴퓨터	광섬유 케이블
전자회로	칩, 콘덴서, 저항	선
급수 시스템	저수지, 정화시설	배관
교통	교차점, 공항	도로, 항로
인터넷	웹페이지	하이퍼링크
사회적 관계	사람	친구관계
경제	주식, 현금	거래

그래프에는 간선에 방향이 없는 무방향 그래프(undirected graph)와 간선에 방향이 있는 방향 그래프(directed graph)가 있다. 가중치 그래프(weighted graph)는 간선에 가중치가 있는 그래프를 의미하는데 이때 가중치는 시간이나 비용 또는 거리와 같이 의미가 있는 값이 될 수 있다. 사이클이 없는 방향 그래프는 DAG(directed acyclic graph)라고 한다. 완전 그래프는 정점들에 대해 가능한 모든 간선들을 가진 그래프이며, 부분 그래프는 원래 그래프에서 일부의 정점이나 간선을 제외한 그래프이다. [그림 3-7]은 다양한 그래프의 종류를 보인 것이다.

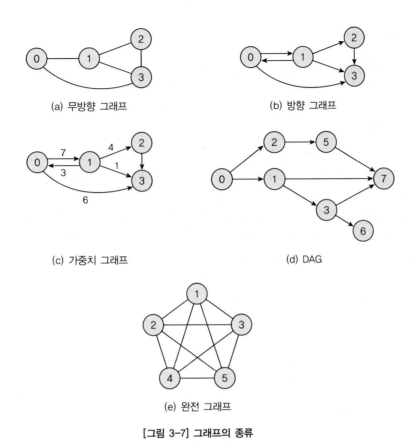

[그림 3-7] 그래프의 종류

그래프에서 두 개의 정점이 서로 연결되어 간선이 존재하면 서로 인접(adjacency)하다고 한다. [그림 3-8]과 같이 완전 그래프에 속한 임의의 두 정점들은 모두 인접해 있다.

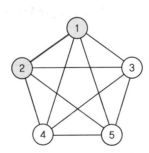

[그림 3-8] 모든 정점이 인접한 그래프

그래프의 경로(path)는 그래프에서 간선들을 이용하여 어느 정점에서 시작하여 다른 정점에 이르는 길을 의미한다. 연결된 간선들을 순서대로 나열하면 경로가 되며 경로의 길이는 경로 상의 간선들의 수를 의미한다. 만약 하나의 경로 상에 있는 모든 정점들이 서로 다를 경우 이를 단순 경로(simple path)라고 한다.

2 그래프의 구현 중요 ★★★

그래프는 인접 행렬이나 인접 리스트, 간선의 배열 등으로 표현할 수 있으며 간선의 정보를 저장하는 방식이나 메모리, 성능 등을 고려해서 어떤 방법으로 표현할지를 결정해야 한다.

(1) 인접 행렬

인접 행렬(adjacent matrix)은 그래프의 두 정점을 연결하는 간선의 존재 유무를 행렬로 표현하는 방법이다. 정점의 개수가 V개일 경우 인접 행렬은 |V|×|V| 크기의 2차원 배열을 이용해서 간선 정보를 저장한다. 행 번호와 열 번호는 그래프의 정점에 대응되며 배열의 인덱스는 정점을 의미한다. 두 정점이 인접되어 있으면 1, 그렇지 않으면 0으로 표현하므로 이해하기 쉽고 간선의 존재 여부를 즉각적으로 알 수 있다. 무방향 그래프를 인접 행렬로 표현하면 i번째 행의 합은 i번째 열의 합과 같으며 이는 해당 정점의 차수(degree)에 해당한다. 차수는 하나의 정점에 연결되어 있는 간선들의 개수를 의미한다.

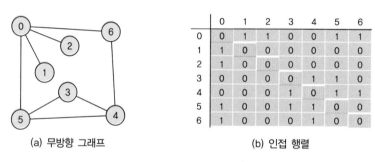

(a) 무방향 그래프   (b) 인접 행렬

[그림 3-9] 무방향 그래프와 인접 행렬

방향 그래프에서 진입 차수(in-degree)는 주어진 정점으로 향한 간선의 개수이며 진출 차수(out-degree)는 주어진 정점에서 나가는 간선의 개수를 말한다. 방향 그래프를 인접 행렬로 표현한 경우 i번째 행의 합은 해당 정점의 진출 차수가 되고 i번째 열의 합은 해당 정점의 진입 차수가 된다.

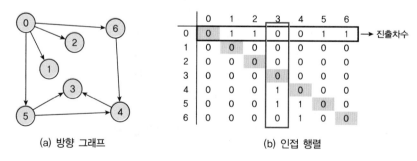

(a) 방향 그래프   (b) 인접 행렬

[그림 3-10] 방향 그래프와 인접 행렬

인접 행렬은 구현이 쉽고 임의의 정점 i와 정점 j가 연결되어 있는지 여부를 쉽게 확인할 수 있다는 장점이 있다. 완전 그래프와 같이 간선의 밀도가 높은 그래프는 인접 행렬로 표현하는 것이 적합하지만 정점의 개수에 비해 간선의 개수가 적은 희소 그래프는 기억 공간의 낭비가 발생한다는 단점이 있다.

(2) 인접 리스트

인접 리스트(adjacent list)는 각 정점에 대한 인접 정점들을 순차적으로 연결 리스트로 표현하는 방법이다. 하나의 정점에 대한 인접 정점들을 각각 노드로 하는 연결 리스트로 저장하며 인접 행렬과는 다르게 존재하지 않는 간선은 표현상 나타나지 않는다.

[그림 3-11]은 무방향 그래프와 방향 그래프를 인접 리스트로 표현한 것이다.

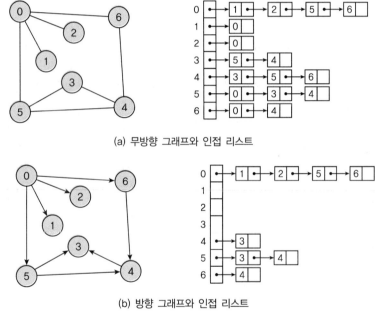

(a) 무방향 그래프와 인접 리스트

(b) 방향 그래프와 인접 리스트

[그림 3-11] 인접 리스트

인접 리스트는 임의의 정점에 연결된 정점들만 저장하여 표현하므로 인접 행렬에 비해 기억 장소의 낭비를 줄일 수 있다. 또한 정점에 연결된 노드의 수를 이용하여 정점의 차수를 쉽게 구할 수 있다. 그러나 인접 리스트는 하나의 연결을 표시하기 위해 정점에 관한 정보뿐만 아니라 연결 정보까지 필요하므로 간선의 수가 상대적으로 많은 경우에는 인접 행렬을 사용할 때보다 기억 장소의 낭비가 심해질 수도 있다.

그래프의 순회 중요 ★★★

그래프 순회는 비선형 자료구조인 그래프로 표현된 모든 정점들을 빠짐없이 탐색하는 것을 의미한다. 하나의 정점으로부터 시작하여 차례대로 모든 정점들을 한 번씩 방문하는 것이다. 예를 들어 특정 도시에서 다른 도시로 갈 수 있는지 없는지, 또는 전자 회로에서 특정 단자와 다른 단자가 서로 연결되어 있는지를 확인하기 위해 그래프를 순회할 수 있다. 그래프의 순회(traversal)는 그래프의 각 정점을 한 번씩만 방문하는 것을 말한다. 이러한 그래프의 순회 방법에는 깊이 우선 탐색(DFS, depth first search)과 너비 우선 탐색(BFS, breadth first search)이 있다.

1 깊이 우선 탐색

깊이 우선 탐색은 비선형 구조인 그래프에서 정점으로 표현된 모든 자료를 빠짐없이 방문하는 탐색 방법 중 하나이다. 깊이 우선 탐색은 시작 정점에서 출발하여 한 방향으로 갈 수 있는 경로가 있는 곳까지 깊이 탐색해 가다가 더 이상 갈 곳이 없게 되면 가장 마지막에 만났던 갈림길 간선이 있는 정점으로 돌아온다. 그런 다음 다른 방향의 정점으로 탐색을 계속 반복하여 결국 모든 정점을 방문하는 순회 방법이다. 미로를 탐색할 때 한 방향으로 갈 수 있을 때까지 계속 가다가 더 이상 갈 수 없게 되면 다시 가장 가까운 갈림길로 돌아와서 이곳으로부터 다른 방향으로 다시 탐색을 진행하는 방법과 유사하다. 가장 마지막에 만났던 갈림길의 정점으로 되돌아가서 다시 깊이 우선 탐색을 반복해야 하므로 후입선출 구조의 **스택(stack)**을 사용한다. 스택은 물건을 쌓아 올리듯 자료를 쌓아 올린 형태의 자료구조이며 마지막에 삽입한 자료를 가장 먼저 꺼내는 후입선출(LIFO, last-in first-out) 구조이다. 다음은 정점 A를 시작으로 깊이 우선 탐색을 하는 과정을 보인 것이다.

① 먼저 시작 정점 A를 방문한다.

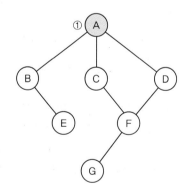

② 정점 A와 인접한 정점들 중 하나를 방문한다. 정점 A와 인접한 정점은 B, C, D이다. 이들 중 임의의 정점을 선택하면 되는데 여기서는 정점 B를 선택하여 방문하도록 하자.

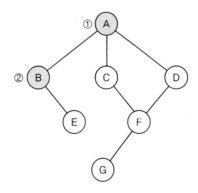

③ 정점 A와 인접한 정점 B를 방문했으므로 이제 정점 B와 인접한 정점들 중 하나를 방문해야 한다. 정점 B의 인접 정점에 해당하는 정점 E를 방문한다.

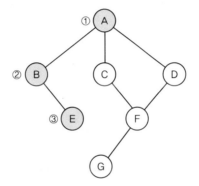

④ 이제 정점 E와 인접한 정점을 방문해야 한다. 그러니 정점 E와 인접하고 아직 방문하지 않은 정점은 존재하지 않는다. 따라서 부모 노드인 정점 B로 되돌아와서 정점 B와 인접하면서 아직 방문하지 않은 정점을 찾는다. 역시 존재하지 않는다. 그러면 이제 정점 B의 부모인 정점 A로 되돌아와서 정점 A와 인접하면서 아직 방문하지 않은 정점이 있는지 확인한다. 정점 A와 인접하면서 아직 방문하지 않은 정점은 C와 D가 있다. 이 중 임의의 정점 C를 방문한다.

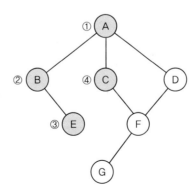

⑤ 다시 정점 C와 인접하면서 아직 방문하지 않은 정점을 확인한다. 정점 F가 있으므로 F를 방문한다.

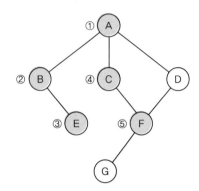

⑥ 정점 F와 인접하면서 아직 방문하지 않은 정점을 확인한다. 정점 D와 G가 있다. 이 중 임의의 하나를 방문하면 된다. 정점 G를 방문한다.

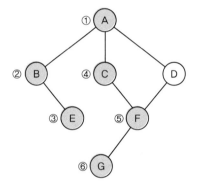

⑦ 이제 정점 G와 인접하면서 아직 방문하지 않은 정점을 방문하면 된다. 그러나 정점 G와 인접하면서 아직 방문하지 않은 정점은 존재하지 않는다. 따라서 정점 G의 부모 정점인 정점 F로 되돌아와서 정점 F와 인접하면서 아직 방문하지 않은 정점이 있는지 확인한다. 정점 D가 있으므로 D를 방문한다.

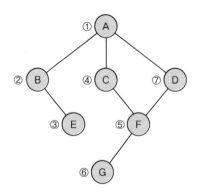

깊이 우선 탐색으로 방문한 정점의 순서는 A, B, E, C, F, G, D가 된다. 이러한 깊이 우선 탐색 방문 순서는 다음 [그림 3-12]와 같이 트리 형태가 되는데 이를 깊이 우선 트리(depth first tree)라고 한다.

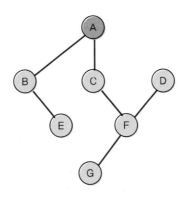

[그림 3-12] 깊이 우선 트리

깊이 우선 탐색은 정점을 방문할 때 멀리 갈 수 있는 데까지 우선 가보는 방법이다. 시작 정점에서 출발하여 시작 정점과 인접하면서 방문하지 않은 한 정점을 방문하고 다시 현재 방문한 정점과 인접한 정점 중 아직 방문하지 않은 한 정점을 방문하는 순서로 진행된다. 이러한 과정을 반복하여 깊이 우선 탐색으로 탐색해 가다가 더 이상 진행할 수 없으면 왔던 길을 되돌아가서 아직 방문하지 않은 정점을 방문하면 된다. 이때 인접한 정점 중 이미 방문했던 정점은 다시 방문하면 안 된다. 깊이 우선 탐색 알고리즘은 다음과 같다.

```
DFS(v)
    for(i = 0; i < n; i = i + 1)  do {
        visited[i] = false;
    }
    stack = createStack();
    visited[v] = true;
    v 방문;

    while (not isEmpty(stack)) do {
        if (visited[v의 인접 정점 w]=false) then {
            push(stack, v);
            visited[w] = true;
            w 방문;
            v = w;
        }
        else
            v = pop(stack);
    }
end DFS()
```

각 정점을 방문했는지 여부를 표시하기 위해 배열 visited를 사용하였다. 배열 visited의 크기는 그래프의 정점 개수만큼이 되어야 하며 초기에는 visited 배열을 모두 false로 초기화한 후 해당 정점을 방문하면 true로 설정한다. 이와 같이 그래프를 탐색하는 경우 어떤 정점을 이미 방문했는지 여부를 반드시 검사해야 하며 만약 이를 검사하지 않을 경우 무한 루프에 빠질 위험이 있다.

2 너비 우선 탐색

너비 우선 탐색은 시작 정점을 방문한 후 시작 정점과 인접한 정점들을 모두 차례로 방문하는 방법이다. 그런 다음 방금 방문한 정점에 인접하고 아직 방문하지 않은 정점들을 다시 모두 방문하는 과정을 반복한다. 이러한 과정은 더 이상 방문할 정점이 없을 때까지 계속한다. 너비 우선 탐색은 시작 정점과 가까운 정점을 먼저 방문하고 멀리 떨어져 있는 정점을 나중에 방문하게 된다. 방금 방문한 정점과 인접한 정점들에 대해 탐색을 한 후 차례로 다시 너비 우선 탐색을 진행해야 하므로 선입선출(FIFO, first-in first-out) 형태의 자료구조인 **큐(queue)**를 활용한다. 큐는 한쪽 끝에서는 삽입만 하고 큐의 다른 한쪽 끝에서는 삭제만 이루어지는 구조이다.

다음은 정점 A를 시작으로 너비 우선 탐색을 하는 과정을 보인 것이다.

① 먼저 시작 정점 A를 방문한다. 정점 A에 인접하면서 아직 방문하지 않은 정점을 큐에 삽입(enqueue)한다. 따라서 큐에는 정점 B, C, D가 추가된다.

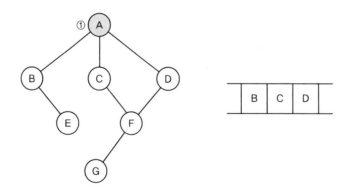

② 큐에서 하나의 정점 B를 꺼내 방문한다. 큐에서 커낸 정점 B에 인접한 정점 중 아직 방문하지 않은 정점을 다시 큐에 삽입한다. 정점 E가 큐에 삽입된다. 따라서 큐에는 기존에 저장되어 있던 정점 C, D에 정점 E가 추가된다.

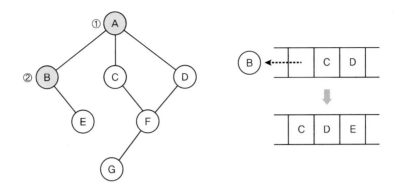

③ 큐에서 다시 하나의 정점 C를 꺼내 방문한다. 큐에서 커낸 정점 C에 인접한 정점 중 아직 방문하지 않은 정점을 큐에 다시 삽입한다. 정점 F가 큐에 추가된다.

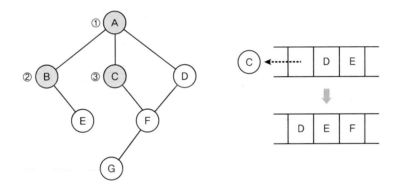

④ 큐에서 다시 하나의 정점 D를 꺼내 방문한다.

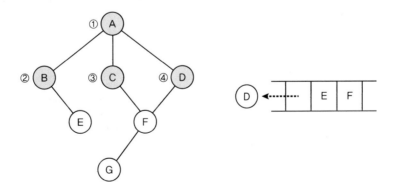

⑤ 큐에서 다시 하나의 정점 E를 꺼내 방문한다.

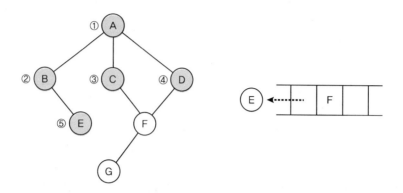

⑥ 큐에서 다시 하나의 정점 F를 꺼내 방문한다. 큐에서 커낸 정점 F에 인접한 정점 중 아직 방문하지 않은 정점인 정점 G를 큐에 삽입한다. 정점 G가 큐에 삽입된다.

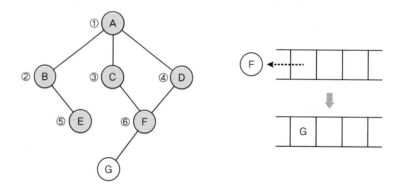

⑦ 큐에서 다시 하나의 정점 G를 꺼내 방문한다. 이제 큐가 비었으므로 탐색을 종료한다.

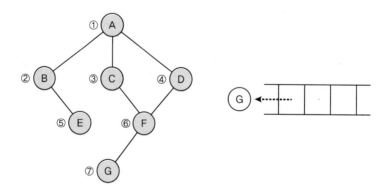

너비 우선 탐색으로 방문한 정점의 순서는 A, B, C, D, E, F, G가 된다. 이러한 너비 우선 탐색 방문 순서는 다음 [그림 3-13]과 같은 트리 형태가 되는데 이를 너비 우선 트리(breadth first tree)라고 한다.

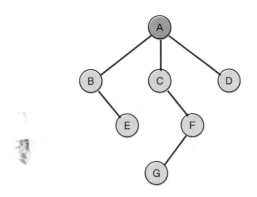

[그림 3-13] 너비 우선 트리

너비 우선 탐색 알고리즘은 다음과 같다.

```
BFS(v)
    for (i = 0; i < n; i = i + 1) do {
        visited[i] = false;
    }
    Q = createQueue();
    visited[v] = true;
    v 방문;

    while (not isEmpty(Q)) do {
        while (visited[v의 인접 정점 w] = false) do {
            visited[w] = true;
            w 방문;
            enQueue(Q, w);
        }
        v = deQueue(Q);
    }
end BFS()
```

각 정점의 방문 여부를 표시하기 위해 배열 visited를 사용하였다.

3 위상 정렬

위상 정렬(topological sort)이란 순서가 정해져 있는 어떤 작업을 차례로 수행해야 할 때 그 순서를 결정해주는 알고리즘이다. 예를 들어 대학의 선수 과목 구조도 위상 정렬의 예라고 할 수 있다. 만약 특정 과목을 수강하기 위해 먼저 수강을 해야 하는 선수 과목이 있다면 그 선수 과목부터 수강해야 한다. 따라서 이런 경우 위상 정렬을 통해 올바른 수강 순서를 찾아낼 수 있다. 일상생활에서도 보통 스케줄 짤 때 많이 사용할 수 있으며 어떤 업무를 수행하기 위한 순서를 제공하는 것도 위상 정렬이라 할 수 있다. 위상 정렬은 비순환 방향 그래프인 DAG(directed acyclic graph)인 경우에만 적용이 가능하다. DAG는 방향 그래프이면서 사이클이 없는 그래프를 의미한다. 만약 어떤 방향 그래프에 사이클이 존재하는 경우에는 위상 정렬을 수행할 수 없다. 위상 정렬은 DAG의 방향 간선이 한 방향으로만 향하도록 정점을 나열하는 것이다. 위상 정렬은 여러 공정으로 이루어지는 작업을 모델링하는 데 주로 사용한다. 만약 처리해야 할 여러 가지 일들이 있고 이들 사이의 선후 관계가 있으면 이를 방향 그래프로 표현 가능하다. 이때 해야 할 일들은 정점으로 표현하고 선후 관계는 간선으로 표현할 수 있다. 위상 정렬은 방향 그래프에 존재하는 각 정점들의 선행 순서를 위반하지 않으면서 모든 정점을 나열하는 것이다. 위상 정렬을 하기 위해서는 먼저 진입 차수가 0인 정점을 선택하고, 선택한 정점과 여기에 부착된 모든 간선을 삭제한다. 이 과정을 반복하여 모든 정점이 삭제되면 알고리즘이 종료된다. 위상 정렬 과정에서 선택되는 정점의 순서를 위상 순서(topological order)라고 한다. 만약 위상 정렬 과정에서 그래프에 남아있는 정점 중에 진입 차수가 0인 정점이 없다면 위상 정렬 알고리즘은 실패한다. 위상 정렬의 결과는 방향 그래프의 구조에 따라 여러 개의 종류가 나올 수 있으므로 여러 개의 답이 존재할 수 있다.

위상 정렬은 사이클이 없는 방향 그래프 G = (V, E)에서 V의 모든 정점을 정렬하되 다음 성질을 만족해야 한다.

> 간선 (i, j)가 존재하면 정렬 결과에서 정점 i는 반드시 정점 j보다 앞에 위치해야 한다.

만약 그래프에 사이클이 존재한다면 이 성질은 결코 만족될 수 없으므로 위상 정렬은 할 수 없다.

[그림 3-14] (a)의 DAG에 대해 위상 정렬을 수행하면 (b)와 같은 위상 정렬 결과를 얻을 수 있다.

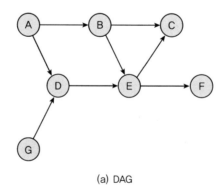

(a) DAG

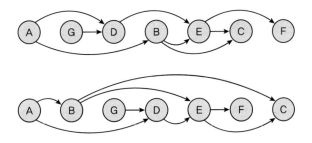

(b) 위상 정렬 결과

[그림 3-14] DAG와 위상 정렬

위상 정렬은 정점을 왼쪽부터 오른쪽 방향으로 나열해 놓았을 때 오른쪽에 있는 정점에서 왼쪽의 정점으로 이동하는 간선이 하나도 없게 하는 것이다. [그림 3-15]의 (a)와 같은 그래프를 위상 정렬했을 때 (b)와 같은 위상 정렬 결과를 얻을 수 있다. 그러나 (c)는 정점 C에서 정점 D로 가는 간선이 방향을 역행하기 때문에 위상 정렬에 해당하지 않는다.

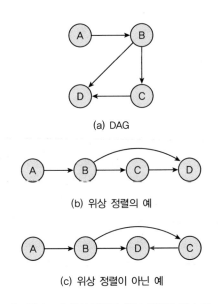

(a) DAG

(b) 위상 정렬의 예

(c) 위상 정렬이 아닌 예

[그림 3-15] 위상 정렬과 위상 정렬이 아닌 예

그래프의 연결성 중요 ★

1 연결 성분(connected component)

모든 정점쌍 간에 경로가 존재하는 그래프를 연결된 그래프라고 한다. 연결된 그래프 중에서 가장 큰 그래프를 연결 성분이라 한다. 연결 성분은 모든 정점 쌍 간에 경로가 존재하는 최대의 부분 그래프를 말한다. 연결 성분을 찾는 방법은 너비 우선 탐색(BFS), 깊이 우선 탐색(DFS), 합-찾기 알고리즘 등을 이용하면 된다.

연결 성분을 찾는 과정은 다음과 같다.

> ① BFS, DFS를 시작하면 시작 정점으로부터 도달 가능한 모든 정점들이 하나의 연결 성분이 된다.
> ② 다음에 방문하지 않은 정점을 선택해서 다시 탐색을 시작하면 그 정점을 포함하는 연결 성분이 구해진다.
> ③ 이 과정을 그래프 상의 모든 정점이 방문될 때까지 반복하면 그래프에 존재하는 모든 연결 성분들을 찾을 수 있다.

2 이중 연결성(biconnectivity)

단절 점(articulation point)이란 그래프 G의 정점들 중에서 그 정점을 그 정점에 부속한 모든 간선들과 같이 삭제하면 최소한 2개의 연결 요소를 갖는 그래프 G를 생성하는 정점 v를 말한다. 즉, 단절 점은 제거하면 그래프 G의 연결이 끊어지는 정점을 의미한다. 예를 들어 [그림 3-16]의 (a) 연결 그래프는 4개의 정점 1, 정점 3, 정점 5, 정점 7을 단절 점으로 가지고 있다. 이중 연결 그래프(biconnected graph)는 단절 점을 갖지 않는 연결 그래프를 말한다. 즉, 모든 정점 쌍 간에 둘 이상의 경로가 존재하는 그래프이다. 따라서 [그림 3-16]은 이중 연결 그래프가 아니다. 이중 연결 성분(biconnected component)은 모든 정점 쌍간에 둘 이상의 경로가 존재하는 최대의 부분 그래프를 말한다. 다리(bridge)는 제거하면 그래프 G의 연결이 끊어지는 간선을 의미한다.

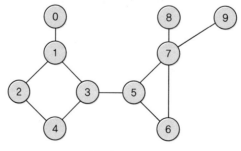

(a) 연결 그래프

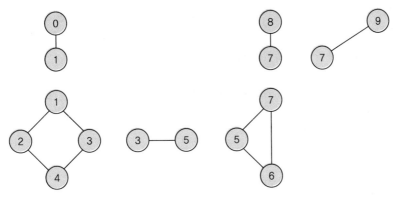

(b) 이중 결합 요소들

[그림 3-16] 연결 그래프와 이중 결합 요소들

다수의 그래프 응용에서 단절 점의 존재는 바람직하지 못하다. [그림 3-16]의 (a) 그래프가 통신 네트워크를 나타낸다고 생각하면 정점은 통신국이고 간선은 통신 링크가 될 것이다. 이때 단절 점에 해당하는 통신국에 이상이 생겼다고 하자. 그 결과는 하나의 통신국만이 아닌 여러 통신국 간의 통신의 단절을 초래한다.

3 강연결 성분(strongly connected component)

강연결 성분은 방향 그래프에 대하여 성립하는 것으로서 방향 그래프에서 서로 접근할 수 있는 방향 경로가 모든 정점 쌍 간에 존재하는 최대의 부분 그래프이다. 예를 들어 방향 그래프 $G = (V, E)$에서 V의 모든 정점 쌍 (a, b)에 대해서 경로 $a \rightarrow b$와 경로 $b \rightarrow a$가 존재하면 그래프 G는 강하게 연결되었다고 말한다. 즉, 어떤 두 정점을 잡더라도 양방향으로 서로에게 이르는 경로가 존재하면 강하게 연결되었다고 한다. 강연결 성분은 원래의 그래프와 역 그래프(원래의 그래프에서 간선의 방향을 역으로 하여 구한 그래프)에 대하여 깊이 우선 탐색을 하여 구할 수 있다. 이때 걸리는 시간은 $O(|V|+|E|)$이다.

4 합-찾기 문제

서로소 집합(disjoint sets)은 서로 중복 포함된 원소가 없는 집합들이다. 다시 말해 교집합이 없다. 합-찾기 (union find)는 서로소 부분 집합들로 나눠진 원소들에 대한 정보를 저장하고 조작하는 자료구조이다. 합 (union)은 두 집합의 합집합을 구하는 연산이며 찾기(find)는 어떤 원소가 속하는 집합을 찾아내는 연산이다. 합-찾기는 전체 집합이 있을 때 구성 원소들이 겹치지 않도록 분할하는 데 자주 사용된다. 또한 합-찾기는 연결 성분 문제, 또는 사이클의 형성 여부를 조사하는 데 사용할 수 있다. 집합에 속한 하나의 특정 멤버를 통해 각 집합들을 구분하는데 이를 대표자(representative)라 한다. 서로소 집합의 연산에는 Make-Set(x), Find-Set(x), Union(x, y)이 있다. Make-Set(x)는 초기화에 해당하며 유일한 원소 x만을 가지는 집합을 만드는 연산이다. Find-Set(x)는 x가 속한 집합의 대표자인 루트 노드 값을 반환한다. Find-Set(x) 연산을 수행하면 x가 어떤 집합에 속해 있는지 찾을 수 있다. Union(x, y)는 x가 속한 집합과 y가 속한 집합을 합친다. 즉, x와 y가 속한 두 집합을 합치는 연산이다.

- Find : 어떤 원소가 주어졌을 때 이 원소가 속한 집합을 반환한다. 일반적으로 어떤 원소가 속한 대표 원소를 반환하며 어떤 원소와 각 대표 원소들 간의 Find 결과를 비교하여 같은 집합임을 판단한다.
- Union : 두 개의 집합을 하나의 집합으로 합친다.

서로소 집합의 합-찾기 연산을 살펴보면 다음과 같다.

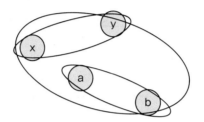

[그림 3-17] 서로소 집합

먼저 Make-Set(x)를 하면 x를 유일한 원소로 하는 새로운 집합이 만들어진다. Make-Set(y)를 하면 y를 유일한 원소로 하는 새로운 집합이 만들어진다. 같은 방법으로 Make-Set(a)와 Make-Set(b)를 하면 각각 a로 구성된 집합과 b로 구성된 집합이 만들어지게 된다. 즉 {x}, {y}, {a}, {b}와 같이 각각 하나의 원소만을 갖는 집합이 4개 만들어진다. 이 상태에서 Union(x, y)를 하면 x가 속한 집합과 y가 속한 집합이 하나로 합쳐진다. 따라서 {x}와 {y}가 합해져서 {x, y} 집합이 만들어진다. 같은 방법으로 Union(a, b)를 하면 a가 속한 집합과 b가 속한 집합이 하나로 합쳐져 {a, b}와 같은 집합이 만들어진다. Find-Set(y)를 하면 y가 속한 집합의 대표자인 x를 반환한다. Find-Set(b)는 b가 속한 집합의 대표자인 a를 반환한다. 이제 Union(x, a) 연산을 하면 x가 속한 집합과 a가 속한 집합을 하나로 합치게 된다.

서로소 집합은 연결 리스트(linked list)나 트리(tree)로 표현할 수 있다. 연결 리스트에서 같은 집합의 원소들은 하나의 연결 리스트로 관리한다. 연결 리스트의 맨 앞의 원소를 집합의 대표 원소로 삼으며 각 원소는 집합의 대표 원소를 가리키는 링크를 갖는다.

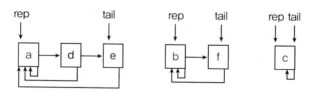

[그림 3-18] 서로소 집합의 연결 리스트 표현

[그림 3-18]과 같은 서로소 집합에 대해 다음과 같은 연산을 수행하면 [그림 3-19]와 같다.

Find-Set(e)   return a
Find-Set(f)   return b
Union(a, b)

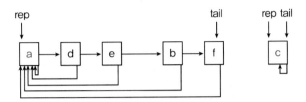

[그림 3-19] 서로소 집합의 연결 리스트 연산 예

서로소 집합은 [그림 3-20]과 같이 트리로도 표현할 수 있다. 이때 하나의 집합을 하나의 트리로 표현한다. 자식 노드가 부모 노드를 가리키며 루트 노드가 대표자가 된다.

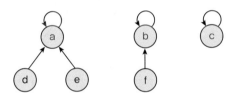

[그림 3-20] 서로소 집합의 트리 표현

예를 들어 Make-Set을 이용하여 하나의 유일한 원소를 갖는 새로운 집합을 만들 수 있다. Make-Set(a), Make-Set(b), Make-Set(c), Make-Set(d), Make-Set(e), Make-Set(f)를 하면 다음과 같이 각각의 원소 하나를 갖는 집합이 생성된다.

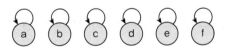

이제 Union(c, d)를 하면 c와 d가 하나로 합쳐지고 Union(e, f)을 하면 e와 f가 하나로 합쳐지게 된다.

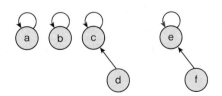

이 상태에서 다시 Union(d, f)를 하면 d가 속한 집합과 f가 속한 집합이 하나로 합쳐지게 된다.

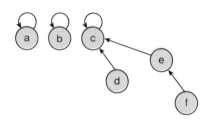

이 상태에서 Find-Set(d)을 수행하면 d가 속한 집합의 대표자를 반환하게 된다. 따라서 d가 속한 집합의 대표자는 c이므로 c가 반환된다. Find-Set(e)를 수행하면 e가 속한 집합의 대표자 c를 반환한다.

서로소 집합을 표현한 트리의 배열 형태는 다음과 같다.

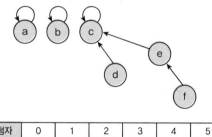

첨자	0	1	2	3	4	5
정점	a	b	c	d	e	f
부모	0	1	2	2	2	4

제 4 절 최소 비용 신장 트리(minimum spanning tree) 중요 ★★★

신장 트리는 임의로 연결된 그래프가 있을 때 이 그래프의 모든 정점을 포함하면서 사이클이 형성되지 않는 트리를 의미한다. n개의 정점을 가지는 그래프의 최소 간선의 수는 (n-1)개이고, (n-1)개의 간선으로 연결되어 있으면 필연적으로 트리 형태가 되고 이것이 바로 신장 트리가 된다. [그림 3-21]의 (a) 그래프에 대한 신장 트리를 구하면 [그림 3-21]의 (b)와 같다. 하나의 그래프에는 많은 신장 트리가 존재할 수 있다. 신장 트리는 트리의 특수한 형태이므로 모든 정점들이 연결되어 있어야 하고 사이클이 포함되어서는 안 된다.

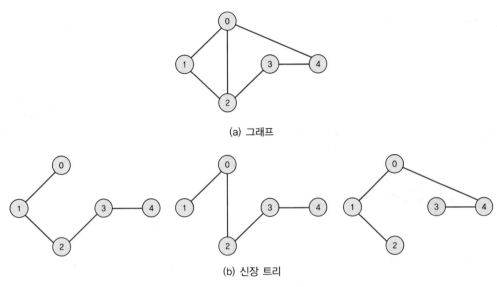

(a) 그래프

(b) 신장 트리

[그림 3-21] 그래프와 신장 트리

최소 신장 트리는 그래프의 신장 트리 중에서 가장 비용이 적게 드는 신장 트리를 최소 비용 신장 트리라고 한다. 즉, 그래프에 있는 모든 정점들을 가장 적은 수의 간선과 비용으로 연결하는 것이다. 각 간선의 가중치가 동일하지 않을 때 단순히 가장 적은 간선을 사용한다고 해서 최소 비용이 얻어지는 것은 아니다.

> **📠 최소 신장 트리의 특징**
> ① 간선의 가중치의 합이 최소여야 한다.
> ② n개의 정점을 가지는 그래프에 대해 반드시 (n-1)개의 간선만을 사용해야 한다.
> ③ 사이클이 포함되어서는 안 된다.

최소 신장 트리는 통신망이나 도로망, 유통망에서 길이나 구축 비용, 전송 시간 등을 최소로 구축하려는 경우 활용할 수 있다. 도로 건설의 경우 모든 도시들을 연결하면서 도로의 길이가 최소가 되도록 해야 한다. 전기 회로의 경우 단자들을 모두 연결하면서 전선의 길이가 가장 최소가 되도록 해야 한다. 통신의 경우 통신 케이블의 길이가 최소가 되도록 구성해야 한다. 이런 경우 전체 가중치의 합을 최소로 하는 트리인 최소 신장 트리를 이용할 수 있다. 최소 신장 트리를 구하는 대표적인 알고리즘에는 크루스칼 알고리즘과 프림 알고리즘이 있다. 그루스칼 알고리즘은 사이클을 만들지 않는 최소 간선들을 하나씩 추가해 나가는 방법이다. 프림 알고리즘은 이미 선택된 정점에 연결된 간선 중 가중치가 최소인 간선을 추가해 나가는 방법이다.

1 크루스칼의 알고리즘

최소 신장 트리는 간선의 가중치 합이 가장 작은 것이므로 가중치가 작은 간선들이 포함될 가능성이 높다. 따라서 최소 간선부터 선택해 나가는 방법을 생각해 볼 수 있다. 크루스칼 알고리즘은 이처럼 그래프의 모든 간선 중 가중치가 최소인 간선을 하나씩 더해가면서 최소 신장 트리를 만드는 방식이다. 먼저 간선의 가중치를 기준으로 정렬한 후 최소 신장 트리가 될 때까지 최소 가중치 간선을 하나씩 선택해 간다. 크루스칼 알고리즘은 선택한 간선과 연결되어 있지 않은 간선이라도 가중치가 작은 간선을 순서대로 신장 트리에 추가한다. 전체 n개의 정점에 대하여 n − 1개의 간선이 연결되면 크루스칼 알고리즘은 종료한다.

> **더 알아두기**
>
> 크루스칼 알고리즘은 탐욕적인 방법(greedy method)을 이용하여 가중치 그래프의 모든 정점을 최소 비용으로 연결하는 최적 해답을 구하는 것이다. 탐욕적인 방법이란 결정을 해야 할 때마다 그 순간에 가장 좋다고 생각되는 것을 선택함으로써 최종적인 해답에 도달하는 것이다. 탐욕적인 방법은 그 순간에는 최적이지만 전체적인 관점에서 최적이라는 보장이 없기 때문에 반드시 검증해야 한다. 그러나 다행히 크루스칼 알고리즘은 최적의 해답을 주는 것으로 증명되었다.

크루스칼 알고리즘을 적용하는 과정은 다음과 같다.

> ① 그래프의 간선들을 가중치의 오름차순으로 정렬한다.
> ② 정렬된 간선들 중에서 순서대로 가장 작은 가중치를 갖는 간선을 먼저 선택한다. 이때 사이클이 존재하면 해당 간선은 제외하고 다음으로 가중치가 낮은 간선을 선택한다.
> ③ n − 1개의 간선이 선택될 때까지 ②를 반복한다.

다음은 크루스칼 알고리즘을 적용하여 최소 비용 신장 트리를 생성하는 과정이다.

> ① 먼저 간선들의 가중치를 오름차순으로 정렬한다. 그런 다음 가중치가 가장 작은 간선을 선택한다. 정점 a와 정점 f를 연결하는 간선의 가중치가 10으로 가장 작으므로 해당 간선을 선택한다.

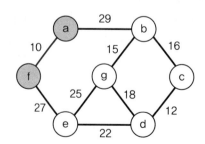

	af	cd	bg	bc	dg	de	eg	ef	ab
간선의 가중치	10	12	15	16	18	22	25	27	29

② 나머지 간선들 중에서 가중치가 가장 작은 간선을 선택한다. 정점 c와 정점 d를 연결하는 간선의 가중치가 12로 가장 작으므로 해당 간선을 선택한다.

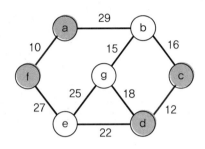

	af	cd	bg	bc	dg	de	eg	ef	ab
간선의 가중치	10	12	15	16	18	22	25	27	29

③ 나머지 간선들 중에서 또 다시 가중치가 가장 작은 간선을 선택한다. 정점 b와 정점 g를 연결하는 간선의 가중치가 15로 가장 작으므로 해당 간선을 선택한다.

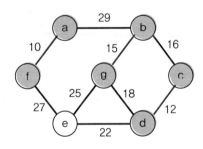

	af	cd	bg	bc	dg	de	eg	ef	ab
간선의 가중치	10	12	15	16	18	22	25	27	29

④ 나머지 간선들 중에서 정점 b와 정점 c를 연결하는 간선의 가중치가 16으로 가장 작으므로 이를 선택한다.

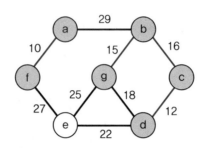

간선의 가중치	af	cd	bg	bc	dg	de	eg	ef	ab
	10	12	15	16	18	22	25	27	29

⑤ 나머지 간선들 중에서 정점 d와 정점 g를 연결하는 간선의 가중치가 18로 가장 작지만 이 간선을 선택하게 되면 사이클이 형성된다. 따라서 이 간선은 제외시킨다.

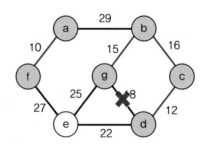

간선의 가중치	af	cd	bg	bc	dg	de	eg	ef	ab
	10	12	15	16	18	22	25	27	29

⑥ 나머지 간선들 중에서 정점 d와 정점 e를 연결하는 간선의 가중치가 22로 가장 작으므로 이를 선택한다.

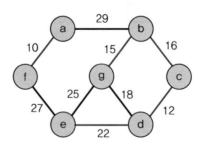

간선의 가중치	af	cd	bg	bc	dg	de	eg	ef	ab
	10	12	15	16	18	22	25	27	29

⑦ 나머지 간선들 중에서 정점 e와 정점 g를 연결하는 간선의 가중치가 25로 가장 작지만 이 간선을 선택하게 되면 사이클이 형성된다. 따라서 이 간선은 제외시킨다.

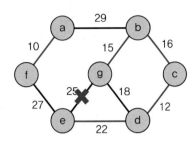

	af	cd	bg	bc	dg	de	eg	ef	ab
간선의 가중치	10	12	15	16	18	22	25	27	29

⑧ 나머지 간선들 중에서 정점 e와 정점 f를 연결하는 간선의 가중치가 27로 가장 작으므로 이를 선택한다. 이제 n − 1개의 간선이 모두 포함되었으므로 최소 비용 신장 트리가 완성되었다.

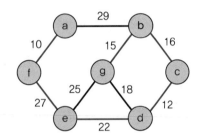

	af	cd	bg	bc	dg	de	eg	ef	ab
간선의 가중치	10	12	15	16	18	22	25	27	29

2 프림의 알고리즘

프림 알고리즘은 하나의 정점에 연결된 모든 간선들 중 가중치가 가장 작은 간선을 선택해가며 최소 비용 신장 트리를 만들어가는 방식이다. 프림 알고리즘은 시작 정점에서부터 출발하여 신장 트리 집합을 단계적으로 확장해 나가는 방법이며 정점 선택을 기반으로 하는 알고리즘이라 할 수 있다. 프림 알고리즘을 적용하는 과정은 다음과 같다.

> ① 시작 정점을 선택하고 시작 정점과 인접한 정점들 중 가장 작은 가중치를 갖는 간선을 선택한다.
> ② 앞 단계에서 만들어진 최소 비용 신장 트리 집합에 연결된 정점들 중에서 가장 작은 가중치를 갖는 간선을 선택하여 트리를 확장한다. 이때 사이클이 존재하면 해당 간선은 제외한다.
> ③ n−1개의 간선이 선택될 때까지 ②를 반복한다.

다음은 프림 알고리즘을 적용하여 최소 비용 신장 트리를 생성하는 과정이다.

① 시작 단계에서는 시작 정점만 포함된다. 시작 정점을 a라고 하자.

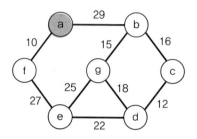

② 정점 a와 연결된 간선 중에서 가중치가 가장 작은 간선을 선택한다. 정점 a와 정점 f를 연결하는 간선의 가중치가 10으로 가장 작으므로 이를 선택한다.

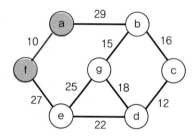

③ 정점 a와 정점 f에 연결된 간선 중에서 가중치가 가장 작은 간선을 선택한다. 정점 f와 정점 e를 연결하는 간선의 가중치가 27로 가장 작으므로 이를 선택한다.

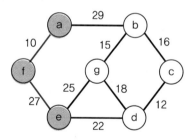

④ 현재까지 구성된 최소 비용 신장 트리에 연결된 간선 중에서 가중치가 가장 작은 간선을 선택한다. 정점 e와 정점 d를 연결하는 간선의 가중치가 22로 가장 작으므로 이를 선택한다.

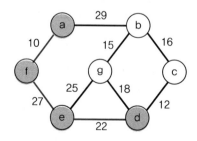

⑤ 현재까지 구성된 최소 비용 신장 트리에 연결된 간선 중에서 가중치가 가장 작은 간선을 선택한다.
정점 d와 정점 c를 연결하는 간선의 가중치가 12로 가장 작으므로 이를 선택한다.

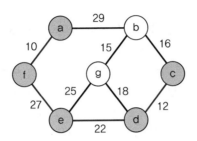

⑥ 현재까지 구성된 최소 비용 신장 트리에 연결된 간선 중에서 가중치가 가장 작은 간선을 선택한다.
정점 c와 정점 b를 연결하는 간선의 가중치가 16으로 가장 작으므로 이를 선택한다.

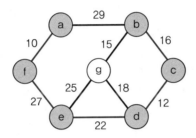

⑦ 현재까지 구성된 최소 비용 신장 트리에 연결된 간선 중에서 가중치가 가장 작은 간선을 선택한다.
정점 b와 정점 g를 연결하는 간선의 가중치가 15로 가장 작으므로 이를 선택한다. 이제 n-1개의
간선이 모두 포함되었으므로 최소 비용 신장 트리가 완성되었다.

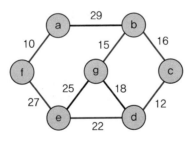

제 5 절 최단 경로(shortest path)

그래프의 최단 경로(shortest path)는 주어진 두 정점 사이의 경로 중에서 최소 비용 또는 최소 시간으로 이동할 수 있는 경로를 말한다. 즉, 그래프 상의 두 정점 사이를 연결하는 경로 중 가장 짧은 경로를 찾는 절차를 의미한다. 짧다는 것은 단지 물리적인 거리뿐 아니라 시간, 비용 등 다양한 기준이 적용될 수 있다. 우리의 생활 중에도 알게 모르게 최단 경로 알고리즘을 사용하고 있다. 예를 들어 학교나 회사 등을 갈 때도 먼 길로 돌아가지 않고 가장 빠른 길로 가게 되는데 이를 그래프로 표현하면 장소나 건물은 정점이 되고 길은 간선으로 표현할 수 있다. 또한 간선의 가중치는 물리적 거리, 시간 거리 혹은 비용 거리 등으로 표현할 수 있다. 우리가 보통 사용하는 경로(path)는 말 그대로 지나가는 길을 말한다. 출발하는 곳에서 시작하여 도착하는 곳까지 갈 수 있는 길을 경로라고 한다. 물론 경로가 하나일 수도 있지만 보통 여러 개가 있다. 그래프의 경로도 마찬가지이다. 그래프에서 두 개의 정점 A와 정점 B가 있다고 가정하자. 그러면 정점 A에서 정점 B까지의 경로란 정점 A에서 정점 B에 이르는 길을 말한다. 그래프에서 길에 해당하는 것은 정점을 연결하는 간선이다. 따라서 그래프의 경로란 시작 정점부터 도착 정점까지 간선들이 연결된 것을 말한다. 그래프의 두 정점 사이에는 여러 개의 경로가 있을 수 있다. 최단 경로는 여러 경로 중에서 거리가 가장 가까운 경로를 말한다. 따라서 그래프에서 최단 경로를 구하려면 각 정점 사이의 거리를 알아야 한다. 그래프의 간선에는 정점 사이의 거리 정보를 저장할 수 있다. 따라서 최단 경로를 구하는데 필요한 자료구조는 가중 그래프가 된다. 최단 경로 알고리즘은 가중 그래프를 이용하여 최단 경로를 구한다. 간선에 저장된 가중치 값을 이용하여 어떤 경로가 가장 거리가 짧을지 혹은 시간이 적게 걸릴지 구한다. 만약 정점과 간선의 수가 많고 복잡한 그래프의 경우 최단 경로는 어떻게 구할 수 있을까? 모든 경우의 수를 세서 비교하는 방법으로는 최단 경로를 구하는 것이 쉽지 않다. 경우의 수를 모두 다 세더라도 시간이 많이 걸리게 되고 빠짐없이 다 세었는지 빠뜨린 게 있는지 헷갈릴 수도 있다. 어떻게 하면 효율적으로 최단 경로를 구할 수 있을까?

최단 경로를 구하는 문제를 보다 세분화하면 다음과 같이 크게 3가지 종류로 나눈다.

① 단일 출발점에서 최단 경로 구하기

단일 출발점 최단 경로 문제는 가장 기본이 되는 문제이며 시작점이 하나인 경우이다. 즉, 시작 정점을 정해놓고 나머지 정점 사이의 최단 경로를 구하는 문제이다. 예를 들어, 시작 정점이 1이라고 했을 때 도착 정점 0, 2, 3, 4, 5의 최단 경로를 구한다. 간선의 가중치 값이 양수라는 가정 하에 다익스트라(dijkstra) 알고리즘을 적용할 수 있다.

② 모든 쌍 최단 경로 구하기

모든 쌍 최단 경로 문제는 단일 출발점 최단 경로 문제의 확장 버전으로 시작점도 그래프의 모든 정점에 속하는 경우이다. 예를 들어, 시작 정점이 0, 1, 2, 3, 4, 5이고 도착 정점 또한 0, 1, 2, 3, 4, 5라고 했을 때 각 노드의 최단 경로를 구하는 문제이다. 플로이드-와샬(Floyd-Warshall)의 알고리즘이 대표적이다.

③ **도달 가능성 구하기**

도달 가능성 문제는 하나의 시작 정점에서 다른 정점 사이에 경로가 있는지를 판단하는 문제이다. 만약 경로가 있다면 시작 정점에서 출발하여 무사히 도착할 수 있다. 반면 중간에 끊어진 곳이 있어서 도착할 수 없다면 영원히 도착할 수 없다. 이처럼 도달 가능성 문제는 시작 정점과 도착 정점 사이에 갈 수 있는 경로가 있는지 파악하는 문제이다.

1 단일 출발점 최단 경로 중요 ★★★

최단 경로 문제 중에서 가장 먼저 살펴볼 문제는 경로 탐색을 시작하는 시작점이 하나인 경우이다. 시작하는 정점을 먼저 정하면 나머지 다른 정점들이 도착점이 된다. 단일 출발점 최단 경로는 그래프의 가중치가 양수일 때 다익스트라 알고리즘을 가장 널리 사용한다. 다익스트라 알고리즘은 하나의 시작점을 기준으로 나머지 정점 사이의 최단 경로를 구하는 알고리즘이다. 다익스트라 알고리즘은 어떠한 간선도 음수 값을 갖지 않는 그래프에서 단일 출발점에서 다른 모든 정점까지의 최단 경로를 찾아주는 알고리즘이다. 방향 그래프, 무방향 그래프 모두 가능하다. 다익스트라 알고리즘은 탐욕적인 기법을 사용한 알고리즘으로 최소 비용 신장 트리의 프림 알고리즘과 유사하다. 프림 알고리즘이 단순히 간선의 길이를 이용해 어떤 간선을 먼저 연결할지를 결정하는데 반해 다익스트라 알고리즘은 경로의 길이를 감안해서 간선을 연결한다.

[그림 3-22]의 (a) 가중치 그래프를 비용 인접 행렬 cost(i, j)로 표현하면 (b)와 같다.

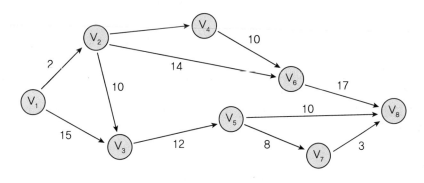

(a) 가중치 그래프

$$
\begin{array}{c@{\quad}cccccccc}
 & V_1 & V_2 & V_3 & V_4 & V_5 & V_6 & V_7 & V_8 \\
\begin{array}{c} V_1 \\ V_2 \\ V_3 \\ V_4 \\ V_5 \\ V_6 \\ V_7 \\ V_8 \end{array}
\left[\begin{array}{cccccccc}
0 & 2 & 15 & \infty & \infty & \infty & \infty & \infty \\
\infty & 0 & 10 & 9 & \infty & 14 & \infty & \infty \\
\infty & \infty & 0 & \infty & 12 & \infty & \infty & \infty \\
\infty & \infty & \infty & 0 & \infty & 10 & \infty & \infty \\
\infty & \infty & \infty & \infty & 0 & \infty & 8 & 10 \\
\infty & \infty & \infty & \infty & \infty & 0 & \infty & 17 \\
\infty & \infty & \infty & \infty & \infty & \infty & 0 & 3 \\
\infty & \infty & \infty & \infty & \infty & \infty & \infty & 0
\end{array}\right]
\end{array}
$$

(b) 비용 인접 행렬

[그림 3-22] 가중치 그래프와 비용 인접 행렬

[그림 3-22]의 (b) 비용 인접 행렬 cost(i, j)는 그래프의 정점 v_i와 v_j 사이의 간선에 주어진 가중치를 나타내며 간선이 집합 E(G)에 존재하지 않으면 cost(i, j)의 값을 ∞로 표시하여 가장 큰 값이 되도록 한다. i = j인 경우에는 가중치를 0으로 표현한다.

다익스트라 알고리즘의 적용 과정을 단계별로 설명하면 다음과 같다.

① 시작 정점 v_1을 시작으로 정점들의 집합 S와 T를 정의한다.
② 시작 정점 v_1과 연결된 정점 v_i의 가중치(거리)를 dist[i]($1 \leq i \leq n$)로 정의한다. dist[1] = 0으로 초기화하고, 나머지 정점들 ($v_2 \sim v_n$)의 dist[i]는 ∞로 초기화한다.
③ 시작 정점 v_1을 집합 S에 포함되도록 한다.
④ 정점 v_n을 마지막으로 모든 정점들이 집합 S에 포함될 때까지 다음의 과정을 반복한다.
　ⓐ 집합 S에 최근 포함된 정점 v를 주축으로 연결된 집합 T의 정점 w의 가중치 cost(v, w)와 dist[v]의 합을 dist[w]의 값과 비교하여 작은 값을 dist[w]의 값으로 다시 정의한다.
　　dist[w] = min(dist[w], dist[v] + cost(v, w))
　ⓑ S에 포함되지 않은 정점들(집합 T의 정점) 중에서 가장 작은 dist[ ] 값을 갖는 정점을 선택하여 S에 포함시킨다. 이 정점을 w라 하자.

다익스트라 알고리즘을 적용하는 단계별 과정을 자세히 설명하면 다음과 같다.

【1단계】

v_1 : dist[2]=min(dist[2],dist[1]+cost(1,2))=min(∞,0+2)=min(∞,2)=2

dist[3]=min(dist[3],dist[1]+cost(1,3))=min(∞,0+15)=min(∞,15)=15

dist[4]=min(dist[4],dist[1]+cost(1,4))=min(∞,0+∞)=min(∞,∞)=∞

dist[5]=min(dist[5],dist[1]+cost(1,5))=min(∞,0+∞)=min(∞,∞)=∞

dist[6]=min(dist[6],dist[1]+cost(1,6))=min(∞,0+∞)=min(∞,∞)=∞

dist[7]=min(dist[7],dist[1]+cost(1,7))=min(∞,0+∞)=min(∞,∞)=∞

dist[8]=min(dist[8],dist[1]+cost(1,8))=min(∞,0+∞)=min(∞,∞)=∞

【2단계】
v_2 : dist[3]=min(dist[3],dist[2]+cost(2,3))=min(15,2+10)=min(15,12)=12
dist[4]=min(dist[4],dist[2]+cost(2,4))=min(∞,2+9)=min(∞,11)=11
dist[5]=min(dist[5],dist[2]+cost(2,5))=min(∞,2+∞)=min(∞,∞)=∞
dist[6]=min(dist[6],dist[2]+cost(2,6))=min(∞,2+14)=min(∞,6)=16
dist[7]=min(dist[7],dist[2]+cost(2,7))=min(∞,2+∞)=min(∞,∞)=∞
dist[8]=min(dist[8],dist[2]+cost(2,8))=min(∞,2+∞)=min(∞,∞)=∞

【3단계】
v_4 : dist[3]=min(dist[3],dist[4]+cost(4,3))=min(12,11+∞)=min(12,∞)=12
dist[5]=min(dist[5],dist[4]+cost(4,5))=min(∞,11+∞)=min(∞,∞)=∞
dist[6]=min(dist[6],dist[4]+cost(4,6))=min(16,11+10)=min(16,21)=16
dist[7]=min(dist[7],dist[4]+cost(4,7))=min(∞,11+∞)=min(∞,∞)=∞
dist[8]=min(dist[8],dist[4]+cost(4,8))=min(∞,11+∞)=min(∞,∞)=∞

【4단계】
v_3 : dist[5]=min(dist[5],dist[3]+cost(3,5))=min(∞,12+12)=min(∞,24)=24
dist[6]=min(dist[6],dist[3]+cost(3,6))=min(16,12+∞)=min(16,∞)=16
dist[7]=min(dist[7],dist[3]+cost(3,7))=min(∞,12+∞)=min(∞,∞)=∞
dist[8]=min(dist[8],dist[3]+cost(3,8))=min(∞,12+∞)=min(∞,∞)=∞

【5단계】
v_6 : dist[5]=min(dist[5],dist[6]+cost(6,5))=min(24,16+∞)=min(24,∞)=24
dist[7]=min(dist[7],dist[6]+cost(6,7))=min(∞,16+∞)=min(∞,∞)=∞
dist[8]=min(dist[8],dist[6]+cost(6,8))=min(∞,16+17)=min(∞,33)=33

【6단계】
v_5 : dist[7]=min(dist[7],dist[5]+cost(5,7))=min(∞,24+8)=min(∞,32)=32
dist[8]=min(dist[8],dist[5]+cost(5,8))=min(∞,24+10)=min(33,34)=33

【7단계】
v_7 : dist[8]=min(dist[8],dist[7]+cost(7,8))=min(33,32+2)=min(33,34)=33

【8단계】
v_8을 집합 S에 포함시키고, T는 공집합이 된다. 따라서 알고리즘의 수행을 마친다.

다익스트라 알고리즘을 수행하는 과정을 정리하면 [표 3-2]와 같다. 정점 v_1에서 시작하여 최단 경로가 발견된 정점들의 순서는 정점 v_1, 정점 v_2, 정점 v_4, 정점 v_3, 정점 v_6, 정점 v_5, 정점 v_7, 정점 v_8이다. [표 3-2]의 마지막 단계인 8단계를 완료하면 정점 v_1에서 각 정점들까지 연결하는 최단 거리가 구해진다. 정점 v_1에서 정점 v_2까지의 최단 거리는 2이고, 정점 v_1에서 정점 v_3까지의 최단 거리는 12이다. 정점 v_1에서 정점 v_4까지의 최단 거리는 11이고, 정점 v_1에서 정점 v_5까지의 최단 거리는 24이다. 정점 v_1에서 정점 v_6까지의 최단 거리는 16이고, 정점 v_1에서 정점 v_7까지의 최단 거리는 32이다. 정점 v_1에서 정점 v_8까지의 최단 거리는 33이다.

[표 3-2] 최단 경로를 구하는 과정

단계	집합 S	집합 T	W	배열 dist[i]							
				[1]	[2]	[3]	[4]	[5]	[6]	[7]	[8]
초기	{ }	$\{v_1,v_2,v_3,v_4,v_5,v_6,v_7,v_8\}$	—	0	∞	∞	∞	∞	∞	∞	∞
1	$\{v_1\}$	$\{v_2,v_3,v_4,v_5,v_6,v_7,v_8\}$	v_1	0	2	15	∞	∞	∞	∞	∞
2	$\{v_1,v_2\}$	$\{v_3,v_4,v_5,v_6,v_7,v_8\}$	v_2	0	2	12	11	∞	16	∞	∞
3	$\{v_1,v_2,v_4\}$	$\{v_3,v_5,v_6,v_7,v_8\}$	v_4	0	2	12	11	∞	16	∞	∞
4	$\{v_1,v_2,v_4,v_3\}$	$\{v_5,v_6,v_7,v_8\}$	v_3	0	2	12	11	24	16	∞	∞
5	$\{v_1,v_2,v_4,v_3,v_6\}$	$\{v_5,v_7,v_8\}$	v_6	0	2	12	11	24	16	∞	33
6	$\{v_1,v_2,v_4,v_3,v_6,v_5\}$	$\{v_7,v_8\}$	v_5	0	2	12	11	24	16	32	33
7	$\{v_1,v_2,v_4,v_3,v_6,v_5,v_7\}$	$\{v_8\}$	v_7	0	2	12	11	24	16	32	33
8	$\{v_1,v_2,v_4,v_3,v_6,v_5,v_7,v_8\}$	{ }	v_8	0	2	12	11	24	16	32	33

다익스트라 알고리즘은 다음과 같다.

```
void dijkstra(int v, int cost[ ][ ], int dist[ ], int n)
{
    int i, w, u;
    char s[ ];      /* 부울 변수 */
    for (i = 1; i < n; i++) {
        s[i] = FALSE;
        dist[i] = cost[v][i];  /* 시작 정점 v에서 정점 i까지 최단 경로 길이 */
    }
    s[v] = TRUE;
    dist[v] = 0;
    for (i = 1; i < n - 2; i++) {
        u = choose(n) ; /* s[w]가 false인 모든 w에 대해 dist[u] = minimun    dist[u]의 u를 변환*/
        s[u] = TRUE;
        for (w = 1; w < n; w++) {
```

```
        if  (s[w] == FALSE)
            if  (dist[u] + cost[u][w] 〈 dist[w])
                dist[w] = dist[u] + cost[u][w];
        }
    }
}
```

n개의 정점을 갖는 그래프에 대하여 알고리즘의 시간 복잡도는 $O(n^2)$이 된다. 이는 for문에서 dist[ ]의 값을 계산하고 인접 행렬을 참조하기 위하여 필요한 수행량이 된다.

2 모든 쌍 최단 경로 중요★★

가능한 모든 노드 쌍들에 대한 최단 경로를 구하는 알고리즘에는 플로이드 와샬 알고리즘이 있다. 그래프의 모든 정점에서 모든 정점으로의 최단 거리를 구하는 알고리즘이며 보통 플로이드 알고리즘이라고 불린다. 예를 들어 [그림 3-23]과 같이 두 정점 i, j가 존재한다고 가정할 때 i에서 j로 가는 것이 빠른지 아니면 i에서 k를 거쳐서 j로 가는 것이 빠른지에 대한 두 가지 조건을 비교한다. 한 정점에서 목적지 정점까지의 거리가 다른 정점들을 거쳐서 가는 가중치보다 크다면 거쳐서 가는 거리 값을 저장해 나가는 방법이다.

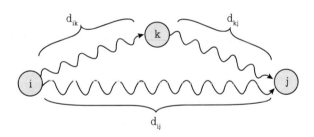

[그림 3-23] 정점 i에서 j까지의 최단 경로

이처럼 두 정점을 잇는 최소 비용 경로는 경유지를 거치거나 거치지 않는 경로 중 하나에 속한다. 만약 경유지를 거친다면 그것을 이루는 부분 경로 역시 최소 비용 경로여야 한다. 이는 중첩된 부분 문제로 볼 수 있으며 동적 계획법을 적용하여 효과적으로 접근할 수 있다. 또한 비용을 구하는 김에 어떤 경유지를 지나서 최소 비용을 만들었는지 기록해두면 최소 비용뿐만 아니라 최소 비용 경로까지도 구할 수 있다.

플로이드 알고리즘은 가중치가 음수인 경우도 허용하지만 음수 가중치가 사이클(cycle)을 이루고 있는 경우에는 작동하지 않는다. 예를 들어 [그림 3-24]에서 정점 c와 정점 d는 사이클을 형성하고 있는데 정점 c와 정점 d의 경우 사이클을 돌수록 거리가 커져서 최단 경로를 구하는 데 문제되지 않는다. 그러나 정점 e와 정점 f가 형성하는 사이클은 사이클을 돌면 돌수록 그 거리가 작아진다. 이런 경우 최단 경로를 구하는 것 자체가 의미가 없어지며 최단 경로를 구할 수 없다. 이처럼 플로이드 알고리즘은 그래프의 가중치가 음수인 경우도 허용하지만 사이클을 이루는 구간의 가중치의 합이 음수가 되면 안 된다.

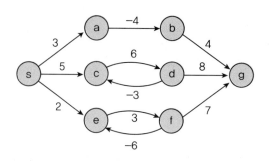

[그림 3-24] 음수 가중치가 사이클을 형성하는 그래프

플로이드 알고리즘은 각 가중치에 대한 인접 행렬을 구해 놓고 시작한다. 플로이드 알고리즘의 핵심 아이디어는 거쳐가는 정점을 기준으로 최단 거리를 구하는 것이다.

플로이드 알고리즘은 다음과 같다.

```
Floyd(인접 행렬 W)
{
//dist: 최단 경로 행렬
//M: 두 정점을 잇는 최소 비용 경로가 거쳐야 할 마지막 경유지 행렬

  for i = 1 to V
     for j = 1 to V
        dist[i][j] = W[i][j];

  for v = 1 to V
     dist[v][v] = 0;

  for k = 1 to V
     for i = 1 to V
        for j = 1 to V
           if dist[i][j] > dist[i][k] + dist[k][j] {
              dist[i][j] = dist[i][k] + dist[k][j]
              M[i][j] = k;
           }
  return dist;
}
```

플로이드 알고리즘은 거쳐 가는 정점을 아예 반복문의 중심에 있도록 해서 문제를 해결하는 방법이다. 거쳐 가는 정점을 하나씩 다 설정해서 확인하는 방법이다.

[그림 3-25]의 (a) 가중치 그래프를 비용 인접 행렬로 표현하면 (b)와 같으며 플로이드 알고리즘을 적용해 보자.

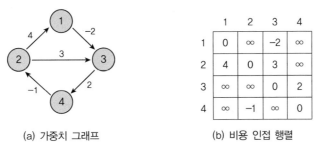

(a) 가중치 그래프   (b) 비용 인접 행렬

[그림 3-25] 가중치 그래프와 비용 인접 행렬

플로이드 알고리즘의 아래 조건 부분은 정점 i에서 정점 j까지 직접 가는 비용과 정점 i에서 정점 k를 거쳐 정점 j로 가는 비용을 비교하는 부분이다. 즉, dist[i][j]와 dist[i][k]+dist[k][j]를 비교하여 더 작은 값을 dist[i][j]에 저장한다.

```
for k = 1 to V
    for i = 1 to V
        for j = 1 to V
            if    dist[i][j] > dist[i][k] + dist[k][j] {
        dist[i][j] = dist[i][k] + dist[k][j]
        M[i][j] = k;
            }
```

중첩 반복문에서 k, i, j의 값에 따라 dist 배열의 값이 갱신되는 과정을 살펴보면 다음과 같다.

① 먼저 k = 1, i = 1, j = 1인 경우이다. dist[1][1] > dist[1][1] + dist[1][1]이 만족하는지 비교한다. 만족하지 않으므로 갱신되지 않는다.

```
k = 1  2  3  4
i = 1  2  3  4
j = 1  2  3  4

dist[i][j] > dist[i][k] + dist[k][j]
dist[1][1] > dist[1][1] + dist[1][1]
0 > 0 + 0
× 0 > 0
```

② 먼저 j가 하나 증가되어 k = 1, i = 1, j = 2인 경우이다. dist[1][2] > dist[1][1] + dist[1][2]가 만족하는
지 비교한다. 역시 만족하지 않으므로 갱신되지 않는다.

```
k = 1  2  3  4
i = 1  2  3  4
j = 1  2  3  4

dist[i][j] > dist[i][k] + dist[k][j]
dist[1][2] > dist[1][1] + dist[1][2]
     ∞ > 0 + ∞
 ×   ∞ > ∞
```

③ 나머지에 대해서도 이와 같은 과정을 반복하다가 k = 1, i = 2, j = 3인 경우이다. dist[2][3] > dist[2][1]
+ dist[1][3]이 만족하는지 비교한다. 만족하므로 dist 배열의 값이 더 작은 값으로 갱신된다.

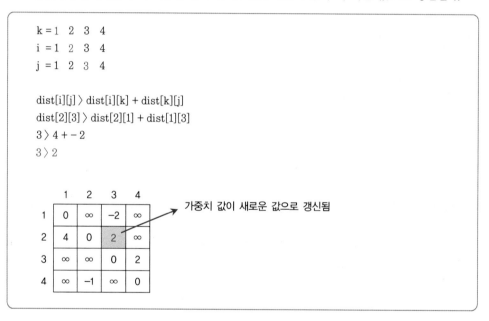

```
k = 1  2  3  4
i = 1  2  3  4
j = 1  2  3  4

dist[i][j] > dist[i][k] + dist[k][j]
dist[2][3] > dist[2][1] + dist[1][3]
     3 > 4 + - 2
     3 > 2
```

	1	2	3	4
1	0	∞	-2	∞
2	4	0	2	∞
3	∞	∞	0	2
4	∞	-1	∞	0

→ 가중치 값이 새로운 값으로 갱신됨

④ 나머지에 대해서도 이와 같은 과정을 반복하면 최종적으로 다음과 같은 결과를 얻을 수 있다. 플로이드 알고리즘을 적용한 후 얻어진 경로의 최소 비용 테이블이다.

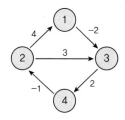

	1	2	3	4
1	0	−1	−2	0
2	4	0	2	4
3	5	1	0	2
4	3	−1	1	0

플로이드 알고리즘으로 모든 정점 간 경로의 최소 비용을 구하는 것은 반복문 3개를 정점 수만큼 수행하기 때문에 시간 복잡도는 $O(n^3)$이다. 최단 경로 알고리즘은 다양하게 응용될 수 있다. 내비게이션 시스템, 지하철 혹은 버스 노선 앱에서도 활용되고 건물의 위치를 효율적으로 정하기 위해 이용하기도 한다. 또한 군사 공학, 건축 공학, 통신망 설계, VLSI(초고밀도 집적 회로) 설계 등 여러 분야에서 다양하게 이용되고 있다.

○×로 점검하자

※ 다음 지문의 내용이 맞으면 ○, 틀리면 ×를 체크하시오. [1 ~ 11]

01 그래프는 다대다 관계를 가지는 원소들을 표현하기에 용이하다. (   )

>>>◯ 그래프는 어떤 개체들과 이들 사이의 연결 관계를 표현할 수 있는 자료구조이며 몇 개의 정점과 그 정점을 끝점으로 하는 선들로 구성된다. 비선형 자료구조로서 다대다 관계를 가지는 원소들을 표현하기에 용이하다.

02 인접 리스트는 존재하지 않는 간선도 나타내므로 인접 행렬에 비해 기억 장소가 낭비된다.
(   )

>>>◯ 인접 리스트는 존재하지 않는 간선은 표현상 나타나지 않기 때문에 인접 행렬에 비해 기억 장소의 낭비를 줄일 수 있다.

03 깊이 우선 탐색은 스택을 사용한다. (   )

>>>◯ 깊이 우선 탐색은 스택을 사용하고 너비 우선 탐색은 큐를 사용한다.

04 위상 정렬은 비순환 방향 그래프인 DAG(directed acyclic graph)에 대해서만 적용할 수 있다.
(   )

>>>◯ 위상 정렬은 순서가 정해져있는 어떤 작업을 차례로 수행해야 할 때 그 순서를 결정해주는 알고리즘이다. DAG(directed acyclic graph)는 방향 그래프이면서 사이클이 없는 그래프이며 DAG의 경우에만 적용할 수 있다.

05 모든 정점 쌍 간에 경로가 존재하는 최대의 부분 그래프를 연결 성분이라 한다. (   )

>>>◯ 연결 성분(connected component)은 연결된 그래프 중에서 가장 큰 그래프를 의미한다.

06 단절 점(articulation point)은 제거하면 그래프 G의 연결이 끊어지는 간선을 의미한다. (   )

>>>◯ 단절 점은 제거하면 그래프 G의 연결이 끊어지는 정점을 의미한다. 제거하면 그래프 G의 연결이 끊어지는 간선을 의미하는 것은 다리(bridge)이다.

정답 **1** ○ **2** × **3** ○ **4** ○ **5** ○ **6** ×

07 합-찾기(union find)는 서로소 부분 집합들로 나눠진 원소들에 대한 정보를 저장하고 조작하는 자료구조이다. (   )

≫≫◯ 합-찾기는 서로소 부분 집합들로 나눠진 원소들에 대한 정보를 저장하고 조작하는 자료구조이며 전체 집합이 있을 때 구성 원소들이 겹치지 않도록 분할하는 데 자주 사용한다.

08 이진 탐색 트리는 그래프의 신장 트리 중에서 가장 비용이 적게 드는 신장 트리이다. (   )

≫≫◯ 그래프의 신장 트리 중에서 가장 비용이 적게 드는 신장 트리는 최소 신장 트리이다.

09 크루스칼의 알고리즘은 그래프의 간선들을 가중치의 오름차순으로 정렬하여 모든 간선 중 가중치가 최소인 간선을 하나씩 더해가면서 최소 신장 트리를 만드는 방식이다. (   )

≫≫◯ 크루스칼 알고리즘은 그래프의 간선들 중 가장 작은 가중치를 갖는 간선을 사이클이 형성되지 않는 한 계속해서 선택해가는 방식이다. 즉, 연결되어 있지 않은 간선이라도 가중치가 가장 작으면 해당 간선은 선택된다.

10 플로이드 알고리즘은 가중치가 음수인 경우에도 적용할 수 있다. (   )

≫≫◯ 플로이드 알고리즘은 모든 쌍 최단 경로를 찾는 알고리즘에 해당하며 가중치가 음수인 경우도 허용한다.

11 포화 이진 트리는 모든 노드가 채워진 이진 트리이다. (   )

≫≫◯ 트리는 계층적인 자료를 표현하는 데 이용되는 자료구조인데 포화 이진 트리는 모든 노드가 채워진 이진 트리이며 이진 트리가 가질 수 있는 노드의 최대 수를 갖는다.

01 깊이 우선 탐색은 한 방향으로 갈 수 있을 때까지 계속 가다가 더 이상 갈 수 없게 되면 다시 가장 가까운 갈림 길로 돌아와서 이곳으로부터 다른 방향으로 다시 탐색을 진행하는 방법이다. 따라서 가장 마지막에 만났던 갈림길의 정점으로 되돌아가서 다시 깊이 우선 탐색을 반복해야 하므로 후입선출 구조의 스택(stack)을 사용한다.

02 합-찾기는 서로소 부분 집합들로 나뉘진 원소들에 대한 정보를 저장하고 조작하는 자료 구조이다. 서로소 집합은 트리(tree)로 표현할 수 있다.

03 단절 점은 그래프 G의 정점들 중에서 그 정점을 그 정점에 부속한 모든 간선들과 같이 삭제하면 최소한 2개의 연결 요소를 갖는 그래프 G를 생성하는 정점 v를 말한다. 즉, 단절 점은 제거하면 그래프 G의 연결이 끊어지는 정점을 의미한다.

제 3 장 실제예상문제

01 그래프의 깊이 우선 탐색 시에 사용하기 좋은 자료구조는 무엇인가?

① 스택
② 큐
③ 데크
④ 힙

02 합-찾기(union find) 연산을 구현하기 위해 사용되는 자료구조는?

① 최대 히프
② 트리
③ 일차원 배열
④ 이진 탐색 트리

03 그래프 G에서 그것을 제거하면 G의 연결이 끊어지는 정점을 무엇이라 하는가?

① 단절 점(articulation point)
② 고립 정점
③ 다리(bridge)
④ 가지(branch)

정답　01 ①　02 ②　03 ①

04 그래프 G = (V, E)에 대하여 프림의 알고리즘으로 최소 신장 트리를 구한다. 이미 선택된 정점 집합을 S라고 하면 다음에 선택되는 정점은?

① S에서 가장 작은 가중치 간선으로 연결된 간선
② S에서 가장 큰 가중치 간선으로 연결된 간선
③ S와 V−S를 잇는 간선 중 가중치가 가장 큰 간선
④ S와 V−S를 잇는 간선 중 가중치가 가장 작은 간선

04 프림 알고리즘은 하나의 정점에 연결된 모든 간선들 중 가중치가 가장 작은 간선을 선택해가며 최소 비용 신장 트리를 만들어 가는 방식이다. 이미 선택된 정점 집합을 S라고 하면 다음에는 V−S를 잇는 간선 중 가중치가 가장 작은 간선이 선택된다.

05 합-찾기의 합 연산인 union(x, y)가 행하는 작업은?

① x와 y가 속한 집합을 합한다.
② x의 값에 y를 더한다.
③ x와 y의 공통된 값을 구한다.
④ x가 속한 집합과 y가 속한 집합의 공통 원소를 구한다.

05 Union은 두 개의 집합을 하나의 집합으로 합치는 연산이다. 따라서 union(x, y)는 x와 y가 속한 집합을 합한다.

06 다음 그래프에 대하여 너비 우선 탐색 시 정점의 방문 순서에 해당하는 것은?(단, 시작 정점은 A로부터 시작한다)

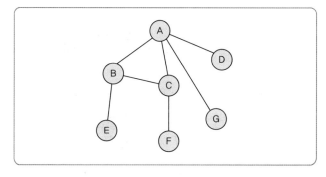

① A D B E C F G
② A B C D E F G
③ A B C G D E F
④ A B C E F G D

06 너비 우선 탐색은 시작 정점을 방문한 후 시작 정점과 인접한 정점들을 모두 차례로 방문하는 방법이다. 그런 다음 방금 방문한 정점에 인접하고 아직 방문하지 않은 정점들을 다시 모두 방문하는 과정을 반복한다. 따라서 너비 우선 탐색을 수행하면 A B C G D E F와 같다.

정답   04 ④   05 ①   06 ③

checkpoint 해설 & 정답

07 프림 알고리즘은 하나의 정점에 연결된 모든 간선들 중 가중치가 가장 작은 간선을 선택해가며 최소 비용 신장 트리를 만들어 가는 방식이다. 따라서 현재 선택된 간선에 연결된 간선 중 가장 작은 가중치는 2이며 간선은 (a, d)이다.

07 다음은 프림(Prim)의 알고리즘으로 최소 신장 트리를 구하는 과정을 나타낸 것이다. 굵은 선으로 표시된 간선이 이미 선택된 간선들이라면 다음에 선택될 간선은?

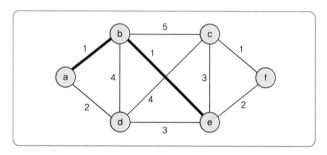

① (c, f)   ② (c, e)
③ (a, d)   ④ (d, e)

08 깊이 우선 탐색은 최근의 주변 정점이 다음 방문 정점으로 선택되고, 너비 우선 탐색은 가장 오래된 주변 정점이 선택되는 것으로 생각할 수 있다.

08 깊이 우선 탐색 시에 다음의 방문 정점으로 선택되는 것은?

① 가장 오래된 주변 정점
② 최근의 주변 정점
③ 가장 먼 미방문 정점
④ 가장 가까운 방문 정점

09 단절 점이란 그 점을 제거하면 분리된 그래프로 되는 점이다. 그래프에서 정점 E를 제거하면 그래프가 두 개로 분리된다.

09 다음 그래프에서 단절 점(articulation)에 해당하는 것은?

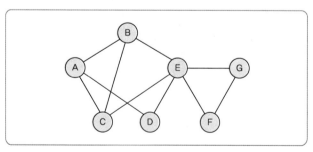

① A   ② C
③ G   ④ E

정답   07 ③   08 ②   09 ④

10 인접 리스트로 표현하는 것이 더 좋은 그래프 유형은 어느 것인가?

① 희소 그래프
② 방향 그래프
③ 조밀 그래프
④ 이분 그래프

10 인접 리스트는 각 정점에 대한 인접 정점들을 순차적으로 연결 리스트로 표현하는 방법이다. 하나의 정점에 대한 인접 정점들을 각각 노드로 하는 연결 리스트로 저장하며 인접 행렬과는 다르게 존재하지 않는 간선은 표현상 나타나지 않는다. 따라서 희소 그래프를 인접 리스트로 표현하면 메모리 공간을 절약할 수 있다.

11 주어진 그래프에 대한 연결된 최대의 부분 그래프를 의미하는 것은 무엇인가?

① 해밀턴 경로
② 신장 트리
③ 연결 성분
④ 사이클

11 연결된 그래프 중에서 가장 큰 그래프를 연결 성분이라 한다. 연결 성분은 모든 정점 쌍 간에 경로가 존재하는 최대의 부분 그래프를 말한다.

12 위상 정렬을 적용할 수 있는 그래프에 해당하는 것은?

① 순환 방향 그래프
② 비순환 무방향 그래프
③ 순환 무방향 그래프
④ 비순환 방향 그래프

12 위상 정렬은 순서가 정해져있는 어떤 작업을 차례로 수행해야 할 때 그 순서를 결정해주는 알고리즘이다. 위상 정렬은 비순환 방향 그래프인 DAG(directed acyclic graph)인 경우에만 적용이 가능하다.

정답 10 ① 11 ③ 12 ④

13 가중 그래프의 최소 신장 트리는 주어진 그래프의 신장 트리 중 가중치의 합이 가장 작은 신장 트리이다.

13 연결된 가중 그래프에 대하여 임의의 정점에서 시작하여 이미 취한 정점과 최소 가중치의 간선으로 연결된 정점을 찾아 연결하는 단계를 사이클이 형성되기 전까지 반복하여 얻어지는 것은?

① 최단 경로
② 이중 연결 그래프
③ 최소 부분 그래프
④ 최소 신장 트리

14 합-찾기 알고리즘은 서로소 부분 집합들로 나눠진 원소들에 대한 정보를 저장하고 조작하는 자료 구조이다. 합(union)은 두 집합의 합집합을 구하는 연산이며 찾기(find)는 어떤 원소가 속하는 집합을 찾아내는 연산이다. 따라서 x, y가 동일 집합에 속하는지의 여부는 합-찾기 알고리즘 중 find 함수를 적용하면 된다.

14 물체의 집합을 그래프에 대응시킬 때, x와 y가 동일한 집합의 원소인지를 구하는 알고리즘은?

① 합-찾기 알고리즘
② Kruskal 알고리즘
③ Dijkstra 알고리즘
④ Graham Scan 알고리즘

15 간선의 밀도가 높은 그래프에서는 인접 행렬로 표현하는 것이 더 적합하다.

15 다음 중 그래프에 대한 설명으로 옳지 않은 것은?

① 그래프에서 임의의 정점의 차수는 해당 정점에 연결된 간선의 개수이다.
② 그래프는 행렬을 이용하는 인접 행렬과 리스트를 이용하는 인접 리스트로 표현 가능하다.
③ 간선의 밀도가 높은 그래프에서는 인접 행렬보다는 인접 리스트로 표현하는 것이 더 적합하다.
④ 인접 행렬은 각 정점에 연결된 정점들을 연결 리스트로 저장하는 대신 배열로 저장한 것이다.

정답 13 ④ 14 ① 15 ③

16 그래프에서 경로의 시작점과 끝점이 같은 길을 무엇이라 하는가?

① 길이
② 사이클
③ 최단 경로
④ 오일러 경로

16 사이클은 순환이라 할 수 있으며 시작 정점과 끝 정점이 같은 길을 의미한다.

17 다음 설명 중 옳지 않은 것은?

① 진입 간선은 한 정점으로 들어오는 간선이다.
② 진출 간선은 한 정점에서 나가는 간선이다.
③ 방향 그래프에서 진입 간선의 수와 진출 간선의 수는 같다.
④ 임의의 방향 그래프에서는 복수의 위상 순서가 존재한다.

17 방향 그래프에서 진입 간선의 수와 진출 간선의 수가 항상 같은 건 아니다.

✔ 주관식 문제

01 다음 그래프에 대한 설명에서 ㉠, ㉡, ㉢, ㉣에 들어갈 내용은 무엇인지 쓰시오.

(㉠)은/는 그래프의 두 정점을 연결하는 간선의 존재 유무를 행렬로 표현하는 방법이다. ㉠에서 두 정점이 인접되어 있으면 (㉡), 그렇지 않으면 (㉢)(으)로 표현한다. 그래프를 ㉠으로 표현하였을 때 (㉣) 그래프의 경우 기억 공간의 낭비가 발생한다는 단점이 있다.

01

정답 ㉠ 인접 행렬
㉡ 1
㉢ 0
㉣ 희소

해설 인접 행렬(adjacent matrix)은 그래프의 두 정점을 연결하는 간선의 존재 유무를 행렬로 표현하는 방법이다. 행 번호와 열 번호는 그래프의 정점에 대응되며 배열의 인덱스는 정점을 의미한다. 두 정점이 인접되어 있으면 1, 그렇지 않으면 0으로 표현하므로 이해하기 쉽고 간선의 존재 여부를 즉각적으로 알 수 있다. 완전 그래프와 같이 간선의 밀도가 높은 그래프는 인접 행렬로 표현하는 것이 적합하지만 정점의 개수에 비해 간선의 개수가 적은 희소 그래프는 기억 공간의 낭비가 발생한다는 단점이 있다.

정답 16 ② 17 ③

02

정답 (1) 너비 우선 탐색
(2) 깊이 우선 탐색

해설 너비 우선 탐색은 시작 정점을 방문한 후 시작 정점과 인접한 정점들을 모두 차례로 방문하는 방법이다. 그런 다음 방금 방문한 정점에 인접하고 아직 방문하지 않은 정점들을 다시 모두 방문하는 과정을 반복하며 이 과정을 더 이상 방문할 정점이 없을 때까지 계속하며 주로 큐를 사용한다. 깊이 우선 탐색은 시작 정점에서 출발하여 한 방향으로 갈 수 있는 경로가 있는 곳까지 깊이 탐색해 가다가 더 이상 갈 곳이 없게 되면 가장 마지막에 만났던 갈림길 간선이 있는 정점으로 돌아온다. 그런 다음 다른 방향의 정점으로 탐색을 계속 반복하여 결국 모든 정점을 방문하는 순회 방법이며 주로 스택을 사용한다.

03

정답 (1) 강연결 성분(strongly connected component)
(2) 서로소 집합(disjoint sets)
(3) 합-찾기(union find)

해설 강연결 성분은 방향 그래프에 대하여 성립하는 것으로서 방향 그래프에서 서로 접근할 수 있는 방향 경로가 모든 정점쌍 간에 존재하는 최대의 부분 그래프이다. 양방향으로 서로에게 이르는 경로가 존재하면 강하게 연결되었다고 한다. 서로소 집합은 서로 중복 포함된 원소가 없는 교집합이 없는 집합들이다. 합-찾기는 서로소 부분 집합들로 나눠진 원소들에 대한 정보를 저장하고 조작하는 자료구조이다. 합(union)은 두 집합의 합집합을 구하는 연산이며 찾기(find)는 어떤 원소가 속하는 집합을 찾아내는 연산이다.

02 다음 (1), (2)와 같은 그래프의 탐색 방법에 해당하는 것은 무엇인가?

(1) 시작 정점과 가까운 정점을 먼저 방문하고 멀리 떨어져 있는 정점을 나중에 방문하는 탐색 방법이며 주로 큐를 사용하는 그래프 탐색 방법
(2) 시작 정점에서 출발하여 한 방향으로 갈 수 있는 경로가 있는 곳까지 탐색해 가다가 더 이상 갈 곳이 없게 되면 가장 마지막에 만났던 갈림길 간선이 있는 정점으로 돌아오며 탐색하는 방법이며 주로 스택을 사용하는 그래프 탐색 방법

03 다음에 해당하는 알맞은 용어를 쓰시오.

(1) 방향 그래프에서 서로 접근할 수 있는 방향 경로가 모든 정점쌍 간에 존재하는 최대의 부분 그래프
(2) 서로 중복 포함된 원소가 없는 집합들
(3) 서로소 부분 집합들로 나눠진 원소들에 대한 정보를 저장하고 조작하는 자료구조

04 다음에 해당하는 알맞은 용어를 쓰시오.

> (1) 그래프의 간선에 거리나 비용 등의 숫자가 표시된 그래프
> (2) 최단 경로를 구하는 알고리즘으로 단일 출발점 최단 경로 알고리즘에 해당하며 음의 간선은 허용하지 않는 알고리즘
> (3) 그래프를 표현하는 방법

04

정답 (1) 가중 그래프
(2) 다익스트라 알고리즘
(3) 인접 행렬, 인접 리스트

해설 가중 그래프는 그래프의 간선에 가중치를 표시한 그래프이다.
다익스트라 알고리즘은 하나의 시작점을 기준으로 나머지 정점 사이의 최단 경로를 구하는 알고리즘이다. 가중치가 양수인 경우만 허용하며 단일 출발점 최단 경로 알고리즘에 해당한다.
그래프는 주로 인접 행렬, 인접 리스트로 표현된다.

여기서 멈출 거예요? 끝까지 바로 눈앞에 있어요.
마지막 한 걸음까지 SD에듀가 함께할게요!

제4장

정렬

제1절 내부 정렬
제2절 외부 정렬
실제예상문제

I wish you the best of luck!

혼자 공부하기 힘드시다면 방법이 있습니다.
SD에듀의 동영상강의를 이용하시면 됩니다.

www.sdedu.co.kr → 회원가입(로그인) → 강의 살펴보기

제 4 장 정렬

제 1 절 내부 정렬 중요 ★★★

1 교환 방식(선택 정렬, 버블 정렬, 퀵 정렬)

정렬(sorting)은 주어진 데이터를 일정한 규칙에 의해 재배열하는 것을 말한다. 즉, 대상이 되는 데이터의 크기에 따라 줄을 새로 세우는 것이다. 예를 들어, [그림 4-1]은 윈도우 탐색기에서 특정 폴더(D:\수업자료)의 파일을 크기순으로 정렬해서 보여준 것이다.

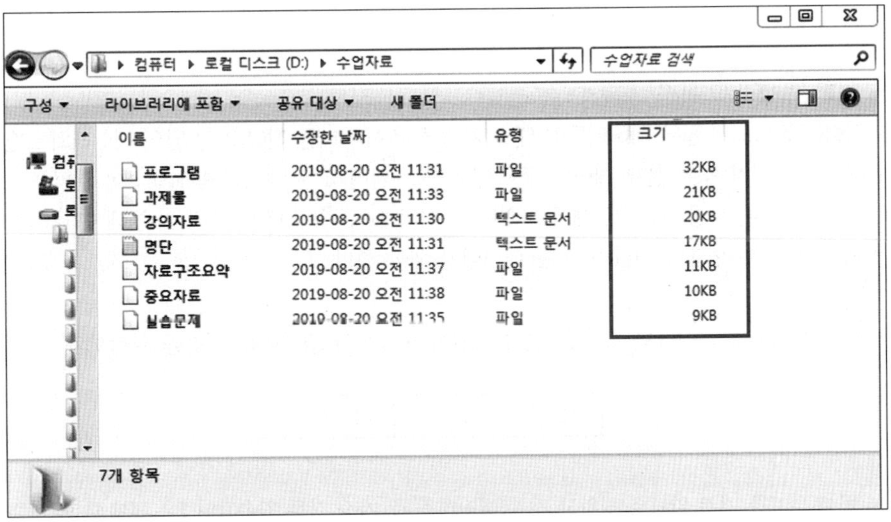

[그림 4-1] 탐색기에서 파일 크기로 정렬한 예

만약 폴더 안에 파일의 개수가 적은 경우 이 파일들이 정렬되어 있지 않더라도 원하는 파일을 어렵지 않게 찾을 수 있다. 그러나 폴더 안에 파일이 수십 개 혹은 수백 개 이상인 경우 파일들이 어떤 기준으로 정렬되어 있지 않다면 원하는 파일을 찾기가 쉽지 않다. [그림 4-1]에서는 파일의 크기가 큰 순서대로 정렬되어 있다. 크기가 제일 큰 32KB 파일이 가장 상단에 있고 그다음으로 큰 파일이 바로 아래에 있다. 가장 작은 9KB는 맨 마지막에 위치해 있다. 이와 같이 크기가 큰 것에서 작은 순서대로 정렬하는 것을 **내림차순 정렬**(descending sorting)이라 한다. 반대로 크기가 작은 것에서 큰 순서대로 정렬하는 것을 **오름차순 정렬**(ascending sorting)이라 한다. [그림 4-1]의 파일들은 파일의 크기 순으로 정렬할 수 있을 뿐만 아니라 파일 이름이나 수정한 날짜, 유형 등을 기준으로 정렬할 수도 있다.

정렬 알고리즘은 여러 알고리즘 중 가장 기본이 되는 알고리즘이다. 대부분의 정렬 알고리즘은 킷값을 비교하는 비교 연산과 자료의 위치를 바꾸는 이동 연산으로 이루어진다. 따라서 비교 연산의 횟수와 이동 연산의 횟수로 정렬의 효율성을 판단할 수 있다. 연산 횟수가 같다 하더라도 알고리즘에 따라 비교 연산을 많이 수행하는 경우와 자료 이동의 연산을 많이 수행하는 경우로 나눌 수 있다. 정렬을 수행해야 하는 데이터의 크기가 크면 이동 연산이 적을수록 좋다. 왜냐하면 데이터의 크기가 크면 그만큼 이동해야 하는 데이터의 크기가 증가하여 이동 연산을 수행하는 데 더 많은 시간이 필요하기 때문이다. 즉, 연산의 횟수가 같더라도 비교 연산이 많은 알고리즘이 이동 연산이 많은 알고리즘보다 성능이 더 우수하다.

정렬 알고리즘은 컴퓨터 메모리 내부에서 정렬하는 내부 정렬 알고리즘과 보조기억장치에서 정렬하는 외부 정렬 알고리즘이 있다. 내부 정렬(internal sort)은 정렬하기 전에 모든 데이터가 컴퓨터 주기억장치에 로딩되기 때문에 빠르게 정렬할 수 있다는 장점이 있지만 주기억장치에 한 번에 로딩하기 어려운 대용량 데이터는 정렬할 수 없다는 단점이 있다. 외부 정렬(external sort)은 데이터의 양이 많아서 디스크와 같은 외부 보조기억 장치를 활용하기 때문에 내부 정렬에 비해 수행 속도는 느리다. 그러나 외부 정렬은 내부 정렬이 처리할 수 없는 대용량 데이터를 정렬할 수 있다는 장점이 있다. 내부 정렬 알고리즘의 종류로는 선택 정렬, 버블 정렬, 삽입 정렬, 셸 정렬, 퀵 정렬, 합병 정렬, 히프 정렬, 기수 정렬 등이 있다.

(1) 선택 정렬(selection sort) 중요 ★★

선택 정렬은 정렬되지 않은 데이터들에 대해 가장 작은 데이터를 찾아 가장 앞의 데이터와 교환해가는 방식이다. 정렬되지 않은 전체 데이터 중에서 해당 위치에 맞는 데이터를 선택하여 위치를 교환하는 정렬 알고리즘이다. 오름차순 정렬에서 첫 번째 위치의 데이터는 킷값이 가장 작은 데이터가 와야 한다. 두 번째 위치는 두 번째로 킷값이 작은 데이터가 와야 한다.

다음과 같이 데이터가 저장된 배열을 선택 정렬을 이용하여 정렬하는 과정을 살펴보자.

| 15 | 11 | 1 | 3 | 8 |

① 첫 번째 위치를 기준 위치로 정하고 전체 데이터들 중 가장 작은 최솟값인 1을 선택한 후 기준 위치에 있는 15와 교환한다.

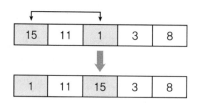

② 두 번째 위치를 기준 위치로 정하고 나머지 데이터들 중 가장 작은 최솟값인 3을 선택한 후 기준
위치에 있는 11과 교환한다.

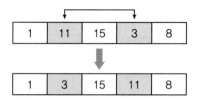

③ 세 번째 위치를 기준 위치로 정하고 나머지 데이터들 중 가장 작은 최솟값인 8을 선택한 후 기준
위치에 있는 15와 교환한다.

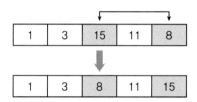

④ 네 번째 위치를 기준 위치로 정하고 나머지 데이터들 중 가장 작은 최솟값인 11을 선택한 후 기준
위치에 있는 11과 교환한다. 이 경우 11은 원래 있던 제자리에 위치하게 되므로 실제적인 자리 이동은
발생하지 않는다.

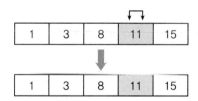

⑤ 마지막에 남은 데이터 15는 제자리에 위치하게 되고 데이터 정렬이 완료된다.

| 1 | 3 | 8 | 11 | 15 |

더 알아두기

선택 정렬
리스트에서 가장 작은 킷값을 갖는 데이터를 찾아서 첫 번째 위치에 있는 데이터와 교환하고, 그다음
두 번째로 작은 킷값을 갖는 데이터를 찾아서 두 번째에 있는 데이터와 교환하는 방법

예 입력 데이터가 5, 3, 1, 9, 7, 6일 때 삽입 정렬 과정

[초기 데이터]

| 5 | 3 | 1 | 9 | 7 | 6 |

[삽입 정렬 과정]

i = 1	1	3	5	9	7	6
i = 2	1	3	5	9	7	6
i = 3	1	3	5	9	7	6
i = 4	1	3	5	6	7	9
i = 5	1	3	5	6	7	9
i = 6	1	3	5	6	7	9

선택 정렬 알고리즘은 다음과 같다.

```c
#include <stdio.h>
#define SWAP(x, y, temp) ( (temp) = (x), (x) = (y), (y) = (temp) )
#define MAX_SIZE 5
void selection_sort(int list[], int n) {
    int i, j, least, temp;
    for (i = 0; i < n − 1; i++) {
        least = i;
        for (j = i + 1; j < n; j++) {  // 최솟값 탐색
            if (list[j] < list[least])
                least = j;
        }
        if (i! = least) {  // 최솟값이 자기 자신이면 자료 이동을 하지 않음
            SWAP(list[i], list[least], temp);
        }
    }
}

void main() {
    int i;
    int n = MAX_SIZE;
    int list[n] = {9, 6, 7, 3, 5};
    selection_sort(list, n);   // 선택 정렬 수행
    for (i = 0; i < n; i++) {       // 정렬 결과 출력
        printf("%d\n", list[i]);
    }
}
```

선택 정렬 함수 selection_sort()에서 비교 연산에 해당하는 if (list[j] 〈 list[least])와 교환 연산에 해당하는 SWAP(list[i], list[least], tmp)의 횟수를 각각 구해보자. 먼저 비교 연산은 이중 for 문 안에 존재하는데 바깥 for 문에 해당하는 for (i = 0; i 〈 n − 1; i++)는 n − 1번 반복되고 내부 for 문에 해당하는 for (j = i + 1; j 〈 n; j++)는 0부터 n − 2까지 변하는 i에 대하여 (n − 1) − i번 반복된다. 따라서 전체 비교 횟수는 다음과 같다.

$$(n-1) + (n-2) + \cdots + 2 + 1 = \frac{n(n-1)}{2} = O(n^2)$$

따라서 **선택 정렬의 시간 복잡도는 $O(n^2)$**이다. 선택 정렬은 입력이 거의 정렬되어 있든지, 역순으로 정렬되어 있든지, 랜덤하게 되어 있든지를 구분하지 않고 항상 일정한 시간 복잡도를 나타낸다. 즉, 입력에 민감하지 않은 알고리즘이다. 선택 정렬은 정렬을 위한 비교 횟수는 많으나 교환 횟수는 상당히 적다는 것이 장점이다. 따라서 교환이 많이 이루어져야 하는 데이터 상태에서 가장 효율적으로 적용될 수 있는 정렬 방식이다.

(2) 버블 정렬(bubble sort) 중요 ★★

버블 정렬은 서로 이웃한 데이터들을 비교하며 가장 큰 데이터를 가장 뒤로 보내며 정렬하는 방식이다. 즉, 인접한 킷값 두 개를 서로 비교하면서 교환하여 정렬해 가는 알고리즘이다. 따라서 정렬하고자 하는 데이터 배열에서 첫 번째 데이터는 두 번째 데이터와 비교한 후 교환하고, 두 번째 데이터는 세 번째 데이터와 비교한 후 교환한다. i번째 데이터는 i + 1번째 데이터와 비교한 후 교환하고 (마지막−1)번째 데이터는 마지막 데이터와 비교하여 교환하면서 데이터를 정렬한다. 1회전을 수행하고 나면 가장 큰 데이터가 맨 뒤로 이동하므로 2회전에서는 맨 끝에 있는 데이터는 정렬에서 제외된다. 2회전을 수행하고 나면 끝에서 누 번째 데이터까지 정렬이 완료된다. 따라서 3회전에서는 끝에시 두 번째 데이디끼지는 정렬에서 제외된다. 버블 정렬은 이렇게 정렬을 1회전 수행할 때마다 정렬에서 제외되는 데이터가 하나씩 늘어난다.

다음과 같이 데이터가 저장된 배열을 버블 정렬을 이용하여 정렬하는 과정을 살펴보자.

15	11	1	3	8

① 첫 번째 데이터인 15와 두 번째 데이터인 11을 비교해 큰 데이터를 뒤로 위치시킨다. 15가 크므로 둘의 위치를 교환한다.

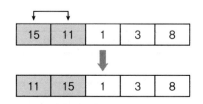

② 이제 두 번째 데이터인 15와 세 번째 데이터인 1을 비교하는데 앞에 위치한 15가 크므로 둘의 위치를 교환한다.

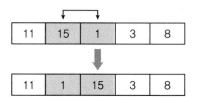

③ 같은 방법으로 세 번째 데이터인 15와 네 번째 데이터인 3을 비교한 후 위치를 교환한다.

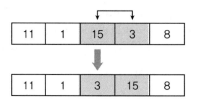

④ 같은 방법으로 네 번째 데이터인 15와 마지막 데이터인 8을 비교한 후 위치를 교환한다. 이렇게 해서 배열 중 가장 큰 데이터인 15가 맨 오른쪽으로 정렬되었다.

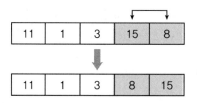

⑤ 이제 맨 오른쪽 데이터인 15는 대상에서 제외하고 나머지 데이터들에 대해 다시 처음부터 시작한다. 첫 번째 데이터인 11과 두 번째 데이터인 1의 크기를 비교하는데 앞에 위치한 11이 크므로 둘의 위치를 교환한다.

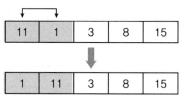

⑥ 같은 방법으로 두 번째 데이터인 11과 세 번째 데이터인 3의 위치를 교환한다.

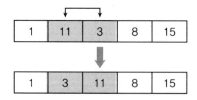

⑦ 같은 방법으로 세 번째 데이터인 11과 네 번째 데이터인 8의 위치를 교환한다. 두 번째로 큰 데이터인 11이 뒤에서 두 번째에 위치하게 된다.

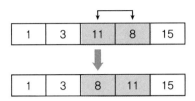

⑧ 이제 다시 처음부터 시작한다. 첫 번째 데이터인 1과 두 번째 데이터인 3의 크기를 비교하는데 앞에 위치한 1이 작으므로 그대로 둔다.

1	3	8	11	15

⑨ 두 번째 데이터인 3과 세 번째 데이터인 8의 크기를 비교하는데, 앞에 위치한 3이 작으므로 그대로 둔다. 세 번째로 큰 데이터인 8이 뒤에서 세 번째에 위치하게 된다.

1	3	8	11	15

⑩ 다시 처음부터 시작하여 이러한 과정을 반복하면 데이터들에 대한 정렬이 완료된다.

버블 정렬 알고리즘은 다음과 같다.

```c
#include <stdio.h>
#define MAX_SIZE 5
void bubble_sort(int list[], int n) {
    int i, j, temp;
    for (i = n - 1; i > 0; i--) {
        for (j = 0; j < i; j++) {
            if (list[j] < list[j + 1]) { // j번째와 j + 1번째 요소가 크기순이 아니면 교환
                temp = list[j];
                list[j] = list[j + 1];
                list[j + 1] = temp;
            }
        }
    }
}

void main() {
```

```
    int i;
    int n = MAX_SIZE;
    int list[n] = {7, 4, 5, 1, 3};
    bubble_sort(list, n);    // 버블 정렬 수행
    for (i = 0; i < n; i++) {    // 정렬 결과 출력
        printf("%d\n", list[i]);
    }
}
```

버블 정렬의 시간 복잡도가 최선인 경우는 데이터가 이미 정렬되어 있을 때이며 1회전만으로 알고리즘이 종료된다. 이때 i번째 원소는 (n – i)번 비교하므로 전체 비교 횟수는 $\frac{n(n-1)}{2}$ 이 된다. 그러나 정렬이 이미 되어 있기 때문에 자리 교환은 발생하지 않는다. 버블 정렬이 최악인 경우는 데이터가 역순으로 정렬되어 있을 때이다. 최악의 경우 비교 횟수는 최선인 경우와 같이 i번째 원소는 $(n - i)$번 비교하므로 전체 비교 횟수는 $\frac{n(n-1)}{2}$ 이 된다. 그러나 비교할 때마다 자리 교환이 발생하므로 i번째 원소는 $(n - i)$번 교환하므로 전체 교환 횟수는 $\frac{n(n-1)}{2}$ 이 된다. 따라서 **평균적인 시간 복잡도는 O(n^2)이** 된다. 버블 정렬은 매우 단순하지만 정렬할 데이터가 많은 경우에는 수행 시간이 많이 걸린다는 단점이 있다.

(3) 퀵 정렬(quick sort) 중요 ★★

퀵 정렬은 기준값에 해당하는 피벗(pivot)을 기준으로 두 데이터의 킷값을 비교하여 위치를 교환하는 정렬 방법이다. 피벗을 기준으로 작거나 같은 데이터는 앞으로 가도록 하고, 피벗보다 큰 데이터는 뒤로 가도록 하여 작은 값을 갖는 데이터와 큰 값을 갖는 데이터로 분리해 가며 정렬하는 방법이다. 오름차순 정렬이라면 왼쪽은 피벗보다 작은 값이, 오른쪽은 피벗보다 큰 값이 오도록 데이터의 위치를 교환한다. 이때 피벗은 전체 데이터 중 가운데 위치한 데이터를 선택하거나 첫 번째 데이터를 선택할 수도 있다. 또는 마지막 데이터로 정하거나 별도의 수식을 사용하여 정하기도 한다.

다음과 같이 데이터가 저장된 배열이 있을 때 퀵 정렬을 이용하여 정렬하는 과정을 살펴보자. 피벗은 가장 왼쪽 데이터라고 가정하자.

| 20 | 18 | 50 | 40 | 9 | 19 | 5 | 25 |

① 맨 앞의 20을 피벗으로 하고 피벗 다음부터 피벗보다 큰 데이터를 찾아 50을 선택하고, 마지막 데이터부터 피벗보다 작은 데이터를 찾아 5를 선택한다. 그리고 선택된 50과 5를 교환한다.

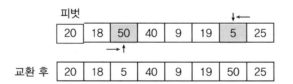

② 계속해서 진행하여 피벗인 20보다 큰 데이터인 40을 선택하고, 피벗보다 작은 데이터인 19를 선택한 후 두 수를 교환한다.

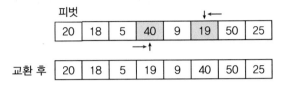

③ 같은 방법으로 진행하여 피벗보다 큰 데이터인 40과 피벗보다 작은 데이터인 9를 선택한다. 그런데 발견된 위치가 서로 교차한다. 이런 경우에는 두 값을 교환하지 않고 피벗 20과 작은 데이터인 9를 교환한다.

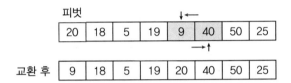

④ 데이터들을 보면 피벗인 20을 기준으로 왼쪽에는 피벗보다 작은 데이터들이, 오른쪽에는 피벗보다 큰 데이터들이 위치함을 알 수 있다. 이때 피벗을 중심으로 양분한다.

피벗을 기준으로 왼쪽 데이터들에 대해 그리고 오른쪽 데이터들에 대해 같은 방법으로 퀵 정렬을 수행한다. 먼저 왼쪽 데이터들에 대해 동작하는 과정을 살펴보자.

⑤ 맨 앞의 9를 피벗으로 하고 9보다 큰 데이터인 18과 작은 데이터인 5를 선택한다. 그리고 선택된 18과 5를 교환한다.

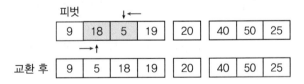

⑥ 같은 방법으로 진행하여 피벗보다 큰 데이터인 18과 작은 데이터인 5를 선택한다. 그러나 발견된 위치가 서로 교차되므로 피벗 9와 작은 데이터인 5를 교환한다.

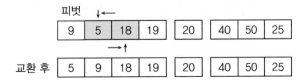

⑦ 이제 피벗 9를 중심으로 양분한다.

피벗인 9를 기준으로 왼쪽 데이터들에 대해 그리고 오른쪽 데이터들에 대해 같은 방법으로 퀵 정렬을 수행한다. 왼쪽 데이터는 5 하나뿐이므로 오른쪽 데이터인 {18, 19}에 대해 퀵 정렬을 수행한다.

⑧ {18, 19} 중 맨 앞의 18을 피벗으로 하고 18보다 큰 데이터인 19를 선택하고, 피벗과 작거나 같은(같은 것도 포함됨) 데이터인 18을 선택한다. 그런데 발견된 위치가 서로 교차되므로 피벗 18과 피벗보다 작거나 같은 18을 교환한다.

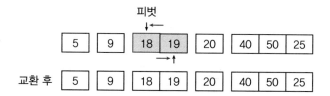

⑨ 피벗을 기준으로 양분한다.

⑩ 이제 오른쪽 부분 리스트인 {40, 50, 25}에 대해 퀵 정렬을 수행한다. 오른쪽 부분 리스트의 맨 앞에 위치한 40을 피벗으로 정하고 피벗보다 큰 50과 작은 25를 선택한다. 그리고 이 두 수를 교환한다.

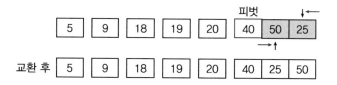

⑪ 다음으로 큰 데이터인 50과 작은 데이터인 25를 선택하는데, 서로 교차하므로 피벗 40과 작은 데이터인 25를 교환한다.

⑫ 피벗 40을 기준으로 양분한다. 모든 동작이 완료되고 데이터들이 완전히 정렬된다.

| 5 | 9 | 18 | 19 | 20 | 40 | 25 | 50 |

퀵 정렬 알고리즘은 다음과 같다.

```
#define MAX_SIZE 9
#define SWAP(x, y, temp) ( (temp) = (x), (x) = (y), (y) = (temp) )
int partition(int list[], int left, int right) {
    int pivot, temp;
    int low, high;
    low = left;
    high = right + 1;
    pivot = list[left]; // 정렬할 리스트의 가장 왼쪽 데이터를 피벗으로 선택

    do {
        do {
            low++;
        } while (low <= right && list[low] < pivot);

        do {
            high--;
        } while (high >= left && list[high] > pivot);
        if (low < high) { //low와 high가 교차하지 않았으면 list[low]와 list[high]를 교환
            SWAP(list[low], list[high], temp);
        }
    } while (low < high);

    // low와 high가 교차했으면 list[left]와 list[high]를 교환
    SWAP(list[left], list[high], temp);
    return high;  // 피벗의 위치인 high를 반환
}

void quick_sort(int list[], int left, int right) {
    if (left < right) {
        int q = partition(list, left, right);  // q: 피벗의 위치
        quick_sort(list, left, q - 1);     // 앞쪽 부분 리스트 정렬
        quick_sort(list, q + 1, right);  // 뒤쪽 부분 리스트 정렬
    }
}
```

```
void main() {
    int i;
    int n = MAX_SIZE;
    int list[n] = {5, 3, 8, 4, 9, 1, 6, 2, 7};
    quick_sort(list, 0, n - 1);  // 퀵 정렬 수행
    for (i = 0; i < n; i++) {        // 정렬 결과 출력
        printf("%d\n", list[i]);
    }
}
```

퀵 정렬 알고리즘은 원래의 문제를 더 작은 크기의 하위 문제로 쪼개어 해결한다는 특징이 있다. 이 때문에 **분할 정복**(divide and conquer) 알고리즘에 해당한다.

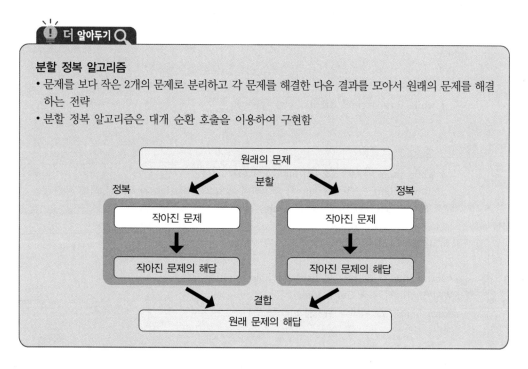

더 알아두기

분할 정복 알고리즘
- 문제를 보다 작은 2개의 문제로 분리하고 각 문제를 해결한 다음 결과를 모아서 원래의 문제를 해결하는 전략
- 분할 정복 알고리즘은 대개 순환 호출을 이용하여 구현함

합병 정렬과 달리 퀵 정렬은 부분 리스트를 불균등하게 분할한다. 퀵 정렬은 피벗을 기준으로 두 개의 부분 리스트로 나누어 데이터의 위치를 교환하기 때문에 n개의 데이터에 대해 평균 $O(n \log n)$번 만에 정렬하는 효율성을 가진다. 즉, n개의 데이터가 균일하게 분포되었다면 정렬 횟수가 $\dfrac{n}{2}$, $\dfrac{n}{4}$, $\dfrac{n}{8}$, …, $\dfrac{n}{2^k}$ 와 같이 줄어들기 때문에 평균 $\log n$의 연산 횟수가 필요하다. 다만 매번 정렬할 때마다 모두 n번의 비교가 필요하기 때문에 평균 비교 횟수는 $n \log n$이 된다. 즉, **퀵 정렬의 효율성은 평균 $O(n \log n)$**이다. 퀵 정렬은 평균적으로 매우 빠른 수행 속도를 자랑하는 정렬 방법이다. 또한 데이터의 이동 연산은 비교

연산보다 상대적으로 적게 발생한다는 장점도 있다. 단, 피벗을 기준으로 나누어지는 두 개의 부분 집합에 계속 불균형이 발생하면 최악의 경우 $O(n^2)$의 효율성을 가지는 단점도 있다.

> **⊘ 더 알아두기 Q**
>
> 정렬된 리스트에 대해서는 퀵 정렬의 불균형 분할에 의해 오히려 수행 시간이 더 많이 걸린다. 따라서 퀵 정렬의 불균형 분할을 방지하기 위하여 피벗을 선택할 때 리스트를 균등하게 분할할 수 있는 데이터를 선택해야 한다. 예를 들어, 리스트 내의 몇 개의 데이터 중에서 크기순으로 중간값(medium)을 피벗으로 선택한다.

퀵 정렬은 정렬 전 데이터의 상태에 따라 효율성에 차이가 있지만 그럼에도 전체 효율성을 볼 때 상당히 우수한 정렬 알고리즘이다. 특히, 기존에 사용한 피벗을 다시 사용하지 않기 때문에 불필요한 데이터의 이동을 줄였으며 먼 거리의 데이터를 교환하는 등 효율성이 우수하다는 특성이 있다. 퀵 정렬은 정렬할 데이터의 양이 많을 경우 매우 효율적이며 평균적으로 가장 좋은 성능을 가져 현장에서 가장 많이 쓰이는 정렬 알고리즘이다.

> **⊘ 더 알아두기 Q**
>
> 퀵 정렬의 효율성이 최선인 경우는 분할이 수행될 때마다 피벗에 의해 거의 균등한 부분 리스트로 분할되는 경우이다. 즉, 피벗에 의해서 데이터들이 왼쪽 부분 리스트와 오른쪽 부분 리스트로 정확히 $\frac{n}{2}$개씩 2등분이 되는 경우가 반복되어 수행 단계 수가 최소가 되는 경우이다. 이때 시간 복잡도는 $O(n \log n)$이다. 퀵 정렬의 효율성이 최악인 경우는 피벗에 의해 데이터들을 분할하였을 때 1개와 $n-1$개와 같이 한쪽으로 치우쳐 분할되는 경우가 반복되어 수행 단계 수가 최대가 되는 경우이다. 이처럼 피벗에 의해 극도로 불균등한 부분 리스트로 분할되는 경우 시간 복잡도는 $O(n^2)$이 된다.
>
> • 최선의 경우, 평균적인 경우 : $O(n \log n)$
> • 최악의 경우 : $O(n^2)$

2 삽입 방식(삽입 정렬, 셸 정렬)

(1) 삽입 정렬(insertion sort) 중요 ★★

삽입 정렬은 아직 정렬되지 않은 임의의 데이터를 이미 정렬된 부분의 적절한 위치에 삽입해 가며 정렬하는 방식이다. 선택된 킷값을 앞쪽 데이터들의 킷값과 비교하여 자신의 위치를 찾아 삽입하여 정렬시키는 방식이다. 즉, 삽입 정렬은 데이터 배열의 모든 요소를 앞에서부터 차례대로 이미 정렬된 배열 부분과 비교하여 자신의 위치를 찾아 삽입한다. 삽입 정렬은 두 번째 데이터부터 시작하여 그 앞의 데이터들과 비교하여 삽입할 위치를 지정한다. 그런 다음 데이터를 삽입하기 위해 기존 데이터를 뒤로 옮기고 삽입하고자 지정한 자리에 데이터를 삽입한다. 그러므로 두 번째 데이터는 첫 번째 데이터와 비교한 후 데이터가 삽입될 위치를 찾는다. 세 번째 데이터는 두 번째, 첫 번째 데이터와 비교한 후 데이터가 삽입될 위치를 찾는다. 네 번째 데이터는 세 번째, 두 번째, 첫 번째 데이터와 비교한 후 데이터가 삽입될 위치를 찾는다. 데이터가 삽입될 위치를 찾았다면 그 위치에 데이터를 삽입하기 위해 기존 데이터를 한 칸씩 뒤로 이동시킨다. 삽입 정렬에서 처음 킷값은 두 번째 데이터부터 시작하며 대상 자료가 일부 정렬되어 있을 때 유리한 정렬 방식이다.

다음과 같이 데이터가 저장된 배열을 삽입 정렬을 이용하여 정렬하는 과정을 살펴보자.

15	11	1	3	8

① 맨 처음에 위치한 데이터 15는 정렬된 데이터로 취급한다. 두 번째 데이터 11은 정렬된 앞쪽 데이터인 15와 비교하여 적절한 위치에 삽입한다. 즉, 11이 15보다 작으므로 15 앞에 위치시킨다.

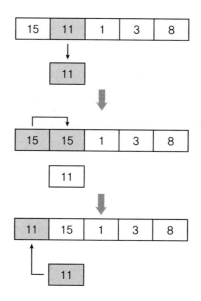

② 세 번째 데이터인 1은 앞에 위치한 11, 15와 크기를 비교한다. 1이 가장 작으므로 11과 15를 한 칸씩 뒤로 보내고 1을 가장 앞에 위치시킨다.

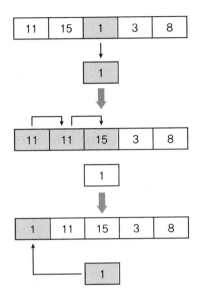

③ 네 번째 데이터인 3은 앞에 위치한 1, 11, 15와 크기를 비교한다. 3은 1보다 크고 11, 15보다 작으므로 11과 15를 한 칸씩 뒤로 보내고 3을 11 앞에 위치시킨다.

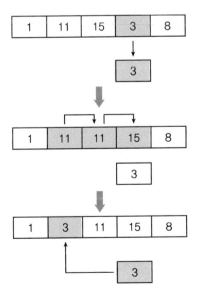

④ 마지막 데이터인 8은 앞에 위치한 1, 3, 11, 15와 크기를 비교한다. 8은 1, 3보다 크고 11, 15보다 작으므로 11과 15를 한 칸씩 뒤로 보내고 8을 11 앞에 위치시킨다.

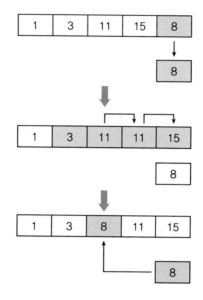

⑤ 데이터들에 대한 정렬이 완료된다.

1	3	8	11	15

> **⚡ 더 알아두기 🔍**
>
> **삽입 정렬**
> 맨 처음 하나의 데이터가 정렬되어 있는 것으로 가정하고 나머지 정렬되지 않은 리스트의 데이터들을 하나씩 순서대로 제 위치를 찾아주는 정렬 방법
>
> 예 입력 데이터가 5, 3, 1, 9, 7, 6일 때 삽입 정렬 과정
>
> [초기 데이터]
>
> | 5 | 3 | 1 | 9 | 7 | 6 |
> |---|---|---|---|---|---|

[삽입 정렬 과정]

```
i = 1   | 5 | 3 | 1 | 9 | 7 | 6 |
i = 2   | 3 | 5 | 1 | 9 | 7 | 6 |
i = 3   | 1 | 3 | 5 | 9 | 7 | 6 |
i = 4   | 1 | 3 | 5 | 9 | 7 | 6 |
i = 5   | 1 | 3 | 5 | 7 | 9 | 6 |
i = 6   | 1 | 3 | 5 | 6 | 7 | 9 |
```

삽입 정렬 알고리즘은 다음과 같다.

```c
#include <stdio.h>
#define MAX_SIZE 5
void insertion_sort(int list[], int n) {
    int i, j, key;
    for (i = 1; i < n; i++) {   // 인덱스 0은 이미 정렬된 것으로 볼 수 있음
        key = list[i];
        for (j = i - 1; j >= 0 && list[j]>key; j--) {
            list[j+1] = list[j];
        }
        list[j + 1] = key;
    }
}

void main() {
    int i;
    int n = MAX_SIZE;
    int list[n] = {8, 5, 6, 2, 4};
    insertion_sort(list, n);      // 삽입 정렬 수행
    for(i = 0; i < n; i++) {        // 정렬 결과 출력
        printf("%d\n", list[i]);
    }
}
```

삽입 정렬은 알고리즘 자체가 매우 간단하므로 데이터의 수가 적을 경우 다른 복잡한 정렬 방법보다 유용하다. 삽입 정렬은 입력 데이터의 상태에 따라 수행 시간이 달라질 수 있다. **삽입 정렬은 입력 데이터가 거의 정렬되어 있으면 정렬이 매우 빠르고 효율적이다.** 입력 데이터가 이미 정렬이 되어 있는 경우에

는 $n-1$번 비교하면 정렬이 끝나므로 이때가 최선의 경우이고 시간 복잡도는 $O(n)$이 된다. 데이터가 역으로 정렬되어 있을 경우에는 최악의 경우이며 이 경우 모든 단계에서 앞에 놓인 데이터들을 전부 이동해야 하므로 정렬 속도가 매우 느려지게 된다. 최악의 경우에는 $1+2+3+\cdots+(n-2)+(n-1)$ $=\dfrac{n(n-1)}{2}$ 이 되어 시간 복잡도는 $O(n^2)$이 된다. 삽입 정렬의 평균적인 시간 복잡도는 최악의 시간 복잡도와 같이 $O(n^2)$이다. 삽입 정렬은 정렬 시 데이터들이 많이 이동하게 된다. 따라서 데이터의 양이 많을 경우에는 적합하지 않으며 반대로 데이터의 수가 적을 경우에는 효율적이다.

(2) 셸 정렬(shell sort) 중요 ★★

셸 정렬은 Donald L. Shell이라는 사람이 제안한 방법으로 삽입 정렬을 보완한 알고리즘이다. 삽입 정렬의 최대 문제점은 데이터들이 삽입될 때 이웃한 위치로만 이동한다는 것이다. 만약 삽입되어야 할 위치가 현재 위치에서 상당히 멀리 떨어진 곳이라면 많은 이동을 해야만 제자리로 갈 수 있다. 셸 정렬은 삽입 정렬의 확장된 개념이며 전체 데이터를 한꺼번에 정렬하는 것이 아니다. 셸 정렬은 매개변수를 설정한 후 이 매개변수만큼 떨어져 있는 데이터들을 모아 부분 리스트를 만든 다음 그 매개변수를 줄여가면서 정렬하는 방식이다. 즉, 일정한 간격(gap)만큼 떨어져있는 데이터들끼리 부분 리스트를 구성하고 각 부분 리스트에 있는 데이터들을 삽입 정렬하는 작업을 반복한다. 각 부분 리스트는 전체 리스트에서 간격이 k만큼 떨어진 데이터들로 이루어진다. 셸 정렬은 큰 간격에서부터 시작하여 각 단계마다 간격을 줄여간다. 간격이 줄어들면 하나의 부분 리스트에 속하는 데이터의 개수는 증가한다. 셸 정렬의 마지막 단계에서는 간격을 1로 설정해야 한다. 간격이 1이 되면 입력 리스트는 한 개의 부분 리스트로 간주되는데 이것을 삽입 정렬하게 되면 셸 정렬이 완료된다.

다음과 같이 데이터가 저장된 배열을 셸 정렬을 이용하여 정렬하는 과정을 살펴보자.

5	3	8	4	9	1	6	2	7

① 먼저 간격 k를 5로 설정한다고 가정한다. 전체 데이터 배열에서 간격이 5가 되는 숫자끼리 부분 리스트를 만든다. 첫 번째 부분 리스트는 맨 앞의 숫자인 5와 이 5에서 간격이 5만큼 떨어진 1로 구성된다. 따라서 첫 번째 부분 리스트는 {5, 1}이 된다. 두 번째 부분 리스트는 두 번째 숫자인 3과 이 3에서 간격이 5만큼 떨어진 6으로 구성된다. 따라서 두 번째 부분 리스트는 {3, 6}이 된다. 나머지에 대해서도 이런 식으로 구성하면 세 번째 부분 리스트는 {8, 2}이 되고 네 번째 부분 리스트는 {4, 7}이 되고 다섯 번째 부분 리스트는 {9}가 된다.

> 간격 k = 5의 부분 리스트 정렬 전: {5, 1}, {3, 6}, {8, 2}, {4, 7}, {9}

② 이제 각 부분 리스트별로 정렬을 수행한다.

> 간격 k = 5의 부분 리스트 정렬 후: {1, 5}, {3, 6}, {2, 8}, {4, 7}, {9}

③ 각 부분 리스트별로 정렬된 결과를 한 줄로 나열하면 다음과 같다(step1 완료).

1	3	2	4	9	5	6	8	7

④ 이제 간격을 줄여야 하는데 간격 k를 3으로 설정해 보자. 먼저 간격이 3이 되는 숫자끼리 부분 리스트를 만든다. 첫 번째 부분 리스트는 맨 앞의 숫자인 1과 이 1에서 간격이 3만큼 떨어진 4와 4에서 간격이 3만큼 떨어진 6으로 구성된다. 따라서 첫 번째 부분 리스트는 {1, 4, 6}이 된다. 두 번째 부분 리스트는 두 번째 숫자인 3과 이 3에서 간격이 3만큼 떨어진 9와 9에서 3만큼 떨어진 8로 구성된다. 따라서 두 번째 부분 리스트는 {3, 9, 8}이 된다. 나머지에 대해서도 이런 식으로 구성하면 세 번째 부분 리스트는 {2, 5, 7}이 된다.

> 간격 k = 3의 부분 리스트 정렬 전: {1, 4, 6}, {3, 9, 8}, {2, 5, 7}

⑤ 이제 각 부분 리스트별로 정렬을 수행한다.

> 간격 k = 3의 부분 리스트 정렬 후: {1, 4, 6}, {3, 8, 9}, {2, 5, 7}

⑥ 각 부분 리스트별로 정렬된 결과를 한 줄로 나열하면 다음과 같다(step2 완료).

1	3	2	4	8	5	6	9	7

⑦ 마지막으로 간격 k를 1로 설정한다. 간격이 1이면 한 개의 부분 리스트가 만들어진다.

> 간격 k = 1의 부분 리스트 정렬 전: {1, 3, 2, 4, 8, 5, 6, 9, 7}

⑧ k = 1인 부분 리스트를 정렬한다.

> 간격 k = 1의 부분 리스트 정렬 후: {1, 2, 3, 4, 5, 6, 7, 8, 9}

⑨ 데이터 정렬이 완료된다(step3 완료).

1	2	3	4	5	6	7	8	9

이러한 셸 정렬 과정을 정리하면 [그림 4-2]와 같다.

입력 배열	5	3	8	4	9	1	6	2	7
간격 5일 때의 부분 리스트	5					1			
		3					6		
			8					2	
				4					7
					9				
부분 리스트 정렬 후	1					5			
		3					6		
			2					8	
				4					7
					9				
간격 5 정렬 후의 전체 배열	1	3	2	4	9	5	6	8	7
간격 3일 때의 부분 리스트	1			4			6		
		3			9			8	
			2			5			7
부분 리스트 정렬 후	1			4			6		
		3			8			9	
			2			5			7
간격 3 정렬 후의 전체 배열	1	3	2	4	8	5	6	9	7
간격 1 정렬 후의 전체 배열	1	2	3	4	5	6	7	8	9

[그림 4-2] 셸 정렬 과정

셸 정렬 알고리즘은 다음과 같다.

```c
#include <stdio.h>
#define MAX_SIZE 10
void inc_insertion_sort(int list[ ], int first, int last, int gap) {
    int i, j, key;
    for (i = first + gap; i <= last; i = i + gap) {
        key = list[i];
        for (j = i - gap; j >= first && list[j] > key; j = j - gap) {
            list[j + gap] = list[j]; // 레코드를 gap만큼 오른쪽으로 이동
        }
        list[j + gap] = key;
    }
}

void shell_sort(int list[ ], int n) {
    int i, gap;
    for (gap = n/2; gap > 0; gap = gap/2) {
        if ((gap%2) == 0) {
            gap++;
        }
        for (i = 0; i < gap; i++) {
            inc_insertion_sort(list, i, n - 1, gap);  // 부분 리스트에 대한 삽입 정렬 수행
        }
    }
}

void main( ) {
    int i;
    int n = MAX_SIZE;
    int list[n] = {10, 8, 6, 20, 4, 3, 22, 1, 0, 16};
    shell_sort(list, n);    // 셸 정렬 수행
    for (i = 0; i < n; i++) {   // 정렬 결과 출력
        printf("%d\n", list[i]);
    }
}
```

셸 정렬은 연속적이지 않은 부분 리스트에서 데이터의 교환이 일어나면 더 큰 거리를 이동한다. 따라서 교환되는 데이터들이 삽입 정렬보다는 최종 위치에 있을 가능성이 높아진다. 셸 정렬 초기에는 부분 리스트의 데이터 개수가 적어 정렬되는 시간이 빠르다. 셸 정렬이 진행되면서 간격이 점차 감소하게 되는데 간격이 감소하면 부분 리스트의 데이터 개수는 증가하게 된다. 그런데 이렇게 데이터 개수가 증가하더라도 정렬하는 데 드는 수행 시간은 크게 증가하지 않는다. 왜냐하면 각 단계를 거치면서 데이터들이 점진적

으로 정렬된 상태가 되어가므로 삽입 정렬의 속도가 빨라지기 때문이다. 부분 리스트는 어느 정도 정렬이 된 상태이기 때문에 부분 리스트의 개수가 1이 되면 셸 정렬은 기본적으로 삽입 정렬을 수행하지만 삽입 정렬보다 더욱 빠르게 수행된다. 삽입 정렬은 데이터들이 어느 정도 정렬되어 있을 때 속도가 빠르며 이를 응용한 것이 셸 정렬이다. 셸 정렬의 수행 속도는 간격에 따라 달라진다. 셸 정렬은 정렬할 데이터들의 특성에 따라 간격을 생성하는 함수를 사용한다. 일반적으로 간격 k는 데이터 개수의 $\frac{1}{2}$을 사용하고한 단계가 수행될 때마다 이 k의 값을 반으로 감소시키면서 반복하여 수행한다. 셸 정렬의 비교 횟수는처음 데이터의 상태에 상관없이 간격에 의해 결정된다. 셸 정렬은 최악의 경우 시간 복잡도가 $O(n^2)$이지만평균적인 경우의 시간 복잡도는 $O(n^{1.5})$이다. 셸 정렬은 삽입 정렬의 시간 복잡도 $O(n^2)$보다 개선된 정렬방법이라 할 수 있다. 그러나 셸 정렬의 시간 복잡도를 정확히 계산하기는 어렵다. 왜냐하면 가장 좋은간격을 알아내야 하고 이 간격에 따라 시간 복잡도가 달라질 수 있기 때문이다.

3 병합 방식(2-way 병합, n-way 병합)

(1) 합병 정렬(merge sort) 중요 ★★

합병 정렬은 기존 데이터를 원소의 개수가 동일한 부분 리스트로 분할하고 분할된 각 부분 리스트를합병하면서 정렬하는 방식이다. 하나의 리스트를 균등한 크기로 반복해서 분할한 뒤 분할된 부분 리스트를 정렬한 다음 두 리스트를 합하여 전체가 정렬된 리스트를 만드는 방법이다. 따라서 합병 정렬은 분할정복 알고리즘에 해당한다. 합병 정렬은 몇 개의 부분 리스트로 나누느냐에 따라 몇 가지 종류로 나눌수 있다. 2개의 정렬된 데이터 집합을 합병하는 경우 2-way 합병이라고 하며 n개의 정렬된 데이터집합을 결합하는 경우 n-way 합병이라고 한다. 이 교재에서는 편의상 2-way 합병 정렬에 대해 살펴보도록 한다.

다음과 같이 데이터가 저장된 배열을 합병 정렬을 이용하여 정렬하는 과정을 살펴보자.

69	10	30	2	16	8	31	22

① 먼저 **분할 단계**이다.

합병 정렬은 먼저 기존 데이터를 원소의 개수가 동일한 여러 개의 부분 리스트로 분할해야 한다. 여기서는 2-way 합병 정렬을 사용하기 때문에 초기 데이터 전체를 2개의 부분 리스트로 나눈다. 나뉜 2개의 부분 리스트 각각을 다시 2개씩의 부분 리스트로 나눈다. 더 이상 나눌 데이터가 없을 때까지 이러한 분할 단계를 반복하면 [그림 4-3]과 같이 모두 8개의 부분 리스트로 나누어진다. 즉, 전체 데이터 배열 집합을 하나의 원소 단위로 각각을 분할한다.

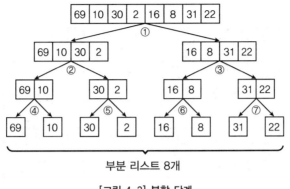

[그림 4-3] 분할 단계

② 다음으로는 **합병** 단계이다.

합병 단계는 분할된 각각의 원소에 대해 서로의 쌍을 비교하여 정렬한 후 합병한다. 여기서는 2-way 합병을 이용하기 때문에 나누어진 2개의 부분 리스트를 각각 합병한다. 분할 단계에서는 전체 8개의 데이터가 2개의 부분 리스트로 나누어졌고 또 다시 분할 과정을 반복하여 최종적으로 8개의 부분 리스트로 분할하였다. 합병 단계에서는 분할 단계와는 반대로 부분 리스트 2개씩을 하나로 정렬하여 합병한다. 그런 다음 또 다시 부분 리스트 2개씩을 정렬하여 하나로 합병하는 과정을 반복한다. 최종적으로 합병이 끝나면 [그림 4-4]와 같이 전체 데이터가 하나의 리스트로 묶이게 된다.

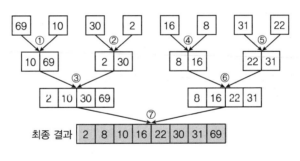

[그림 4-4] 합병 단계

[그림 4-5]는 2개의 정렬된 부분 리스트를 하나로 합병하는 과정을 보여준다. 정렬된 2개의 배열 A와 배열 B의 데이터를 하나씩 비교하면서 최종적으로 배열 C로 합병해 가는 과정이다.

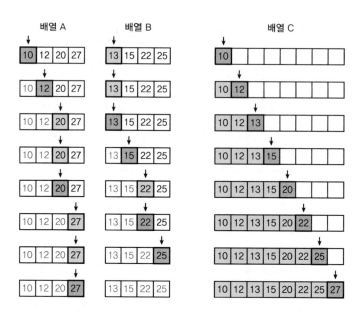

[그림 4-5] 2개의 정렬된 부분 리스트를 하나로 합병하는 과정

합병 정렬 알고리즘은 다음과 같다.

```c
#include 〈stdio.h〉

#define MAX_SIZE 8
int sorted[MAX_SIZE] // 추가적인 공간이 필요
void merge(int list[ ], int left, int mid, int right) {
    int i, j, k, l;
    i = left;
    j = mid + 1;
    k = left;
    while (i <= mid && j <= right) {
        if (list[i] <= list[j])
            sorted[k++] = list[i++];
        else
            sorted[k++] = list[j++];
    }
    if (i > mid) {    // 남아 있는 값들을 일괄 복사
        for(l = j; l <= right; l++)
            sorted[k++] = list[l];
    }
```

```
    else {      // 남아 있는 값들을 일괄 복사
        for(l = i; l <= mid; l++)
            sorted[k++] = list[l];
    }
    for (l = left; l <= right; l++) {
        list[l] = sorted[l];
    }
}

void merge_sort(int list[ ], int left, int right) {
    int mid;
    if (left < right) {
        mid = (left + right) / 2
        merge_sort(list, left, mid);        // 앞쪽 부분 리스트 정렬
        merge_sort(list, mid + 1, right); // 뒤쪽 부분 리스트 정렬
        merge(list, left, mid, right);      //정렬된 2개의 부분 배열을 합병하는 과정
    }
}

void main( ) {
    int i;
    int n = MAX_SIZE;
    int list[n] = {21, 10, 12, 20, 25, 13, 15, 22};
    merge_sort(list, 0, n - 1);  // 합병 정렬 수행
    for (i = 0; i < n; i++) {      // 정렬 결과 출력
        printf("%d\n", list[i]);
    }
}
```

합병 정렬은 기존 데이터를 원소의 개수가 동일한 부분 리스트로 분할하고 분할된 각 부분 리스트를 합병하면서 정렬을 수행한다. 따라서 이동 및 비교 연산이 평균적으로 $O(n\log n)$번 필요한 비교적 우수한 효율성을 가진다. 합병 정렬은 데이터들을 배열로 구성하면 임시 배열이 필요하며 추가 메모리 공간이 필요하다. 또한 데이터의 이동 횟수가 많다는 단점이 있다. 그러나 합병 정렬은 데이터의 분포에 영향을 덜 받는다. 즉, 입력 데이터가 무엇이든 간에 정렬되는 시간은 동일하다. 입력 데이터의 상태와 상관없이 **합병 정렬의 효율성은 최선, 평균, 최악의 경우 모두 $O(n\log n)$이기 때문에 효율이 아주 우수한 정렬 방식이다.**

4 선택 방식(히프 정렬, 트리 정렬)

(1) 히프 정렬(heap sort) 중요 ★★

히프 정렬은 히프 자료구조를 사용하는 정렬 알고리즘이다. 히프는 최댓값, 최솟값을 쉽게 추출할 수 있는 자료구조이며 완전 이진 트리이다. 히프 정렬은 먼저 정렬하고자 하는 데이터들을 히프에 다 넣고 삭제 연산을 반복하여 순서대로 정렬된 결과를 얻는 방법이다. 히프의 각 노드는 유일한 킷값을 가지는데 최대 히프는 [그림 4-6]과 같이 모든 노드의 킷값이 자식 노드의 킷값보다 항상 크거나 같은 히프이다. 따라서 최대 히프의 루트 노드는 모든 노드 중 가장 큰 값이 위치하게 된다.

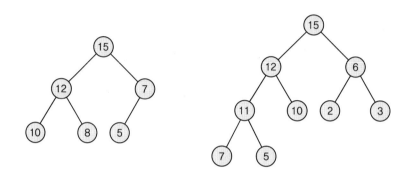

[그림 4-6] 최대 히프

최소 히프는 [그림 4-7]과 같이 모든 노드의 킷값이 자식 노드의 킷값보다 항상 작거나 같은 히프이다. 따라서 최소 히프의 루트 노드는 모든 노드 중 가장 작은 값이 위치하게 된다.

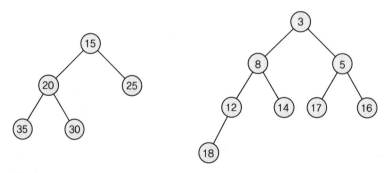

[그림 4-7] 최소 히프

히프 정렬은 정렬할 데이터들을 먼저 히프로 삽입해야 한다. 그런 다음 루트 노드를 하나씩 삭제하여 꺼내면 히프에 있는 데이터들이 순서대로 나오게 되는데 이 순서대로 나열한 것이 히프 정렬이 된다. 오름차순 정렬을 하기 위해서는 최소 히프를 사용하고, 내림차순 정렬을 하기 위해서는 최대 히프를 사용한다. 히프의 삭제 연산은 항상 루트 노드를 삭제하여 수행된다. 만약 삭제 연산이 한 번 수행되어 루트 노드가 삭제되었다면 나머지 노드들이 다시 히프의 성질을 만족해야 하므로 히프를 재구성하는 과정이 필요하다.

더 알아두기

히프 정렬하는 방법
• n개의 데이터를 하나씩 히프에 삽입한다.
• 히프에서 n번에 걸쳐 데이터들을 하나씩 삭제하고 출력한다.

먼저 히프의 삽입 연산에 대해 살펴보자. 히프에 새로운 데이터가 들어오면 일단 새로운 노드를 히프의 마지막 노드에 이어서 삽입한다. 삽입 후에는 히프의 성질을 만족하도록 새로운 노드를 부모 노드들과 교환한다.

예를 들어, [그림 4-8]과 같은 최대 히프에 데이터 8을 삽입하는 연산에 대해 살펴보자.

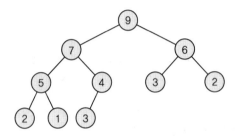

[그림 4-8] 삽입 전의 히프

① 먼저 최대 히프의 맨 마지막 자리에 새로운 데이터 8을 추가한다.

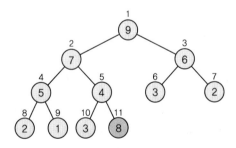

② 추가된 데이터 8이 부모 노드 4보다 더 크므로 최대 히프가 되도록 서로 교환한다.

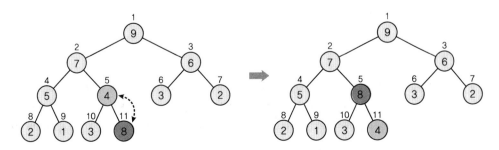

③ 이제 8과 부모 노드 7을 비교하여 8이 더 크므로 서로 교환한다.

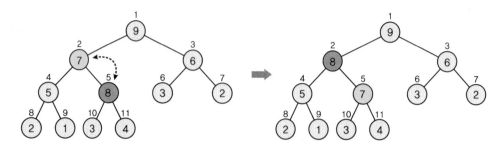

④ 삽입 노드 8이 부모 노드 9보다 작으므로 더 이상 교환하지 않으며 최대 히프의 성질에 만족한다.

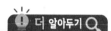 **더 알아두기**

히프의 구현
① 히프를 저장하는 표준적인 자료구조는 배열이다.
② 구현을 쉽게 하기 위하여 배열의 첫 번째 인덱스인 0은 사용되지 않는다.
③ 특정 위치의 노드 번호는 새로운 노드가 추가되어도 변하지 않는다. 예를 들어 루트 노드의 오른쪽 노드의 번호는 항상 3이다.

히프에서의 부모 노드와 자식 노드의 관계
① 왼쪽 자식의 인덱스 = (부모의 인덱스) * 2
② 오른쪽 자식의 인덱스 = (부모의 인덱스) * 2 + 1
③ 부모의 인덱스 = (자식의 인덱스) / 2

최대 히프에서 삽입 알고리즘은 다음과 같다.

```
void insert_max_heap(HeapType *h, element item) {
    int i;
    i = ++(h→heap_size); // 히프 크기를 하나 증가
    while ((i!=1) && (item.key > h→heap[i / 2].key)) {
        h→heap[i] = h→heap[i / 2];   // i번째 노드와 부모 노드를 교환
        i /= 2;   // 한 레벨 위로 올라감
    }
    h→heap[i] = item; // 새로운 노드를 삽입
}
```

이제 최대 히프의 삭제 연산에 대해 살펴보자. 히프 정렬은 삭제 연산을 통해 수행된다. 히프에서 삭제 연산은 루트 노드를 삭제하는 것이다. 최대 히프에서는 루트 노드가 최댓값을 가지므로 루트 노드를 삭제하고 히프의 성질을 계속 유지하기 위해 히프를 재구성해야 한다. 루트 노드가 삭제되면 히프의

전체 원소가 하나 줄어들게 되는데 이때 빈 루트 노드 자리에 히프의 마지막 노드를 가져온다. 그런 다음 히프의 성질이 유지되도록 히프를 재구성한다. 이와 같이 루트 노드를 삭제하는 과정을 반복하게 되면 데이터들이 순서대로 나오게 되고 이것이 히프 정렬이 된다.

최대 히프에서 삭제하는 연산을 살펴보면 다음과 같다.

① 루트 노드 9를 삭제하고 맨 마지막 노드인 3을 빈 루트 노드 자리에 가져온다.

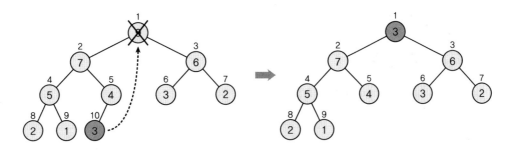

② 새로운 루트 노드인 3과 자식 노드들을 비교하여 최대 히프의 성질이 유지되도록 재구성한다. 루트 노드 3과 자식 노드들 중 큰 노드인 7과 비교하고 교환한다.

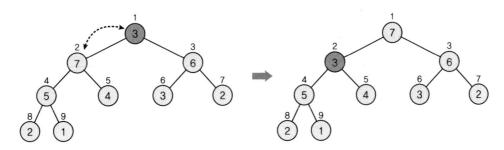

③ 이제 노드 3이 자식 노드보다 더 작기 때문에 더 큰 자식 노드인 5와 교환한다.

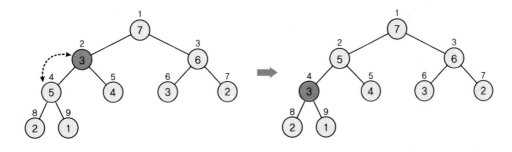

④ 노드 3이 자식 노드인 2와 1보다 크기 때문에 더 이상 교환할 필요가 없다. 나머지에 대해서도 이런 방법으로 계속하여 루트 노드를 삭제하는 연산을 반복하면 된다. 즉, 히프에 더 이상 노드가 존재하지 않을 때까지 계속하여 삭제 연산을 반복하고 이때 삭제된 순서가 히프 정렬의 결과가 되는 것이다.

> **히프의 삭제 과정**
> ① 최대 히프에서 최댓값은 루트 노드이므로 루트 노드가 삭제된다.
> ② 삭제된 루트 노드에는 히프의 마지막 노드를 가져온다.
> ③ 히프를 재구성한다.

최대 히프의 삭제 알고리즘은 다음과 같다.

```
element delete_max_heap(HeapType *h) {
    int parent, child;
    element item, temp;

    item = h→heap[1]; // 루트 노드 값을 반환하기 위해 item에 할당
    temp = h→heap[(h→heap_size)--]; //마지막 노드를 temp에 할당 후 히프 크기 감소
    parent = 1;
    child = 2;

    while (child <= h→heap_size) {
        if ((child < h→heap_size) && ((h→heap[child].key) < h→heap[child + 1].key)) {
            child++;
        }
        if (temp.key >= h→heap[child].key) {
            break;
        }
        h→heap[parent] = h→heap[child];
        parent = child;
        child *= 2;
    }
    h→heap[parent] = temp;
    return item;
}
```

히프는 완전 이진 트리이므로 전체 높이는 $\log n$이다. 하나의 데이터를 히프에 삽입하거나 삭제할 때 히프를 재구성하는 시간은 $\log n$만큼 소요된다. 따라서 데이터의 개수가 n개이면 전체적으로 O($n \log n$)의 시간이 걸린다. 대부분의 간단한 정렬 알고리즘이 O(n^2)인 것에 비하면 O($n \log n$)의 복잡도를 갖는 히프 정렬은 매우 효율적인 방법이다. 히프 정렬이 가장 유용한 경우는 전체 데이터를 정렬하는 것이 아니라 가장 큰 값 몇 개만 필요할 때이다.

> **구현이 간단하고 단순하지만 비효율적인 정렬 방법**
> 삽입 정렬, 선택 정렬, 버블 정렬
>
> **복잡하지만 효율적인 정렬 방법**
> 퀵 정렬, 히프 정렬, 합병 정렬, 기수 정렬

(2) 트리 정렬(tree sort)

트리 정렬은 이진 탐색 트리를 사용하여 자료들을 크기에 따라 정렬하는 방법이다. 모든 자료는 각각 하나의 노드로 표현되며 각 노드는 최대 2개의 자식을 가진다. 노드의 왼쪽 자식은 자기보다 작은 값을 가지고 오른쪽 자식은 자기보다 큰 값을 가진다. 이러한 트리를 중위 순회하면 정렬된 자료 순서를 구할 수 있다. 즉, 트리 정렬은 이진 탐색 트리를 중위 순회 방법으로 탐색하면서 중위 순회 경로를 구하면 오름차순 정렬 결과를 얻을 수 있게 된다.

트리 정렬 과정은 다음과 같다.

> • 1단계 : 정렬할 원소들을 이진 탐색 트리로 구성함
> • 2단계 : 이진 탐색 트리를 중위 순회하면 오름차순 정렬이 됨

트리 정렬 알고리즘은 다음과 같다.

```
treeSort (a[], n) /* BST(이진 탐색 트리) */
    for ( i=0; i < n; i++)
        insert (BST, a[i]);
    inorder (BST);
end treeSort()
```

트리 정렬은 n개의 원소에 대한 n개의 메모리와 n개의 노드를 가진 이진 탐색 트리를 저장할 공간이 필요하다. 시간 복잡도는 이진 탐색 트리를 구성하는 시간으로 결정된다. 노드 1개에 대한 이진 탐색 트리를 구성하는 시간은 $O(\log n)$이 된다. 따라서 n개 노드에 대한 이진 탐색 트리의 구성 시간은 $O(n\log n)$가 되므로 트리 정렬의 시간 복잡도는 $O(n\log n)$이 된다.

5 분배 방식(계수 정렬, 기수 정렬, 버킷 정렬)

(1) 계수 정렬(counting sort)

계수 정렬은 데이터들을 비교하지 않고 데이터가 등장한 횟수를 세서 그 기준으로 정렬하는 방법이다. 즉, 데이터의 출현 빈도를 기준으로 정렬한다. 정렬 대상인 데이터에서 같은 킷값의 개수를 계산하고 특정 킷값보다 작은 킷값이 몇 개인가를 계산하여 그 데이터의 위치를 결정한다. 예를 들어, x보다 작은 원소의 개수가 i − 1개라면 정렬 후에 x는 i번째에 위치해야 한다. x보다 작은 원소의 개수는 원소의 개수를 세어서 확인할 수 있다. 계수 정렬은 킷값의 범위를 알고 있을 때 적용 가능하며 킷값이 1부터 k 사이의 작은 정수 범위에 있을 때 적용할 수 있다. 계수 정렬은 선형 시간에 정렬하는 효율적인 알고리즘이다.

다음과 같이 데이터가 저장된 배열 A를 계수 정렬을 이용하여 정렬하는 과정을 살펴보자.

	1	2	3	4	5	6	7	8
A	2	5	3	0	2	3	0	3

배열 A는 입력 데이터가 저장되어 있다. 이 배열 A안에 어떤 숫자가 몇 개가 있는지를 기록하는 또 다른 배열이 하나 필요하다. 이를 카운트 배열이라 하는데 C라 하자. 먼저 카운트 배열 C는 배열 A에서 가장 작은 숫자는 무엇이고 가장 큰 숫자는 무엇인지를 확인해야 한다. 배열 A의 가장 작은 숫자는 0이고 가장 큰 숫자는 5이므로 배열 A에는 0과 5 사이에 있는 숫자가 있다는 것을 알 수 있다. 카운트 배열 C는 0부터 5까지 숫자들의 빈도수를 저장하기 위한 배열이므로 6개의 크기를 가지면 된다. 먼저 카운트 배열 C는 0으로 초기화한다.

	0	1	2	3	4	5
C	0	0	0	0	0	0

① 배열 A의 첫 번째 원소는 2이므로 2가 한 번 출현했으므로 카운트 배열 C[2]의 값을 하나 더해 1로 갱신한다.

	1	2	3	4	5	6	7	8
A	2	5	3	0	2	3	0	3

	0	1	2	3	4	5
C	0	0	1	0	0	0

② 이제 배열 A의 두 번째 데이터를 읽고 5이므로 C[5]를 하나 더해 1로 갱신한다.

	1	2	3	4	5	6	7	8
A	2	5	3	0	2	3	0	3

	0	1	2	3	4	5
C	0	0	1	0	0	1

③ 같은 방법으로 배열 A의 세 번째 데이터를 읽고 3이므로 C[3]을 하나 더해 1로 갱신한다.

④ 같은 방법으로 배열 A의 네 번째 데이터를 읽고 0이므로 C[0]를 하나 더해 1로 갱신한다.

1	2	3	4	5	6	7	8
A

| 2 | 5 | 3 | 0 | 2 | 3 | 0 | 3 |

0	1	2	3	4	5
C

| 1 | 0 | 1 | 1 | 0 | 1 |

⑤ 배열 A의 나머지 데이터에 대해 같은 방법을 적용하면 된다. 배열 A의 다섯 번째 데이터부터 여덟 번째 데이터까지 읽고 카운트 배열 C를 갱신한다. 최종적으로 배열 C에는 다음과 같이 배열 A의 각 데이터가 몇 개씩 있는지 빈도수가 기록되어 있다.

1	2	3	4	5	6	7	8
A

| 2 | 5 | 3 | 0 | 2 | 3 | 0 | 3 |

0	1	2	3	4	5
C

| 2 | 0 | 2 | 3 | 0 | 1 |

⑥ 배열 C에는 배열 A에 들어있는 숫자들이 작은 숫자부터 큰 숫자까지 각 숫자가 몇 개씩 있는지 기록되어 있다. 그러므로 작은 숫자부터 배열 C의 빈도수만큼 배열 B에 써주면 된다. 배열 B는 정렬된 결과를 저장하기 위한 배열이다. 먼저 C[0]은 2이므로 0이 2개 있다는 의미이므로 0을 두 번 써준다. C[1]은 0이므로 1이 하나도 없다는 의미이므로 1은 제외한다. 그 다음 C[2]는 2이므로 2가 2개 있다는 의미이므로 2를 두 번 써준다. 나머지에 대해서도 이와 같은 방법을 적용하면 다음과 같은 결과가 나온다. 정렬이 완료되었음을 알 수 있다.

B

0	0	2	2	3	3	3	5

계수 정렬은 각 원소가 몇 번 등장하는지 횟수를 세서 정렬하는 방법이다. 이때 모든 원소는 양의 정수여야 한다. 계수 정렬은 정렬을 위한 길이 n의 배열 하나와 계수를 위한 길이 k의 배열 하나가 필요하므로 $O(n+k)$의 공간 복잡도를 가진다. 계수 정렬은 안정적 정렬에 해당한다. 안정적 정렬이란 같은 값을 가지는 복수의 원소들이 정렬 후에도 정렬 전과 같은 순서를 가지는 것이다.

이번에는 계수 정렬을 좀 더 효율적으로 수행하는 방법을 살펴보자.
배열 A에는 숫자가 8개 있었고 배열 C의 크기를 정하기 위해 배열 A의 숫자 중 가장 작은 값과 가장 큰 값을 확인해야 했다. 그런 다음 배열 C의 크기를 정하고 배열 C의 각 인덱스에 배열 A의 각 숫자가 나오는 횟수를 기록하였다. 그런데 계수 정렬을 좀 더 효율적으로 수행하기 위해 배열 C의 각 인덱스에 해당하는 값을 이전 인덱스의 값과 누적하여 새로운 배열 C'를 작성해야 한다.

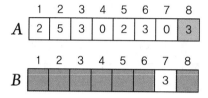

① 배열 A의 맨 뒤에서부터 값을 읽어오는데 맨 뒤에는 A[8]에는 3이 있다. 3에 해당하는 배열 C'의 값을 확인했더니 C'[3]은 7이 있음을 알 수 있다. 이는 정렬된 결과 배열 B의 일곱 번째 값에 3을 저장하라는 의미이다. 따라서 B[7]에는 3이 저장된다. 3을 저장하였으므로 배열 C'[3]의 숫자를 하나 줄여준다.

② 이제 배열의 맨 뒤에서 두 번째 위치인 A[7]을 읽어온다. 0이므로 C'[0]을 보니 2이다. 따라서 배열 B의 두 번째 인덱스인 B[2]에 0을 적어준다. 그리고 나서 0을 하나 적었으므로 C'[0]은 하나 줄어들어 1이 된다.

③ 그다음에는 A[6]을 읽고 3이므로 C'[3]은 6이므로 B[6]에 3을 적어준다. C'[3]은 5가 된다.

④ 나머지에 대해서도 이와 같은 방법으로 반복하면 다음과 같이 배열 B에 정렬된 결과가 저장되는 것을 알 수 있다.

$$B \quad \boxed{0 \ 0 \ 2 \ 2 \ 3 \ 3 \ 3 \ 5}$$

계수 정렬 알고리즘은 다음과 같다.

```
counting_sort(A[ ], n, m)        // n: 데이터 개수, m: 최대 킷값
{
    for (j = 1; j <= m; j = j + 1)
        count[j] = 0;              // count[ ]를 0으로 초기화
    for (i = 1; i <= n; i = i + 1)      // 원소의 개수를 세어 count[ ]에 저장
        count[A[i]] = count[A[i]] + 1;
    for (j = 2; j <= m; j = j + 1)     // 원소가 들어갈 위치 계산
        count[j] = count[j - 1] + count[j];
    for (i = n; i >= 1; i = i - 1) {
        B[count[A[i]]] = A[i];   // A[ ]의 원소를 B[ ]의 계산된 위치로 이동
        count[A[i]] = count[A[i]] - 1;    // count[ ]의 값 하나 감소
    }
}
```

계수 정렬은 같은 킷값을 갖는 데이터가 여러 개일 때 효과적이며 $O(n)$의 빠른 시간 복잡도를 갖는다. 일반적 상황에서 가장 빠른 정렬 알고리즘에 해당하는 퀵 정렬의 시간 복잡도는 $O(n\log n)$이므로 계수 정렬은 퀵 정렬보다 훨씬 수행 시간이 짧게 걸리는 것을 알 수 있다. 계수 정렬은 정렬을 하기 위해 길이 n의 배열 하나와 계수를 위한 길이 k의 배열 하나가 필요하다. 따라서 $O(n+k)$의 공간 복잡도를 가진다.

(2) 기수 정렬(radix sort)

기수 정렬은 정렬한 원소의 킷값을 나타내는 숫자의 자릿수(radix)를 기초로 정렬하는 방법이다. 킷값의 최하위 자리인 가장 작은 자릿수(least significant digit)부터 최상위 자릿수(most significant digit)까지 차례로 한자리씩 정렬해간다. 기수 정렬은 자릿수가 고정되어 있으므로 데이터들 간의 상대적인 순서가 보존되는 안정적 정렬에 해당한다.

> **❗ 더 알아두기 🔍**
>
> **기수(radix)란?**
> 예를 들어, 713은 $7 \times 10^2 + 1 \times 10^1 + 3 \times 10^0$으로 표현할 수 있는데 이 경우 10을 기수라고 한다. 10진법의 기수는 10이 되고 2진법의 기수는 2가 되고 8진법의 기수는 8이 된다.

다음과 같이 한자리로만 이루어진 숫자가 저장된 배열을 기수 정렬을 이용하여 정렬하는 과정을 살펴보자.

8	2	7	3	5

10진수에서는 각 자릿수가 0부터 9까지 값만 가지므로 [그림 4-9]와 같이 10개의 버킷을 만들어서 입력 데이터를 값에 따라 버킷에 저장한다. 입력 데이터를 각 자릿수대로 버킷에 모두 저장한 다음 위쪽 버킷부터 순차적으로 버킷 안에 들어있는 숫자를 출력하면 정렬이 완료된다. 최종적으로 정렬된 결과는 2, 3, 5, 7, 8이 된다. 기수 정렬은 이처럼 단순히 자릿수에 따라 버킷에 넣었다가 꺼내면 정렬이 완료된다.

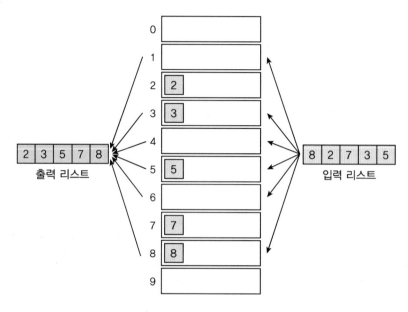

[그림 4-9] 한 자릿수 숫자 정렬

더 알아두기

기수 정렬
① 킷값의 기수(base)만큼 버킷 사용
② 정렬할 자리 값에 해당하는 버킷에 데이터를 분산한 후 버킷들을 차례로 재결합
③ 결합 순서는 FIFO 순이며 큐를 사용함

이제 다음과 같이 여러 자리로 이루어진 수에 대해 기수 정렬을 이용하여 정렬하는 과정을 살펴보자.

28	93	39	81	62	72	38	26

두 자릿수이므로 0부터 99번까지 번호가 매겨진 100개의 버킷을 이용하여 정렬할 수도 있다. 그러나 100개의 버킷을 사용하는 방법보다 1의 자릿수와 10의 자릿수를 따로 따로 사용하여 정렬하는 방법이 더 효과적이다. 그렇게 하면 10개의 버킷만으로도 두 자리 정수를 정렬할 수 있다. 먼저 낮은 자릿수로 정렬한 후 순차적으로 높은 자릿수로 정렬하면 된다. 먼저 정렬할 데이터의 가장 작은 자릿수인 1의 자릿수를 기준으로 분배하여 정렬한다. 그러면 맨 처음 28, 93, 39, 81, 62, 72, 38, 26이었던 데이터는

[그림 4-10]과 같이 81, 62, 72, 93, 26, 28, 38, 39가 된다. 이와 같은 첫 번째 기수 정렬 결과를 이제 두 번째로 작은 자릿수를 기준으로 다시 분배하여 정렬한다. 즉, 10의 자릿수를 기준으로 분배하여 정렬한다. 그러면 81, 62, 72, 93, 26, 28, 38, 39는 26, 28, 38, 39, 62, 72, 81, 93이 되어 정렬이 완료된다. 기수 정렬은 단순하게 낮은 자릿수를 기준으로 먼저 분류한 후 순서대로 읽고 다시 점차적으로 높은 자릿수를 기준으로 분류해가면 된다. 이러한 기수 정렬 과정을 킷값의 제일 큰 자릿수까지 반복해서 수행하면 최종적인 정렬 결과를 얻을 수 있다.

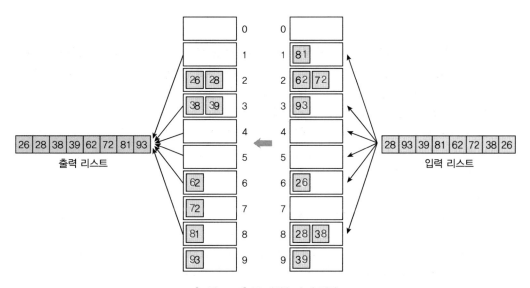

[그림 4-10] 두 자릿수 숫자 정렬

기수 정렬 알고리즘은 다음과 같다.

```
radix_sort(a[ ], n)
{
    for (k = 1; k <= m; k = k + 1) {      // m은 자리 수, k=1은 최하위 자리
        for (i = 1; i <= n; i = i + 1) {
            kd = digit(a[i], k);      // k번째 숫자를 kd에 반환
            enqueue(Q[kd], a[i]);   // Q[kd]에 a[i]를 삽입
        }
        p = 0;
        for (i = 0; i <= 9; i = i + 1) {
                while (Q[i] != ∅) {    // Q[i]의 모든 원소를 a[ ]로 이동
                p = p + 1;
                a[p] = dequeue(Q[i]);
            }
        }
    }
}
```

기수 정렬은 킷값이 m자리 숫자로 되어 있는 경우 버킷에 분배 과정을 m번 반복한다. 기수 정렬은 비교 연산을 하지 않으며 전체 시간 복잡도는 $O(dn)$이다. 여기서 d는 데이터의 자릿수를 나타내며 대부분 $d < 10$ 이하이다. 기수 정렬은 제한적인 범위 내에 있는 숫자에 대해서 각 자릿수별로 정렬하므로 정수와 같은 자료를 정렬하는 경우 다른 비교 정렬 알고리즘들보다 빠르다. 그러나 기수 정렬은 정렬 방법의 특수성 때문에 실수나 한글, 한자와 같은 문자열 등은 정렬이 불가능하며 정렬할 수 있는 데이터의 종류가 한정되어 있다.

(3) 버킷 정렬(bucket sort)

버킷 정렬은 여러 개의 버킷(bucket)에 분류 기준을 부여하고 데이터를 해당 버킷에 분배하고 수집하는 것을 반복하면서 정렬하는 방식이다. 즉, 적당한 기준으로 나누고 각 부분들을 다른 알고리즘으로 정렬한 뒤 순서에 맞게 합치는 방법이다. 버킷이란 킷값의 범위를 n등분하였을 때 각 부분 구간을 의미한다. 버킷 정렬은 입력 킷값을 버킷에 넣고 각 버킷에 대하여는 개별적으로 정렬된다. 이때 다른 정렬 알고리즘을 사용하거나 버킷 정렬 알고리즘을 반복 적용시켜 수행한다. 개별적으로 정렬을 완료한 후 마지막으로 버킷을 차례로 묶으면 된다. 버킷 정렬은 킷값의 범위를 미리 알 수 있고 입력 킷값이 균등하게 분포되는 경우에 적용할 수 있다.

버킷 정렬의 구체적인 수행 과정은 다음과 같다.

① 데이터 n개가 주어졌을 때 데이터의 범위를 n개로 나누고 이에 해당하는 n개의 버킷을 만든다.
② 각각의 데이터를 해당하는 버킷에 분배한다(같은 버킷에 해당하는 데이터는 연결 리스트를 사용하며 연결한다).
③ 비어있지 않은 각 버킷을 정렬한다.
④ 버킷 번호순으로 스캔하여 출력하면 정렬이 완료된다.

만약 킷값이 0과 1 사이라고 가정하자. n개의 킷값이 있을 때 구간 $[0, 1]$을 n등분하고 이들 각각을 하나의 버킷으로 한다. 각 킷값은 크기에 따라 각 버킷에 분배되는데 킷값이 구간 내에서 균등하게 분포한다고 가정했으므로 하나의 버킷에는 하나의 킷값만 들어갈 확률이 높다. 만약 한 버킷에 여러 킷값이 들어가게 된다면 같은 버킷에 속하는 킷값끼리는 간단한 정렬 알고리즘으로 정렬한다. 이러한 버킷에 대하여 버킷 순서에 따라 데이터를 출력하면 정렬된 결과를 얻을 수 있다.

예를 들어, 다음과 같은 데이터가 저장된 배열 A를 버킷 정렬을 이용하여 정렬하는 과정을 살펴보자.

A	0.86	0.32	0.27	0.12	0.49	0.21	0.62	0.89	0.71	0.87

10개의 데이터가 있으면 구간 크기가 0.1인 10개의 버킷을 만든다. 그런 다음 배열 A의 각 킷값에 따라 적절한 버킷에 넣고 같은 버킷에 들어갈 값은 [그림 4-11]의 (a)와 같이 연결 리스트로 연결시킨다. 그런 다음 각 리스트 B[i]에 대하여 삽입 정렬을 수행한다. 버킷별 정렬 결과는 [그림 4-11]의 (b)와 같다.

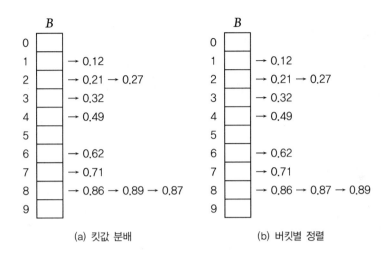

(a) 킷값 분배   (b) 버킷별 정렬

[그림 4-11] 버킷 정렬

이제 리스트의 각 원소를 순서대로 연결하면 다음과 같이 정렬이 완료된다.

0.12	0.21	0.27	0.32	0.49	0.62	0.71	0.86	0.87	0.89

버킷 정렬 알고리즘은 다음과 같다.

```
bucket_sort(int A, int n)
{
    for(i = 1; i <= n; i++)
        A[i]를 리스트 B[⌊nA[i]⌋]에 삽입;
    for(i = 0; i <= n-1; i++)
        삽입 정렬에 의해 리스트 B[i]를 정렬한다;
    리스트 B[0], B[1],……, B[n-1]을 하나로 묶는다;
}
```

버킷 정렬은 입력 배열의 요소가 버킷으로 분산되는 정렬 알고리즘이다. 버킷 정렬은 거의 혼자서는
사용되지 않으며 다른 알고리즘과 함께 사용된다. 최악의 경우는 모든 데이터가 하나의 버킷에 들어가
는 상황이며 최선의 경우는 모두 균등하게 나누어 들어가는 상황이다. 버킷 정렬은 평균적으로 $O(n)$의
성능을 갖는 정렬 방법이다.

> **❗ 더 알아두기 🔍**
>
> **정렬 알고리즘들의 성능 비교**
>
> | 알고리즘 | 최선의 경우 | 평균적인 경우 | 최악의 경우 |
> | --- | --- | --- | --- |
> | 선택 정렬 | $O(n^2)$ | $O(n^2)$ | $O(n^2)$ |
> | 버블 정렬 | $O(n^2)$ | $O(n^2)$ | $O(n^2)$ |
> | 삽입 정렬 | $O(n)$ | $O(n^2)$ | $O(n^2)$ |
> | 셸 정렬 | $O(n)$ | $O(n^{1.5})$ | $O(n^{1.5})$ |
> | 퀵 정렬 | $O(n\log n)$ | $O(n\log n)$ | $O(n^2)$ |
> | 합병 정렬 | $O(n\log n)$ | $O(n\log n)$ | $O(n\log n)$ |
> | 히프 정렬 | $O(n\log n)$ | $O(n\log n)$ | $O(n\log n)$ |
> | 기수 정렬 | $O(dn)$ | $O(dn)$ | $O(dn)$ |
>
> 어떤 데이터를 정렬하기 위해 알고리즘을 선택할 때는 킷값의 분포 상태, 소요공간 및 작업시간, 정렬에 필요한 기억 공간의 크기, 초기 데이터의 배열 상태, 사용 컴퓨터 시스템의 특성 등을 고려해야 한다.

제 2 절 외부 정렬

외부 정렬(external sort)은 입력 크기가 매우 커서 읽고 쓰는 시간이 오래 걸리는 보조기억장치에 입력을 저장할 수밖에 없는 상태에서 수행되는 정렬이다. 앞서 살펴본 모든 정렬 알고리즘들은 내부 정렬이다. 내부 정렬은 입력이 주기억장치에 있는 상태에서 정렬이 수행된다. 외부 정렬은 디스크나 테이프 등의 보조기억장치에 저장된 대량의 데이터를 정렬하는 방법이다. 주기억장치의 용량만큼씩 보조기억장치의 데이터를 주기억장치로 읽어 들여 정렬한다. 예를 들어, 주기억장치 용량이 1GB인데 데이터의 크기가 100GB인 경우 주기억장치에 데이터를 모두 저장할 수 없다. 따라서 내부 정렬 알고리즘으로는 직접 정렬할 수 없으므로 보조기억장치를 이용해야 한다. 이런 경우 100GB의 데이터를 1GB 만큼씩 주기억장치로 읽어 들이고 퀵 정렬과 같은 내부 정렬 알고리즘을 통해 정렬한 후 다른 보조기억장치에 저장한다. 이를 반복하면 원래의 입력이 100개의 정렬된 블록으로 분할되어 보조기억장치에 저장된다. 그다음 과정은 정렬된 블록들을 하나의 정렬된 100GB 크기의 블록으로 만드는 것이다. 이 과정은 반복적인 합병(merge)을 통해서 이루어진다. 외부 정렬은 이와 같이 입력을 분할해 주기억장치가 수용할 수 있는 만큼의 데이터에 대해 내부 정렬을 수행하고 다시 이를 저장하는 방법을 반복하여 점진적으로 크기를 늘려나가는 방법이다. 외부 정렬은 합병 정렬을 기반으로 하여 응용하거나 변형하여 수행할 수 있으며 다음과 같은 과정을 거친다.

[단계 1] 파일을 주기억장치 크기만큼 블록으로 나누고 이 블록들을 정렬한다.
[단계 2] 전체 파일이 정렬될 때까지 정렬된 블록들을 합병하여 연속적으로 더 큰 블록으로 만들어간다.

자료가 주기억장치와 보조기억장치 사이를 오고 가는 데 드는 시간은 주기억장치에 저장되어 있는 자료들을 서로 비교하는 데 드는 시간에 비해 상대가 안 될 정도로 오래 걸린다. 외부 정렬의 가장 큰 비용은 입출력 비용이므로 입출력 횟수를 줄이는 것이 알고리즘의 핵심이다. 외부 정렬에는 균형적 다방향 합병 정렬, 대치 선택, 다단계 합병 정렬이 있다.

1 균형적 다방향 합병 정렬(balanced multiway merge sort)

외부 정렬 알고리즘은 합병 정렬을 응응하고 변형하여 만들 수 있다. 균형적 다방향 합병 정렬은 외부 정렬 알고리즘 중 하나이며 간단하면서도 기본적인 알고리즘이다. 먼저 테이프에 저장되어 있는 자료들을 주기억장치에 옮겨올 수 있도록 작은 블록으로 나눈다. 나누어진 블록들은 각각 주기억장치에서 정렬된 후에 다시 여러 개의 테이프에 분산되어 저장된다. 정렬된 블록들은 주기억장치와 여러 테이프 사이를 오고 가면서 두 개씩 짝지어 합병한다. 병합 과정이 순환적으로 반복되면서 블록의 수는 줄어들고 블록의 크기는 커지게 된다. 한 개의 블록만 남게 되면 정렬이 완료된다. 균형적 다방향 합병 정렬은 균형적인 의미가 있으며 동일한 개수를 가지도록 블록들을 테이프에 분산한다. 즉, 데이터의 블록을 동일하게 여러 테이프에 분산시킨 후 다시 합병해서 데이터를 정렬하는 방법이다. 이 정렬은 여러 단계에 걸쳐서 여러 개의 테이프에 분산되어 있는 블록들을 병합하기 때문에 다방향 병합 정렬이라고 한다.

균형적 다방향 합병 정렬이 수행되는 과정은 다음과 같다.

[단계 1] 주기억장치에 옮겨올 수 있도록 테이프에 저장되어 있는 파일을 작은 크기의 블록으로 나눈다.
[단계 2] 블록들을 한 개씩 주기억장치에 읽어 들여 내부 정렬을 수행한다.
[단계 3] 정렬된 작은 블록들을 동일한 개수를 가지도록 여러 개의 입력 테이프에 분산시켜 저장한다.
[단계 4] 정렬된 블록에서 원소들을 꺼내어 주기억장치에서 합병한 뒤 이들을 다시 출력 테이프에 저장한다.
[단계 5] 합병이 계속되면 블록 개수는 줄어들고 각 블록의 크기는 커진다.
[단계 6] 합병 단계에서 하나의 블록만 남게 되면 정렬이 완료된다.

예를 들어, 다음과 같은 데이터를 균형적 다방향 합병 정렬을 이용하여 정렬하는 과정을 살펴보자.

1	19	15	18	20	9	14	7	1	14	4	13	5	18	7	9	14	7	5	24	1	13	16	12	5

주기억장치는 3개의 레코드를 저장하고 사용 가능한 테이프는 6개(입력 테이프 3개, 출력 테이프 3개 사용)라고 가정한다.

초기 준비 단계에 해당하는 [단계 1]에서는 테이프에 저장되어 있는 원본 데이터를 주기억장치로 옮겨올 수 있도록 3개씩 읽어와 하나의 블록으로 만든다. 따라서 원본 데이터 배열에서 데이터를 3개씩 읽어오므로 맨 처음 블록은 [1, 19, 15]가 된다. [단계 2]에서는 블록들을 한 개씩 주기억장치에 읽어 들여 내부 정렬을 수행하므로 첫 번째 블록을 내부 정렬하면 [1, 15, 19]가 된다. [단계 3]에서는 정렬된 작은 블록들을 동일한 개수를 가지도록 다음과 같이 여러 개의 입력 테이프에 분산시켜 저장하게 된다.

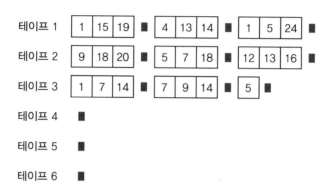

[단계 4]에서는 정렬된 블록에서 원소들을 꺼내어 주기억장치에 합병한 뒤 이들을 다시 출력 장치에 저장한다.

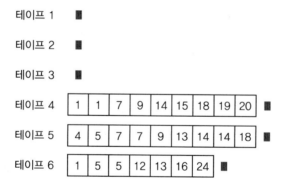

[단계 5] ~ [단계 6]에서는 한번 더 합병 정렬을 수행하여 테이프1에 저장하면 된다.

2 대치 선택(replacement selection)

대치 선택은 초기 정렬 블록을 크게 함으로써 테이프 이동 횟수를 줄이고자 하는 것이다. 정렬의 첫 번째 단계에서 만들어지는 정렬된 블록이 크면 클수록 두 번째 단계에서 합병하는 횟수가 줄어들게 된다. 이때 우선순위 큐를 사용하게 되면 첫 번째 단계에서 내부 메모리의 크기보다 긴 정렬된 블록을 만들 수 있다. 따라서 평균적으로 2배 큰 블록을 생성할 수 있다.

> 💡 **더 알아두기** 🔍
>
> 우선순위 큐는 각각의 우선순위에 따라서 여러 개의 큐로 구성되며 각 큐는 자신의 우선순위를 갖고 있다. 따라서 가장 높은 우선순위를 가진 큐부터 출력이 된다. 만약 두 개의 큐가 같은 우선순위를 갖고 있을 땐 큐에 삽입된 순서대로 선입선출(FIFO) 방식으로 처리된다.

대치 선택의 정렬 순서는 다음과 같다.

> ① 히프가 가득 찰 때까지 레코드를 히프에 삽입한다.
> ② 히프가 가득 차게 되면 히프로부터 하나씩 레코드를 삭제한다. 삭제한 레코드보다 새로 삽입되는 레코드가 크면 동일한 정렬된 블록에 속한다.
> ③ 삭제한 레코드보다 새로 삽입하는 레코드가 작으면 새로이 정렬한 블록에 속한다. 이전 블록에 속한 레코드가 모두 없어질 때까지 히프에서 레코드를 삭제시킨다.

예를 들어, 다음과 같은 데이터를 대치 선택을 이용하여 정렬하는 과정을 살펴보자.

| 1 | 19 | 15 | 18 | 20 | 9 | 14 | 7 | 1 | 14 | 4 | 13 | 5 | 18 | 7 | 9 | 14 | 7 | 5 | 24 | 1 | 13 | 16 | 12 | 5 |

주기억장치는 3개의 레코드를 저장한다고 가정한다.

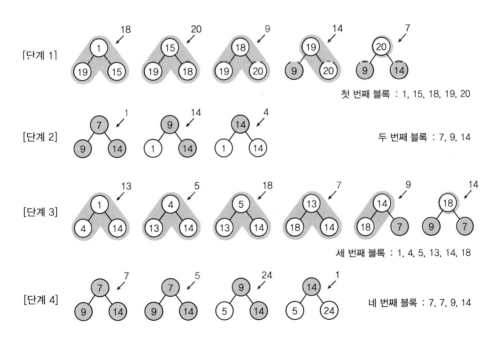

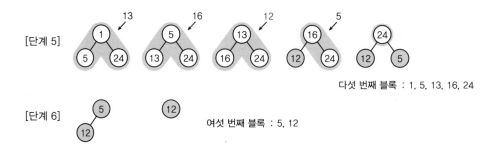

[단계 5]

다섯 번째 블록 : 1, 5, 13, 16, 24

[단계 6]

여섯 번째 블록 : 5, 12

- 첫 번째 블록 : 1, 15, 18, 19, 20
- 두 번째 블록 : 7, 9, 14
- 세 번째 블록 : 1, 4, 5, 13, 14, 18
- 네 번째 블록 : 7, 7, 9, 14
- 다섯 번째 블록 : 1, 5, 13, 16, 24
- 여섯 번째 블록 : 5, 12

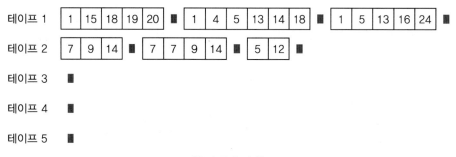

[초기 준비 단계]

3 다단계 합병 정렬(polyphase merge sort)

균형적 다방향 합병 정렬은 많은 수의 테이프를 사용하고 많은 테이프 간의 복사가 필요하다. 2P개의 테이프가 있을 경우 입력에 P개의 테이프를 사용하고 출력에 P개의 테이프를 사용한다. P + 1개의 테이프가 있을 경우 합병 단계에서 하나의 출력 테이프와 P개의 입력 테이프 간의 복사가 발생한다. 다단계 합병 정렬은 균형적 다방향 합병 정렬에서 테이프 간의 이동하는 횟수를 줄이는 한 방법이다. 다단계 합병 정렬은 6개의 이하일 경우 최적이라고 알려져 있다.

다단계 합병 정렬은 하나의 테이프는 비워놓은 상태에서 정렬된 블록을 고르지 않게 분산시킨다. 그리고 공백이 될 때까지 합병 전략을 사용한다.

다음과 같은 데이터를 다단계 합병 정렬을 이용하여 정렬하는 과정을 살펴보자.

| 1 | 19 | 15 | 18 | 20 | 9 | 14 | 7 | 1 | 14 | 4 | 13 | 5 | 18 | 7 | 9 | 14 | 7 | 5 | 24 | 1 | 13 | 16 | 12 | 5 |

주기억장치는 2개의 레코드를 저장하고 테이프는 3개 사용한다고 가정한다.

[초기 정렬된 블록을 생성(대치 선택 방법을 이용)]

- ■ 첫 번째 블록 : 1, 15, 18, 19, 20
- ■ 두 번째 블록 : 9, 14
- ■ 세 번째 블록 : 1, 7, 14
- ■ 네 번째 블록 : 4, 5, 13, 18
- ■ 다섯 번째 블록 : 7, 9, 14
- ■ 여섯 번째 블록 : 5, 7, 24
- ■ 일곱 번째 블록 : 1, 13, 16
- ■ 여덟 번째 블록 : 5, 12

[합병 정렬하기 전 초기 준비 단계]

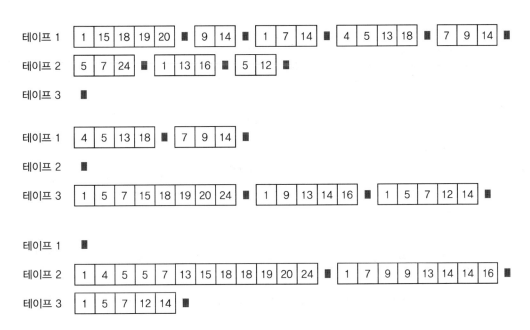

다단계 합병 정렬은 테이프의 개수 T가 작을 경우에만 균형적 다방향 합병 정렬에 비해 좋은 성능을 가진다. T > 8일 경우 균형적 다방향 합병 정렬이 다단계 합병 정렬보다 빠르게 수행된다.

○×로 점검하자

※ 다음 지문의 내용이 맞으면 ○, 틀리면 ×를 체크하시오. [1 ~ 10]

01 내부 정렬은 정렬 속도가 빠르지만 대용량 데이터는 정렬할 수 없다. (　　)

>>>◯ 내부 정렬은 정렬하기 전에 모든 자료가 컴퓨터 주기억장치에 로딩되기 때문에 빠르게 정렬할 수 있지만 주기억장치에 한 번에 로딩할 수 없을 정도로 대용량 데이터는 정렬할 수 없다.

02 버블 정렬은 리스트에서 가장 작은 킷값을 갖는 레코드를 찾아서 첫 번째 위치에 있는 레코드와 교환하고, 그 다음 두 번째로 작은 킷값을 갖는 레코드를 찾아서 두 번째에 있는 레코드와 교환하는 방법이다. (　　)

>>>◯ 버블 정렬은 서로 이웃한 데이터들을 비교하며 가장 큰 데이터를 가장 뒤로 보내며 정렬하는 방식이며 문제의 설명은 선택 정렬에 대한 것이다.

03 버블 정렬의 평균적인 시간 복잡도는 $O(n^2)$이다. (　　)

>>>◯ 버블 정렬의 시간 복잡도가 최선인 경우는 데이터가 이미 정렬되어 있을 때이며 1회전만으로 알고리즘이 종료되며 평균적인 시간 복잡도는 $O(n^2)$이다.

04 삽입 정렬은 아직 정렬되지 않은 임의의 데이터를 이미 정렬된 부분의 적절한 위치에 삽입해 가며 정렬하는 방식이다. (　　)

>>>◯ 삽입 정렬은 선택된 킷값을 앞쪽 데이터들의 킷값과 비교하여 자신의 위치를 찾아 삽입하여 정렬시키는 방식이다.

05 셸 정렬은 피벗(pivot)을 기준으로 두 데이터의 킷값을 비교하여 위치를 교환하는 정렬 방법이다. (　　)

>>>◯ 셸 정렬은 일정한 간격(gap)만큼 떨어져있는 데이터들끼리 부분 리스트를 구성하고 각 부분 리스트에 있는 데이터들을 삽입 정렬하는 작업을 반복한다. 피벗을 기준으로 두 데이터의 킷값을 비교하여 위치를 교환하는 정렬 방법은 퀵 정렬이다.

06 셸 정렬은 가장 좋은 간격을 알아내야 하고 이 간격에 따라 시간 복잡도가 달라질 수 있다. (　　)

>>>◯ 셸 정렬의 평균적인 경우의 시간 복잡도는 $O(n^{1.5})$이며 간격에 따라 시간 복잡도는 달라질 수 있다.

정답 **1** ○ **2** × **3** ○ **4** ○ **5** × **6** ○

07 합병 정렬은 하나의 리스트를 균등한 크기로 반복해서 분할한 뒤 분할된 부분 리스트를 정렬한 다음 두 리스트를 합하여 전체가 정렬된 리스트를 만드는 방법이다. (   )

》》》〇 합병 정렬은 기존 데이터를 원소의 개수가 동일한 부분 리스트로 분할하고 분할된 각 부분 리스트를 합병하면 서 정렬하는 방식이다.

08 히프 정렬의 시간 복잡도는 $O(n^2)$이다. (   )

》》》〇 히프 정렬의 시간 복잡도는 $O(n \log n)$이다.

09 기수 정렬은 킷값의 최하위 자리인 가장 작은 자릿수부터 최상위 자릿수까지 차례로 한자리씩 정렬해가며 안정적 정렬에 해당한다. (   )

》》》〇 기수 정렬은 정렬한 원소의 킷값을 나타내는 숫자의 자릿수(radix)를 기초로 정렬하는 방법이며 안정적 정렬 에 해당한다.

10 외부 정렬은 입력 크기가 매우 커서 읽고 쓰는 시간이 오래 걸리는 보조기억장치에 입력을 저장할 수밖에 없는 상태에서 수행되는 정렬이다. (   )

》》》〇 외부 정렬은 데이터가 커서 주기억장치에 모두 저장할 수 없어서 디스크나 테이프 등의 보조기억장치에 저장 하고 데이터를 정렬하는 방법이다.

01 삽입 정렬은 대상 자료가 일부 정렬되어 있을 때 유리한 정렬 방식이다. 입력 데이터가 이미 정렬이 되어 있는 경우에는 n−1번 비교하면 정렬이 끝나므로 이때가 최선의 경우이고 시간 복잡도는 O(n)이 된다.

01 이미 정렬된 n개의 데이터를 정렬하는 경우 시간 복잡도가 O(n)인 정렬 알고리즘은?

① 히프 정렬
② 퀵 정렬
③ 선택 정렬
④ 삽입 정렬

02 퀵 정렬은 피벗을 기준으로 두 데이터의 킷값을 비교하여 위치를 교환하는 정렬 방법이다.
맨 왼쪽의 원소인 15가 피벗이 되므로 피벗인 15를 기준으로 작거나 같은 값은 앞으로 가도록 하고, 피벗보다 큰 값은 뒤로 가도록 하며 정렬한다. 따라서 다음과 같은 과정으로 진행된다.

15, <u>20</u>, 10, 25, 5, <u>10</u>
15, 10, 10, <u>25</u>, <u>5</u>, 20
15, 10, 10, <u>5</u>, <u>25</u>, 20 (포인터가 교차)
5, 10, 10, <u>15</u>, 25, 20 (피벗과 작은 킷값 교환)

02 퀵 정렬을 이용하여 오름차순으로 데이터를 정렬하려 한다. 퀵 정렬의 분할(partition) 함수를 아래의 자료에 한 번 적용하는 경우 그 결과는?(단, 피벗은 제일 왼쪽의 원소를 취한다)

> 15, 20, 10, 25, 5, 10

① 5, 10, 10, 15, 25, 20
② 10, 5, 10, 15, 25, 20
③ 10, 10, 15, 5, 25, 20
④ 5, 10, 10, 15, 20, 25

03 합병 정렬은 기존 데이터를 원소의 개수가 동일한 부분 리스트로 분할하고 분할된 각 부분 리스트를 합병하면서 정렬을 수행한다. 합병 정렬은 데이터를 분할한 뒤 이를 합병하면서 완성하기 때문에 분할 정복 알고리즘에 해당한다.

03 합병 정렬 알고리즘에 적용된 설계 기법은?

① 탐욕 방법
② 분할 정복 방법
③ 동적 프로그래밍 방법
④ 최적해 방법

정답 01 ④ 02 ① 03 ②

04 계수 정렬은 어느 경우에나 사용할 수 있는 방법은 아니다. 계수 정렬을 적용할 수 있는 조건에 해당하는 것으로 올바른 것은?

① 정렬할 데이터의 개수가 적어야 한다.
② 정렬할 데이터 값의 범위를 미리 알고 있어야 한다.
③ 정렬할 데이터가 균등 분포되어 있어야 한다.
④ 정렬할 데이터에 같은 값이 나타나지 않아야 한다.

04 계수 정렬은 숫자들을 비교하지 않고 숫자가 등장한 횟수를 세서 그 기준으로 정렬하는 방법이다. 계수 정렬은 킷값의 범위를 알고 있을 때 적용할 수 있다.

05 안정적인 정렬 알고리즘이란 무엇인가?

① 정렬할 키들의 상대적인 위치가 정렬 후에도 그대로 유지되는 알고리즘
② 입력 배열 외에 별도의 배열이 필요한 정렬 알고리즘
③ 키들이 미리 어떤 조건에 따라 분포되어 있어야 하는 알고리즘
④ 동일한 킷값을 갖는 것이 입력에 나타날 수 없는 알고리즘

05 안정적(stable) 정렬이란 같은 값을 가지는 복수의 원소들이 정렬 후에도 정렬 전과 같은 순서를 가지는 것이다.

06 최대 히프를 배열로 구현하였다. 보기는 배열 A[0], A[1], … 순으로 정수인 원소값이 나열되었다. 배열의 값이 히프 조건에 맞게 들어 있는 것은?

① 10, 20, 30, 50, 60, 70, 80
② 80, 10, 20, 30, 50, 60, 70
③ 80, 40, 60, 10, 30, 50, 20
④ 80, 60, 40, 30, 10, 20, 50

06 최대 히프는 모든 노드의 킷값이 자식 노드의 킷값보다 항상 크거나 같은 히프이다. 따라서 최대 히프의 루트 노드는 모든 노드 중 가장 큰 값이 위치하게 된다. 문제에서 주어진 배열순으로 최대 히프를 구성하면 80, 40, 60, 10, 30, 50, 20은 최대 히프에 해당한다.

정답   04 ②   05 ①   06 ③

checkpoint 해설 & 정답

07 퀵 정렬의 효율성이 최선인 경우는 분할이 수행될 때마다 피벗에 의해 거의 균등한 부분 리스트로 분할되는 경우이다. 즉, 피벗에 의해서 원소들이 왼쪽 부분 리스트와 오른쪽 부분 리스트로 정확히 $\frac{n}{2}$개씩 2등분이 되는 경우가 반복되어 수행 단계 수가 최소가 되는 경우이다.
따라서 퀵 정렬의 피벗을 선택할 때 리스트를 균등하게 분할할 수 있는 데이터를 선택해야 하는데 리스트 내의 몇 개의 데이터 중에서 크기순으로 중간값을 피벗으로 선택하면 된다.

07 퀵 정렬에서 최선의 경우에 해당하는 피벗은 어느 것인가?

① 항상 부분 배열의 중간 크기의 원소가 피벗으로 선택될 때
② 피벗이 항상 부분 배열의 최소 원소일 때
③ 피벗이 항상 부분 배열의 최대 원소일 때
④ 부분 배열의 임의 위치의 것이 피벗으로 선택될 때

08 퀵 정렬 알고리즘은 원래의 문제를 더 작은 크기의 하위 문제로 쪼개어 해결한다는 특징이 있기 때문에 분할 정복 알고리즘이라고도 불린다.

08 다음의 정렬 알고리즘 중 분할 정복 방법을 사용한 것은?

① 셸 정렬
② 버킷 정렬
③ 히프 정렬
④ 퀵 정렬

09 삽입 정렬은 입력 데이터가 거의 정렬되어 있으면 정렬이 매우 빠르고 효율적이다. 입력 데이터가 이미 정렬이 되어 있는 경우에는 n-1번 비교하면 정렬이 끝나므로 이때가 최선의 경우이고 시간 복잡도는 O(n)이 된다.

09 삽입 정렬 적용 시 가장 빨리 정렬하는 데이터의 형태에 해당하는 것은 어느 것인가?

① 역순으로 나열된 데이터
② 임의의 순서로 나열된 데이터
③ 이미 거의 정렬되어 나열된 데이터
④ 큰 것과 작은 것이 교대로 나오는 데이터

정답 07 ① 08 ④ 09 ③

10 히프 정렬을 두 단계로 나눌 때 첫 번째 단계에서 행하는 작업은?

① 최소치 선택
② 분할 원소의 선택
③ 초기 히프의 구축
④ 히프에서 최대치 삭제

10 히프 정렬은 먼저 n개의 데이터를 하나씩 히프에 삽입하여 초기 히프를 구축해야 한다. 그런 다음 히프에서 n번에 걸쳐 하나씩 데이터들을 삭제하고 출력하여 정렬을 완료한다.

11 최대 히프 자료구조의 성질에 해당하는 것은?

① 완전한 균형 트리이다.
② 부모 노드의 킷값은 자식 노드의 값보다 크다.
③ 모든 노드의 차수는 0 또는 2이다.
④ 트리 구조이므로 배열로 구현할 수 없다.

11 최대 히프는 모든 노드의 킷값이 자식 노드의 킷값보다 항상 크거나 같은 히프이다. 최대 히프에서는 루트가 최댓값을 가지므로 루트 노드를 삭제하고 히프의 성질을 계속 유지하기 위해 히프를 재구성해야 한다.

12 d 자릿수인 n개 데이터를 기수 정렬(radix sort)하는 데 걸리는 시간은?

① $O(dn)$
② $O(d+n)$
③ $O(n\log d)$
④ $O(n/d)$

12 기수 정렬은 비교 연산을 하지 않으며 데이터의 자릿수가 d일 때 전체 시간 복잡도는 O(dn)이다. 기수 정렬은 제한적인 범위 내에 있는 숫자에 대해서 각 자릿수별로 정렬하므로 정수와 같은 자료를 정렬하는 경우 어느 비교 정렬 알고리즘보다 빠르다.

정답   10 ③   11 ②   12 ①

13 합병 단계에서는 분할 단계와는 반대로 부분 배열 2개씩을 하나로 정렬하여 합병한다. 그런 다음 또 다시 부분 배열 2개씩을 정렬하여 하나로 합병하는 과정을 반복한다. 마지막 단계에서는 각 부분 배열의 원소는 이미 정렬되어 있어야 하며 2개의 부분 배열에 대한 합병이 끝나면 전체 데이터가 하나의 배열로 묶이게 된다.

13 합병 정렬 알고리즘이 마지막 단계에서는 두 부분 배열을 하나로 합한다. 이 두 부분 배열을 A, B라 할 때 이들에 대하여 성립하는 것은?

① 두 부분 배열의 길이가 같아야 한다.
② A의 모든 원소는 B의 모든 원소보다 커야 한다.
③ A의 원소와 B의 원소는 서로 모두 다르다.
④ 각 부분 배열의 원소는 이미 정렬되어 있어야 한다.

14 퀵 정렬은 피벗을 기준으로 두 킷값을 비교하여 위치를 교환한다. 10이 피벗이므로 10을 기준으로 피벗 다음부터 피벗보다 큰 데이터를 찾고, 마지막 데이터부터 피벗보다 작은 데이터를 찾아 교환한다. 따라서 다음과 같은 과정으로 진행된다.

> 10, _20_, 15, 8, 25, _5_
> 10, 5, _15_, _8_, 25, 20
> 10, 5, _8_, _15_, 25, 20 (포인터가 교차)
> _8_, 5, _10_, 15, 25, 20 (피벗과 작은 킷값 교환)

14 퀵 정렬의 분할(partition) 함수를 아래의 자료에 한 번 적용하는 경우 그 결과는?(단, 피벗은 제일 왼쪽의 원소를 취한다)

> 10, 20, 15, 8, 25, 5

① 5, 8, 10, 15, 20, 25
② 8, 5, 10, 15, 25, 20
③ 5, 8, 10, 15, 25, 20
④ 8, 5, 10, 15, 20, 25

15 계수 정렬은 숫자들을 비교하지 않고 숫자가 등장한 횟수를 세서 그 기준으로 정렬하는 방법이다. 계수 정렬은 같은 킷값을 갖는 데이터가 여러 개일 때 효과적이며 $O(n)$의 빠른 시간 복잡도를 갖는다.

15 n개의 원소를 계수 정렬하는 데 걸리는 시간은?

① $O(n)$
② $O(\log n)$
③ $O(n \log n)$
④ $O(n^2)$

정답 13 ④ 14 ② 15 ①

✅ 주관식 문제

01 다음 설명에서 ㉠, ㉡, ㉢에 들어갈 내용을 쓰시오.

- (㉠)은/는 완전 이진 트리의 일종으로 우선순위 큐를 위하여 만들어진 자료구조이다.
- (㉡)은/는 부모 노드의 킷값이 자식 노드의 킷값보다 크거나 같은 완전 이진 트리이다.
- (㉢)은/는 부모 노드의 킷값이 자식 노드의 킷값보다 작거나 같은 완전 이진 트리이다.

01

정답 ㉠ 히프
㉡ 최대 히프
㉢ 최소 히프

해설 히프는 완전 이진 트리이며 최대값이나 최소값을 찾기 위해 만든 자료구조이다. 최대 히프는 모든 노드의 킷값이 자식 노드의 킷값보다 항상 크거나 같다. 최소 히프는 모든 노드의 킷값이 자식 노드의 킷값보다 항상 작거나 같다.

02 정렬 알고리즘 중 분할 정복 방식에 해당하는 알고리즘을 2개만 쓰시오.

02

정답 (1) 합병 정렬, (2) 퀵 정렬

해설 분할 정복 알고리즘은 문제를 보다 작은 2개의 문제로 분리하고 각 문제를 해결한 다음 결과를 모아서 원래의 문제를 해결하는 전략이다. 합병 정렬, 퀵 정렬은 분할 정복 방식에 해당한다.

checkpoint · 해설 & 정답

03

정답 ㉠ 큐
ㄴ 우선순위 큐
ㄷ 히프

해설 큐는 먼저 넣은 데이터가 먼저 나오는 FIFO(First In First Out)구조로 저장하는 자료구조이다. 우선순위 큐는 각각의 우선순위에 따라서 여러 개의 큐로 구성되며 각 큐는 자신의 우선순위를 갖고 있다. 따라서 가장 높은 우선순위를 가진 큐부터 출력이 되며 주로 히프로 구현된다.

03 다음 설명에서 ㉠, ㉡, ㉢에 들어갈 내용을 쓰시오.

(㉠)은/는 한쪽 끝으로 자료를 입력하고 반대쪽에서는 자료를 삭제할 수 있는 선형구조이다. (㉡)은/는 데이터들이 우선순위를 가지고 있고 우선순위가 높은 데이터가 먼저 나가는 자료구조이다. ㉡은 주로 (㉢)(으)로 구현된다.

04

정답 ㉠ 셀 정렬
ㄴ 삽입 정렬

해설 셀 정렬은 일정한 간격으로 떨어져있는 데이터들끼리 부분 리스트를 구성하고 정렬을 수행하는 방법이다. 이때 각 부분 리스트는 전체 리스트에서 거리가 h만큼 떨어진 데이터들로 이루어지는데 마지막 단계에서는 간격이 1이 되어야 한다. 간격이 1이 되는 경우 삽입 정렬 자체와 같다.

04 다음 설명에서 ㉠, ㉡에 들어갈 내용을 쓰시오.

(㉠)은/는 일련의 간격 h값만큼 떨어진 데이터들로 구성된 부분 리스트에 대하여 정렬을 행하고 마지막에는 간격을 1로 하여 모든 데이터를 정렬하는 방법이다. ㉠은 큰 간격에서부터 시작하여 각 단계마다 간격을 줄여간다. 마지막 단계에서는 간격을 1로 설정해야 하는데 간격이 1이 되면 입력 리스트는 한 개의 부분 리스트로 간주되어 정렬되는 (㉡)와/과 같다.

05 합병 정렬에 대한 다음 설명에서 ㉠, ㉡, ㉢에 들어갈 내용을 쓰시오.

> 합병 정렬은 기존 데이터를 원소의 개수가 동일한 부분 리스트로 (㉠)하고 ㉠된 각 부분 리스트를 (㉡)하면서 정렬하는 방식이다. 합병 정렬의 시간 복잡도는 (㉢)이다.

05

정답 ㉠ 분할
㉡ 합병
㉢ $O(n \log n)$

해설 합병 정렬은 기존 데이터를 원소의 개수가 동일한 부분 리스트로 분할하고 분할된 각 부분 리스트를 합병하면서 정렬을 수행한다. 입력 데이터의 상태와 상관없이 시간 복잡도가 $O(n \log n)$으로 효율이 좋은 정렬 방식이다.

여기서 멈출 거예요? 끈기가 바로 눈앞에 있어요.
마지막 한 걸음까지 SD에듀가 함께할게요!

제5장

탐색

제1절 탐색의 이해
제2절 비교 탐색
제3절 계산 탐색
제4절 외부 탐색법
실제예상문제

I wish you the best of luck!

제 5 장 탐색

제 1 절 탐색의 이해

탐색은 기억 공간에 저장된 데이터나 주어진 입력 데이터 집합에서 어떤 조건이나 성질을 만족하는 데이터를 찾는 것이다. 필요한 데이터를 빨리 찾을 수 있다면 한정된 자원을 다른 일을 하는 데 유용하게 활용할 수 있다. 작업에 필요한 데이터를 빠르고 확실하게 찾는 것은 다음 작업을 빠르게 실행할 수 있도록 하기 때문에 탐색은 매우 중요하다. 데이터 리스트에서 특정 값이 있는지를 탐색하는 문제를 생각해보자. 특정 값이 데이터 리스트 안에 들어 있으면 탐색이 성공한 것이 되고 그렇지 않으면 탐색에 실패한 것이 된다. 탐색은 내부 탐색과 외부 탐색으로 나눈다. 내부 탐색(internal search)은 찾기 대상이 되는 데이터 모두를 주기억장치에 놓고 검색하는 것을 말한다. 외부 탐색(external search)은 찾기 대상이 되는 데이터가 너무 많아 주기억장치에 모두 가져올 수 없는 경우 일부 데이터를 주기억장치에 가져다 놓고 검색하는 방식을 말한다. 따라서 주기억장치의 접근 속도가 보조기억장치의 접근 속도보다 빠르기 때문에 내부 탐색이 외부 탐색보다 빠르다. 탐색은 정렬되지 않은 데이터 집합에서 찾는 경우와 정렬된 데이터 집합에서 찾는 경우로 구분할 수 있다. 순차 탐색은 정렬되지 않은 데이터 집합에서 찾는 탐색 방법이고 이진 탐색은 정렬된 데이터 집합에서 찾는 탐색 방법이다.

제 2 절 비교 탐색

1 순차 탐색 중요 ★★

순차 탐색(sequential search)은 원하는 데이터를 찾기 위해 주어진 데이터 집합의 맨 처음부터 하나씩 순차적으로 비교하면서 찾는 방법이다. 선형 탐색이라고 하며 킷값이 주어지면 처음에 있는 데이터부터 하나씩 차례로 비교하면서 킷값과 같은지를 탐색한다. 예를 들어, 26개의 알파벳이 적힌 카드가 순서대로 나열되어 있다면 이 중에서 A가 적힌 카드를 찾아내는 것은 어렵지 않다. 카드가 알파벳순으로 나열되어 있기 때문에 A는 첫 번째 위치에 있을 것이다. 마찬가지로 한글 자음이 적힌 카드가 ㄱ, ㄴ, ㄷ, ㄹ 순으로 나열되어 있다면 이 중에서 ㅎ이 적힌 카드를 찾아내는 것도 그다지 어렵지 않다. 자음이 순서대로 나열되어 있으므로 ㅎ은 마지막 위치에 있을 것이다. 그런데 만약 10,000장의 카드들 중에 원하는 카드를 찾고자 하는 경우 어떻게 해야 할까? 일단 맨 앞의 카드부터 순서대로 하나씩 확인하는 방법을 생각할 수 있다. 그런데 만약 한 장의 카드를 뒤집어 확인하는 데 1초가 걸린다고 가정하면 마지막 카드까지 뒤집어 확인하는 데 10,000초가 걸리므로 약 3시간이 필요하다. 찾고자 하는 카드가 앞쪽에 위치해 있다면 빠르게 찾을 수 있지만 찾고자 하는 카드가 뒤쪽에 위치해 있는 경우에는 많은 시간이 걸린다. 순차 탐색은 이와 같이 맨 처음부터 하나씩 차례차례 확인하며 찾아가는 방법이다. 26장의 알파벳 카드나 19장의 한글 자음 카드와 같이 탐색 대상이 작은 경우에는 순차 탐색을 사용해도 효율이 떨어지지 않는다. 바꾸어 말하면 이런 경우 사람이 손으로 카드를 넘기면서 찾아도 짧은 시간 안에 찾을 수 있으며 탐색 대상의 개수가 계속 늘어나지 않는 한 순차 탐색으로도 충분하다. 이처럼 순차 탐색은 간단하고 이해하기 쉽지만 탐색 대상이 큰 경우 효율이 나쁘다. 탐색 시간이 문제의 크기에 비례하기 때문에 큰 문제의 경우 시간이 많이 걸린다.

순차 탐색으로 다음과 같은 데이터 배열에서 데이터 3을 찾는 과정을 살펴보자.

| 15 | 11 | 1 | 3 | 8 |

① 순차 탐색은 맨 처음부터 차례대로 비교하므로 배열의 첫 번째 데이터인 15와 찾고자 하는 데이터인 3이 같은지 비교한다. 다르므로 다음 위치로 이동한다.

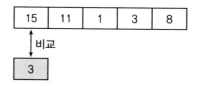

② 이제 두 번째 위치의 데이터인 11과 찾고자 하는 데이터 3이 같은지 비교한다. 역시 다르므로 다음 위치로 이동한다.

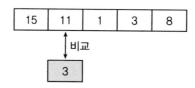

③ 다음으로 세 번째 데이터인 1과 찾고자 하는 3이 같은지 비교하는데, 다르므로 다음으로 이동한다.

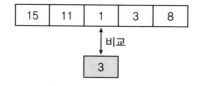

④ 네 번째 데이터인 3과 찾고자 하는 3이 같은지 비교하는데 두 데이터가 같다. 즉, 원하는 데이터를 찾았으므로 탐색을 종료한다. 그러나 만약 이러한 과정을 배열의 마지막까지 데이터까지 반복하여 원하는 데이터를 찾지 못하면 탐색은 실패하게 된다.

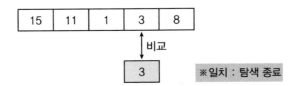

순차 탐색 알고리즘은 다음과 같다.

```
/* int 배열 list의 순차 탐색 */
int seq_search(int list[ ], int key, int low, int high)
{
    for (int i = low; i <= high; i++)
        if (list[i] = key) then
            return i;    /* 탐색에 성공하면 킷값의 인덱스 반환 */
        return -1;       /* 탐색에 실패하면 -1을 반환 */
}
```

순차 탐색은 데이터를 하나씩 순차적으로 찾는 방법이며 대상 자료의 범위를 모르는 경우나 대상 자료가 정렬되어 있지 않아도 탐색이 가능하다. 순차 탐색에서 데이터를 비교하는 횟수는 찾고자 하는 데이터가 저장된 위치에 따라 다르다. 찾고자 하는 데이터가 맨 앞에 있으면 비교를 1번만 하고 성공하게 된다. 두 번째에 있으면 2번만 비교하면 되고 n번째 있으면 n번만큼의 비교가 필요하다. 26개의 알파벳이 적힌 카드에서 원하는 카드를 찾고자 할 때 최선의 경우에는 1번 만에 탐색이 완료된다. 그러나 최악의 경우에는 26번이 되기 때문에 최악의 경우인 26번 만큼의 노력과 시간을 예상해야 한다. 만약 데이터가 1억 개인 경우 최대 1억 번의 비교 연신이 필요하다. 따라서 순차 탐색에서의 평균 비교 횟수는 $\frac{(1+2+3+...+n)}{n} = \frac{(n+1)}{2}$이 되므로 **시간 복잡도**는 O($n$)이다. 순차 탐색은 찾고자 하는 데이터가 리스트의 앞쪽에 있을수록 빨리 찾을 수 있다. 따라서 효율적인 순차 탐색을 수행하기 위해서는 가장 빈번하게 탐색되는 데이터를 자료구조의 앞부분에 위치시키는 것이 좋다. 순차 탐색을 효율성을 고려하여 개선한 방법으로는 탐색 횟수가 높은 순으로 데이터의 순서를 바꾸는 방법이 있다. 일단 한 번 탐색되면 해당 데이터를 맨 앞에 위치시킨다. 이렇게 하면 탐색을 많이 반복하는 동안 자주 탐색된 데이터가 앞쪽에 위치하게 된다. 이러한 방법은 탐색된 데이터를 리스트의 맨 앞으로 이동시킴으로써 특정 데이터들이 집중적으로 탐색되는 경우에 적합한 방법이다. 그러나 자주 탐색되지 않는 데이터는 뒤에 모이게 되는 지역성(locality) 문제를 갖는다. 순차 탐색을 효율성을 고려하여 개선한 두 번째 방법으로는 역시 탐색 횟수가 높은 순으로 데이터의 순서를 바꾸는 방법이다. 그러나 이 방법은 한 번 탐색되면 해당 데이터를 맨 앞에 위치시키는 것이 아니라 바로 직전 위치로 이동시킨다. 이 방법은 데이터의 수가 많고 교체를 크게 하는 것이 곤란한 경우에도 실행할 수 있는 방법이다. 바로 직전의 데이터와 교체하는 것을 반복하다 보면 자주 사용되는 카드가 점점 앞쪽에 오게 되어 탐색 효율이 높아진다. 다만 효율 면에서는 맨 앞의 선두에 두는 방법에 비해 떨어진다. 이러한 개선된 순차 탐색은 최악의 경우와 평균적인 경우의 비교 횟수 모두 탐색의 대상이 되는 데이터의 양에 비례하여 증가한다. 결국 순차 탐색을 조금 개선하긴 했지만 대량의 데이터를 처리하는 데는 적절하지 않다. 순차 탐색은 단순하여 구현하기가 쉽지만 원하는 데이터를 찾을 때까지 킷값을 하나씩 모두 비교해야 하므로 비효율적이며 다른 탐색에 비해 탐색 속도가 느리다.

2 이진 탐색 중요 ★★★

이진 탐색(binary search)은 찾고자 하는 값을 대상 데이터 집합의 중간값과 비교하여 그 대상 범위를 축소시키면서 찾는 방법이다. 데이터가 정렬되어 있는 경우에 사용할 수 있으며 찾고자 하는 킷값을 먼저 가운데 있는 데이터와 비교한다. 만약 킷값이 가운데 데이터보다 작으면 가운데 데이터의 왼쪽에 있는 데이터들을 대상으로 탐색한다. 만약 킷값이 가운데 데이터보다 크면 가운데 데이터의 오른쪽에 있는 데이터들을 대상으로 탐색한다.

예를 들어, 어떤 단어를 사전에서 찾는 과정을 생각해 보자. 사전은 단어들이 알파벳 순서대로 정렬되어 있다. 만약 school이라는 단어를 찾고자 할 때 우리는 사전에서 해당 단어가 어디쯤에 위치하고 있을지 대략 알 수 있다. school이라는 단어를 찾고자 사전을 뒤질 때에 일단 사전의 뒷부분 어딘가를 먼저 펼칠 것이다. 펼쳐진 부분이 school 단어보다 앞쪽에 위치한 알파벳으로 시작한다면 school 단어는 현재 펼쳐진 부분의 뒷부분에 있다는 의미가 된다. 이진 탐색도 이와 비슷하다. 우선 데이터 집합을 절반으로 나누어 정 가운데에 있는 데이터와 비교한다. 정 가운데에 있는 데이터와 찾고자 하는 킷값을 비교하여 현재 데이터가 있는 위치보다 앞쪽을 대상으로 조사해야 하는지 혹은 뒤쪽을 대상으로 조사해야 하는지를 결정한다. 어떤 데이터가 1,024개 있다고 가정해 보자. 이들을 순차 탐색을 적용하면 최악의 경우 1,024번의 비교가 필요하고 평균 512번의 비교가 필요하다. 그러나 이를 이진 탐색을 적용하면 최악의 경우라도 11번의 비교만이 필요하다. 이와 같이 이진 탐색은 데이터가 많은 경우 더 효율적이다. 이진 탐색은 탐색 대상을 절반씩 줄여가는 방법이다. 먼저 1,024개를 둘로 나누면 512개가 되고 512개를 둘로 나누면 256개가 된다. 다시 256개를 둘로 나누면 128개가 되고 나머지에 대해서도 계속 이러한 나누는 과정을 반복하면 64, 32, 16, 8, 4, 2, 1이 된다. 즉, 1,024개의 데이터 중에서 원하는 데이터를 이진 탐색으로 찾는 단계의 수는 최악의 경우 11번이 된다. 이진 탐색은 이처럼 정렬된 데이터 집합을 이분화하면서 탐색하는 방법이다. 정렬된 데이터 집합을 반으로 쪼개가면서 원하는 값을 찾는 과정을 반복한다. 따라서 많은 양의 데이터 탐색에는 순차 탐색에 비해 이진 탐색이 훨씬 더 효율적이다.

> **! 더 알아두기 Q**
>
> **이진탐색**
> 데이터 리스트의 가운데에 있는 데이터와 찾고자 하는 킷값을 비교하여 다음 탐색 위치를 결정하여 검색을 계속하는 방법
>
> - 찾는 킷값 〉현재 데이터의 킷값 : 오른쪽 부분에 대해서 탐색 실행
> - 찾는 킷값 〈현재 데이터의 킷값 : 왼쪽 부분에 대해서 탐색 실행

이진 탐색으로 다음과 같은 데이터 배열에서 데이터 15를 찾는 과정을 살펴보자.

1	3	8	11	15	17	20

① 먼저 중간에 위치한 데이터인 11과 찾고자 하는 15가 같은지를 비교한다.

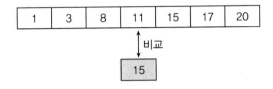

② 중간에 위치한 데이터인 11보다 찾고자 하는 데이터인 15가 크므로 중간 데이터 11의 오른쪽에 위치한 데이터들에 대해 이진 탐색을 수행한다.

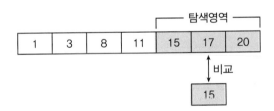

③ 다시 탐색 영역의 중간에 위치한 데이터인 17과 찾고자 하는 15가 같은지 비교한다.

④ 중간에 위치한 데이터인 17보다 찾고자 하는 데이터인 15가 작으므로 중간 데이터 17의 왼쪽에 위치한 데이터들에 대해 이진 탐색을 수행한다.

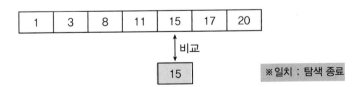

⑤ 탐색 영역의 중간에 위치한 데이터인 15와 찾고자 하는 15가 같은지 비교한다. 같으므로 원하는 데이터를 찾았으므로 탐색을 종료한다.

이진 탐색 알고리즘은 다음과 같다.

```
binary_search(list, low, high, key)
{
    if (low > high) return -1;
    middle = (low + high) / 2;   /* 중간 위치 계산 */

    if (key = list[middle])    /* 탐색 성공 */
        return middle;
    else if (key < list[middle])    /* 왼쪽 부분 리스트 탐색 */
        return binary_search(list, low, middle-1, key);
    else if (key > list[middle])    /* 오른쪽 부분 리스트 탐색 */
        return binary_search(list, middle + 1, high, key);
}
```

더 알아두기

이진 탐색에서 중간 레코드 위치인 middle을 계산하는 방법
(low : 첫 번째 레코드 번호, high : 마지막 레코드 번호)

$$middle = \lfloor \frac{(low+high)}{2} \rfloor$$

이진 탐색은 탐색 범위의 중간 위치를 반복하여 비교해 나가는 방법이다. 따라서 정렬된 데이터의 리스트에 분할 정복을 적용하는 방법이라 할 수 있다. 이진 탐색은 한 번 탐색이 될 때마다 탐색해야 하는 대상이 절반으로 줄어든다. 탐색 대상을 더 이상 절반으로 나눌 수 없는 1이 될 때의 탐색 횟수를 k라 하면 $\frac{n}{2^k}$ = 1이 된다. 즉, $k = \log_2 n$ 이므로 **이진 탐색의 시간 복잡도는 $O(\log_2 n)$이 된다.** 이진 탐색은 성능은 우수하나 삽입이나 삭제 시 정렬 상태를 유지하기 위해 평균적으로 $\frac{n}{2}$ 만큼 이동해야 하므로 삽입이나 삭제가 많은 응용 분야에는 적절하지 않다. 항상 배열의 상태를 정렬 상태로 유지해야 하므로 삽입이나 삭제가 발생했을 경우에 이러한 정렬을 유지하는 추가적인 작업이 필요하다.

3 트리 탐색

트리를 이용한 탐색 방법으로는 이진 탐색 트리, AVL 트리, B-트리 등이 있다.

이진 탐색 트리는 이진 트리로 저장하는 데이터의 크기에 따라 노드의 위치가 정해지는 트리이다. 데이터의 크기에 따라 위치가 정해지며 자료를 탐색하거나 삽입, 삭제할 경우 매우 효율적인 구조이다. 이진 탐색 트리의 모든 노드는 킷값을 갖고 있으며 같은 킷값을 갖는 경우는 없다. 또한 왼쪽 서브 트리의 모든 노드의 킷값은 루트의 킷값보다 작으며 오른쪽 서브 트리의 모든 노드의 킷값은 루트의 킷값보다 크다. 왼쪽 서브 트리와 오른쪽 서브 트리도 마찬가지로 이진 탐색 트리여야 한다.

AVL 트리는 균형 이진 트리(balanced binary tree)이다. 이진 트리에서 모든 노드의 왼쪽과 오른쪽 트리의 높이 차이를 1이하로 만든 트리이다. 따라서 평균과 최악의 경우 시간 복잡도는 $O(\log n)$이다.

B-트리는 이진 트리를 확장해 하나의 노드가 가질 수 있는 자식 노드의 최대 숫자가 2보다 큰 트리 구조이다. 저장된 데이터의 개수가 많은 상태에서 특정 데이터를 검색해야 하는 경우 찾고자 하는 킷값과 데이터를 일일이 비교하는 방식은 매우 비효율적이다. B-트리는 자료를 정렬된 상태로 보관하고 삽입과 삭제를 대수 시간으로 할 수 있다. B-트리의 경우 외부 기억 장치에 저장된 대용량의 데이터에 대하여 사용할 수 있는 알고리즘이다.

트리 탐색은 데이터를 찾는 시간이 빠를 뿐 아니라 데이터를 삽입, 삭제하는 시간도 효율적이다.

제 3 절 계산 탐색

1 해싱(Hashing)

해싱은 다른 검색 방법처럼 킷값을 비교하면서 찾는 것이 아니라 킷값에 어떤 연산을 시행하여 이 킷값이 있는 기억 장소의 주소로 바로 접근하는 방법이다. 따라서 해싱은 다른 검색 방법에 비해 속도가 빠르고 효율적이다. 해싱을 하기 위해서는 킷값을 수치 형태로 바꾸는 해싱 함수가 필요하다.

해싱 함수(hashing function)는 입력된 킷값을 해싱 테이블의 주소로 변환시켜주는 함수이다. 즉, 해싱 함수는 주어진 킷값으로부터 레코드가 저장되어 있는 주소를 직접 계산할 수 있도록 하는 수식이라고 할 수 있다. 따라서 어떤 해싱 함수를 선택하느냐에 따라 해싱의 성능이 달라진다. 해싱 함수는 레코드가 특정 버킷에 편중되지 않고 주소 공간에 균등하게 사상될 수 있도록 해야 한다.

다음은 해싱 함수를 표현한 것이다. 해싱 함수 h(k)는 킷값 k의 해싱 테이블 주소를 계산하기 위한 방법이라 할 수 있다.

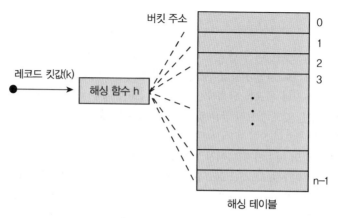

[그림 5-1] 해싱 함수

해싱 함수는 계산이 간단해야 하며 대표적인 해싱 함수에는 중간 제곱(mid-square) 함수, 나누기(division-remainder) 함수, 접지(folding) 함수가 있다.

중간 제곱 함수는 킷값을 제곱한 결과값의 중간에 있는 일부 비트를 취하여 해싱 테이블의 버킷 주소로 만드는 방법이다. 버킷 주소를 얻기 위해 사용되는 비트의 수는 해싱 테이블의 크기에 달려 있다.
예를 들어 해싱 함수가 $h(k) = k^2$이고 킷값 k가 1234567이며 해싱 테이블의 크기는 500이라고 가정해 보자. 중간 제곱 함수를 적용해 보면 $h(k) = (1234567)^2 = 1524155677489$가 된다. 그런 다음 킷값 k를 제곱한 1524155677489의 중간 세 자리 수인 556을 취한다. 그런데 이 값은 해싱 테이블의 크기인 500보다 크므로 이 값을 그대로 해싱 테이블의 주소로 사용할 수 없다. 이처럼 계산된 값이 주소 공간을 벗어나는 경우 조정 상수인 0.5를 곱하여 278이라는 버킷의 주소를 계산할 수 있다($556 \times 0.5 = 278$).

나누기 함수는 해싱 함수로 나눗셈을 이용하는 방법이다. 킷값을 해싱 테이블의 크기로 나누어서 그 나머지를 버킷 주소로 변환하는 방법이다. 나누기 방법은 제수에 의해 주소 공간이 결정되므로 최소한 제수는 버킷의 수보다 커야 하며 그 수는 충돌의 가능성이 적어야 한다. 충돌의 가능성이 적은 수를 제수로 선택하기 위해서는 버킷의 수보다 크면서 가장 작은 소수(prime number)를 사용하거나 작은 소수를 인수로 갖지 않는 수를 사용한다. 해싱 함수 h(k)는 킷값 k를 어떤 정해진 수 m으로 나눈 나머지를 해시 주소로 사용하는 것이다. 여기서 m은 해싱 테이블의 크기이며 대개 소수이다.

$$h(k) = k \bmod m$$

예를 들어 k = 123, m = 13인 경우 h(k) = 123 mod 13 = 6이 된다. k = 100, m = 12인 경우 h(k) = 100 mod 12 = 4가 된다.

접지 함수는 종이를 접듯이 숫자를 접어 일정한 크기 이하의 수로 만드는 방법이다. 킷값을 마지막을 제외하고 같은 크기의 여러 부분으로 나누는데 각 부분들을 더하여 해시 주소를 만든다. 각 부분을 더하는 방식은 shift folding 방법과 boundary folding 방법이 있다.

shift folding 방법은 최하위 비트가 일치하도록 맞추고 더하는 방법으로, 각 부분의 오른쪽 끝을 맞추어 더한 값을 홈 주소로 결정하는 방식이다. 예를 들어 킷값이 12320324111220인 경우 킷값을 3자리 수 5개 부분으로 나누어보자. 3자씩 분리하면 123, 203, 241, 112, 20이 된다. 킷값을 주소의 크기인 3자리로 균등하게 분할하여 나누어진 5개 부분을 오른쪽 끝자리 수를 일치시켜 다음과 같이 더해준다.

$$
\begin{array}{r}
123 \\
203 \\
241 \\
112 \\
+\ 20 \\
\hline
699
\end{array}
$$

계산 결과는 699가 되며 699는 버킷의 주소가 된다.

boundary folding 방법은 각 부분을 종이 접듯이 경계에서 겹친 다음 같은 자리에 위치한 수들을 더하는 방법으로, 각 부분의 경계선을 기점으로 잡아서 역으로 정렬하여 더하는 방식이다. 예를 들어 킷값이 12320324111220인 경우 킷값을 3자리 수 5개 부분으로 나누면 123, 203, 241, 112, 20이 된다. shift folding 방법의 예에서 나누어진 키의 각 부분들을 접촉된 곳을 중심으로 종이를 접듯이 역으로 더하여 주소를 계산하면 된다.

$$
\begin{array}{r}
123 \\
302 \\
241 \\
211 \\
+\ 20 \\
\hline
897
\end{array}
$$

계산 결과는 897이 되며 897은 버킷의 주소가 된다.

해싱은 각 레코드의 킷값을 비교해서 찾는 번거로움이 없으며 원하는 킷값을 단 한 번의 접근으로 찾을 수 있다는 장점이 있다. 그러나 모든 레코드의 킷값을 수치 형태로 바꾸어야 하며 적절한 해싱 함수를 구해야 한다. 또한 해싱 함수에 의해 계산된 주소가 중복되어 충돌이 발생하는 문제를 해결해야 한다.

2 오버플로우 처리 방법

해싱에서는 충돌이 발생할 수 있는데 충돌이란 한 원소를 해싱 함수를 적용한 후 저장하려고 하는데 다른 원소가 이미 그 자리를 차지한 상황을 의미한다. 충돌이 발생하면 탐색 시간이 길어지는 등 성능이 저하되기 때문에 해싱 함수를 수정하거나 해싱 테이블의 크기를 적절하게 조절해야 한다. 일반적으로 충돌이 발생한 경우 버킷이 여러 슬롯으로 구성되어 있다면 다른 슬롯에 저장하면 된다. 그러나 모든 슬롯이 채워지면 오버플로우가 발생한다. 이러한 경우 다른 기억 장소를 찾아 킷값을 저장해야 한다. 이러한 작업을 오버플로우의 처리라고 한다.

오버플로우는 더 이상 슬롯에도 빈자리가 없는 경우를 의미한다. 오버플로우를 해결하는 방법에는 개방 주소법(open addressing), 폐쇄 주소법(closed addressing)이 있다.

(1) 개방 주소법(open addressing)

개방 주소법은 해시 충돌이 발생하면 다른 버킷에 데이터를 삽입하는 방식이다. 즉, 충돌이 생기면 정해진 규칙에 따라 다음 자리를 찾는데 빈자리가 생길 때까지 $h_0(k)$, $h_1(k)$, $h_2(k)$, ...와 같이 해시값을 계속 만들어낸다. 개방 주소법에는 대표적으로 선형 조사(linear probing), 이차원 조사(quadratic probing), 더블 해싱(double hashing)이 있다.

선형 조사는 가장 간단한 충돌 해결 방법으로, 충돌이 일어난 바로 뒷자리를 보는 것이다. 즉, 해시 충돌 시 다음 버킷, 혹은 몇 개 건너뛰어 데이터를 삽입한다. 다음 자리를 계산하다가 테이블의 경계를 넘어갈 경우에는 맨 앞으로 간다.

$$h_i(k) = (h(k) + i) \bmod m$$
$$(i = 0, 1, 2, \cdots)$$

선형 조사의 문제점은 특정 영역에 원소가 몰릴 때는 치명적으로 성능이 떨어진다는 점이다. 선형 조사는 특정 영역에 원소가 몰리는 1차 군집에 취약하다.

0	
1	
2	15
3	16
4	28
5	31
6	44
7	
8	
9	
10	
11	37
12	

[그림 5-2] 1차 군집의 예

이차원 조사는 충돌 시 바로 뒷자리를 보는 대신에 보폭을 이차 함수로 넓혀가면서 찾는 방법이다. 선형 조사는 충돌이 발생한 버킷을 중심으로 가장 가까운 빈 버킷에 저장되어 1차 군집 현상이 생긴다. 이차원 조사는 선형 조사의 이러한 문제점을 해결하기 위한 방법이며 가능하면 충돌이 발생한 위치에서 먼 곳의 버킷에 저장되도록 한다. 이 방법은 해시 충돌이 발생하면 다음에 저장할 위치는 제곱만큼 떨어진 위치가 되는데 i번째 해싱 함수는 $h(k)$에서 i^2만큼 떨어진 자리로 삼는다. 즉, $h(k)$, $h(k) + 1^2$, $h(k) + 2^2$, $h(k) + 3^2$, … 순으로 $h(k) + i^2 (i = 0, 1, 2, \cdots)$의 위치에 저장하는 방법이다. 그러나 이차원 조사는 2차 군집에 취약하다. 2차 군집이란 여러 개의 원소가 동일한 초기 해싱 함수값을 갖게 되면 모두 같은 순서로 조사를 할 수밖에 없어 비효율적이다. 보폭은 점점 넓어지지만 최초의 해시값이 같은 원소들은 이 때문에 이득을 보지 못한다.

더블 해싱은 2개의 해싱 함수를 사용하는 충돌 해결 방법이다. 해시 충돌이 발생하면 다른 해싱 함수를 한 번 더 적용한 결과를 이용한다. 두 개의 함수를 사용하며 충돌이 생겨 다음에 볼 주소를 계산할 때 두 번째 해싱 함수값만큼씩 점프한다. 첫 번째 해시값이 같더라도 두 번째 함수값이 같을 확률은 매우 작으므로 서로 다른 보폭으로 점프하게 되어 2차 군집이 발생하지 않는다. 두 번째에 사용하는 해싱 함수는 첫 번째 해싱 함수와는 달라야 한다.

$$h_i(k) = (h(k) + i \cdot f(k)) \bmod m$$
$$(i = 0, 1, 2, \cdots)$$

이때 $h(k)$와 $f(k)$는 서로 다른 해싱 함수이다.

(2) 폐쇄 주소법(closed addressing)

폐쇄 주소법은 키에 대한 해시값에 대응되는 곳에만 키를 저장하는 충돌 해결 방법인데, 충돌이 발생한 키들은 한 위치에 모아 저장된다. 대표적으로 체이닝(chaining)이 있다. 체이닝은 동일한 주소로 해싱된 모든 키들을 하나의 연결 리스트로 저장하는 것이다.

예를 들어 크기가 13인 해싱 테이블에 데이터들이 55, 13, 42, 70, 43, 44, 3, 94, 47, 74, 39, 86, 76, 40 순으로 저장된다고 하면 다음과 같은 형태로 구성된다.

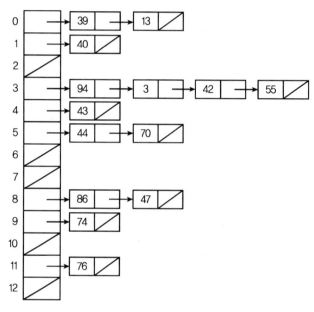

[그림 5-3] 체이닝의 예

총 13개 중에 5개는 비었고 8개는 원소가 한 개 이상 있는데 같은 주소로 들어온 데이터들은 해당 헤더 아래 연결 리스트로 연결된다. 임의의 데이터를 연결 리스트에 삽입할 때는 해당 리스트의 맨 앞에 삽입한다. 체이닝은 버킷이 꽉 차더라도 연결 리스트로 계속 늘려가므로 데이터의 주소값은 바뀌지 않는다. 또한 연결 리스트만 사용하면 되므로 복잡한 계산식을 사용할 필요가 개방 주소법에 비해 적다.

제 4 절 　외부 탐색법 중요 ★

외부 탐색(external search)은 탐색하고자 하는 레코드의 수가 많고 크기가 매우 커서 디스크와 같은 외부 기억 장치에 저장된 파일로부터 필요한 레코드를 찾아내는 탐색 방법이다.

1 　인덱스된 순차 접근

순차 접근은 가장 간단한 접근 방법으로 데이터를 순차적으로 접근하는 방식이다. 순차 접근은 입력되는 데이터의 논리적 순서에 따라 물리적으로 연속된 위치에 순차적으로 저장된 데이터를 접근하는 방식이다. 순차 접근은 데이터 검색 시 처음부터 순차적으로 검색하기 때문에 데이터의 위치에 따라 접근 시간이 달라지며 검색 효율이 낮다.

직접 접근은 저장 위치에 관계없이 직접 접근이 가능한 방식이다. 직접 접근을 위해서 파일은 고정 길이의 논리 레코드의 집합으로 정의되고 직접 접근 파일은 어떠한 블록이라도 직접 접근할 수 있다. 직접 접근을 위해 파일은 번호를 갖는 일련의 블록 또는 레코드로 간주된다. 직접 접근 파일은 임의의 블록을 읽거나 쓸 수 있다.

인덱스된 순차 접근(indexed sequential search)은 순차 접근 방법을 지원하는 순차 파일과 직접 접근 방법을 지원하는 직접 파일을 결합한 형태의 파일을 이용하여 검색 효율을 높이는 방법이다. 순차 접근과 직접 접근이 모두 가능하도록 레코드들을 킷값 순으로 정렬시켜 기록하고 레코드의 키 항목만을 모은 인덱스(색인)를 구성하는 방식이다. 인덱스된 순차 접근은 킷값에 따라 정렬된 레코드를 순차적으로 접근하거나 주어진 킷값에 따라 직접 접근하는 두 가지 방법이 모두 필요한 경우 효과적인 접근 방식이다. 인덱스를 이용한 순차적인 접근 방법을 제공하여 ISAM(Index Sequential Access Method)이라고도 한다. 인덱스된 순차 접근에서는 [그림 5-4]와 같이 레코드를 참조할 때 먼저 인덱스를 탐색한 후 인덱스가 가리키는 포인터(주소)를 사용하여 직접 참조할 수 있다. 일반적으로 자기 디스크에 많이 사용되며 자기테이프에서는 사용할 수 없다.

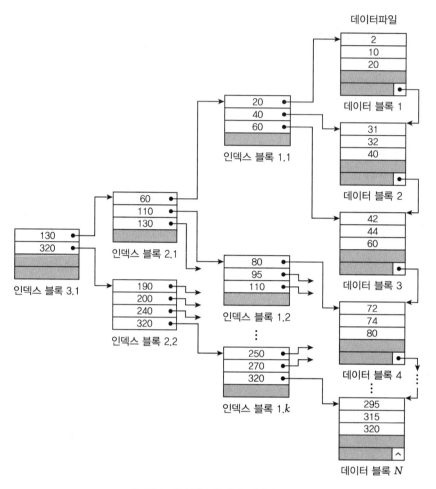

[그림 5-4] 인덱스된 순차 파일의 구조

인덱스된 순차 파일은 기본 구역, 인덱스 구역, 오버플로 구역으로 구성된다. 기본 구역은 실제 레코드들을 기록하는 부분으로 각 레코드는 킷값 순으로 저장된다. 인덱스 구역은 기본 구역에 있는 레코드들의 위치를 찾아가는 인덱스가 기록되는 부분이다. 인덱스는 파일의 레코드들에 대한 포인터를 저장하며 개별 레코드를 직접 접근할 수 있도록 하므로 빠르게 레코드에 접근할 수 있다. 오버플로 구역은 기본 구역에 빈 공간이 없어서 새로운 레코드의 삽입이 불가능할 때를 대비하여 예비적으로 확보해 둔 부분이다. 인덱스된 순차 접근으로 레코드를 참조하려면 인덱스를 먼저 탐색 후 인덱스가 가리키는 포인터를 사용하여 직접 참조할 수 있다. 인덱스된 순차 접근은 직접 및 임의(random) 처리가 가능하고 파일 중간에 레코드 삽입과 삭제가 용이하다. 그러나 처리 속도가 느리고 주기적으로 재편성해야 한다.

2 B-트리 중요 ★★

B-트리(Balanced Tree)는 대용량의 파일을 효율적으로 관리하기 위해 고안된 자료구조이며 균형을 유지하는 트리이다. 데이터베이스와 파일 시스템에서 널리 사용되는 트리 자료구조의 일종으로 기존에 자식을 두 개만 가질 수 있던 이진 트리를 확장해 하나의 노드가 가질 수 있는 자식 노드의 최대 갯수가 2보다 큰 트리 구조이다. 이진 트리는 데이터의 삽입, 삭제, 탐색 등을 수행하는데 $O(nlogn)$의 시간 복잡도를 가지지만 좌우 균형이 맞지 않을 때는 매우 비효율적인 성능을 보여준다. 최악의 경우 $O(n^2)$의 시간 복잡도를 갖는다. 따라서 이진 트리는 균형을 맞출 필요가 있다. 많은 양의 자료를 검색하는 경우 검색어와 자료를 일일이 비교하는 방식은 비효율적이다. B-트리는 자료를 정렬된 상태로 보관하고 삽입과 삭제를 대수 시간으로 할 수 있다. 대부분의 이진 트리는 항목이 삽입될 때 하향식으로 구성되는 데 반해 B-트리는 일반적으로 상향식으로 구성된다. B-트리는 상용 데이터베이스에서 많이 사용하는 자료구조이며 외부 탐색에 유용하다. B-트리는 이진 트리와 달리 하나의 노드가 여러 데이터를 가질 수 있다. 노드 내 최대 데이터 수가 2개라면 2차 B-트리, 3개라면 3차 B-트리라고 한다. B-트리에서 킷값의 삽입과 삭제 시 노드의 분할과 합병이 발생할 수 있다.

B-트리의 성립 조건은 다음과 같다.

---

① 노드의 데이터 수가 n이면 자식의 수는 항상 n+1이어야 한다.
② 노드 내의 데이터는 반드시 정렬된 상태여야 한다.
③ 노드의 데이터 x의 왼쪽 부분 트리는 x보다 작은 값들로 이루어져 있어야 하고 x의 오른쪽 부분 트리는 x보다 큰 값들로 이루어져 있어야 한다.
④ 루트 노드가 자식이 있다면 적어도 2개 이상의 자식을 가져야 한다.
⑤ 루트 노드를 제외한 모든 노드는 적어도 m/2개의 자식을 갖고 있어야 한다. 이때 m은 해당 노드의 데이터 개수이다.
⑥ 단말 노드로 가는 경로의 길이는 모두 같다. 단말 노드는 모두 같은 레벨에 존재힌다.
⑦ 입력 자료는 중복될 수 없다.

[그림 5-5]의 (a)와 같은 B-트리에서 노드에 1, 2, 3 데이터가 3개 있으므로 자식 노드의 개수는 4개가 된다. 이때 노드의 데이터는 반드시 정렬된 상태여야 한다. 노드의 자식 노드의 데이터들은 노드 데이터를 기준으로 데이터보다 작은 값은 왼쪽 부분 트리에, 큰 값들은 오른쪽 부분 트리에 위치해야 한다. [그림 5-5]의 (b) B-트리에서 루트 노드에는 데이터 8, 13이 있다. 8보다 작은 데이터는 8의 왼쪽 부분 트리에 위치해야 한다. 8과 13 사이의 값은 8의 오른쪽 부분 트리이면서 13의 왼쪽 부분 트리에 위치해야 한다. 13보다 큰 값은 13의 오른쪽 부분 트리에 위치해야 한다.

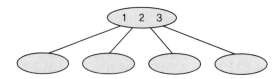

(a) 노드의 데이터 수가 n이면 자식의 수는 항상 n + 1(노드 내의 데이터는 정렬)

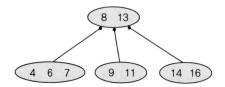

(b) 왼쪽 부분 트리는 x보다 작은 값, 오른쪽 부분 트리는 x보다 큰 값들 구성

[그림 5-5] B-트리의 예

[그림 5-6]과 같은 4차 B-트리에서 루트 노드의 데이터 8의 왼쪽 부분 트리의 노드가 데이터가 1개이므로 조건에 부합하지 않는다.

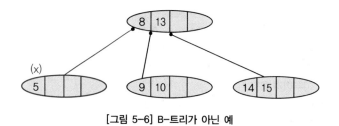

[그림 5-6] B-트리가 아닌 예

B-트리의 탐색은 이진 탐색 트리와 동일한 방식으로 수행된다. B-트리는 이진 트리와 마찬가지로 작은 값은 왼쪽 부분 트리, 큰 값은 오른쪽 부분 트리에 위치한다. 따라서 탐색하고자 하는 값을 루트 노드부터 시작하여 하향식으로 비교하며 자식 포인터를 찾아나가는 과정으로 진행한다.

B-트리에서 삽입하는 방법은 차수에 따라 다르다. [그림 5-7]은 3차 B-트리에서의 삽입 과정을 보인 예이다. 데이터는 5, 1, 7, 9, 12 순으로 삽입된다. 먼저 초기 삽입 시에는 루트 노드를 생성한다. 데이터를 탐색해 해당하는 단말 노드에 데이터를 삽입한다. 노드 데이터 개수가 차수인 m과 같으면, 즉 단말 노드의 데이터가 가득 차게 되면 노드를 분리한다. [그림 5-7]에서 맨 처음 5를 삽입하고 1을 삽입한 후 7을 삽입하면 해당 노드는 1, 5, 7로 가득하게 된다. 그런 경우 정렬된 노드를 기준으로 중간값을 부모 노드로 하여 트리를 구성한다. 그런 다음 계속하여 데이터를 삽입한다. 만약 분리한 부분 트리가 B-트리 조건에 맞지 않는다면 부모 노드로 올라가며 병합(merge)한다. 12를 삽입한 후 [7, 9, 12]를 부분 트리로 분리하였으나 단말 노드가 모두 같은 레벨에 존재하지 않아 B-트리의 조건에 맞지 않는다. 그러면 루트 노드와 병합하여 조건을 만족시킨다.

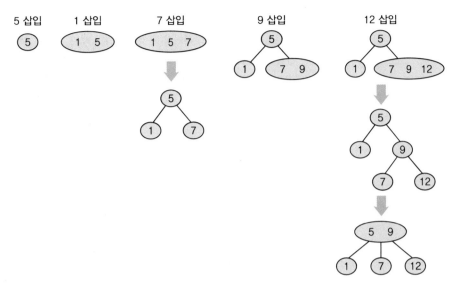

[그림 5-7] B-트리의 삽입 예

B-트리의 삭제는 크게 단말 노드인 경우와 단말 노드가 아닌 경우로 나누어진다. B-트리에서 삭제 연산의 몇 가지 예를 살펴보자.

[그림 5-8]은 B-트리에서 10을 삭제하는 과정을 보인 것이다. B-트리에서 10을 삭제하기 위해 먼저 10의 위치를 검색하는데 삭제하고자 하는 위치가 단말 노드이다. 그러나 이 경우 데이터 10을 삭제해도 B-트리를 유지하므로 그대로 삭제하면 된다.

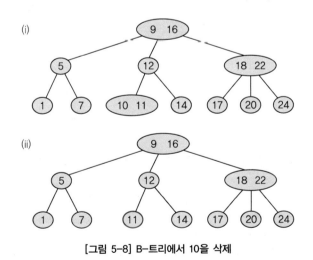

[그림 5-8] B-트리에서 10을 삭제

[그림 5-9]는 B-트리에서 1을 삭제하는 과정을 보인 것이다. 단말 노드에 있는 1을 삭제하면 B-트리의 구조가 깨진다. 그런 경우 삭제한 노드의 부모 노드로 올라가며 데이터를 가져온다. 1의 부모 노드와 형제 노드를 병합한다. 부모 노드에서 자식 노드로 값을 가져오고 자식 노드의 형제 노드와 병합한다. 루트 노드까지 올라가며 B-트리 조건에 맞을 때까지 이 작업을 반복한다.

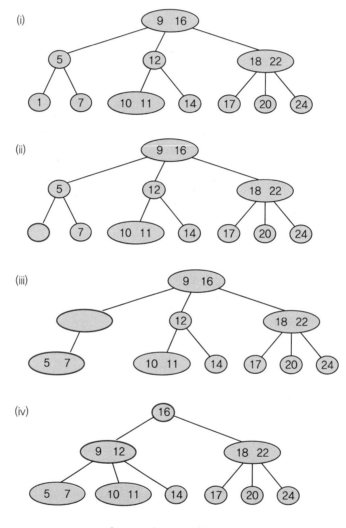

[그림 5-9] B-트리에서 1을 삭제

[그림 5-10]은 B-트리에서 18을 삭제하는 과정을 보인 것이다. 이번에는 단말 노드가 아닌 위치의 데이터를 삭제할 경우이다. 먼저 노드에서 데이터 18을 삭제하고 왼쪽 부분 트리에서 최댓값을 노드에 위치시킨다. 같은 방식으로 부모 노드에서 자식 노드로 값을 가져오고 형제 노드와 병합하며 B-트리 조건이 맞을 때까지 반복한다.

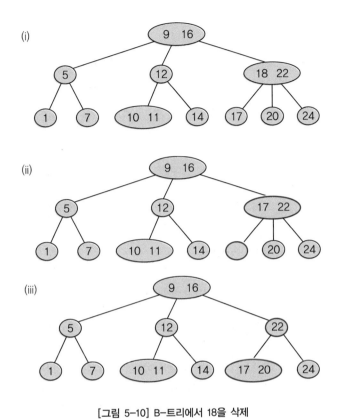

[그림 5-10] B-트리에서 18을 삭제

[그림 5-11]은 B-트리에서 5를 삭제하는 과정을 보인 것이다.

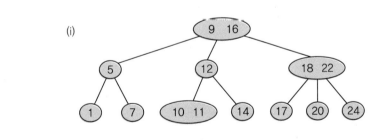

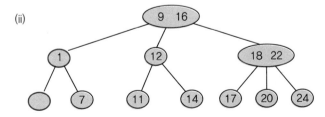

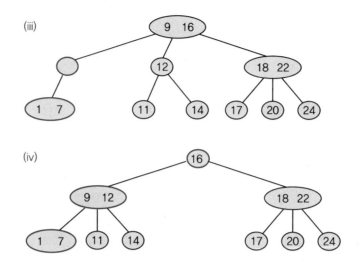

[그림 5-11] B-트리에서 5를 삭제

B-트리는 인덱스를 구성하는 방법으로 많이 사용되는 균형된 m-원 탐색 트리이다. 루트 노드(최상위 노드)와 단말 노드를 제외한 모든 노드가 최소 m/2개, 최대 m개의 부분 트리를 가지는 구조이다. 한 노드에 있는 킷값은 오름차순을 유지한다. 또한 루트 노드로부터 탐색, 삽입, 삭제가 이루어진다. B-트리는 메모리 저장 공간의 부족과 저장 장치에 효율적으로 대용량 데이터를 처리하기 위해 고안된 알고리즘이다. B-트리는 디스크에서 탐색 트리를 구현할 때의 발생하는 문제들을 최적으로 해결해 주며, 노드의 삽입이나 삭제 후에도 균형 트리를 유지하므로 균등한 응답 속도를 보장한다. 따라서 DBMS, 검색 엔진 등 빠른 검색을 위해 활용된다. 그러나 삽입과 삭제 시 트리의 균형을 유지하기 위해 분할과 합병과 같은 복잡한 연산이 필요하며 각 노드들 간의 데이터 이동의 양과 횟수가 많아지게 된다.

O×로 점검하자

※ 다음 지문의 내용이 맞으면 O, 틀리면 ×를 체크하시오. [1 ~ 6]

01 기억 공간에 저장된 데이터나 주어진 입력 데이터 집합에서 어떤 조건이나 성질을 만족하는 데이터를 찾는 것을 탐색이라 한다. (   )

>>>◯ 탐색은 어떤 데이터를 찾는 것을 말하며 작업에 필요한 데이터를 빠르고 확실하게 찾는 것은 다음 작업을 빠르게 실행할 수 있도록 하기 때문에 탐색은 매우 중요하다.

02 순차 탐색은 정렬된 데이터를 대상으로 하는 탐색 방법이다. (   )

>>>◯ 순차 탐색은 데이터를 하나씩 순차적으로 찾는 방법이며 대상 자료의 범위를 모르는 경우나 대상 자료가 정렬되어 있지 않아도 탐색이 가능하다.

03 이진 탐색은 찾고자 하는 값을 대상 데이터 집합의 중간값과 비교하여 그 대상 범위를 축소시키면서 찾는 방법이다. (   )

>>>◯ 이진 탐색은 탐색 범위의 중간 위치를 반복하여 비교해 나가는 방법이다.

04 이진 탐색의 시간 복잡도는 $O(n^2)$이다. (   )

>>>◯ 이진 탐색은 한번 탐색이 될 때마다 탐색해야 하는 대상이 절반으로 줄어들고 시간 복잡도는 $O(\log n)$이다.

05 가장 간단한 접근 방법으로 데이터를 순차적으로 접근하는 방식을 인덱스된 순차 접근이라고 한다. (   )

>>>◯ 순차 접근은 입력되는 데이터의 논리적 순서에 따라 물리적으로 연속된 위치에 순차적으로 저장된 데이터를 접근하는 방식이다. 인덱스된 순차 접근은 순차 접근과 직접 접근이 모두 가능하도록 레코드들을 킷값 순으로 정렬시켜 기록하고 레코드의 키 항목만을 모은 인덱스(색인)를 구성하는 방식이다.

06 B-트리에서 해당 노드의 데이터 개수가 m일 경우 루트 노드를 제외한 모든 노드는 적어도 m/2개의 자식을 갖고 있어야 한다. (   )

>>>◯ B-트리는 루트 노드와 단말 노드를 제외한 모든 노드가 최소 m/2개, 최대 m개의 부분 트리를 가지는 구조이다.

정답 1 ◯ 2 × 3 ◯ 4 × 5 × 6 ◯

01 순차 탐색의 시간 복잡도는 $O(n)$이며 찾고자 하는 데이터가 리스트의 앞쪽에 있을수록 빨리 찾을 수 있다.

02 순차 탐색은 데이터를 하나씩 순차적으로 찾는 방법이며 대상 자료의 범위를 모르는 경우나 대상 자료가 정렬되어 있지 않아도 탐색이 가능하다.

03 이진 탐색 알고리즘은 정렬된 선형 리스트에 대한 탐색에서 최적의 알고리즘이다. 이진 탐색에서 탐색 대상을 더 이상 절반으로 나눌 수 없는 1이 될 때의 탐색 횟수를 k라 하면 $\frac{n}{2^k} = 1$이 되므로 $k = \log_2 n$이다. 따라서 이진 탐색의 시간 복잡도는 $O(\log n)$이다.

정답 01 ① 02 ① 03 ②

---

01 n개의 레코드를 순차 탐색으로 탐색하는 경우 시간 복잡도는 얼마인가?

① $O(n)$
② $O(\log n)$
③ $O(n^2)$
④ $O(n \log n)$

02 이진 탐색법과 비교하여 순차 탐색법의 장점에 해당하는 것은?

① 임의의 순서로 나열된 데이터에 대하여 적용할 수 있다.
② 평균 탐색 시간이 빠르다.
③ 리스트에 없는 데이터를 탐색하는 시간이 빠르다.
④ 정렬된 데이터에 대하여 빨리 탐색할 수 있다.

03 이진 탐색의 시간 복잡도는 얼마인가?(단, 데이터의 개수는 n이라고 하자)

① $O(n)$
② $O(\log n)$
③ $O(n^2)$
④ $O(n \log n)$

04 n개의 정렬된 자료에 대한 이진 탐색 알고리즘의 최악의 시간 복잡도는?

① O(1)

② O(log$n$)

③ O(n)

④ O(n^2)

05 이진 탐색을 하고자 할 때 선행되어야 할 조건에 해당하는 것은 어느 것인가?

① 자료가 순차적으로 정렬되어 있어야 한다.

② 자료가 임의의 순서로 놓여 있어야 한다.

③ 자료의 유형이 정수, 실수와 같은 숫자여야 한다.

④ 자료의 개수가 항상 짝수여야 한다.

06 데이터의 탐색을 순차적으로 나열된 자료의 가운데 위치한 값부터 시작하여 탐색 범위를 절반으로 줄여가면서 탐색하는 방법은 무엇인가?

① 선형 탐색

② 순차 탐색

③ 이진 탐색

④ 피보나치 탐색

04 이진 탐색은 정렬된 레코드의 선형 리스트에 분할 정복을 적용한 방법이며 최악의 경우에 대한 계산 복잡도는 O(log$n$)이다.

05 이진 탐색은 정렬된 데이터 집합을 이분화하면서 탐색하는 방법이다. 정렬된 데이터 집합을 반으로 쪼개가면서 원하는 값을 찾는 과정을 반복한다.

06 이진 탐색은 파일의 중앙부터 탐색을 시작하고 탐색 범위를 반씩 줄여가며 탐색하는 것이다.

정답 04 ② 05 ① 06 ③

07 해싱은 해싱 함수를 통해 킷값을 수치 형태로 바꿀 수 있으며 O(1)의 시간 복잡도로 원하는 데이터를 검색할 수 있다.

07 메모리에 저장된 특정 요소를 검색하는 데 O(1)의 시간 복잡도를 가지며, 속도가 빠르고 효율적인 탐색 방법에 해당하는 것은 무엇인가?

① 해싱
② 순차 탐색
③ 이진 탐색
④ 피보나치 탐색

08 체이닝은 동일한 주소로 해싱된 모든 키들을 하나의 연결 리스트로 저장하는 방법이다.

08 해싱의 오버플로우 처리 기법 중 하나이며 충돌 발생 시 동일한 주소로 해싱된 모든 키들을 하나의 연결 리스트로 저장하는 것을 무엇이라 하는가?

① 선형 조사
② 체이닝
③ 2차 조사
④ 원형 큐

정답 07 ① 08 ②

✅ 주관식 문제

01 다음은 탐색에 대한 설명이다. ㉠, ㉡, ㉢, ㉣에 들어갈 내용을 쓰시오.

> (㉠)은/는 찾고자 하는 값을 대상 데이터 집합의 중간값과 비교하여 그 대상 범위를 축소시키면서 찾는 방법이다. 데이터가 (㉡)되어 있는 경우에 사용할 수 있으며 찾고자 하는 킷값을 먼저 가운데 있는 데이터와 비교한다. 만약 킷값이 가운데 데이터보다 작으면 가운데 데이터의 (㉢)에 있는 데이터들을 대상으로 탐색한다. 만약 킷값이 가운데 데이터보다 크면 가운데 데이터의 (㉣)에 있는 데이터들을 대상으로 탐색한다.

01

정답 ㉠ 이진 탐색
㉡ 정렬
㉢ 왼쪽
㉣ 오른쪽

해설 이진 탐색은 정렬된 데이터 집합을 이분화하면서 탐색하는 방법으로 데이터 집합을 반으로 쪼개가면서 원하는 값을 찾는 과정을 반복한다. 한번 비교할 때마다 비교 대상이 절반씩 줄어들기 때문에 대량이 데이터 집합에서 탐색하는 경우 순차 탐색에 비해 이진 탐색이 훨씬 효율적이다. 킷값을 탐색할 때 먼저 데이터들 중 가운데 있는 데이터와 비교한다. 찾고자 하는 킷값이 가운데 데이터보다 작으면 가운데 데이터의 왼쪽에 있는 데이터들을 대상으로 탐색하고 크면 가운데 데이터의 오른쪽에 있는 데이터들을 대상으로 탐색한다.

02 다음 설명에서 ㉠, ㉡, ㉢, ㉣에 들어갈 내용을 쓰시오.

> (㉠)은/는 모든 노드들의 자식 노드가 2개 이하인 트리를 의미한다. 따라서 (㉠)의 최대 차수는 (㉡)이다. (㉠)은/는 (㉢)(이)나 (㉣)을/를 이용해서 구현할 수 있다.

02

정답 ㉠ 이진 트리
㉡ 2
㉢ 배열
㉣ 연결 리스트

해설 이진 트리의 각 노드는 2개 이하의 자식 노드를 갖는다. 노드의 차수는 그 노드가 가지는 자식 노드의 수를 의미하므로 이진 트리의 최대 차수는 2가 된다. 이진 트리는 배열이나 연결 리스트를 이용해서 구현할 수 있다.

여기서 멈출 거예요? 근처가 바로 눈앞에 있어요.
마지막 한 걸음까지 SD에듀가 함께할게요!

제6장

스트링 처리 알고리즘

제1절   스트링 탐색 알고리즘
제2절   패턴매칭 알고리즘
제3절   파일압축 알고리즘
제4절   암호화 알고리즘
실제예상문제

I wish you the best of luck!

스트링 처리 알고리즘

제 **6** 장

제 1 절 　스트링 탐색 알고리즘 중요 ★

스트링 매칭이란 주어진 텍스트에서 주어진 패턴이 어디에 나타나는지를 알아내는 것이다. 패턴이란 텍스트 내에서 찾고자 하는 특정 문구를 의미한다. 예를 들어 텍스트 T[1…n]에서 패턴 P[1…m]과 일치하는 모든 부분을 찾아내는 것을 스트링 매칭이라 한다. 만약 텍스트 T는 "abababc"이고 패턴 P는 "aba"라고 하면 텍스트 T에서 패턴 P는 2번 발생하며 그 위치는 T의 첫 번째와 세 번째 위치이다.

> 📁 **입력**
>
> T[1…n] : 텍스트 문자열
> P[1…m] : 패턴 문자열
> m < n
>
> 📁 **스트링 매칭**
>
> 텍스트 문자열 T[1…n]에 패턴 문자열 P[1…m]이 존재하는지 알아봄

스트링 매칭은 비교를 통한 대상을 찾는 모든 기능에서 활용될 수 있다. 예를 들어 웹 검색 사이트에서 정보를 검색하는 경우나 워드 프로세서에서 특정 단어를 찾는 경우를 들 수 있다. 또한 데이터베이스 검색, DNA 정보 검색 등 다양한 분야에 활용된다.

1 　직선적 알고리즘

직선적 알고리즘은 텍스트의 매 위치에서 패턴 일치가 발생하는지를 조사하는 가장 간단한 형태의 알고리즘 이다. 본문 문자열을 처음부터 끝까지 차례대로 순회하면서 패턴 내의 문자들을 일일이 비교하는 방식으로 동작한다. 한 글자 또는 한 비트씩 오른쪽으로 진행하며 텍스트의 처음부터 끝까지 모두 비교해가며 탐색하는 방법이다.

예를 들어, 다음과 같이 텍스트 문자열 T와 패턴 문자열 P가 주어졌다고 하자.

> 텍스트 문자열 T : abacabacabababcacaabbc
> 패턴 문자열 P : ababca

텍스트 T에서 패턴 P가 나타나는 부분을 찾는 직선적인 알고리즘은 T와 P를 앞에서부터 하나하나 차례로 비교해 나가는 것이다. 먼저 T[1]에 해당하는 a와 P[1]에 해당하는 a를 비교하고 일치하므로 다음 T[2]에 해당하는 b와 P[2]에 해당하는 b를 비교한다. 다시 일치하므로 그다음 위치인 T[3]의 a와 P[3]의 a를 비교한다. 이러한 비교 과정은 불일치가 발생할 때까지 반복한다. 텍스트 T와 패턴 P는 맨 앞의 세 문자열인 "aba"는 일치한다. 즉 T[1···3]과 P[1···3]은 일치함을 알 수 있다. 그러나 T[4]에 해당하는 문자열은 c이고 P[4]에 해당하는 문자열은 b이므로 불일치가 발생한다. 그러면 패턴을 한 자리 오른쪽으로 이동시켜 T[2···7]과 P[1···6]을 비교한다. 이 경우에는 T[2]와 P[1]에서 불일치가 발생한다. 따라서 패턴을 다시 오른쪽으로 한 자리 이동시켜 패턴의 처음부터 비교를 다시 반복한다. 이처럼 직선적 알고리즘은 텍스트의 매 위치에서 패턴 일치가 발생하는지를 조사하는 방법이다.

다음은 직선적 알고리즘이다.

```
BruteForce(P[ ], T[ ])
{
  /* M = 패턴의 길이, N = 텍스트의 길이 */
  for (i = 0, j = 0; j < M && i < N; i = i + 1, j = j + 1)
    if (T[i] ≠ P[j]) then {
       i = i - j;
       j = -1;
    }
  if (j = M) then
    return i - M;
  else
    return i;
}
```

[그림 6-1]은 직선적 알고리즘을 적용한 예를 보인 것이다.

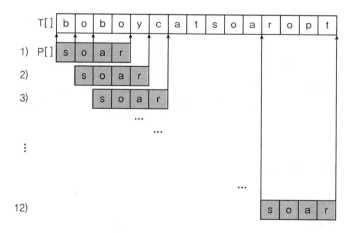

[그림 6-1] 직선적 알고리즘

직선적 알고리즘의 본문에 해당하는 텍스트 문자열의 길이를 n이라 하고 패턴 문자열의 길이를 m이라 하면 n×m번의 비교를 수행해야 한다. 모든 위치에서 패턴을 비교해야 하므로 시간 복잡도는 O(mn)이 된다.

제 2 절 패턴매칭 알고리즘 종요 ★★

1 라빈-카프 알고리즘

라빈-카프(Rabin-Karp) 알고리즘은 일반적인 경우 빠르게 작동하는 간단한 구조의 스트링 매칭 알고리즘이다. 라빈-카프 알고리즘은 해싱에 기반하고 있다. 패턴 내의 문자들을 일일이 비교하는 대신에 패턴의 해시값과 본문 안에 있는 하위 문자열의 해시값만을 비교한다. 해싱은 많은 양의 값들을 해시 함수에 대입하여 계산한 결과를 인덱스로 하여 해시 테이블에 저장하는 방식이다. 해시 테이블은 데이터를 삽입, 삭제, 탐색하기 위해 존재한다. 해싱은 인덱스만 계산하면 바로 값을 참조할 수 있기 때문에 연산 속도가 O(1)이며 매우 빠르다. 라빈-카프 알고리즘은 문자열 패턴을 수치로 바꾸어 문자열의 비교를 수치 비교로 전환해 매칭하는 방법이다. 문자열 검색을 위한 해시 함수를 이용해서 해시 값만 비교해서 찾는 것이다. 즉, 패턴 내의 문자들을 일일이 비교하는 대신에 패턴의 해시 값과 본문 안에 있는 하위 문자열의 해시 값만을 비교한다. 라빈-카프 알고리즘은 문자열을 숫자로 바꾸는 과정에서 숫자가 너무 커져서 오버플로우가 발생하는 것을 피하기 위해 mod 연산을 사용한다. 라빈-카프 알고리즘은 문자열을 모든 위치에서 비교해보기는 하지만 먼저 해당 위치의 해시값을 비교하고 같다면 그제서야 단순 비교한다. 해시값이 같다고 해서 항상 같은 문자열이라고 확신할 수는 없다. 해당 위치의 부분 문자열과 찾으려는 단어가 다르면서 해시값이 같을 수는 있으나 같은데 해시값이 다른 경우는 불가능하다. 라빈-카프 알고리즘은 항상 빠르지는 않지만 일반적인 경우 빠르게 작동하는 간단한 구조의 문자열 매칭 알고리즘이다.

예를 들어 텍스트 문자열 T가 "ababcdeabcdefg"이고 찾고자 하는 패턴 문자열 P가 "abcdefg"인 경우를 살펴보자.

> 텍스트 문자열 T : ababcdeabcdefg
> 패턴 문자열 P : abcdefg

만약 찾고자 하는 패턴 문자열 "abcdefg"의 해시값이 55라고 하자. 텍스트 문자열 T의 앞에서부터 7칸씩 해시값을 모두 계산해보며 55와 비교한다. 예를 들면 첫 번째 위치인 T[1:7]의 해시값은 37이라고 하면 이때는 해시값이 55와 다르므로 이 자리는 아니므로 패스한다.

ababcdeabcdefg (텍스트 문자열)

H(x) = 37

abcdefg (패턴 문자열)

H(x) = 55

비교하는 도중에 T[3···9]의 해시값이 55라면 충돌 발생 여부를 고려하여 실제로 T[3···9]와 P를 단순 비교한다. 비교해보니 "abcdefg"가 아니라 "abcdeab"이며 서로 일치하지 않음을 알 수 있다.

ababcdeabcdefg

H(x) = 55

abcdefg

H(x) = 55

마지막으로 해시값도 같고 단순 비교를 해서도 같다면 일치하는 패턴 문자열을 찾은 것이다.

ababcdeabcdefg

H(x) = 55

abcdefg

H(x) = 55

라빈-카프 알고리즘은 다음과 같다.

```
RabinKarp(T[ ], P[ ], d, q)
{
  /* n : 배열 T[ ]의 길이,  m : 배열 P[ ]의 길이 */
  p = 0;
  a_1 = 0;
  for i = 1 to m {            /* 패턴 P[ ]의 수치값과 a_1 계산 */
    p = dp + P[i];
    a_1 = da_1 + T[i];
  }
  for i = 1 to n − m + 1 {
    if (i ≠ 1) then
      a_i = d(a_{i−1} − d^{m−1} T[i−1]) + T[i + m − 1];
    if (p = a_1) then
      T[i] 자리에서 매칭이 되었음을 알린다;
  }
}
```

라빈-카프 알고리즘은 충돌이 일어나면 비교를 해야 하므로 충돌이 많이 일어날수록 불리하다. 충돌이 아니더라도 만약 "aaaaaaaaaaaaaa"에서 "aaaa"를 찾는 경우처럼 문자열이 많이 등장할 경우 전체 소요 시간은 O(mn)에 가까워지게 된다. 라빈-카프 알고리즘은 이처럼 최악의 시간 복잡도는 O(mn)이지만 평균적인 경우의 시간 복잡도는 선형에 가까운 O(m+n)을 가진 매우 빠른 알고리즘이다.

2 유한상태 자동장치와 스트링 매칭 [중요] ★

유한상태 자동장치는 유한개의 상태와 이런 상태들 간의 변환으로 구성된 계산 모형이다. 유한상태 자동장치는 하나의 초기 상태에서 입력에 따라 다음으로 가야 할 상태를 결정하게 된다. 한 상태에서 다음 상태로 바뀌는 것을 상태의 전이(transition)라고 한다. 입력이 종료될 때 기계의 상태가 미리 정해진 종료 상태가 될 때 그 입력이 제대로 인식되었다고 한다. 종료 상태는 여러 개가 될 수 있다. 유한상태 자동장치를 오토마타(automata)라고도 하는데 자동 기계 장치라는 의미이다. 컴퓨터는 여러 오토마타 중에서도 유한상태 기계라 할 수 있으며 유한 개수의 상태를 가질 수 있는 추상 기계라는 의미이다. 유한상태 자동장치의 동작 원리는 상태 전이도를 이용하여 표현할 수 있다. 상태 전이도는 유한상태 자동장치의 동작 원리를 그림의 형태로 설명해주는 것이다. 상태 전이도에서 상태는 원으로 표시하고 원 내부에는 상태의 이름, 번호 등을 표시한다. 화살표는 상태의 전이를 나타내고 화살표에 입력, 조건 등을 나타내어 해당하는 전이가 발생하기 위한 입력, 조건 등 표시한다. 기계의 초기 상태는 화살표를 이용하여 표시하고 최종 상태가 있을 경우에는 이중원으로 표시한다.

예를 들어 일상생활에서 흔히 볼 수 있는 음료수 자동 판매기의 동작 원리도 유한상태 자동장치에 해당한다. 자동 판매기에 사람이 돈을 투입하고 원하는 품목을 선택하면 물건이 출구로 나온다. 사람이 원하는 품목을 선택하면 기계는 미리 정해진 동작을 수행한다. 이때 사람이 메뉴를 선택하는 것이 유한상태 자동장치의 입력에 해당한다. 이를 상태 전이도로 표현하면 [그림 6-2]와 같다. 상태 전이도에서는 투입되는 액수에 따라 상태가 변한다. 시작 상태는 액수가 0원 상태, 50원이 투입되면 50원 상태, 100원이 투입되면 100원 상태로 이동한다. 일정한 금액 이상의 상태가 되면 음료수를 출력할 수 있다.

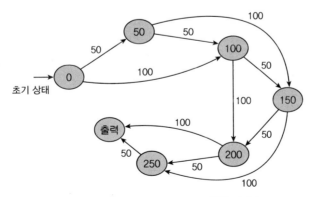

[그림 6-2] 유한상태 자동장치로 표현한 자판기

> **⚠ 더 알아두기 🔍**
>
> 유한상태 자동장치는 여러 개의 제한된 상태가 존재하고 특정 조건에 맞게 유한개의 이산적인 입력에 따라 한 상태에서 다른 상태로 전환시키거나 출력이 일어나게 하는 장치나 모델이다. 상태는 입력에 따라 얻어진 출력과 현재의 상태에서 다음 상태로 전이되도록 만든 하나의 개념적 모델이며 입력에 따라 출력을 만들어내는 출력 함수와 현재의 상태에서 다음 상태로 전이되는 전이 함수가 존재한다. 가전제품을 제어하는 방법(전원의 On/Off 상태)이나 문자열을 입력하여 출력 문자열을 만들어내는 컴퓨터도 유한상태 자동장치라고 할 수 있다.

우리가 흔히 볼 수 있는 전등 스위치의 동작 원리를 설명하는 상태 전이도는 [그림 6-3]과 같다.

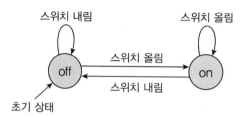

[그림 6-3] 전등 스위치의 상태 전이도

유한상태 자동장치는 컴퓨터의 기본적인 동작 원리, 기계의 제어 장치, 형식 언어, 컴파일러의 어휘 분석 등 다양한 분야에 활용된다. 어휘 분석은 프로그램에서 사용된 어휘에 해당하는 변수, 숫자, 함수명 등의 문법적인 구조가 적합한지 분석하는 것이다. 예를 들어 변수명은 숫자로 시작할 수 없다는 조건을 만족하는지 확인하는 절차이다. 유한상태 자동장치를 상태 전이도로 그려 모델링한 후 전자 회로로 구현하여 전자 장치들을 만들 수 있다. 대부분의 기계 장치, TV 등이 유한상태 자동장치의 원리에 따라 작동한다고 할 수 있다.

어휘 분석에서 유한상태 자동장치가 어떻게 활용되는지 살펴보자. 알파벳 $\sum$는 입력 문자열을 구성하는 각 문자의 집합을 의미한다. 예를 들어 영어 알파벳은 $\sum$ = {a, b, c, …, z}가 된다. 한국어 자음 알파벳은 $\sum$ = {ㄱ, ㄴ, ㄷ, …, ㅎ}이 된다. 그리고 이진수의 알파벳은 $\sum$ = {0, 1}이고 a, b로만 구성된 문장의 알파벳은 $\sum$ = {a, b}가 된다. 만일 알파벳이 $\sum$ = {A, B}일 때 처음 두 문자로 A가 연속하거나 또는 B가 연속하는 문자열을 인식하는 기계가 있으면 상태 전이도는 [그림 6-4]와 같다. 어떤 문자열을 인식한다는 것은 조건에 맞는 문자가 들어올 때는 올바른 문자열이라고 판단하고, 조건에 맞지 않는 문자가 들어올 때는 올바르지 않은 문자열이라고 판단하는 것이다. 예를 들어 AABABA는 조건에 맞는 문자열이고 ABAB는 조건에 부적합한 문자열이다.

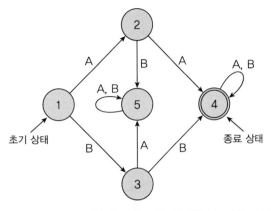

[그림 6-4] 처음 두 문자로 연속된 문자를 갖는 문자열을 인식하는 상태 전이도

만일 입력 문자열이 ABA이면 5번 상태가 되므로 입력 문자열이 조건에 적합하지 않다는 것을 알 수 있다. 또한 한 번 5번 상태가 되면 어떠한 입력이 들어오더라도 그 상태를 벗어날 수 없다. 만일 AABB가 입력되면 초기 상태인 상태 1에서 2, 4를 거쳐 종료 상태가 된다. 4번 상태에 도달한 입력 문자열은 이후에 어떠한 문자가 들어오더라도 4번 상태에서 머물게 되며 이 상태가 종료 상태이므로 적합한 문자열이라는 판단하게 된다. [그림 6-5]는 알파벳 $\Sigma = \{A, B\}$일 때 A의 개수가 홀수 개인 문자열을 인식하는 기계의 동작 원리를 설명하는 상태 전이도이다. AABA는 합당한 문자열이고 ABAB는 합당하지 않다.

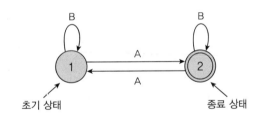

[그림 6-5] 홀수 개의 A가 있는 문자열을 인식하는 상태 전이도

유한상태 자동장치를 이용한 스트링 매칭은 비교 과정의 문맥을 전혀 이용하지 않는 직선적 알고리즘을 개선하기 위한 방법이다. 유한상태 자동장치는 여러 개의 상태로 표현할 수 있으며 매칭이 진행된 상태들 간의 관계를 표현할 수 있다. 문제 해결 절차를 상태간의 전이로 나타내며 상태는 문제 해결 과정의 문맥을 반영한다. 유한상태 자동장치는 다음과 같은 구성 요소를 가진다.

> 구성 요소 : (Q, q_0, F, Σ, δ)
> • Q : 상태들의 집합
> • q_0 : 시작 상태
> • F : 목표 상태들의 집합
> • Σ : 입력 알파벳
> • δ : 상태 전이 함수

예를 들어, 집합 {a, b, c, d, …, z}의 원소로만 구성된 문서에서 문자열 "ababaca"를 찾으려고 한다고 가정하자. 이를 상태 전이도로 표현하면 [그림 6-6]과 같다.

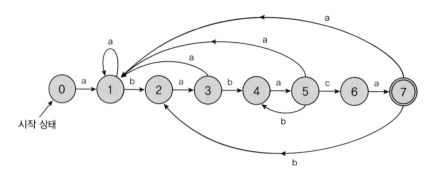

[그림 6-6] 문자열 ababaca를 찾는 유한상태 자동장치

구성 요소를 살펴보면 다음과 같다.

- 상태들의 집합인 Q = {0, 1, 2, 3, 4, 5, 6, 7}
- 시작 상태인 q_0 = {0}
- 목표 상태들의 집합인 F = {7}
- 입력 알파벳인 Σ = {a, b, c, d, …, z}

[그림 6-6]의 상태 1에서 입력 "b"를 받으면 상태 2로 이동한다. 또한 상태 5에서 "a"를 받으면 상태 1로 이동한다. 각 상태는 문자열 "ababaca" 중 얼마만큼 일치했는가를 나타낸다. 상태 0은 아무것도 찾지 못한 상태이고 상태 3은 "aba"까지 찾은 상태를 의미한다. 상태 7은 "ababaca"를 모두 찾은 상태가 된다. 목표 상태가 되면 종료할 수도 있고 필요에 따라 계속 더 찾을 수도 있다.

[그림 6-7]은 상태 전이 함수 δ를 표로 정의한 것이다.

입력문자

상태	a	b	c	d	e	…	z
0	1	0	0	0	0	…	0
1	1	2	0	0	0	…	0
2	3	0	0	0	0	…	0
3	1	4	0	0	0	…	0
4	5	0	0	0	0	…	0
5	1	4	6	0	0	…	0
6	7	0	0	0	0	…	0
7	1	2	0	0	0	…	0

[그림 6-7] 상태 전이 함수 δ의 표현

[그림 6-7]에서 3행 b열의 자리는 4이다. 이는 상태 3에서 "b"를 입력하면 상태 4로 전이됨을 의미하며 δ(3, b) = 4와 같이 표현할 수 있다.

유한상태 자동장치가 주어졌을 때 매칭 여부를 체크하는 알고리즘은 다음과 같다.

```
FA-Matching (T[ ], δ[ ][ ], F)     /* F: 목표 상태  집합 */
{
    q = 0;
    for i = 1 to n {    /* n: 배열 T[ ]의 길이 */
        q = δ (q, T[i]);
        if (q ∈ F ) then
            T[i − m + 1]에서 매칭이 발생했음을 알린다;
    }
}
```

이 알고리즘의 for 루프는 단순히 n번 반복하는 것이며 따라서 전체 수행 시간은 O(n)이다. 문자열의 처음부터 끝까지 훑어가면서 상태를 옮겨다니는 것이 전부이다. 그러나 문자열 집합 $\sum$의 크기가 $|\sum|$라 할 때 상태 전이 함수 테이블이 행렬 모양이므로 행렬의 원소 수는 $|\sum|$m개가 된다. 따라서 유한상태 자동장치를 이용하는 매칭 알고리즘의 총 수행 시간은 O(n + $|\sum|$m)이 된다.

3 KMP 알고리즘 중요 ★★

KMP 알고리즘은 Knuth, Morris, Pratt 세 명의 이름 이니셜을 따서 만든 알고리즘이다. KMP 알고리즘은 검색을 왼쪽부터 시작해서 오른쪽으로 이동해가며 직접 비교해가는 방식이지만 비교가 필요 없는 부분은 스킵하고 필요한 부분은 비교하는 융통성 있는 알고리즘이다. 기존 방법은 한 칸씩 이동하기 때문에 불필요한 비교가 많지만 KMP 알고리즘은 중간에 불일치가 발생한 경우 여러 칸을 옮기게 되어 불필요한 비교를 줄일 수 있다. KMP 알고리즘의 핵심은 패턴의 각 위치에 대한 매칭에 실패했을 때 돌아갈 곳을 알려주는 일차원 배열을 준비하고 이를 이용해 텍스트를 훑어 나간다는 점이다. 따라서 KMP 알고리즘은 최저의 시간으로 문자열 속의 패턴을 찾아낼 수 있다.

직선적 스트링 매칭을 다시 한 번 생각해 보자. 텍스트 문자열 T에서 패턴 문자열 P를 찾아 보자.

불일치

텍스트 문자열 T: a b a b a b a c a b a b a b c a c a a b b c

패턴 문자열 P: a b a b a b c a

텍스트 문자열과 패턴 문자열의 첫 위치를 맞추어 정렬시킨 후 비교를 시작하여 텍스트 문자열 T와 P의 7번째 위치에서 불일치가 발생한 것을 알 수 있다. 직선적 방법은 패턴을 오른쪽으로 한 위치 이동시켜 비교를 패턴의 첫 위치부터 다시 시작한다. 다시 말해서 이미 비교한 텍스트의 앞부분으로 되돌아가 비교를 계속한다. 그런데 불일치가 이 지점에서 발생했을 때 이 앞부분은 서로 같다는 것을 이미 알고 있다. 즉 화살표 앞쪽의 텍스트 스트링에 어떤 문자들이 있는지를 알고 있다. 이때 이러한 정보를 이용하여 불일치가 발생한 앞부분은 다시 비교하지 않고 매칭할 수 있는 방법을 생각해 보자.

[그림 6-8]은 KMP 알고리즘을 이용하여 텍스트 문자열 T에서 패턴 문자열 P인 "abcdabcwx"를 찾는 과정을 보여주는 예이다. 그림의 (a)는 패턴의 앞부분 "abcdabc"까지는 텍스트와 일치하고 패턴의 문자 "w"가 텍스트의 문자 "d"와 일치하지 않음을 확인한 직후이다. 텍스트의 문자 "d" 직전의 문자열 "abc"는 패턴의 맨 앞부분 세 문자와 일치하므로 이 정보를 이용하면 텍스트의 문자 "d"와 패턴의 4번째 문자를 비교하면 되는데 여기서는 일치한다. 그림 (b)는 (a)와 같은 상황이 일어날 때 텍스트에서 불일치가 일어난 부분을 패턴의 어느 부분과 비교하면 되는지에 대한 정보이다. 즉, 패턴이 8번 문자와 불일치가 일어나면 패턴의 4번 문자와 비교를 해보라는 것이다. 그림 (c)의 배열 $\pi[]$는 패턴 문자열에서 각각의 위치에 대해 (b)와 같은 정보를 담고 있다. 배열 $\pi[]$ 아래의 화살표 그림은 배열 $\pi[]$를 시각적으로 나타낸 것이다.

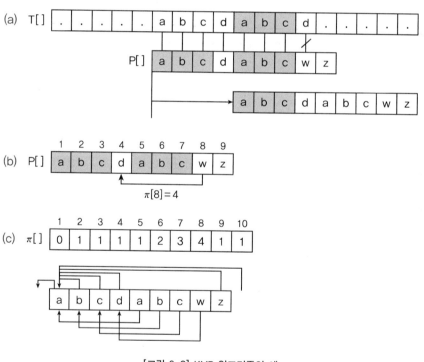

[그림 6-8] KMP 알고리즘의 예

KMP 알고리즘은 다음과 같다.

```
KMP(T[ ], P[ ])
{
    preprocessing(P);
    i = 1;    /* 본문 문자열 포인터 */
    j = 1;    /* 패턴 문자열 포인터 */

    /* n: 배열 T[ ]의 길이, m: 배열 P[ ]의 길이 */
    while (i ≤ n) {
        if (j = 0 or T[i] = P[j]) then {
            i++;
            j++;
        }
        else j = π [j];
        if (j = m + 1) then {
                T[i − m]에서 매치되었음을 알림;
                    j = π [j];
        }
    }
}

preprocessing(P[ ])
{
    i = 1;    /* 본문 문자열 포인터 */
    k = 1;    /* 패턴 문자열 포인터 */
    π [1] = 0;
    while (j ≤ m) {
        if (k = 0 or P[j] = P[k]) then {
            j++;
            k++;
            π[j] = k;
        }
        else k = π [k];
    }
}
```

KMP 알고리즘은 패턴 자체의 정보를 이용하여 이동 위치를 효율적으로 결정할 수 있다. 불일치가 발생한 텍스트 문자열의 앞부분에 어떤 문자가 있는지를 미리 알고 있으므로 불일치가 발생한 앞부분에 대하여 다시 비교하지 않고 매칭을 수행한다. KMP 알고리즘의 총 수행 시간은 O(m + n)이다.

KMP 알고리즘의 아이디어
① 매칭에 실패했을 때 성공한 부분을 다시 이용하자.
② 이미 비교한 부분을 다시 비교하지 말자.
③ 오른쪽으로 한 칸 이동하지 말고 최대한 많이 이동하자.

제 3 절 파일압축 알고리즘

데이터를 저장하거나 전송할 때는 데이터의 크기를 줄이는 것이 효율적이다. 데이터의 크기를 줄이는 데 사용하는 기술이 압축이다. 압축은 데이터의 크기를 줄여서 저장 공간을 잘 활용하기 위한 기술이다. 파일을 압축하는 방법에는 손실 압축과 무손실 압축이 있다.

손실 압축(lossy compression)은 데이터를 압축한 후 나중에 압축된 파일로부터 원본을 복원했을 때 원본과 완전히 일치하지는 않지만 그런대로 원본과 비슷하게 복원되는 압축 방법이다. 즉, 원래의 것과 완벽하게 일치하지는 않지만 충분히 유용한 방식이다. 손실 압축은 일반적으로 그림이나 소리의 압축에 사용되는데, 특히 스트리밍 미디어와 인터넷 전화 등의 응용 프로그램 안에서 멀티미디어 데이터를 압축하는 데에 가장 많이 사용된다. 사진, 음악, 동영상 등 주로 멀티미디어 데이터에서 사람이 지각하기 힘든 범위의 데이터를 버리고 압축하는 방법이라 할 수 있다. 압축하는 과정에서 원본 데이터가 일부 손실되기 때문에 손실 압축이라고 한다.

무손실 압축(lossless compression)은 압축 후 복원하는 과정에서 원시 영상을 거의 손실 없이 복원하는 방법이다. 따라서 압축률은 손실 압축에 비해 떨어지지만 원본과 완전히 동일하게 복원할 수 있다. 무손실 압축은 주로 텍스트의 압축에 사용된다.

예를 들어, ABRACADABRA라는 문장을 가정해 보자. 알파벳은 총 26개의 문자로 구성되어 있기 때문에 2^5개의 가짓수를 표현하는 5비트만으로 서로 구분할 수 있다. 예를 들어 A는 알파벳 첫 글자이므로 00001, B는 00010으로 표현하면 된다. 이처럼 문자별로 고정 비트를 할당하면 이 문장은 11개의 문자이므로 총 55비트로 표현할 수 있다.

가변길이 압축(variable-length compression)은 텍스트 파일을 무손실 압축하기 위한 방법 중 하나이다. ABRACADABRA라는 문장에서 글자별 출현 빈도를 보면 A는 5번, B는 2번, C는 1번, D는 1번, R은 2번이다. 이 중 가장 많이 나타나는 것을 가장 짧은 비트로 가져가면 전체 길이가 줄어든다. A = 0, B = 1, R = 01, C = 10, D = 11로 표시하면 ABRACADABRA = 0101010...으로 압축할 수 있다. 그러나 이런 경우 복원이 어려워진다. 0101010의 첫 비트만 읽으면 0으로서 A를 의미하지만, 첫 2비트를 한 번에 읽으면 R을 의미하기 때문이다. 이렇게 되면 첫 문자가 A인지 R인지 판단이 불가능해진다. 이처럼 어떤 문자의 비트열이 다른 문자의 비트열의 앞부분에 해당할 때 그 문자를 다른 문자의 접두사(prefix)라고 한다. 가변길이 압축은 이 접두사 관계를 어떻게 없앨 수 있느냐가 관건이다.

만약 A = 11, B = 00, C = 010, D = 10, R = 011인 경우 문자 사이에 아무런 접두사 관계가 존재하지 않는다. 따라서 복원 결과는 유일하다.

트라이(tri)는 기수 탐색 트리의 일종이며 [그림 6-9]처럼 모든 레코드가 외부 노드에 분포한다. 그림의 왼쪽 트라이에서 문자 A는 이진코드 1, 문자 D는 001을 나타낸다.

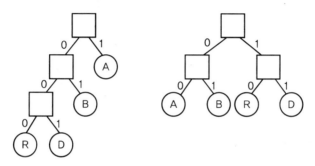

[그림 6-9] 트라이

허프만 코딩(huffman coding)은 텍스트 압축을 위해 널리 사용되는 방법으로, 원본 데이터에서 출현 빈도가 많은 문자는 적은 비트의 코드로 변환하여 표현하고, 출현 빈도가 적은 문자는 많은 비트의 코드로 변환하여 표현함으로써 전체 데이터를 표현하는 데 필요한 비트 수를 줄이는 방식이다. 허프만 트리(huffman tree)는 텍스트 압축을 위해 널리 사용되는 방법인데, 압축 과정에서 가장 중요한 부분이 각 문자를 표현하기 위한 허프만 트리를 구성하는 것이다.

예를 들어 다음 텍스트를 허프만 코딩을 통해 압축한다고 가정하자.

> AAAAAAABBCCCDEEEEFFFFFFG

일단 원본 데이터에 포함된 각 문자들의 출현 빈도수를 계산한 후 이를 내림차순으로 정렬한다.

> A(7개), F(6개), E(4개), C(3개), B(2개), D(1개), G(1개)

그런 다음 출현 빈도가 가장 적은 D와 G를 묶어 이진 트리를 구성하고, 이 둘을 묶는 루트 노드에 두 문자 빈도수의 합인 2를 적는다. 이후 빈도수의 합인 2를 기준으로 내림차순 재정렬이 필요한 경우 재배열한다.

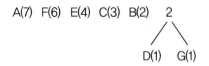

같은 방법으로 다시 값이 가장 적은 두 개의 노드를 묶어 이진 트리를 구성하고, 그 루트 노드에는 두 빈도수 값의 합을 적는다. 여기서는 B와 2(D, G)가 묶이게 되며 빈도수 합은 4가 된다. 이후 합쳐진 빈도수 4를 기준으로 내림차순 재배열을 수행한다.

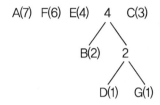

동일한 방법으로 다음 단계를 수행한다. 이번에는 4(B, D, G)와 C(3)가 트리로 묶이게 된다. 이때의 빈도수 합은 7이 되며, 이 값을 기준으로 내림차순 재배열을 수행한다.

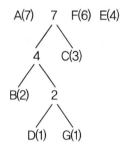

모든 노드(문자)가 트리에 포함될 때까지 이러한 과정을 반복한다. 전체 트리가 구성되는 각 단계를 차례로 나타내면 다음과 같다.

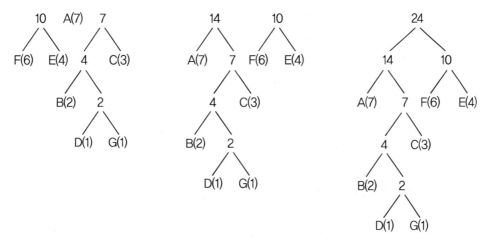

[그림 6-10] 허프만 트리 작성 과정

마지막으로 전체 트리에 대해 각 가지의 왼쪽에는 0, 오른쪽에는 1을 기입하여 허프만 트리를 완성시킨다. 루트로부터 가지로 숫자를 읽어 내려가면서 각 문자에 대한 이진 코드를 기록한다.

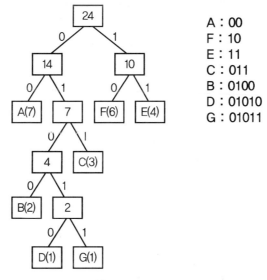

A : 00
F : 10
E : 11
C : 011
B : 0100
D : 01010
G : 01011

[그림 6-11] 허프만 트리

이렇게 만들어진 코드를 이용해 원본 텍스트를 표현하면 다음과 같이 되며, 이는 허프만 코딩을 통해 원본 텍스트를 압축한 결과가 된다.

AAAAAAABBCCCDEEEEFFFFFG
00000000000000010001000110110110101011111111010101010101001011

허프만 코딩에서 일단 출현 빈도가 가장 적은 문자 쌍을 선택하는 이유는 뒤로 갈수록 새로운 레벨이 추가되기 때문이다. 처음에 선택한 쌍은 루트에서 가장 멀어지게 되므로 코드가 가장 길어지게 된다. 허프만 코딩의 압축률은 입력 데이터의 내용에 따라 달라진다. 모든 글자가 완전히 동일한 빈도로 출현한다면 허프만 트리는 고정길이 문자열과 동일한 결과를 갖게 된다.

제 4 절 암호화 알고리즘

컴퓨터 네트워크에서 송신자와 수신자는 전송 매체를 통해 메시지를 주고받는다. 네트워크는 제3자가 임의로 접근할 수 있고 전송 메시지는 외부 접근에 노출되어 있다고 할 수 있다. 따라서 전송 과정에서 허용되지 않은 접근을 시도하는 침입자(intruder)로부터 메시지를 안전하게 보호해야 한다. 암호문은 비밀을 유지하기 위해 당사자만 알 수 있도록 꾸민 약속 기호라고 할 수 있다. 암호는 암호문이 노출되더라도 정보를 숨길 수 있어야 한다. 암호화하기 이전 데이터를 평문이라 하고 이러한 평문을 암호문으로 바꾸는 것을 암호화라고 한다. 암호화는 메시지의 내용을 변형하여 원래의 의미를 알아볼 수 없도록 변형하는 작업이다. 메시지는 언어로 표현되기 때문에 송수신자만 해독할 수 있는 표현 방식을 사용해 침입자가 메시지의 내용을 알아볼 수 없게 만들어 전송해야 한다. 암호화된 문서는 원래 언어로 변형하여 수신자가 알아보기 위해서 해독(decryption) 과정을 거쳐야 하는데 이를 복호화라고 한다. 복호화는 암호문을 원래의 평문으로 바꾸는 것이다.

암호화 알고리즘은 평문과 암호화 키를 입력으로 하여 암호화된 데이터를 출력으로 생성하는 알고리즘이다. 즉, 암호화 알고리즘은 암호화나 복호화를 수행할 때 양쪽이 알고 있어야 할 수단이라 할 수 있다. 이때 암호화 키는 약속한 규칙이 된다. 적절한 암호화 키를 사용한다면 암호화 알고리즘이 노출되더라도 키 없이는 해독할 수 없다.

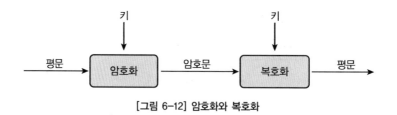

[그림 6-12] 암호화와 복호화

암호화의 종류에는 단방향 암호화, 비밀키 암호화, 공개키 암호화 등이 있다.
단방향 암호화는 대표적으로 신원 증명과 인증 과정에서 사용된다. 예를 들어 비밀번호를 'wiki123'이라고 지정했을 때 이를 암호화하여 'A3pnqq49.Hw'라는 아무런 유사성 없는 암호문을 만들어낸다. 단방향 암호화의 특징은 역으로 변환하는 것이 불가능하고 어떤 방법을 쓰더라도 암호문을 원래의 평문으로 되돌릴 수 없다는 것이다.

비밀키 암호화는 말 그대로 비밀키를 사용하여 암호화와 복호화하는 과정을 거친다. 평문에 암호화 킷값을 이진수 연산 처리하여 암호문을 생성하고 암호문을 받은 수신자는 동일한 암호화 킷값을 역으로 대입하여 암호문을 해독한다. 따라서 비밀키 암호화를 위해서는 송신자와 수신자 모두 동일한 암호화 키를 알고 있어야 한다.

공개키 암호화는 공개키와 개인키라고 불리는 서로 다른 두 개의 키를 사용한다. 비밀키 암호화 방식과 비교해보면, 송수신자에게 공개된 공개키를 사용하여 암호화한다는 점은 비슷하지만, 복호화는 개인키를 가진 사람만 할 수 있다는 점에서 차이가 생긴다. 조금 더 복잡해 보이는 이 방식은 비밀키 암호화 방식보다 처리가 느리기 때문에 실제 암호화 시스템은 비밀키 암호화 방식과 공개키 암호화 방식을 혼합하여 구축한다.

암호화 방식은 간단한 형식부터 복잡한 형식까지 다양하게 존재한다. 따라서 보안 환경 및 경제성 등 필요한 상황에 따라 적절한 암호화 방식을 결정해야 한다.

○×로 점검하자

※ 다음 지문의 내용이 맞으면 ○, 틀리면 ×를 체크하시오. [1 ~ 6]

01 직선적 알고리즘은 텍스트의 매 위치에서 패턴 일치가 발생하는지를 조사하는 가장 간단한 형태의 알고리즘이다. (　　)

>>>○ 직선적 알고리즘은 본문 문자열을 처음부터 끝까지 차례대로 순회하면서 패턴 내의 문자들을 일일이 비교하는 방식으로 동작한다.

02 라빈-카프 알고리즘은 상태 전이도를 이용하며 유한개의 상태들의 전이 과정으로 문자열을 매칭하는 알고리즘이다. (　　)

>>>○ 라빈-카프 알고리즘은 패턴 내의 문자들을 일일이 비교하는 대신에 패턴의 해시값과 본문 안에 있는 하위 문자열의 해시값만을 비교한다. 문자열을 모든 위치에서 비교해보기는 하지만 먼저 해당 위치의 해시값을 비교하고 같으면 단순 비교하게 된다.

03 KMP 알고리즘은 중간에 불일치가 발생한 경우 여러 칸을 옮기게 되어 불필요한 비교를 줄일 수 있다. (　　)

>>>○ KMP 알고리즘은 패턴의 각 위치에 대한 매칭에 실패했을 때 돌아갈 곳을 알려주는 일차원 배열을 준비하고 이를 이용해 텍스트를 훑어 나간다.

04 KMP 알고리즘의 총 수행 시간은 O($\log n$)이다. (　　)

>>>○ KMP 알고리즘의 총 수행 시간은 O(m+n)이다.

05 라빈-카프 스트링 매칭 알고리즘은 숫자 비교에 의하여 매칭을 수행한다. (　　)

>>>○ 라빈-카프 스트링 매칭 알고리즘은 해싱에 기반하고 있으며 패턴 내의 문자열 대신 숫자로 된 패턴의 해시값과 본문 안에 있는 하위 문자열의 해시값을 비교하여 매칭을 수행한다.

06 라빈-카프 알고리즘은 스트링 매칭을 위해 오토마타를 사용한다. (　　)

>>>○ 라빈-카프 알고리즘은 문자열 패턴을 수치로 바꾸어 문자열의 비교를 수치 비교로 전환해 매칭하는 방법이다. 패턴 내의 문자들의 해시값을 비교한다.

정답 **1** ○ **2** × **3** ○ **4** × **5** ○ **6** ×

실제예상문제

01 n은 텍스트의 길이, m은 패턴의 길이일 때 라빈-카프 알고리즘에 관한 설명으로 올바른 것은?

① 최악의 시간 복잡도는 $O(n+m)$이다.
② 해시값이 같으면 문자열이 일치한다.
③ 텍스트의 부분 문자열에 대한 해시값과 패턴의 해시값이 일치했다고 해서 반드시 패턴 매칭이 발생한 것은 아니다.
④ 매칭 과정을 유한상태 자동장치로 나타낼 수 있다.

02 스트링 매칭을 위한 라빈-카프 알고리즘에 관한 설명 중 **틀린** 것은?

① 스트링을 숫자값으로 바꾸어 비교한다.
② 패턴의 해시값과 텍스트의 부분 스트링의 해시값이 일치하더라도 패턴 매칭이 발생하지 않을 수도 있다.
③ 매 위치에서 시작해 패턴 문자열과 일치하는지 체크하는 방법이다.
④ m과 n을 각각 패턴과 텍스트의 길이라고 할 때 최악의 시간 복잡도는 O(mn)이다.

03 패턴의 길이가 m이고 텍스트의 길이가 n인 스트링 매칭 문제에 대한 직선적 방법의 시간 복잡도는?

① $O(\log n)$
② $O(mn)$
③ $O(n\log m)$
④ $O(m+n)$

04 라빈-카프 알고리즘은 해싱을 이용하여 문자열을 매칭하며 최악의 시간 복잡도는 $O(nm)$이다. 해싱을 이용하므로 패턴과 텍스트를 숫자로 바꾸어 비교한다.

04 스트링 매칭 알고리즘 중 라빈-카프 알고리즘의 특징에 해당하는 것은?

① 숫자 비교에 의하여 매칭을 행한다.
② 최악의 시간 복잡도가 $O(n)$이다.
③ 최선의 경우는 시간 복잡도가 $O(\log n)$이다.
④ 매칭 과정을 상태 전이도로 나타낼 수 있다.

05 KMP의 알고리즘의 시간 복잡도는 $O(m+n)$이다.

05 패턴의 길이가 m, 텍스트의 길이가 n인 스트링 매칭 문제에 대한 KMP 알고리즘의 시간 복잡도는?

① $O(2^n)$
② $O(mn)$
③ $O(n\log m)$
④ $O(m+n)$

06 스트링 매칭은 웹 검색 사이트의 정보 검색, 워드 프로세서에서 특정 단어를 찾기, 데이터베이스 검색, DNA 정보 검색 등에 활용된다.

06 스트링 매칭이 활용되는 분야에 대해 잘못 설명한 것은?

① 웹 검색 사이트에서 정보를 검색하는 경우
② 스프레드시트에서 수식 계산을 하는 경우
③ 데이터베이스 검색
④ DNA 정보 검색

정답 04 ① 05 ④ 06 ②

07 스트링을 숫자로 바꾸어 문자 단위가 아닌 숫자 비교에 의해서 매칭하는 방법은?

① 직선적 방법
② 라빈-카프 방법
③ KMP 방법
④ 보이어-무어 방법

07 라빈-카프 방법은 문자를 해시 함수에 의해 해시값으로 변환하고 이를 비교하여 매칭한다.

08 스트링 매칭을 위한 라빈-카프 알고리즘에서 mod 연산이 행해지는 이유는?

① 숫자를 10진법으로 하기 위해
② 계산 과정에서 너무 큰 수가 나타나지 않도록 하기 위해
③ 충돌이 발생하지 않도록 하기 위해
④ 알고리즘을 간단히 하기 위하여

08 라빈-카프 알고리즘은 문자열을 숫자로 바꾸는 과정에서 숫자가 너무 커져서 오버플로우가 발생하는 것을 피하기 위해 mod 연산을 사용한다.

09 문자열 탐색의 라빈-카프 알고리즘에서 이용하는 기법은?

① 난수 발생
② 해싱
③ 불일치문자 휴리스틱
④ 유한상태 자동장치

09 라빈-카프 알고리즘은 해싱을 이용한다. 문자열을 모든 위치에서 비교해보기는 하지만 먼저 해당 위치의 해시값을 비교하고 같다면 그제서야 단순 비교한다.

정답 07 ② 08 ② 09 ②

10 손실 압축은 데이터를 압축한 후 압축된 파일을 복원했을 때 원본과 완전히 일치하지는 않지만 그런대로 원본과 비슷하게 복원되는 압축 방법이다. 주로 사진, 음악, 동영상 등과 같은 멀티미디어 데이터를 압축하는 데 사용된다.

10 사람이 인식하기 힘든 범위의 데이터를 버리고 압축하는 방법을 무엇이라 하는가?

① 영상 압축
② 텍스트 압축
③ 손실 압축
④ 무손실 압축

✅ **주관식 문제**

01
정답 (1) 직선적 알고리즘, (2) 라빈-카프 알고리즘, (3) KMP 알고리즘, (4) 유한상태 자동장치를 이용한 스트링 매칭

해설 스트링 매칭 알고리즘에는 직선적 알고리즘, 라빈-카프 알고리즘, 유한상태 자동장치를 이용한 스트링 매칭, KMP 알고리즘 등이 있다.

01 스트링 매칭 알고리즘의 종류를 3가지만 나열하시오.

02
정답 ㉠ 패턴
㉡ 직선적 알고리즘

해설 패턴은 스트링 매칭 시 텍스트 내에서 찾고자하는 특정 문구를 의미한다. 직선적 알고리즘은 한 글자 또는 한 비트씩 오른쪽으로 진행하며 텍스트의 처음부터 끝까지 모두 비교해가는 스트링 매칭 방법이다.

02 다음 설명에서 ㉠, ㉡에 들어갈 내용을 쓰시오.

(㉠)은/는 텍스트 내에서 찾고자하는 특정 문구를 의미한다.
(㉡)은/는 텍스트의 매 위치에서 ㉠이 일치하는지 조사하는 가장 간단한 형태의 알고리즘이며 본문 문자열을 처음부터 끝까지 차례대로 순회하면서 일일이 비교하는 방식이다.

정답 10 ③

03 다음 설명에서 ㉠, ㉡, ㉢에 들어갈 내용을 쓰시오.

> 텍스트 문자열의 길이는 n이고 패턴 문자열의 길이가 m인 경우 직선적 알고리즘의 시간 복잡도는 (㉠)이다. (㉡)은/는 스트링을 숫자 값으로 바꾸어, 즉 해시값을 계산하여 매칭하는 알고리즘이다. 해시는 일반적으로 긴 데이터를 그것을 상징하는 짧은 데이터로 바꾸어주는 기법이다. 따라서 단순 해시 알고리즘의 경우 시간 복잡도가 (㉢)이/가 된다.

03

정답 ㉠ $O(mn)$
㉡ 라빈-카프 알고리즘
㉢ $O(1)$

해설 직선적 알고리즘의 본문에 해당하는 텍스트 문자열의 길이를 n이라 하고 패턴 문자열의 길이를 m이라 하면 n ×m번의 비교를 수행해야 하므로 시간 복잡도는 $O(mn)$이다. 라빈-카프 알고리즘은 해시를 이용하여 문자열 매칭을 검사하는 방법이다. 단순 해시 알고리즘은 한 번만에 원하는 데이터를 찾을 수 있으므로 시간 복잡도는 $O(1)$이다.

여기서 멈출 거예요? 근지가 바로 눈앞에 있어요.
마지막 한 걸음까지 SD에듀가 함께할게요!

제7장

기하 알고리즘

제1절　　기초적인 기하 알고리즘
제2절　　볼록 껍질 찾기
실제예상문제

I wish you the best of luck!

 혼자 공부하기 힘드시다면 방법이 있습니다.
SD에듀의 동영상강의를 이용하시면 됩니다.
www.sdedu.co.kr ➜ 회원가입(로그인) ➜ 강의 살펴보기

기하 알고리즘

제 **7** 장

제 1 절 ｜ 기초적인 기하 알고리즘 중요 ★

사람이 간단하게 풀 수 있는 문제를 컴퓨터를 사용하여 풀려고 하면 쉽지 않은 경우가 있다. 예를 들어 종이에 그려진 두 직선이 교차하는지 여부를 사람은 쉽게 판단할 수 있지만 컴퓨터는 여러 가지 연산을 거친 후에야 이 결과를 얻을 수 있다. 기초적인 기하 알고리즘은 기하학의 요소에 해당하는 점, 선, 다각형, 다면체 등의 도형을 다루는 분야에서 필요한 알고리즘이다. 기하 문제를 풀기 위해서는 이러한 기본 요소를 간단히 좌표로 표현하는 방법을 사용한다. 기하학의 기본 요소로는 점, 선, 다각형, 다면체 등이 있다.

- 점: 1차원 물체
- 선, 다각형: 2차원 물체
- 다면체: 3차원 물체

점은 x축과 y축의 좌표로 표현할 수 있다. 선은 두 개의 점이 직선으로 연결되었다고 가정한다. 다각형은 점의 집합이라 할 수 있으며 이웃한 점들은 직선으로 연결되어 있고 처음 점과 끝 점도 직선으로 연결된 닫힌 모양의 도형이라고 할 수 있다.

[그림 7-1]의 기하 요소에 해당하는 선분들에 대한 기본 용어를 정리하면 다음과 같다.

- 선분 AB: 양 끝점이 A와 B인 선분
- 꺾은선 CDE: 점 C에서 시작하여 점 D를 지나 점 E에 도착하는 꺾은선
- 무한 직선 FG: 점 F와 G를 지나는 양방향으로 무한한 직선
- 반직선 HI: 점 H에서 시작하여 점 I를 지나는 무한한 직선
- 반직선 Jx: 점 J에서 시작하여 양의 x축과 평행한 반직선

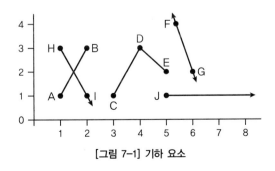

[그림 7-1] 기하 요소

간단한 기하학의 문제로는 선분 교차, 직각 삼각형, 내접 다각형이 있으며 복잡한 기하학 문제로는 순환 외판원, CAD, 최소 신장 트리 등이 있다.

1 두 선분의 교차 검사

가장 기본적인 기하 알고리즘 중 하나는 두 선분이 주어졌을 때 이 선분이 서로 교차하는지 여부를 판별하는 것이다. 두 선분의 교차 검사 알고리즘은 두 선분이 주어졌을 때 이 둘이 서로 교차하는지 아닌지를 검사하는 것이다. 두 선분이 교차하면 두 선분이 적어도 한 점을 서로 공유한다고 할 수 있다.

두 선분이 직교 좌표 평면에 놓여 있을 수 있는 여러 가지 경우들을 살펴보면 [그림 7-2]와 같다.

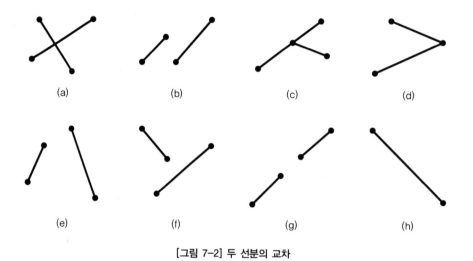

[그림 7-2] 두 선분의 교차

[그림 7-2]의 (a)는 두 선분이 교차하는 경우이다. (b)의 두 선분은 평행하고 (c)와 (d)는 선분의 한 끝점이 다른 선분에 닿아 있는 경우로서, 이러한 경우는 두 선분이 교차하는 것으로 본다. (e)의 두 선분은 서로 연장선상에서 교차하고, (f)는 한 선분의 연장선이 다른 선분과 교차하는 경우로서 이 두 경우는 교차하지 않는 것으로 간주한다. (g)의 두 선분은 일직선상에 있으나 교차하지 않으며, (h)는 한 선분이 다른 선분을 포함하는 경우로서 이것도 교차하는 경우로 간주한다. 따라서 [그림 7-2]에서 선분이 교차하는 경우는 (a), (c), (d), (h)이다. 두 선분이 포함하는 관계이면 교차한다고 할 수 있으며 연장선상에서 교차하는 것은 교차라고 하지 않는다. 선분의 교차는 두 선분이 공유하는 점이 있을 때 교차한다고 할 수 있으며 선분의 교차 검사는 각 선분을 중심으로 다른 선분의 양 끝점이 서로 다른 방향에 있는지를 검사하여 결정할 수 있다.

두 선분의 교차 검사 방법은 다음과 같은 두 가지가 있다.

(1) 방법1

두 선분의 교차 여부는 각 선분에 대해 그 선분을 포함하는 양방향으로 무한한 연장선을 긋고 그 두 연장선의 일차 방정식을 구한 후에 그로부터 교점을 계산함으로써 알 수 있다. 교점이 원래의 두 선분 상에 있으면 두 선분은 교차한다고 할 수 있다.

(2) 방법2

[그림 7-3]은 두 선분이 교차하는 경우이다. 이 경우를 살펴보면 [그림 7-3]의 (a)는 선분 AB를 기준으로 볼 때 점 C와 점 D가 서로 반대편에 존재한다. 즉, 꺾은선의 방향을 조사하면 교차 여부를 알 수 있다. [그림 7-3]의 (b)는 한 선분의 끝점이 다른 선분 상에 존재함을 알 수 있다. [그림 7-3]의 (c)는 일직선상에 있으면서 한 선분의 끝점이 다른 선분 상에 존재한다.

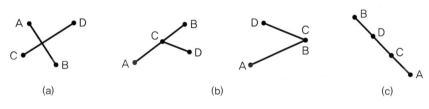

[그림 7-3] 두 선분이 교차하는 예

2 단순 폐쇄 경로 찾기

단순 폐쇄 경로는 n개의 점들이 주어졌을 때 이 점들을 모두 경유하고 출발점에 다시 되돌아오는 경로로서 서로 교차하지 않는 비교차 경로를 의미한다. 단순 다각형은 단순 폐쇄 경로에 의해 만들어지는 다각형이다. [그림 7-4]의 (b)는 단순 폐쇄 경로에 해당하지만 (c)는 교차하기 때문에 단순 폐쇄 경로에 해당하지 않는다.

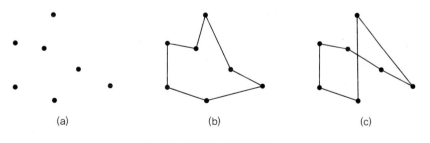

[그림 7-4] 단순 폐쇄 경로 찾기

주어진 모든 점을 잇는 단순 폐쇄 경로를 구하는 방법은 기준점을 잡고 각 점과 기준점과의 각도를 계산하여 각도가 커지는 순으로 연결하면 된다. 즉, 임의의 기준점으로부터 각각의 다른 점까지의 각도를 구한 다음 오름차순으로 정렬한 후 기준점부터 정렬한 순서대로 이으면 단순 폐쇄 경로가 된다. 기준점이 다르면 생성된 단순 폐쇄 경로도 다르다.

[그림 7-5]는 단순 폐쇄 경로를 구하는 과정을 보인 예이다. 먼저 [그림 7-5]의 (a)에서 기준점을 선정한다. 점 D를 기준점으로 선정하였다고 가정하자. 그런 다음 (b)와 같이 기준점과 그 외의 각 점을 선분으로 연결한다. 선분 Dx와 각 선분과의 각도를 계산한 후 각도를 기준으로 점들을 오름차순으로 정렬한다. 그런 다음 [그림 7-5]의 (c)와 같이 기준점으로 시작하여 정렬된 점들을 순서대로 직선으로 연결하고 나서 다시 기준점으로 돌아온다. 결과적으로 단순 폐쇄 경로가 완성되었다.

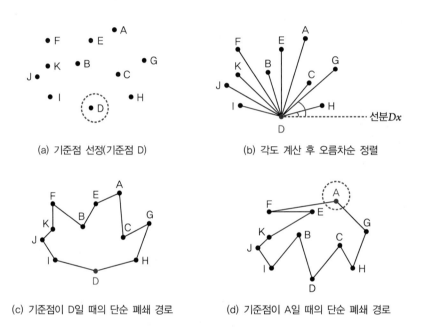

(a) 기준점 선정(기준점 D) (b) 각도 계산 후 오름차순 정렬

(c) 기준점이 D일 때의 단순 폐쇄 경로 (d) 기준점이 A일 때의 단순 폐쇄 경로

[그림 7-5] 단순 폐쇄 경로를 구하는 예

각도 계산에 이용하는 식은 상대 각도 계산식 $T = \dfrac{dy}{dx + dy}$ 를 사용하며 이 식은 기준점이 아닌 다른 모든 점에 대하여 분모가 0이 되지 않는다는 장점이 있다. 단순 폐쇄 경로를 구하는 알고리즘은 각도에 따라 점들을 정렬하는 과정이 필요하므로 O($n \log n$) 시간이 걸린다.

3 점과 다각형의 상대 위치 검사

점과 다각형의 상대 위치를 검사하는 방법은 점과 다각형이 주어졌을 때 그 점의 위치가 다각형의 내부인지 외부인지를 결정하는 문제이다. [그림 7-6]에는 다각형과 두 개의 점 A와 B가 있다. 눈으로 보면 직관적으로 점이 다각형 내부에 있는지 외부에 있는지 쉽게 판별할 수 있다. 점 A는 다각형의 외부에 있고 점 B는 다각형의 내부에 있음을 알 수 있다. 이렇게 어떤 다각형에 대해 주어진 점이 다각형 내부에 있는지 외부에 있는지 판별하는 것을 다격형의 내부 외부 판별이라고 한다.

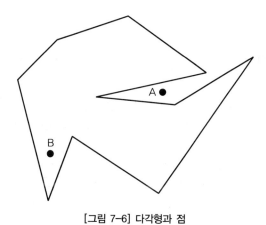

[그림 7-6] 다각형과 점

사람은 점이 선들에 둘러싸여 있으면 해당 점은 다각형 내부에 있다고 생각할 수 있지만 그런 방법으로 컴퓨터가 특정 점이 다각형 내부에 있는지 여부를 판단하는 것은 쉽지 않다. 따라서 컴퓨터에서 처리할 수 있는 특징을 파악해야 한다. 그 특징은 임의의 점에서 출발한 반직선을 그었을 때 다각형과 만나는 점의 개수가 홀수 개이면 내부에 있는 점이고 짝수 개이면 외부에 있는 점이라는 것이다. 이처럼 점이 다각형 내부에 포함되는 걸 알려면 그 점에서 양의 x축 방향으로 수평선을 그어 다각형의 변과 교차되는 횟수를 계산하면 된다.

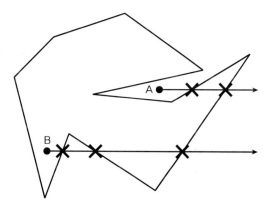

[그림 7-7] 다각형의 내부 외부 판별

[그림 7-7]에서 다각형 외부에 있는 점 A는 오른쪽으로 그은 반직선과 다각형과의 교점 개수가 2개, 즉 짝수 개이다. 반대로 다각형 내부에 있는 점 B는 오른쪽으로 그은 반직선과 다각형과의 교점 개수가 3개, 즉 홀수 개이다. 다각형 내부 어디서 오른쪽으로 반직선을 긋던 정말로 교점의 개수가 홀수 개가 되는 것을 확인할 수 있다. 이 원칙은 눈으로는 확인하기 어려울 만큼 복잡한 꼭짓점이 백만 개인 다각형에서도 내부 외부를 판별하는 데 적용할 수 있는 규칙이다.

제 2 절 볼록 껍질 찾기 중요 ★★

다양한 객체에 볼록 껍질을 만드는 알고리즘은 수학 및 컴퓨터 과학에 광범위하게 적용되고 있다. 볼록 껍질(convex hull)은 2차원 평면상에 여러 개의 점이 주어졌을 때 이 점들을 모두 포함하는 가장 작은 볼록 다각형을 의미한다. 이때 포함한다는 말은 점이 다각형의 경계에 걸쳐 있는 것도 해당된다. 즉, 변 위에 있어도 된다. 볼록 껍질은 점집합의 모든 점을 포함하는 최소 면적의 볼록 다각형이므로 볼록 껍질은 점들을 모두 둘러싸는 최소 길이 경로가 된다. 볼록 껍질 외부의 임의의 직선을 껍질 쪽으로 접근시킬 때 이 직선이 처음으로 만나는 점은 볼록 껍질의 꼭짓점이다. 볼록 껍질을 계산하는 것은 모호하지 않으면서도 효율적으로 요구되는 볼록한 모양을 구성하는 것을 의미한다.

[그림 7-8]의 (a)와 같이 나무 판에 못을 여러 개 박은 후 탄력이 있는 둥근 고무줄로 못을 모두 포함하도록 입힌다면 고무줄의 모양은 [그림 7-8]의 (b)와 같이 될 것이다. 이때 [그림 7-8]의 (b)의 볼록 다각형은 (a) 점집합의 볼록 껍질이라 한다. 볼록 껍질의 꼭짓점은 점들의 일부이며 꼭짓점이 아닌 점들은 볼록 껍질 내부에 속하게 된다.

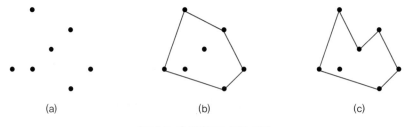

[그림 7-8] 점집합과 볼록 껍질

물론 [그림 7-8]의 (c)와 같은 형태가 면적을 더 최소로 하지만 이 다각형는 볼록 다각형이 아니므로 볼록 껍질이 아니다.

볼록 다각형은 [그림 7-9]와 같이 다각형 내부의 임의의 두 점을 연결하는 선분이 반드시 다각형 내부에 존재하는 다각형을 말한다. 모든 내각이 180도보다 작고 어느 두 점을 연결하더라도 그 선분이 다각형 내부에 존재하는 다각형을 볼록 다각형이라 한다.

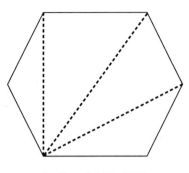

[그림 7-9] 볼록 다각형

오목 다각형은 [그림 7-10]과 같이 내각이 180도보다 크고 안쪽으로 오목하게 들어간다. 오목 다각형의 이웃하지 않는 두 꼭짓점을 연결하는 대각선 중에는 도형의 바깥쪽을 지나는 것이 반드시 있고 오목 다각형의 변을 연장하면 그 연장된 선이 다각형의 안쪽을 지난다.

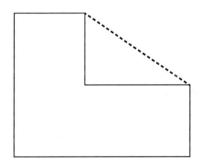

[그림 7-10] 오목 다각형

[그림 7-11]의 (a)에 주어진 점집합에 대하여 (b)가 볼록 껍질이다. 그러나 (c)는 오목 다각형이어서 볼록 껍질이 될 수 없으며 (d)는 최소의 볼록 다각형이 아니므로 볼록 껍질이 아니다. 이와 같이 볼록 껍질은 점들을 모두 둘러싸는 최소 면적의 볼록 다각형이다. 볼록 껍질의 꼭짓점은 반드시 주어진 점들의 일부이며 꼭짓점이 아닌 점들은 볼록 껍질의 내부에 속하게 된다.

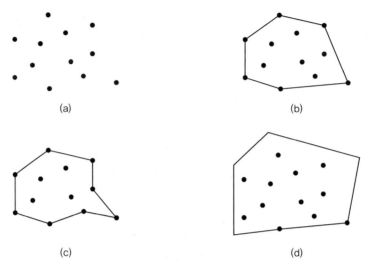

[그림 7-11] 볼록 껍질과 볼록 껍질이 아닌 예

볼록 껍질을 구하는 것은 여러 기하 문제의 기본이 되는 중요한 일이다. 기하학에서 유한한 점의 집합에 대해 볼록 껍질을 계산하는 다양한 알고리즘들이 제안되었는데 우선 단순한 방법을 살펴본 후 짐꾸리기 알고리즘과 그레이엄의 알고리즘을 살펴보기로 한다.

1 단순한 방법

단순한 방법은 점을 하나씩 추가해 나가면서 구하는 방법이다. 최소각의 점과 최대각의 점을 구하고 이 두 점 사이의 점들은 제거하고 이 두 점과 새로운 점을 연결한다.

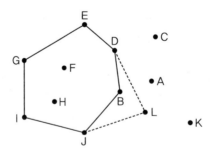

[그림 7-12] 볼록 껍질의 확장

어떤 선분이 볼록 껍질의 선분인지 아닌지는 어떻게 판별할 수 있을까? [그림 7-13]의 (a) 선분 pq는 볼록 껍질의 선분이고 (b)의 선분 pq는 볼록 껍질의 선분이 아니다.

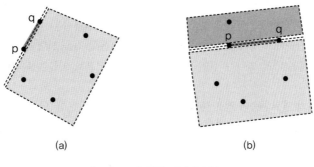

[그림 7-13] 볼록 껍질의 선분

두 점을 이루는 선분이 볼록 껍질의 선분이 되기 위해서는 이 선분으로 나누어지는 위, 아래 영역 중 한 영역에만 모든 점이 위치하면 이 선분은 볼록 껍질의 선분에 포함된다. 한 선분의 한 영역에 모든 점이 몰려있다는 것은 외적의 성질을 이용하면 알 수 있다. 선분 pq와 qr의 외적을 구하여 모두 같은 부호이거나 0(일직선인 경우)이면 [그림 7-14]의 (a)와 같이 선분 pq는 볼록 껍질의 선분이고, 하나라도 부호가 다르면 [그림 7-14]의 (b)와 같이 이 선분은 볼록 껍질에 포함되지 않는 선분이다.

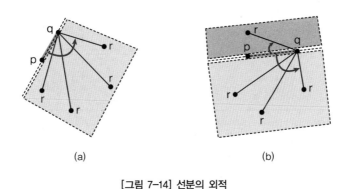

[그림 7-14] 선분의 외적

단순한 방법에서 초기 정렬에는 $O(nlogn)$이 필요하고 시간 복잡도는 $O(n^2)$이다.

2 짐꾸리기 알고리즘

짐꾸리기 알고리즘은 점 집합의 볼록 껍질을 구하기 위한 방법으로 가장 직관적인 방법에 해당한다. 한 점에서 출발하여 모든 점을 검사하면서 각도가 가장 작은 점들을 연결하면 볼록 껍질이 구해진다. 짐꾸리기 알고리즘은 'package wrapping', 'gift wrapping', 'jarvis march'와 같이 다양한 이름으로 불린다. 짐꾸리기 알고리즘은 무한대에서부터 임의의 각도로 직선을 점집합 쪽으로 접근시켜 직선과 처음 만나는 점들로 볼록 껍질을 형성하는 방법이다. 즉, 각도를 계산하여 최소각을 선택하는 방식으로 볼록 껍질을 구한다. 볼록 껍질에서 껍질 외부의 임의의 직선을 껍질 쪽으로 접근시킬 때 이 직선이 만나는 것은 볼록 껍질의 한 꼭짓점이나 한 변이다. 따라서 무한대에서부터 임의의 각도로 직선을 점집합 쪽으로 접근시켜서 직선과 처음으로 만나는 점들로 구성된 다각형을 만들어도 볼록 껍질이 된다. 이런 특징을 활용하는 방법이 짐꾸리기 알고리즘이다. 짐꾸리기 알고리즘은 단순하고 명확한 방법이다. 제일 아래 오른쪽 점을 선택 후 이 점에서 고무줄을 길게 늘여서 위로 올리면 제일 먼저 만나는 점이 볼록 껍질에 포함되므로 이를 반복하여 구하는 방법이다.

[그림 7-15]는 짐꾸리기 알고리즘의 적용 예를 보여준다. 먼저 [그림 7-15]의 (a)와 같이 제일 아래 오른쪽 점에 해당하는 점 L을 선택한 후 (b)와 같이 이 점으로 축을 옮긴다. 그런 다음 (c)와 같이 y값이 양수이거나 0인 값을 모아서 그 점 중에 외적을 이용하여 가장 각도가 작은 점을 구한다. 그리고 이 점을 원점으로 놓고 같은 방법으로 반복하면 된다. 모든 과정을 마치면 최종적으로 (d)와 같이 볼록 껍질이 완성된다.

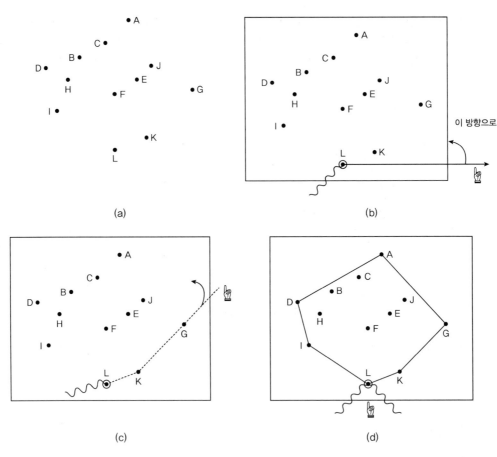

[그림 7-15] 짐꾸리기 알고리즘의 적용 예

짐꾸리기 알고리즘에서 사용되는 주된 연산은 각도 계산이다. 짐꾸리기 알고리즘은 각도를 계산하여 최소 각을 선택하는 방식으로 볼록 껍질을 구하는 알고리즘이다. 짐꾸리기 알고리즘을 단계별로 정리하면 다음과 같다.

> 양의 x축 방향과 이루는 각도를 계산하여 최소의 각을 갖는 점을 다음의 꼭짓점 및 다음의 시작점으로 취한다.
> - 단계1 : Y 좌표가 최소인 점을 최초의 꼭짓점으로 선택한다.
> - 단계2 : 기준점으로부터 아직 선택이 안 된 모든 점들에 대한 각도를 계산한다.
> - 단계3 : 최소 각을 갖는 점을 다음의 볼록 껍질의 꼭짓점으로 선택한다.
> - 단계4 : 지금 선택된 꼭짓점이 최초의 기준점이면 계산이 끝나고, 아니면 그 점을 기준점으로 하여 단계2 부터 반복한다.

입력되는 점의 개수인 n이고 볼록 껍질을 구성하는 꼭짓점의 개수가 h라고 하면 짐꾸리기 알고리즘의 시간 복잡도는 $O(hn)$이다. 만약 $h = n$, 즉 모든 점이 볼록 껍질의 꼭짓점이 되는 경우가 최악의 경우이며 이때 수행 시간은 $O(n^2)$이 필요하다.

3 그레이엄의 볼록 껍질 구하는 알고리즘

그레이엄 알고리즘은 평면상에서 유한한 점들의 볼록 껍질을 찾는 방법이며 로널드 그레이엄(Ronald Graham)이 1972년 원시 알고리즘을 출판한 뒤에 붙여진 이름이다. 주어진 점집합으로부터 먼저 단순 폐쇄 경로를 구한 후 이 경로를 따라 나가면서 볼록 껍질의 꼭짓점이 될 수 없는 것을 제거해 나가는 방법이다. 이를 스캔 알고리즘이라고도 불린다. 시계 방향으로 꺾이는 선분이 있다면 선분의 한 점은 볼록 다각형 내부에 존재하는 점이기 때문에 제거되어야 한다는 원리이다.

그레이엄 알고리즘의 핵심 개념은 세 점으로 이루어지는 삼각형 내에 어떤 점이 포함되면 이 점은 볼록 껍질의 꼭짓점이 될 수 없다는 성질을 이용한다는 것이다. 먼저 [그림 7-16]의 제일 아래에 있는 점(같은 점이 여러 개이면 가장 오른쪽 점을 선택)을 선택한다. 이 점은 반드시 볼록 껍질에 포함되는 점이다. 이제 이 점을 기준으로 각도 별로 정렬을 한다. [그림 7-16]과 같이 a, b, c로 이루어지는 삼각형에서 a를 기준으로 각도 순으로 정렬했다면 다음 점 d는 영역 A 또는 영역 B에 위치할 것이다. 점 d가 영역 A에 위치한다면 삼각형 abd에 점 c가 포함되므로 점 c는 볼록 껍질의 점이 될 수 없다. 만약 영역 B에 점 d가 위치한다면 이 점을 일단 추가한 후 계속 전진한다는 개념이다.

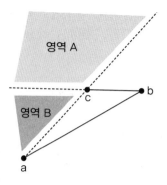

[그림 7-16] 볼록 껍질의 꼭짓점

그레이엄 알고리즘은 [그림 7-17]과 같이 주어진 점집합으로부터 우선 단순 폐쇄 경로를 만든 후에 이 경로 상의 꼭짓점을 순서대로 검사하면서 볼록 껍질을 만들어 가는 것이다. 예를 들어 [그림 7-17]의 (b)에서 꼭짓점을 따라가면서 (c)의 볼록 껍질을 만들어내야 하는 것이다. 이는 단순 폐쇄 경로를 따라가면서 볼록 껍질의 꼭짓점이 될 수 없는 점들을 제거해야 함을 의미한다.

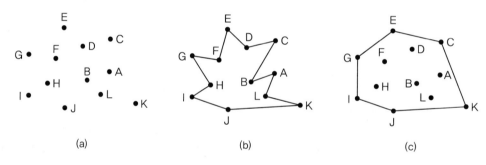

[그림 7-17] 그레이엄 알고리즘

[그림 7-17]의 (b)에서 꼭짓점 L, A, B, … 등이 제거되어야 한다. 제거하는 기준은 경로를 따라 점들을 방문해 나갈 때 회전 방향이 시계 방향으로 바뀌면 바로 앞에 방문한 점을 제거하는 것이다. 예를 들어 꼭짓점 J가 기준점인 경우 K, L, A, B,… 등의 순서로 점들을 방문해 나갈 것이다. 이제 꼭짓점 J, K, L로 해서 A를 방문한다면 회전 방향이 시계 방향으로 바뀐다. 이러한 경우 바로 앞의 L을 볼록 껍질의 후보에서 제거한 다. 이렇게 해서 A에 도달한 시점에서 볼록 껍질의 후보는 다음 [그림 7-18]의 (a)와 같이 J, K, A이다. A와 K를 잇는 선 안쪽에 L이 존재함을 확인할 수 있다.

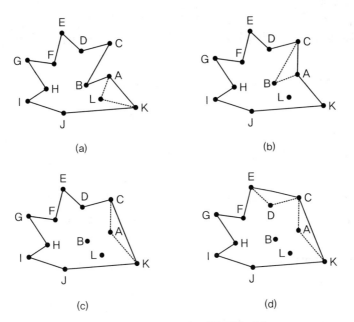

[그림 7-18] 그레이엄 알고리즘 적용 과정

이제 다음 B는 반시계 방향이므로 그대로 두고 다음 C를 방문한다. 그러면 회전 방향이 다시 시계 방향으로 된다. 따라서 B를 제거한다. 그러면 [그림 7-18]의 (b) 상태로 된다. 이 상태에서 다시 K, A, C의 회전 방향이 시계 방향이므로 A 또한 제거해야 한다. 이것이 그림 (c)이다. 이러한 과정을 J에 되돌아올 때까지 반복하면 볼록 껍질이 만들어진다. 그레이엄 알고리즘의 시간 복잡도는 $O(n\log n)$이다.

O×로 점검하자

※ 다음 지문의 내용이 맞으면 O, 틀리면 ×를 체크하시오. [1 ~ 8]

01 기하학의 기본 요소로는 점, 선, 다각형, 다면체 등이 있다. (　　)

>>>O 기하학의 기본 요소로는 점, 선, 다각형, 다면체 등이 있으며 기하 알고리즘은 기하학의 요소에 해당하는 점, 선, 다각형, 다면체 등의 도형을 다루는 분야에서 필요한 알고리즘이다.

02 두 선분이 교차하면 두 선분이 적어도 한 점을 서로 공유한다고 할 수 있다. (　　)

>>>O 임의의 선분 두 개가 서로 교차하게 되면 두 선분은 적어도 한 점을 서로 공유한다고 할 수 있다.

03 n개의 점들이 주어졌을 때 이 점들을 모두 경유하고 출발점에 다시 되돌아오는 경로를 볼록 다각형라고 한다. (　　)

>>>O 단순 폐쇄 경로에 대한 설명이며 단순 폐쇄 경로는 서로 교차하지 않는 비교차 경로를 의미한다. 볼록 다각형은 다각형 내부의 임의의 두 점을 연결하는 선분이 반드시 다각형 내부에 존재하는 다각형을 의미한다.

04 볼록 껍질은 점들을 모두 둘러싸는 최대 길이 경로이다. (　　)

>>>O 볼록 껍질은 점들을 모두 둘러싸는 최소 길이 경로이다. 볼록 껍질은 2차원 평면상에 여러 개의 점이 주어졌을 때 이 점들을 모두 포함하는 가장 작은 볼록 다각형이라 할 수 있다.

05 단순한 방법으로 볼록 껍질 구하는 알고리즘의 시간 복잡도는 $O(n^2)$이다. (　　)

>>>O 볼록 껍질 구하는 단순한 방법은 점을 하나씩 추가해 나가면서 구하는 방법이다. 최소각의 점과 최대각의 점을 구하고 이 두 점 사이의 점들은 제거하고 이 두 점과 새로운 점을 연결한다. 단순한 방법의 시간 복잡도는 $O(n^2)$이다.

06 그레이엄 알고리즘은 무한대에서부터 임의의 각도로 직선을 점집합 쪽으로 접근시켜 직선과 처음 만나는 점들로 볼록 껍질을 형성하는 방법이다. (　　)

>>>O 그레이엄 알고리즘은 주어진 점집합으로부터 먼저 단순 폐쇄 경로를 구한 후 이 경로를 따라 나가면서 볼록 껍질의 꼭짓점이 될 수 없는 것을 제거해 나가는 방법이다. 임의의 각도로 직선을 점집합 쪽으로 접근시켜 직선과 처음 만나는 점들로 볼록 껍질을 형성하는 방법은 짐꾸리기 알고리즘이다.

정답 **1** O **2** O **3** × **4** × **5** O **6** ×

07 그레이엄 알고리즘의 시간 복잡도는 $O(n \log n)$이다. (   )

>>>◯ 그레이엄 알고리즘의 시간 복잡도는 $O(n \log n)$이다.

08 짐꾸리기 알고리즘을 스캔 알고리즘이라고도 한다. (   )

>>>◯ 그레이엄 알고리즘을 스캔 알고리즘이라고도 한다.

정답 **7** ◯ **8** ×

01 점과 다각형의 상대 위치를 검사하는 방법은 점과 다각형이 주어졌을 때 그 점의 위치가 다각형의 내부인지 외부인지를 결정하는 문제이다. 점 p가 다각형의 내부에 있는지를 검사하기 위해서는 점 p에서 x축 방향으로 수평선을 그어 다각형의 변과 교차하는 횟수를 조사하면 된다.

02 단순 폐쇄 경로를 구하는 방법은 임의의 기준점으로부터 각각의 다른 점까지의 각도를 구한 다음 오름차순으로 정렬한 후 기준점부터 정렬한 순서대로 이으면 된다. 따라서 단순 폐쇄 경로를 구하기 위해서는 각도 계산, 정렬이 사용된다.

03 짐꾸리기 알고리즘은 각도를 계산하여 최소각을 선택하는 방식으로 볼록 껍질을 구한다.

01 점 p가 다각형의 내부에 있는지를 알아내기 위한 방법은?

① p에서 가장 가까운 꼭짓점을 찾아낸다.
② 점 p로부터 각도를 계산한다.
③ p에서 x축 방향으로 수평선을 그어 다각형의 변과 교차하는 횟수를 조사한다.
④ 다각형의 Y 좌표가 가장 큰 꼭짓점과 가장 작은 꼭짓점을 연결하는 선분과 p에서의 수평선과의 교차 여부를 조사한다.

02 n개의 점들에 대한 단순 폐쇄 경로를 구하기 위해 행해지는 주된 연산은?

① 각도 계산, 꺾이는 방향 조사
② 각도 계산, 정렬
③ 꺾이는 방향 조사, 정렬
④ 점들의 거리 계산, 꺾이는 방향 조사

03 다음 중 볼록 껍질을 구하는 짐꾸리기 알고리즘에서 볼록 껍질의 다음 꼭짓점으로 선택되는 것은 어느 것인가?

① 바로 전의 꼭짓점과 거리가 가장 가까운 것
② 바로 전의 꼭짓점과 거리가 가장 먼 것
③ 바로 전의 꼭짓점과 이루는 각도가 가장 작은 것
④ 바로 전의 꼭짓점과 이루는 각도가 가장 큰 것

정답 01 ③ 02 ② 03 ③

04 끝 점이 각각 A와 B, C와 D인 두 선분 AB, CD가 교차하는 경우는?

① AC를 중심으로 B, D가 서로 반대편에 있고 BD를 중심으로 A, C가 서로 반대편에 있는 경우

② AC를 중심으로 B, D가 서로 반대편에 있거나 또는 BD를 중심으로 A, C가 서로 반대편에 있는 경우

③ AB를 중심으로 C, D가 서로 반대편에 있고 또 CD를 중심으로 A, B가 서로 반대편에 있는 경우

④ AB를 중심으로 C, D가 서로 반대편에 있거나 또는 CD를 중심으로 A, B가 서로 반대편에 있는 경우

04 두 선분이 교차하면 두 선분이 적어도 한 점을 서로 공유한다. 두 선분 AB, CD가 교차하려면 선분 AB를 기준으로 볼 때 점 C와 점 D가 서로 반대편에 존재한다. 또한 선분 CD를 중심으로 A, B가 서로 반대편에 존재한다. 즉, 꺾은선의 방향을 조사하면 교차 여부를 알 수 있다.

05 볼록 껍질을 구하기 위한 짐꾸리기 알고리즘에서 주로 행해지는 연산은?

① 각도 계산
② 점과 다각형의 포함 관계
③ 선분의 교차 검사
④ 세 점의 꺾이는 방향

05 짐꾸리기 알고리즘은 한 점에서 출발하여 모든 점을 검사하면서 각도가 가장 작은 점들을 연결하여 볼록 껍질을 구하므로 각도 계산 연산이 많이 수행된다.

06 다음 설명에서 괄호 안에 들어갈 내용에 해당하는 것은?

그레이엄의 볼록 껍질 알고리즘은 우선 ( )을/를 구하고 이로부터 꼭짓점이 될 수 없는 것을 제거해 나간다.

① 점들 간의 거리
② 단순 폐쇄 경로
③ 세 점씩을 잇는 삼각형
④ 단순 볼록 다각형

06 그레이엄의 볼록 껍질 구하는 알고리즘은 주어진 점집합으로부터 먼저 단순 폐쇄 경로를 구한 후 이 경로를 따라 나가면서 볼록 껍질의 꼭짓점이 될 수 없는 것을 제거해 나가는 방법이다.

정답 04 ③ 05 ① 06 ②

07 볼록 껍질은 2차원 평면상에 여러 개의 점이 주어졌을 때 이 점들을 모두 포함하는 가장 작은 볼록 다각형을 의미한다.

07 다음 중 볼록 껍질을 가장 잘 정의한 것은?

① 점집합에 있는 모든 점들을 포함하는 최소의 볼록 다각형
② 점집합의 모든 점들을 포함하는 정다각형
③ 점집합에서 가장 많은 점들이 꼭짓점에 나타나는 최소의 볼록 다각형
④ 점집합의 모든 점들을 포함하는 최소의 오목 다각형

08 단순 폐쇄 경로는 기준점과의 각도를 계산하고 각도가 작은 것부터 연결해 나가면 된다.

08 점집합에 대한 단순 폐쇄 경로를 구하기 위해서는 먼저 기준점과의 무엇을 계산해야 하는가?

① 각도
② 방향
③ 거리
④ 교차점

09 짐꾸리기 알고리즘은 한 점에서 출발하여 모든 점을 검사하면서 각도가 가장 작은 점들을 연결하면 볼록 껍질이 구해진다.

09 다음 중 볼록 껍질을 구하는 짐꾸리기 알고리즘에서 볼록 껍질의 다음 꼭짓점으로 선택되는 것은 어느 것인가?

① 바로 전의 꼭짓점과 거리가 가장 먼 것
② 바로 전의 꼭짓점과 거리가 가장 가까운 것
③ 바로 전의 꼭짓점과 이루는 각도가 가장 큰 것
④ 바로 전의 꼭짓점과 이루는 각도가 가장 작은 것

정답 07 ① 08 ① 09 ④

10 n개의 점들 중 임의의 한 점 b를 기준점으로 택한 후 각 점 p에 대하여 b, p를 잇는 선분과 양의 방향의 수평선 사이의 각도를 계산하여 이 각도가 작은 순으로 연결하여 얻을 수 있는 것은?

① 볼록 껍질
② 단순 폐쇄 경로
③ 오일러 경로
④ 해밀톤 사이클

10 임의의 기준점으로부터 각각의 다른 점까지의 각도를 구한 다음 오름차 순으로 정렬한 후 기준점부터 정렬한 순서대로 이으면 단순 폐쇄 경로가 된다.

11 점 p가 다각형의 내부에 있는지를 알아내기 위한 방법은?

① 점 p로부터 각도를 계산한다.
② p에서 가장 가까운 꼭짓점을 찾아낸다.
③ 다각형의 Y 좌표가 가장 큰 꼭짓점과 가장 작은 꼭짓점을 연결하는 선분과 p에서의 수평선과의 교차 여부를 조사한다.
④ p에서 x축 방향으로 수평선을 그어 다각형의 변과 교차하는 횟수를 조사한다.

11 점이 다각형 내부에 포함되는 걸 알려면 그 점에서 양의 x축 방향으로 수평선을 그어 다각형의 변과 교차되는 횟수를 계산하면 된다.

12 점집합에 대한 단순 폐쇄 경로를 구한 후 이 경로를 따라 나가면서 볼록 껍질의 꼭짓점이 될 수 없는 것을 제거하는 알고리즘을 무엇이라 하는가?

① 짐꾸리기 알고리즘
② 그레이엄 알고리즘
③ 크루스칼 알고리즘
④ 보이어 무어 알고리즘

12 볼록 껍질 구하는 그레이엄의 알고리즘은 주어진 점집합으로부터 먼저 단순 폐쇄 경로를 구한 후 이 경로를 따라 나가면서 볼록 껍질의 꼭짓점이 될 수 없는 것을 제거해 나가는 방법이다.

정답 10 ② 11 ④ 12 ②

checkpoint **해설 & 정답**

13 그레이엄 알고리즘은 단순 폐쇄 경로를 따라가면서 볼록 껍질의 꼭짓점이 될 수 없는 점들을 제거하면서 볼록 껍질을 만드는 방법이다. 따라서 현재 꼭짓점 p_k를 방문했으므로 기존 단순 폐쇄 경로에서 p_k를 연결하였을 때 회전 방향이 시계 방향으로 바뀌는 경우 바로 직전 꼭짓점에 해당하는 p_{k-1}는 볼록 껍질에서 제외된다.

13 그레이엄의 볼록 껍질 알고리즘에서 단순 폐쇄 경로를 구한 후 이것의 꼭짓점을 방문하면서 볼록 껍질의 꼭짓점이 될 수 <u>없는</u> 것들은?(단, 지금 꼭짓점 p_k를 방문했다고 가정한다)

① 반시계 방향으로 꺾일 때 꼭짓점 p_k

② 시계 방향으로 꺾일 때 꼭짓점 p_k

③ 반시계 방향으로 꺾일 때 꼭짓점 p_{k-1}

④ 시계 방향으로 꺾일 때 꼭짓점 p_{k-1}

14 볼록 껍질을 만드는 알고리즘에는 단순한 방법, 짐꾸리기 알고리즘, 그레이엄의 알고리즘이 있다.

14 다음 중 짐꾸리기 알고리즘, 그레이엄 알고리즘은 무엇과 관계 있는 것인가?

① 볼록 껍질

② 단순 폐쇄 경로

③ 선분 교차

④ 점과 다각형의 포함 관계

✔ **주관식 문제**

01

정답 ㉠ 각도
　　 ㉡ 볼록 껍질

해설 짐꾸리기 알고리즘은 점 집합의 볼록 껍질을 구하기 위한 방법으로 가장 직관적인 방법에 해당한다. 짐꾸리기 알고리즘은 무한대에서부터 임의의 각도로 직선을 점집합 쪽으로 접근시켜 직선과 처음 만나는 점들로 볼록 껍질을 형성하는 방법이다. 즉, 각도를 계산하여 최소각을 선택하는 방식으로 볼록 껍질을 구한다.

01 짐꾸리기(package wrapping) 알고리즘에 대한 설명에서 ㉠, ㉡에 들어갈 내용을 쓰시오.

> 짐꾸리기 알고리즘은 (㉠)을/를 계산하여 최소각을 선택하는 방식으로 (㉡)을/를 구하는 알고리즘이다.

정답 13 ④　14 ①

02 다음 설명에서 ㉠, ㉡, ㉢, ㉣에 들어갈 내용을 쓰시오.

> 그레이엄 알고리즘은 주어진 점집합으로부터 먼저 (㉠)을
> /를 구한 후 이 경로를 따라 나가면서 (㉡)의 꼭짓점이 될
> 수 없는 것을 제거해 나가는 방법이다. 이를 (㉢)(이)라고
> 도 불린다. 또한 그레이엄 알고리즘의 시간 복잡도는 (㉣)
> 이다.

03 (1) 기하학의 기본 요소에 해당하는 것을 나열하고 (2) 단순 폐쇄
경로란 무엇인지 설명하시오.

02

정답 ㉠ 단순 폐쇄 경로
㉡ 볼록 껍질
㉢ 스캔 알고리즘
㉣ $O(n\log n)$

해설 그레이엄 알고리즘은 평면상에서 유한한 점들의 볼록 껍질을 찾는 방법이다. 주어진 점집합으로부터 먼저 단순 폐쇄 경로를 구한 후 이 경로를 따라 나가면서 볼록 껍질의 꼭짓점이 될 수 없는 것을 제거해 나가는 방법이다. 이를 스캔 알고리즘이라고도 불리며 그레이엄 알고리즘의 시간 복잡도는 $O(n\log n)$이다.

03

정답 (1) 점, 선, 다각형, 다면체
(2) 단순 폐쇄 경로는 n개의 점들이 주어졌을 때 이 점들을 모두 경유하고 출발점에 다시 되돌아오는 경로로서 서로 교차하지 않는 비교차 경로를 의미한다. 단순 다각형은 단순 폐쇄 경로에 의해 만들어지는 다각형이다.

해설 기하학의 기본 요소로는 점, 선, 다각형, 다면체 등이 있다.
단순 폐쇄 경로는 주어진 점들을 모두 경유하면서 출발점에 다시 되돌아오는 경로를 말한다. 또한 단순 폐쇄 경로는 서로 교차하지 않는 비교차 경로이다.

여기서 멈출 거예요? 끝이가 바로 눈앞에 있어요.
마지막 한 걸음까지 SD에듀가 함께할게요!

제8장

NP-완전 문제

제1절 기본 개념
제2절 NP-완전성과 변환성(reducibility)
제3절 NP-완전성과 증명
제4절 근사 알고리즘
실제예상문제

I wish you the best of luck!

혼자 공부하기 힘드시다면 방법이 있습니다.
SD에듀의 동영상강의를 이용하시면 됩니다.
www.sdedu.co.kr ➜ 회원가입(로그인) ➜ 강의 살펴보기

제8장 NP-완전 문제

제 1 절   기본 개념

100개의 정수 값을 크기순으로 정렬하는 문제는 다양한 정렬 알고리즘을 이용해서 정렬할 수 있다. 문제 자체가 잘 정의되어 있기 때문이다. 그렇다면 잘 정의된 모든 문제는 컴퓨터로 해결 가능한가? 잘 정의되어 있는 문제라 하더라도 해를 구할 수 없는 문제도 있다. 이러한 문제를 결정 불가능한 문제(undecidable problem)라고 한다. 세상에 존재하는 문제들의 종류는 다양하다. 그중에는 풀 수 있는 문제도 있고 풀 수 없는 문제들도 있다. 풀 수 있는 문제는 다시 현실적인 시간 안에 풀 수 있는 문제와 그렇지 않은 문제로 나뉜다. 현실적인 시간이란 다항식 시간을 의미한다. 예를 들어 문제의 크기가 n인 경우 그 문제를 푸는 데 n의 다항식에 비례하는 시간이 드는 알고리즘을 들 수 있다. 어떤 문제가 다항식 시간에 해결되면 현실적인 시간에 풀 수 있는 문제라고 간주할 수 있다. 비현실적인 시간은 문제를 해결하는 데 비다항식 시간이 소요되는 것을 의미하며 현실적인 시간에 풀 수 없는 경우라고 할 수 있다. 예를 들어 2^n과 같은 지수 시간이나 $n!$와 같은 계승 시간을 들 수 있다. 만약 어떤 문제가 현실적인 시간 안에 풀 수 없다면 최적해를 구하는 대신 근사해(approximate solution)를 구하는 것을 목표로 할 수밖에 없다. 요구하는 대답의 종류는 문제에 따라 달라질 수 있다. Yes 또는 No의 대답을 요구하는 문제는 결정(decision) 문제라고 한다. 또한 가장 좋은 해를 요구하는 문제는 최적화 문제라고 한다. 예를 들어 그래프 "G에서 길이가 k 이하인 해밀턴 경로가 존재하는가?"와 같은 문제는 Yes/No로 대답할 수 있으므로 결정 문제에 해당한다. "그래프 G에서 길이가 가장 짧은 해밀턴 경로는 얼마인가?"와 같은 문제는 가장 좋은 해를 대답해야 하므로 최적화 문제에 해당한다.

NP-완전(complete) 문제는 현실적인 시간에 풀 수 없다고 추정되면서 서로 강력한 논리적 연관성을 가진 특이한 문제군에 관한 것이다. NP-완전은 NP(Nondeterministic Polynomial) 집합에 속하는 결정 문제 중에서 가장 어려운 문제의 부분 집합으로 모든 NP 문제를 다항 시간 내에 NP-완전 문제로 환산할 수 있다. NP-완전군에 속하는 문제들은 현실적인 시간에 풀 수 없다고 강력하게 추정되는 문제이다. 실생활에서 중요한 의미를 가지는 많은 문제들이 NP-완전이며 지금까지 수없이 많은 NP-완전 문제가 알려져 있다. 그러나 이들을 다항식 시간에 해결할 수 있는 알고리즘은 아직까지 발견되지 않았으며 기껏해야 NP-완전 문제의 근사해를 구하거나 특별한 경우의 해를 구하는 정도이다.

NP-완전 문제의 특성은 어느 하나의 NP-완전 문제에 대해서 다항식 시간의 알고리즘을 찾아내면(즉, 다항식 시간에 해를 구할 수 있으면) 모든 다른 NP-완전 문제도 다항식 시간에 해를 구할 수 있다.

제 **2** 절 NP-완전성과 변환성(reducibility)

1 비결정론적 알고리즘 중요 ★★

(1) 결정론적 알고리즘

결정론적 알고리즘(deterministic algorithm)은 예측한 그대로 동작하는 알고리즘이다. 어떤 특정한 입력이 들어오면 언제나 똑같은 과정을 거쳐서 언제나 똑같은 결과를 내놓는다. 결정론적 알고리즘의 가장 단순한 형태의 예를 들면 수학 함수를 들 수 있다. 함수에 특정한 입력이 들어오면 언제나 동일한 결과를 거쳐서 동일한 결과값이 나오는데 결정론적 알고리즘도 마찬가지이다. 결정론적 알고리즘은 결과가 유일하게 정의된 연산만을 써서 만들어진 알고리즘이라 할 수 있다. 우리가 지금까지 작성하는 모든 알고리즘은 결정적 알고리즘에 해당한다. 결정론적 알고리즘은 상태 기계로 엄밀하게 정의할 수 있다. 상태라는 것은 특정한 시각에 기계가 어떤 동작을 하는지 설명한다. 상태 기계는 한 상태에서 다른 상태로 차례대로 바뀌면서 동작한다. 처음 입력 값을 넣으면 기계는 초기 상태 혹은 시작 상태가 된다. 만약 기계가 결정론적이면 초기 상태 이후로 현재 상태가 앞으로 어떤 상태가 될지 결정하며 어떤 상태를 거쳐서 동작할지 미리 결정된다. 어떤 기계가 결정론적이라고 해도 완료 상태에 도달하지 못하거나 멈추지 않을 수도 있다. 결정론적인 성질을 가지는 추상 기계의 예에는 결정론적 튜링 기계와 결정론적 유한 자동 장치가 있다.

(2) 비결정론적 알고리즘

비결정론적 알고리즘(nondeterministic algorithm)은 그 결과가 미리 정해져 있지 않고 실행 시에 가능한 연산 결과 중 최선의 하나를 스스로 선택할 수 있다는 성질이 허용된 알고리즘이다. 결과가 유일하지 않은 연산을 가질 수 있도록 허용하며 지정된 연산 결과의 집합 중 하나를 선택할 수 있도록 허용한다. 비결정적 알고리즘은 연산 결과가 상황에 따라 달라질 수 있는 연산을 써서 만들어진 알고리즘이라 할 수 있다. 어떤 알고리즘이 비결정론적으로 작동하게 하는 방법에는 여러 가지가 있다. 입력 이외의 외부 상태를 알고리즘에 적용하거나 알고리즘이 시간에 민감하게 동작하게 할 수도 있다. 또한 하드웨어의 오류를 이용하여 알고리즘 진행 과정을 예상할 수 없는 방식으로 변화시킬 수도 있다.

비결정적 알고리즘에는 다음과 같은 세 개의 연산을 추가로 허용한다.

> ① choice(S) : 집합 S의 원소 중 하나를 임의로 선택한다.
> ② failure : 알고리즘이 실패로 끝났음을 알린다.
> ③ success : 알고리즘이 성공적으로 끝났음을 알린다.

2 P와 NP의 정의 중요 ★★★

(1) P

다항식 시간 알고리즘이 존재하는 문제를 우리는 쉬운 문제라고 하고, 다항식 시간을 초과하는 문제를 어려운 문제라고 한다. P(polynomial)는 다항식 시간에 해결할 수 있는 문제들의 군이다. 결정 문제들 중에서 쉽게 풀리는 것을 모아 놓은 집합이며 어떤 결정 문제가 주어졌을 때 다항식 시간 이내에 그 문제의 답을 Yes와 No 중의 하나로 계산해낼 수 있는 알고리즘이 존재한다면 그 문제는 P 문제에 해당한다. P 문제는 다항식 시간 내에서 더 적은 시간을 소요하는 알고리즘을 개발하는 데 초점이 맞추어져 있다. 결정론적 튜링 머신으로 다항식 시간 내에 해결이 가능한 문제를 의미하며 컴퓨터 같은 계산 장치를 이용해 합리적인 시간 내에 풀 수 있는 형태의 문제를 P 문제라고 한다. $O(n log n)$의 복잡도를 갖는 정렬 알고리즘이나 $O(log n)$의 시간이 걸리는 정렬된 배열 검색 문제나 행렬 곱셈 문제 등은 P 문제에 해당한다. 문제의 종류에는 다항식보다 큰 시간 복잡도를 가진 알고리즘으로 해결되는 문제 집합이 있으며 여러 가지 문제 집합으로 다시 분류된다. 그중에 가장 중요한 문제 집합은 지수 시간(exponential time)의 시간 복잡도를 가진 알고리즘으로 해결되는 NP-완전 문제 집합이다.

(2) NP

NP(nondeterministic polynomial) 문제는 비결정론적 알고리즘으로 다항식 시간이 걸리는 모든 판정 문제의 집합이다. 다항식으로 표현되는 알고리즘은 오늘날의 컴퓨터가 적당한 시간 내에 해결할 수 있는 문제이기 때문에 P에 속한 문제들은 쉬운 문제들이고, NP는 그와 반대로 어려운 문제를 의미한다. 어떤 결정 문제의 답이 Yes일 때 그 문제의 답이 Yes라는 것을 입증하는 힌트가 주어지면 그 힌트를 사용해서 그 문제의 답이 정말 Yes라는 것을 다항식 시간 이내에 확인할 수 있는 문제이다. 문제의 답이 Yes인 경우 답이 Yes라는 것을 다항식 시간 내에 확인할 수 있는 적당한 모범 답안이 존재하는 문제라고 할 수 있다. 일반적으로 모든 P 문제는 NP 문제이다.

복잡성 문제를 연구하는 학자들에게 가장 어려운 질문 중의 하나는 바로 "NP에 속하는 문제들이 궁극적으로는 모두 다항식, 즉 쉬운 알고리즘을 이용해서 해결될 수 있을까?"라는 질문이다. 만약 그렇다면 NP에 속한 문제나 P에 속한 문제가 모두 다항식으로 표현되기 때문에 'P = NP'라는 등식이 성립하게 될 것이다. 그러나 P와 NP의 포함 관계가 [그림 8-1]의 (a)인지 (b)인지는 아직 밝혀지지 않았다. 다만 (a)일 것이라고 강력히 추정할 뿐이다.

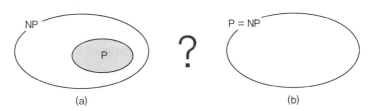

[그림 8-1] P와 NP의 포함 관계

NP에 속하는 문제가 모두 다항식으로 해결될 수 있을지 여부를 파악하거나 증명하는 것은 너무나 어렵다. 'P ≠ NP'를 증명하기 위해서는 NP에 속하면서 P에는 속하지 않는 문제를 찾으면 된다. 'P = NP'를 증명하기 위해서는 NP에 속한 모든 문제에 대해 다항 시간 알고리즘을 찾아야 한다. 이는 상당히 진부한 작업이 되며 NP에 속한 문제는 계속해서 발견될 것이기 때문에 무한정 이러한 다항 시간 알고리즘을 개발해야 한다. 이러한 증명의 어려움으로 아직까지 P가 NP와 일치하는지는 증명되지 않았다. 즉, 명제 'P = NP'인지 여부는 아직 증명되지 않은 미해결 문제이다.

어떤 어려운 문제를 풀어야 하는 경우 이 문제를 좀 더 쉬운 다른 문제로 바꾸어 풀 수 있다. 좀 더 쉬운 다른 문제로 변환한 다음 변환된 문제의 답을 원래 문제의 답으로 삼으면 된다. 이를 **다항식 시간 변환**이라 한다. [그림 8-2]와 같이 문제 A를 다항식 시간 변환을 통해 문제 B로 변환할 수 있다. 변환된 문제 B의 답이 Yes이면 문제 A의 답도 Yes라고 할 수 있다. 반대로 문제 B의 답이 No이면 문제 A의 답도 No라고 할 수 있다. 즉, 문제 A는 Yes/No 대답이 일치하는 문제 B로 쉽게 변환된다.

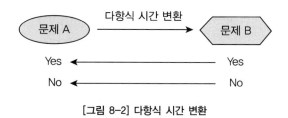

[그림 8-2] 다항식 시간 변환

따라서 문제 A를 푸는 시간은 문제 B로 변환하는 시간과 문제 B를 푸는 시간을 합한 시간이라 할 수 있다. 따라서 문제 A도 다항 시간에 풀 수 있다고 할 수 있으며 문제 B가 쉬운 문제라면 문제 A도 쉬운 문제라고 할 수 있다. [그림 8-3]과 같이 문제 A의 사례 α를 문제 B의 사례 β로 바꾸되 아래 성질을 만족하면 다항식 시간 변환이라 하고 이를 A∝B로 표기한다.

- 변환은 다항식 시간에 이루어진다.
- 두 사례의 답은 일치한다.

[그림 8-3] 문제 A를 푸는 알고리즘

제 3 절 NP-완전성과 증명 중요 ★

NP-완전 문제 집합에는 컴퓨터 분야뿐만 아니라 과학, 공학, 의학, 약학, 경영학, 정치학, 금융 심지어는 문화 분야 등에까지 광범위한 분야에서 실제로 제기되는 문제들이 포함되어 있다.

이러한 문제들 중에서 대표적인 NP-완전 문제는 다음과 같다.

- 클리크 판정 문제(CDP ; Clique Decision Problem)
- 버텍스 커버(vertex cover)
- 해밀토니언 사이클(hamiltonian cycle)
- 0-1 배낭(knapsack)
- 그래프 색칠하기(graph coloring)
- SAT(boolean satisfiability problem)
- 분할(partition)
- 부분 집합의 합(subset sum)
- 독립 집합(independence set)
- 최장 경로(longest path)
- 여행자(traveling salesman) 문제
- 통 채우기(bin packing)
- 작업 스케줄링(job scheduling)
- 집합 커버(set cover)

1 클리크 판정 문제(CDP ; Clique Decision Problem)

클리크란 주어진 그래프 G = (V, E)에서 모든 점들 사이를 연결하는 선분이 있는 부분 그래프이다. 즉, 완전 그래프를 찾는다. 클리크 문제는 최대 크기의 클리크를 찾는 문제이다.

예를 들어 [그림 8-4]에서 최대 크기의 클리크는 {B, D, E, G, H}이다. {B, D, E, G, H}는 서로 간선으로 모두 연결된 최대 크기의 클리크에 해당한다.

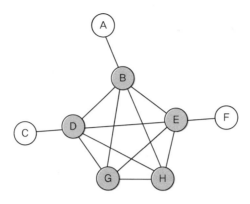

[그림 8-4] 클리크 판정

클리크 판정 문제는 다양한 분야에서 활용된다. 생물 정보 공학에서 유전자 표현 데이터(gene expression data)의 군집화, 생태학에서 먹이 그물(food web)에 기반한 종(species)에 관한 관계 연구, 단백질 구조 예측 연구, 단백질 특성 연구에서 활용되며 진화 계보 유추를 위한 연구, 전자 공학에서는 통신 네트워크 분석, 효율적인 집적 회로 설계, 자동 테스트 패턴 생성 등에서 활용된다. 또한 화학 분야에서는 화학 데이터 베이스에서 화학 물질의 유사성 연구와 2개의 화학 물질의 결합의 위치를 모델링하는 데 활용된다.

2 버텍스 커버(Vertex Cover) 문제

버텍스 커버는 주어진 그래프에서 각 간선의 양 끝점들 중에서 적어도 1개의 점을 포함하는 집합이다. 버텍스 커버 문제는 최소 크기의 버텍스 커버를 찾는 문제이다.

예를 들어 [그림 8-5]에서 버텍스 커버의 해는 {A, E, F}이다. 그래프의 각 간선의 양 끝점들 중에서 적어도 1개의 끝점이 점 A, E, F 중에 하나이다. 그리고 이는 최소 크기의 커버이다.

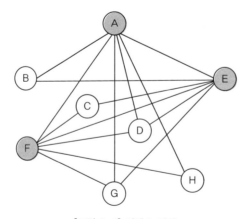

[그림 8-5] 버텍스 커버

버텍스 커버 문제는 집합 커버 문제의 특별한 경우이다. 다시 말하면 집합 커버 문제보다 더 일반적인 문제이다. 버텍스 커버 문제는 부울 논리 최소화, 센서 네트워크에서 사용되는 센서 수의 최소화, 무선 통신, 토목 공학, 전기 공학, 최적 회로 설계(circuit design), 네트워크 플로우(network flow), 생물 정보 공학에서의 유전자 배열 연구에 활용된다. 또한 미술관이나 박물관, 기타 철저한 경비가 요구되는 장소의 경비 시스템에서 CCTV 카메라의 최적 배치 등에 활용된다.

3 해밀토니언 사이클 문제

해밀턴은 1800년 중반 [그림 8-6]과 같은 정십이면체의 모양에서 정십이면체의 다양한 경로와 사이클을 찾는 것과 관련된 문제를 제시하였다. 각 꼭짓점에 도시 이름을 주고 어떤 도시에서 출발하여 간선들을 따라서 한 도시를 한 번만 방문하여 최초의 출발 도시로 돌아오는 것이 문제이다.

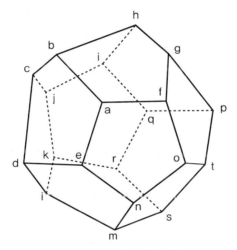

[그림 8-6] 해밀토니언 퍼즐

[그림 8-7]의 (a)는 십이면체를 그래프로 표현한 것이다. 이 그래프에서 해밀토니언 사이클(hamiltonian cycle)을 찾을 수 있다면 문제는 해결된다. 해밀토니언 사이클이 되려면 출발점과 끝나는 점이 같아야 하므로 출발점과 끝나는 점이 두 번 나타나는 것을 제외하고 나머지 정점들은 모두 한 번씩만 포함되어야 한다. [그림 8-7]의 (b)는 해밀토니언 사이클의 해에 해당한다. 해밀토니언 사이클은 그래프에서 동일 정점을 두 번 이상 지나지 않고 시작점과 도착점이 같은 그래프이다.

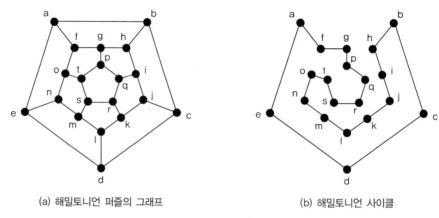

| (a) 해밀토니언 퍼즐의 그래프 | (b) 해밀토니언 사이클 |

[그림 8-7] 해밀토니언 사이클

해밀토니언 문제는 그래프에서 모든 정점을 정확히 한 번만 지나야 하며 이러한 해밀토니언 문제의 해답은 여러 개가 존재할 수 있다. 예를 들어 [그림 8-8]의 그래프에서 정점 S를 출발점으로 했을 때 해밀토니언 사이클은 (S, D, A, B, C, S)가 될 수 있다. 즉, 정점 S에서 출발하여 정점 D를 방문하고 정점 A를 방문한 후 정점 B와 정점 C를 차례로 방문한 후 출발점에 해당하는 정점 S로 되돌아올 수 있으며 이는 해밀토니언 사이클이 된다.

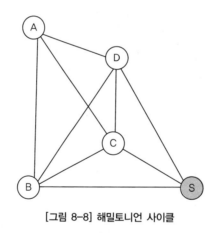

[그림 8-8] 해밀토니언 사이클

또 다른 해밀토니언 사이클은 (S, C, D, A, B, S)가 될 수 있고 (S, B, C, A, D, S)가 될 수도 있다. 그 외에도 여러 개의 해밀토니언 사이클이 존재할 수 있다.

해밀토니언 사이클 문제는 주어진 그래프에서 임의의 한 점에서 출발하여 모든 다른 점들을 한 번씩만 방문하고 다시 시작점으로 돌아오는 경로를 찾는 문제이다. 따라서 해밀토니언 사이클은 여행자 문제(traveling salesman problem)와 유사하다. 여행자 문제는 많은 수의 도시가 있고 한 도시에서 다른 도시로의 여행 경비를 알고 있을 때 각 도시를 한 번만 방문하고 출발한 도시로 되돌아오는 데 가장 비용이 적게 드는 여행 경로를 찾는 것이다. 여행자 문제의 경우 각 간선의 가중치가 서로 다른 값을 가질 수 있다. 따라서 여행자 문제에서 간선의 가중치를 모두 동일하게 하여 해를 구한다면 그 해는 해밀토니언 사이클 문제의 해와 같아지게 된다. 해밀토니언 사이클과 여행자 문제는 다양한 분야에서 활용되고 있다. 운송이나 택배 사업에서의 차량 운행, 가전 수리나 통신 회사에서의 서비스 콜의 스케줄링, 회로기판에 구멍을 뚫기 위한 기계의 스케줄링, 회로기판에서의 배선, 논리회로 테스트, 건축 시공에서의 배관 및 전선 배치, 데이터의 군집화(clustering) 등에서 활용된다.

4 추가의 NP-완전(NP-complete) 문제들

NP-완전 문제들은 실생활의 광범위한 분야에서 활용되기도 하고 주위에서 쉽게 발견할 수 있는 문제이지만 불행하게도 이 문제들을 컴퓨터로 문제를 해결하려고 할 때 짧은 시간 내에 쉽게 해결할 수 없다. NP-완전 문제들은 다항식 시간에 해결할 수 있는 알고리즘이 아직 발견되지 않았다. 대표적으로 0-1 배낭, 그래프 색칠하기, SAT, 분할, 부분 집합의 합, 독립 집합, 최장 경로, 여행자 문제, 통 채우기, 작업 스케줄링, 집합 커버 등이 있다. 이러한 문제들이 어떻게 정의되며 어떤 분야에서 응용되는지 살펴보자.

(1) 0-1 배낭

배낭(knapsack) 문제는 n개의 물건과 각 물건 i의 무게 w_i와 가치 v_i가 주어지고 배낭의 용량이 C일 때, 배낭에 담을 수 있는 물건의 최대 가치를 찾는 문제이다. 단, 배낭에 담은 물건의 무게의 합이 C를 초과하지 말아야 하고 각 물건은 1개씩만 있다. 배낭 문제에서 주어진 조건을 살펴보면 물건, 물건의 무게, 물건의 가치, 배낭의 용량, 모두 4가지의 요소가 있다. 배낭 문제는 각 물건이 배낭에 담기지 않은 경우는 0, 담긴 경우는 1로 여기기 때문에 0-1 배낭 문제라고 한다.

예를 들어, 배낭의 무게(C)가 20kg이고 4개의 물건이 있다고 가정해 보자. 4개의 물건 각각의 무게는 $w_1 = 12kg$, $w_2 = 8kg$, $w_3 = 6kg$, $w_4 = 5kg$이고 각 물건의 가치가 $w_1 = 20$, $v_2 = 10$, $v_3 = 15$, $v_4 = 25$라면 어떤 물건들을 가방에 담을 때 배낭의 총 무게를 넘지 않으면서 최대 가치를 담을 수 있을까? 이에 대한 해답은 물건 2, 3, 4를 배낭에 담으면 된다. 이때 배낭에 담긴 물건들의 무게의 합은 $w_2 + w_3 + w_4 = 8 + 6 + 5 = 19kg$이고 그 가치의 합은 10 + 15 + 25 = 50으로 최대가 된다.

배낭 문제는 동적 프로그래밍 기법(dynamic programming method)으로 풀 수 있다. 동적 프로그래밍 기법은 아주 작은 부분 문제를 풀되 그 상태에서의 최적값을 기록하고 이 최적 값을 바탕으로 해서 조금 더 문제 크기를 확장할 수 있다. 이러한 과정을 반복하게 되면 아주 큰 문제를 해결할 수 있게 된다. 동적 프로그래밍에서 중요한 것은 문제 크기가 커질 때마다 최적값을 조금씩 변경해 나감으로써 이후의 결정이 이루어질 때에는 항상 그 직전 상태에서 알려진 최적값을 이용할 수 있게 해야 한다는 것이다. 그러나 배낭 문제는 배낭의 용량이 물건이 개수에 비해 매우 크면 알고리즘의 수행 시간이 너무 오래 걸려서 현실적으로 해를 찾을 수 없다. 배낭 문제는 다양한 분야에서 의사 결정 과정에 활용된다. 그 밖에도 원자재의 버리는 부분을 최소화시키는 분할, 금융 분야에서 금융 포트폴리오 선택, 자산 투자의 선택, 주식 투자, 다차원 경매, 암호학 분야에서 암호 생성, 게임 스도쿠(sudoku) 등에서 활용된다.

(2) 그래프 색칠하기

그래프 색칠하기(graph coloring)는 주어진 그래프에서 인접하는 정점에 같은 색깔이 할당되지 않도록 정점에 색깔을 할당하는 문제이다. 즉, 인접한 점들을 서로 다른 색으로 색칠하는 것이다. 여기서 인접하는 정점은 하나의 간선 양쪽에 있는 정점을 의미한다. 그래프 색칠하기 문제는 가장 적은 수의 색을 사용하여 그래프를 색칠하는 문제이다. 예를 들어 [그림 8-9]의 그래프를 색칠하려고 할 때 4가지 색으로 색칠할 수 있다. 예를 들어, 정점 A는 노란색, 정점 B와 정점 G는 빨간색, 정점 C와 정점 D와 정점 H는 녹색으로 칠하고 정점 E와 정점 F는 흰색으로 칠한다면 총 4가지 색으로 그래프 색칠하기가 가능하다. 이 그래프의 경우 4가지 색보다 적은 수의 색으로 칠할 수는 없다.

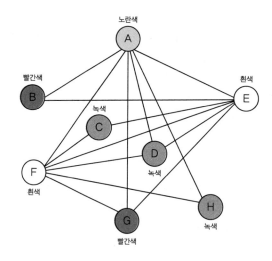

[그림 8-9] 그래프 색칠하기

그래프 색칠하기 문제는 단순하게 보이지만 해결하기 매우 어려운 문제에 속하며 NP-완전 문제이다. 그래프 색칠하기 문제의 응용 분야로는 무선 네트워크에서 주파수 할당, 생산 라인, 시간표 등의 스케줄링, 컴파일러의 프로그램 최적화, 패턴 인식, 데이터 압축, 생물학에서 생체 분석, 고고학 자료 분석 등이 있다.

(3) SAT

SAT(boolean satisfiability problem)는 어떠한 변수들로 이루어진 논리식이 주어졌을 때 그 논리식이 참이 되는 변수값이 존재하는지를 찾는 문제이다. 논리식은 기본적으로 진릿값을 취하는 논리 변수 x_1, x_2, … 와 몇몇 논리 연산자 결합에 의해 만들어지는 유한한 길이의 식을 가리킨다. 여기에서 사용되는 연산자는 다음과 같다.

- $\neg x_1$(논리 부정) : x_1이 참이면 거짓, 거짓이면 참
- $x_1 \lor x_2$(논리합) : x_1이나 x_2 중 적어도 하나가 참이면 참, 나머지 경우는 거짓
- $x_1 \land x_2$(논리곱) : x_1과 x_2가 모두 참이면 참, 나머지 경우는 거짓

SAT는 부울 변수들이 ∨(OR)로 표현된 논리식이 여러 개 주어질 때 이 논리식들을 모두 만족시키는 각 부울 변수의 값을 찾는 문제라고 할 수 있다.

SAT 문제는 반도체 칩을 디자인하는 전자 디자인 자동화, 소프트웨어에 핵심적인 부분인 형식 동치 관계 검사(formal equivalence checking), 모델 검사(model checking), 형식 검증(formal verification), 자동 테스트 패턴 생성, 인공지능에서의 계획과 명제 모델을 컴파일하는 지식 컴파일(knowledge compilation), 생물 정보 공학 분야에서 염색체로부터 질병 인자를 추출 또는 염색체의 진화를 연구하는데 사용되는 단상형 추론 연구, 소프트웨어 검증, 자동 정리 증명 등에서 활용된다.

(4) 분할

분할(partition)은 주어진 정수의 집합 S를 분할하여 원소의 합이 같은 2개의 부분 집합을 찾는 문제이다. 예를 들어 S = {20, 30, 40, 80, 90}일 때 S를 합이 동일한 2개의 부분 집합으로 분할하면 X = {20, 30, 80}, Y = {40, 90}으로 분할할 수 있다. 이때 각각의 부분 집합의 합은 130이 된다. 분할은 부분 집합의 합 문제의 특별한 경우이다. 즉, 부분 집합의 합 문제에서 부분 집합의 합이 전체 원소의 합의 1/2이라고 하면 분할 문제와 동일하게 된다. 분할 문제를 보다 일반화하여 분할할 부분 집합 수를 2개에서 k개로 확장시키면 더욱 더 다양한 곳에 응용 가능하다. 분할은 다양한 분야에서 활용된다. 분할 문제의 활용 분야로는 switching network에서 채널 그래프 비교, 시간과 장소를 고려한 컨테이너의 효율적 배치, 네트워크 디자인, 인공 지능 신경망 네트워크의 학습, 패턴 인식, 로봇 동작 계획(robotic motion planning), 회로 및 VLSI 디자인, 의학 전문가 시스템, 유전자의 군집화(gene clustering) 등이 있다.

(5) 부분 집합의 합

부분 집합의 합(subset sum)은 정수들로 구성된 집합에서 일부 정수들을 모아 그들의 합이 특정 정수 값을 만들어내는 부분 집합을 찾는 문제이다. 즉, 주어진 정수의 집합 S의 원소의 합이 K가 되는 S의 부분 집합을 찾는 문제이다. 예를 들어 S = {20, 30, 40, 80, 90}이고, 합이 200이 되는 부분 집합을 찾고자 할 때 해는 {30, 80, 90}이며 원소 합이 200이다. 이 문제를 해결하는 간단한 방법은 주어진 정수 집합에 대한 모든 부분 집합을 고려하면 된다. 그 부분 집합의 원소들의 합을 계산하여 K가 되는지를 확인하면 된다. 부분 집합의 합 문제는 암호 시스템 개발에 사용되는데 그 이유는 문제 자체는 얼핏 보기에 매우 쉬우나 해결하기는 매우 어렵기 때문이다. 부분 집합의 합 문제는 원소의 개수가 n일 때 2^n개의 조합을 확인해야 한다. 즉, 문제를 해결하는데 지수적인 시간이 필요하다. n이 커짐에 따라 짧은 시간 내에 문제를 해결할 수 없다. 부분 집합의 합 문제의 활용 분야로는 실용적인 전자 태그 암호 시스템 (RFID cryptosystem), 격자 기반(lattice-based) 암호화 시스템, 공개 암호 시스템, 컴퓨터 패스워드 검사 및 메시지 검증 등이 있다.

(6) 독립 집합

독립 집합(independence set)은 주어진 그래프에서 연결하는 선분이 없는 점들의 집합이다. 독립 집합 문제는 최대 크기의 독립 집합을 찾는 문제이다. 즉, 서로 이웃하지 않는 노드의 최대 개수를 의미한다. [그림 8-10]에서 독립 집합의 해는 {B, C, D, G, H}이며 서로 선분으로 연결되지 않은 최대 크기의 독립 집합에 해당한다.

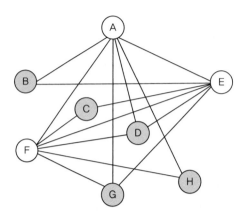

[그림 8-10] 독립 집합

독립 집합 문제의 활용 분야로는 컴퓨터 비젼, 패턴 인식, 정보/코딩 이론, 지도 레이블링(map labeling), 분자 생물학, 스케줄링, 회로 테스트, CAD 등이 있다.

(7) 최장 경로

최장 경로(longest path)는 주어진 가중치 그래프에서 시작점 s에서 도착점 t까지의 가장 긴 경로를 찾는 문제이다. 단, 선분의 가중치는 양수이고, 사이클이 없어야 한다. 예를 들어, [그림 8-11]과 같은 가중 그래프에서 시작점 s에서 도착점 t까지의 최장 경로는 S, C, B, A, T가 되며 그 길이는 10이다.

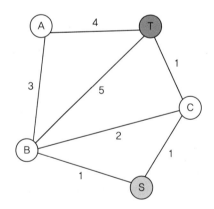

[그림 8-11] 최장 경로

(8) 여행자 문제

여행자 문제(traveling salesman problem)는 주어진 가중치 그래프에서 임의의 한 점에서 출발하여 다른 모든 점들을 한 번씩만 방문하고 다시 시작점으로 돌아오는 경로 중에서 최단 경로를 찾는 문제이다. [그림 8-12]와 같은 그래프에서 여행자 문제의 해는 S, D, A, B, C, S가 된다.

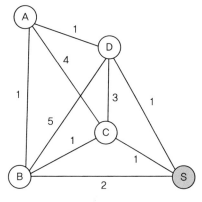

[그림 8-12] 여행자 문제

(9) 통 채우기

통 채우기(bin packing)는 n개의 물건이 주어지고 통(bin)의 용량이 C일 때 가장 적은 수의 통을 사용하여 모든 물건을 통에 채우는 문제이다. 단, 각 물건의 크기는 C보다 크지 않다.

예를 들어 통의 용량 C = 10이고, n = 6개의 물건의 크기가 각각 5, 8, 3, 7, 5, 2이면, 3개의 통을 사용하여 [그림 8-13]과 같이 채울 수 있다.

[그림 8-13] 통 채우기

통 채우기 문제는 다중 처리 장치 스케줄링, 멀티미디어 저장 장치 시스템, 생산 조립 라인에서의 최적화, 산업 공학, 경영 공학의 주요 분야인 공급망 경영, 트럭, 컨테이너에 화물 채우기, 작업의 부하 균등화, 스케줄링 등에 활용된다.

(10) 작업 스케줄링

작업 스케줄링(job scheduling)은 n개의 작업이 있고 각 작업의 수행 시간 t_i이고(i = 1, 2, 3, ⋯, n) m개의 동일한 성능의 기계가 주어질 때 모든 작업이 가장 빨리 종료되도록 작업을 기계에 배정하는 문제이다. 예를 들어 n = 5개의 작업이 주어지고 각각의 수행 시간이 8, 5, 2, 7, 9이며 m = 2라면 [그림 8-14]와 같이 작업을 배정하면 가장 빨리 모든 작업을 종료시킨다.

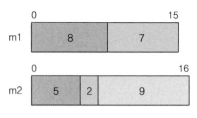

[그림 8-14] 작업 스케줄링

작업 스케줄링 문제는 컴퓨터 운영 체제의 작업 스케줄링, 다중 프로세서 스케줄링, 웹 서버에서 사용자 질의 처리, 기타 산업 및 경영 공학에서의 공정 스케줄링 등에서 응용될 수 있다.

(11) 집합 커버

주어진 집합 S = {1, 2, 3, …, n}에 대해서 S의 부분 집합들이 주어질 때 이 부분 집합들 중에서 합집합하여 S와 같게 되는 부분 집합들을 집합 커버(set cover)라고 한다. 집합 커버 문제는 가장 적은 수의 부분 집합으로 이루어진 집합 커버를 찾는 문제이다. 예를 들어 S = {1, 2, 3, 4, 5}이고 부분 집합은 {1, 2, 3}, {2, 3, 4}, {3, 5}, {3, 4, 5}라면 이 부분 집합 중 {1, 2, 3}과 {3, 4, 5}를 합집합하면 S가 되고 부분 집합 수가 최소이다. 집합 커버 문제의 응용은 버텍스 커버 문제의 응용을 포함한다. 비행기 조종사 스케줄링, 조립 라인 균형화, 정보 검색, 도시 계획에서 공공 기관 배치하기, 컴퓨터 바이러스 찾기, 기업의 구매 업체 선정, 기업의 경력 직원 고용 등에도 활용된다.

지금까지 살펴본 NP-완전 문제들은 실생활의 광범위한 영역에서 활용되지만 이 문제들을 다항식 시간에 해결할 수 있는 알고리즘이 아직 발견되지 않았다. 또한 아직까지 그 누구도 이 문제들을 다항식 시간에 해결할 수 없다고 증명하지도 못했다. 게다가 대부분의 학자들은 이 문제들을 해결할 다항식 시간 알고리즘이 존재하지 않을 것이라고 생각하고 있다.

제 4 절 근사 알고리즘 중요 ★

NP-완전 문제들은 다항식 시간에 해결할 수 있는 알고리즘이 아직 발견되지 않았다. 따라서 이러한 NP-완전 문제들을 어떤 방식으로든지 해결하려면 다음의 세 가지 중에서 한 가지는 포기해야 한다.

> ① 다항식 시간에 해를 찾는 것
> ② 모든 입력에 대해 해를 찾는 것
> ③ 최적해를 찾는 것

근사 알고리즘(approximation algorithm)은 위의 세 가지 중 ③ 최적해를 찾는 것을 포기한 것이다. 최적해를 찾는 대신 최적해에 아주 가까운 근사해를 찾는 방법으로 NP-완전 문제들을 해결하는 방법이다. 근사 알고리즘은 어떤 문제에 대한 해의 근사값을 구하는 알고리즘이며 이 알고리즘은 가장 최적화되는 답을 구할 수는 없지만 비교적 빠른 시간에 계산이 가능하며 어느 정도 보장된 근사해를 계산할 수 있다. 근사 알고리즘은 NP-완전 문제 등 현재 알려진 빠른 최적화 알고리즘이 없는 문제에 대해 주로 사용된다. 근사 알고리즘은 다항식 시간 안에 최적해를 찾을 수 없으므로 다항식 시간 복잡도를 갖는 근사해를 찾는 것이다. 근사 알고리즘을 통해 구해진 근사해가 얼마나 최적해에 근사한지를 나타내는 근사 비율(approximation ratio)을 알고리즘과 함께 제시해야 한다. 근사 비율은 근사해의 값과 최적해의 값의 비율로서 1.0에 가까울수록 정확도가 높은 알고리즘이다. 그러나 이러한 근사 비율을 계산하기 위해서는 최적해를 알아야 한다는 모순이 생긴다. 따라서 최적해를 대신할 수 있는 간접적인 최적해를 찾고 이를 최적해로 삼아서 근사 비율을 계산한다.

1 버텍스 커버 문제

버텍스 커버(vertex cover) 문제는 주어진 그래프 G = (V, E)에서 각 간선의 양 끝점들 중에서 적어도 하나의 끝점을 포함하는 점들의 집합들 중에서 최소 크기의 집합을 찾는 문제이다. 그래프의 모든 간선은 버텍스 커버에 속한 정점에 인접해 있게 된다. 예를 들어, 어떤 지역에서 그 지역의 모든 영역을 감시할 수 있는 CCTV 카메라를 설치하려고 한다고 가정해 보자. 비용을 줄이기 위해 CCTV의 개수를 최소로 하면서도 모든 영역을 비출 수 있도록 해야 한다. 이때 집은 정점으로 표현할 수 있고 집 사이의 길은 간선으로 표현할 수 있다. 이 지역을 [그림 8-15]의 (a) 그래프와 같이 표현할 수 있다면 모든 간선들을 커버할 수 있는 정점을 찾아야 한다. 이 경우 CCTV 카메라를 정점 1, 정점 5, 정점 6에 설치하면 모든 간선을 커버할 수 있다. 총 3대의 카메라로 모든 간선을 커버할 수 있게 되는데 이러한 것을 버텍스 커버라고 한다.

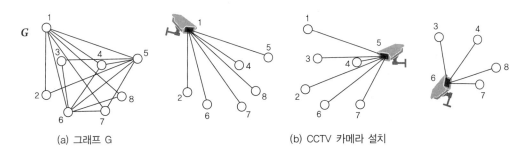

(a) 그래프 G   (b) CCTV 카메라 설치

[그림 8-15] 버텍스 커버 응용

[그림 8-16]의 그래프는 3개의 정점과 2개의 간선으로 구성된다. 이 그래프에서 버텍스 커버가 될 수 있는 정점들을 살펴보면 {1, 2, 3}, {1, 2}, {1, 3}, {2, 3}, {1}이 있다. 이 중에서 최소 크기의 집합이 버텍스 커버 문제의 해이므로 [그림 8-16]의 그래프에 대한 버텍스 커버 문제의 해는 {1}이 된다. {2}는 선분 (1, 3)을 커버하지 못하고 {3}은 선분 (1, 2)를 커버하지 못하므로 버텍스 커버가 될 수 없다.

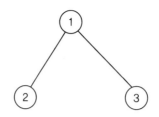

[그림 8-16] 버텍스 커버

그래프의 모든 정점을 커버하기 위해서는 차수(degree)가 가장 높은 정점을 먼저 선택해 가면 많은 수의 간선이 커버될 수 있다. 또는 정점 대신에 간선을 선택할 수도 있다. 간선을 선택하면 선택한 간선의 양 끝점에 인접한 간선이 모두 커버된다. 버텍스 커버는 선택된 각 간선의 양 끝점들의 집합이다. 버텍스 커버를 만들어갈 때 새 간선은 자신의 양 끝점들이 이미 선택된 간선의 양 끝점들의 집합에 포함되지 않을 때에만 선택될 수 있다. [그림 8-17]의 (a)와 같은 그래프에서 (b)와 같이 임의의 간선이 하나 선택되었다고 하자. 이때 (c)와 같이 선택된 간선 주변의 5개의 간선(점선으로 표기된 간선)은 버텍스 커버에서 선택되지 않는다. 그 이유는 선택된 간선의 양 끝점들이 점선으로 표시된 간선을 커버하기 때문이다.

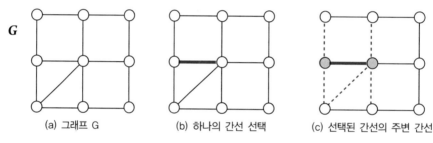

(a) 그래프 G   (b) 하나의 간선 선택   (c) 선택된 간선의 주변 간선

[그림 8-17] 버텍스 커버

이러한 방식으로 간선을 선택하다가 더 이상 간선을 추가할 수 없을 때 중단한다. 이와 같은 방법으로 선택된 간선의 집합을 극대 매칭(maximal matching)이라고 한다. 매칭이란 각 간선의 양쪽 끝점들이 중복되지 않는 간선의 집합이다. 극대 매칭은 이미 선택된 간선을 기반으로 새로운 간선을 추가하려 해도 더 이상 추가할 수 없는 매칭을 말한다. 버텍스 커버 문제는 단순하게 보이지만 해결하기가 매우 어려운 문제에 속한다. 여행자 문제(traveling salesman problem)와 마찬가지로 문제 크기가 커질 경우 정확한 해를 찾는 데 많은 시간이 소요된다.

버텍스 커버는 극대 매칭을 간접적인 최적해로 사용할 수 있다. 즉, 매칭이 있는 간선의 수를 최적해의 값으로 사용하는데 이는 어떠한 버텍스 커버라도 극대 매칭에 있는 간선을 커버해야 하기 때문이다. 다음은 극대 매칭을 이용한 버텍스 커버의 근사 알고리즘이다.

> 📁 **극대 매칭을 이용한 버텍스 커버의 근사 알고리즘**
> - 입력 : 그래프 G = (V, E)
> - 출력 : 버텍스 커버
>
> ① 입력 그래프에서 극대 매칭 M을 찾는다.
> ② return 매칭 M의 간선의 양 끝점들의 집합

예를 들어, [그림 8-18]의 (a)와 같은 그래프에서 극대 매칭을 위해 (b)와 같이 간선 a, b, c, d, e, f가 선택되었다. 따라서 이 그래프의 버텍스 커버 근사해는 간선 a, b, c, d, e, f의 양 끝점들의 집합이다. 즉, 근사해는 총 12개의 정점으로 구성된다. 반면에 (c)의 최적해는 7개의 정점으로 구성되어 있다.

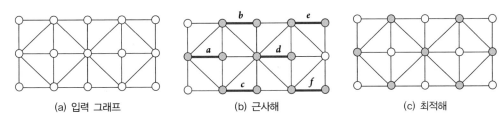

(a) 입력 그래프   (b) 근사해   (c) 최적해

[그림 8-18] 극대 매칭의 근사해

극대 매칭을 이용한 근사 알고리즘의 시간 복잡도는 주어진 그래프에서 극대 매칭을 찾는 과정의 시간 복잡도와 같다. 극대 매칭을 찾기 위해 하나의 간선을 선택할 때 양 끝점들이 이미 선택된 간선의 양 끝점과 동일한지를 검사해야 하므로 O(n)의 시간이 걸린다. 그런데 입력 그래프의 간선의 수가 m이면 각 간선에 대해서 O(n)의 시간이 걸리므로 극대 매칭을 이용한 근사 알고리즘의 시간 복잡도는 O(n) × m = O(nm)이 된다.

> 💥 **더 알아두기** 🔍
>
> 버텍스 커버 문제에 대한 근사 알고리즘은 아직 커버되지 않은 간선을 임의로 선택하여 양쪽 끝의 두 정점을 버텍스 커버에 포함시키고 부수된 간선을 모두 지운다.

2 0/1 배낭(knapsack) 문제 중요 ★★

배낭 문제는 배낭과 같이 한정된 용량 내에서 최대 가치를 얻을 수 있는 물건의 선택 조합을 구하는 문제이다. 일상생활에서도 0/1 배낭 문제를 적용하는 분야가 많다. 한정된 금액으로 어떤 곳에 써야 할지, 어떤 일에 한정된 노력을 투자할 것인지, 제한된 시간에 누구를 만나야 할지, 이런 것들이 모두 배낭 문제이다. 배낭 문제는 한 사람이 가지고 있는 배낭에 담을 수 있는 무게의 최댓값이 정해져 있고, 일정 가치와 무게가 있는

짐들을 배낭에 넣을 때 가치의 합이 최대가 되도록 짐을 고르는 방법을 찾는 문제이다. 이는 대표적인 NP-완전 문제 중 하나이며 복잡해서 수식으로 풀이할 수도 없고 모든 경우의 수를 따져봐야 하는 문제이다. 배낭 문제는 조합 최적화의 유명한 문제이다. 배낭 문제는 짐을 쪼갤 수 있는 경우와 짐을 쪼갤 수 없는 경우의 두 가지로 나눌 수 있다. 분할 가능 배낭 문제(fractional knapsack problem)는 짐을 쪼갤 수 있는 경우이며 그리디 알고리즘으로 다항 시간에 풀 수 있다. 0-1 배낭 문제(0/1 knapsack problem)는 짐을 쪼갤 수 없는 경우이며 NP-완전 문제이기 때문에 알려진 다항 시간 알고리즘은 없다.

배낭 문제를 무작정 푸는 알고리즘을 생각해 보자. 일단 n개의 물건에 대해서 모든 부분 집합을 다 고려할 수 있다. 모든 부분 집합들 중에서 총 무게가 전체 용량을 초과하는 것들은 버리고 남은 것들 중에서 총 가치가 최대가 되는 것을 하나 선택할 수 있다. 그러나 크기가 n인 집합의 부분 집합의 수는 2^n 개이다. 이는 물건의 개수 n이 커지면 부분 집합의 수는 지수적으로 증가하기 때문에 물건의 개수가 클 경우 이 방법을 이용하여 배낭 문제를 해결하기가 쉽지 않음을 알 수 있다.

이제 배낭 문제에 그리디 알고리즘(greedy algorithm)을 적용해 보자. 그리디 알고리즘은 현재 시점에 가장 이득이 되어 보이는 해를 선택하는 행위를 반복하는 방법이다. 매 순간마다 가장 좋다고 생각되는 것을 선택해나가며 최종적인 해답을 구하는 알고리즘이다. 그리디 알고리즘은 최적해를 찾을 수 있는 경우 그것을 목표로 삼고 찾기 어려운 경우에는 주어진 시간 내에 근사해를 찾는 것을 목표로 삼는 알고리즘이라 할 수 있다. 예를 들어, 배낭의 무게가 30kg라고 했을 때 물건들의 무게와 값이 [그림 8-19]와 같을 때 가장 비싼 물건부터 우선적으로 채우는 그리디 알고리즘을 고려해 보자. [그림 8-19]에서 가장 비싼 물건은 $item_1$이므로 이를 선택하면 무게는 25kg이고 더 이상 다른 물건을 채울 수 없으며 이때 선택한 물건의 값은 10만 원이 된다. 그러나 이 선택은 최적이 아니다. 최적인 해답은 $item_2$와 $item_3$를 선택하는 경우이며 이때 선택한 총 무게는 20kg이며 값은 그리디 알고리즘으로 선택한 10만 원보다 더 비싼 18만 원이 된다.

품목	무게	값
$item_1$	25kg	10만 원
$item_2$	10kg	9만 원
$item_3$	10kg	9만 원

[그림 8-19] 가장 비싼 물건 선택

이제 [그림 8-20]과 같은 물건들이 있을 때 가장 가벼운 물건부터 우선적으로 채우는 그리디 알고리즘을 고려해 보자. [그림 8-20]에서 가장 가벼운 물건은 $item_2$와 $item_3$이므로 이를 선택하면 총 무게는 20kg이고 이때 선택한 물건의 값은 14만 원이 된다. 그러나 이 방법도 최적이 아니다. 최적인 해답은 $item_1$을 선택하는 경우이며 이때 선택한 무게는 25kg이고 값은 20만 원이 된다.

품목	무게	값
item₁	25kg	20만 원
item₂	10kg	9만 원
item₃	10kg	5만 원

[그림 8-20] 가장 가벼운 물건 선택

이제 [그림 8-21]과 같은 물건들이 있을 때 무게 당 가치가 가장 높은 물건부터 우선적으로 채우는 그리디 알고리즘을 고려해 보자. [그림 8-21]에서 무게 당 가치가 가장 높은 물건은 $item_1$과 $item_3$이므로 이를 선택하면 총 무게는 25kg이고 값은 190만 원이 된다. 그러나 이 방법도 역시 최적이 아니다. 최적인 해답은 $item_2$와 $item_3$을 선택하는 경우이며 이때 선택한 무게는 30kg이고 값은 200만 원이 된다.

품목	무게	값	값어치
item₁	5kg	50만 원	10만 원 / kg
item₂	10kg	60만 원	6만 원 / kg
item₃	20kg	140만 원	7만 원 / kg

[그림 8-21] 무게 당 가치가 가장 높은 물건 선택

지금까지 살펴본 경우에 대해 배낭 문제는 그리디 알고리즘으로 최적해를 구할 수 없음을 알 수 있다. 더 복잡한 그리디 알고리즘을 사용한다 하더라도 배낭 문제는 풀리지 않는다. 그리디 알고리즘은 대부분의 경우 최적해를 구하지 못하지만 드물게 최적해를 보장하는 경우도 있다. 만약 최적해를 찾을 수 있으면 그것을 목표로 삼고 찾기 어려운 경우에는 주어진 시간 내에 그런대로 괜찮은 해인 근사해를 찾는 것을 목표로 삼을 수 있다.

○×로 점검하자

※ 다음 지문의 내용이 맞으면 ○, 틀리면 ×를 체크하시오. [1 ~ 10]

01 어떤 특정한 입력이 들어오면 언제나 똑같은 과정을 거쳐서 언제나 똑같은 결과가 나오는 것을 결정론적 알고리즘이라 한다. (　　)

>>>○ 결정론적 알고리즘은 예측 그대로 동작하는 알고리즘이며 결과가 유일하게 정의된 연산만을 써서 만들어진 알고리즘이다.

02 시간 복잡도가 $O(n)$, $O(\log n)$, $O(n \log n)$, $O(n^2)$, $O(n^3)$ 등과 같이 다항식 시간에 해결할 수 있는 문제를 NP 문제라고 한다. (　　)

>>>○ P(polynomial) 문제는 다항식 시간에 해결할 수 있는 문제를 의미한다. 또한 결정 문제들 중에서 쉽게 풀리는 것을 모아 놓은 집합이다. 따라서 P에 속한 문제들은 쉬운 문제들이고, NP는 그와 반대로 어려운 문제를 의미한다.

03 다항식 시간 변환은 어떤 어려운 문제를 풀어야 하는 경우 이 문제를 좀 더 쉬운 다른 문제로 변환하는 시간을 의미한다. (　　)

>>>○ 다항식 시간 변환은 문제 A를 Yes/No 대답이 일치하는 좀 더 쉬운 문제 B로 변환하는 시간을 의미한다.

04 클리크 판정 문제는 최대 크기의 클리크를 찾는 문제이다. (　　)

>>>○ 클리크 판정 문제(CDP : Clique Decision Problem)에서 클리크란 주어진 그래프 G = (V, E)에서 모든 점들 사이를 연결하는 선분이 있는 부분 그래프이며 클리크 문제는 최대 크기의 클리크를 찾는 문제이다.

05 부분 집합의 합은 주어진 그래프에서 각 간선의 양 끝점들 중에서 적어도 하나의 끝점을 포함하는 점들의 집합들 중에서 최소 크기의 집합을 찾는 문제이다. (　　)

>>>○ 버텍스 커버에 대한 설명이며 버텍스 커버는 주어진 그래프에서 각 간선의 양 끝점들 중에서 적어도 하나의 끝점을 포함하는 점들의 집합들 중에서 최소 크기의 집합을 찾는 문제이다.

06 0-1 배낭 문제는 P 문제에 속한다. (　　)

>>>○ 0-1 배낭 문제는 어려운 문제에 해당하여 NP 문제이며 복잡해서 수식으로 풀이할 수도 없고 모든 경우의 수를 따져봐야 하는 문제이다.

정답 **1** ○ **2** × **3** ○ **4** ○ **5** × **6** ×

07 분할, 독립 집합, 여행자 문제, 작업 스케줄링은 NP-완전 문제이다. (   )

>>>⚲ NP-완전 문제에는 클리크 판정 문제, 버텍스 커버, 해밀토니언 사이클, 0-1 배낭, 그래프 색칠하기, SAT, 분할, 부분 집합의 합, 독립 집합, 최장 경로, 여행자 문제, 통 채우기, 작업 스케줄링, 집합 커버 등이 있다.

08 집합 커버는 주어진 그래프에서 연결하는 선분이 없는 점들의 집합이다. (   )

>>>⚲ 집합 커버는 주어진 집합에 대해서 이 집합의 부분 집합들이 주어질 때 이 부분 집합들 중에서 합집합하여 원래 집합과 같게 되는 부분 집합들이다.

09 근사 알고리즘은 최적해와 근사해를 모두 찾는 방법이다. (   )

>>>⚲ 근사 알고리즘은 어떤 문제에 대한 최적해를 구할 수 없을 경우 최적해 대신 근사해를 구하는 알고리즘이다. 즉, 최적해를 찾는 대신 최적해에 아주 가까운 근사해를 찾는 방법이다.

10 그래프 색칠하기는 그래프에서 인접하는 정점에 서로 다른 색깔이 할당되도록 정점을 색칠하는 문제이며 가장 많은 수의 색을 사용하여 그래프를 색칠해야 한다. (   )

>>>⚲ 그래프 색칠하기는 인접하는 정점에 서로 다른 색깔을 칠하되 가장 적은 수의 색을 사용하여 그래프를 색칠하는 문제이다.

정답 **7** ○ **8** × **9** × **10** ×

01 비결정적 알고리즘은 결과가 미리 정해져 있지 않고 실행 시에 가능한 연산 결과 중 최선의 하나를 <u>스스로 선택할 수 있다.</u>

01 NP 알고리즘의 비결정성이 갖는 의미는?

① 해가 유일하지 않다.
② 수행 시간이 정해지지 않는다.
③ 선택 조건이 실행 전에 결정되지 않는다.
④ 여러 선택 조건 중 올바른 해에 이르도록 하는 조건을 스스로 고를 수 있는 능력이 있다.

02 NP-완전 문제들은 다항식 시간에 해결할 수 있는 알고리즘이 아직 발견되지 않았으며 다항식 시간 알고리즘이 존재하지 않는다고도 아직 증명되지 않은 문제이다.

02 다음 중 NP-완전 문제란 어느 것에 해당하는가?

① 다항식 시간 알고리즘이 존재하는 문제
② 다항식 시간 알고리즘이 존재하지 않는 문제
③ 다항식 시간 알고리즘의 존재 여부가 아직 증명되지 않은 문제
④ 다항식 시간 알고리즘은 존재하나 현실적으로 쓸 수 없는 문제

03 대표적인 NP-완전 문제는 클리크 판정 문제(CDP ; Clique Decision Problem), 버텍스 커버, 해밀토니언 사이클, 0-1 배낭, 그래프 색칠하기, SAT(boolean satisfiability problem), 분할, 여행자 문제, 집합 커버 등이 있다.

03 NP-완전 문제에 속하지 <u>않는</u> 것은?

① 볼록 껍질을 구하는 문제
② 0/1 배낭 문제
③ 그래프 색칠하기
④ 해밀토니언 사이클 문제

정답 01 ④ 02 ③ 03 ①

04 다음 중 괄호 안에 들어갈 적절한 용어는?

> 문제 B에 대한 알고리즘으로 문제 A를 풀 수 있을 때, 문제 A를 문제 B로 ( )할 수 있다고 하며, 이러한 ( )에 다항식 시간이 소요되면 다항식 시간 ( )(이)라 한다.

① 분할
② 대체
③ 변환
④ 해석

04 다항식 시간 변환은 어떤 어려운 문제를 풀어야 하는 경우 이 문제를 좀 더 쉬운 다른 문제로 변환하는 시간을 의미한다. 문제 A를 Yes/No 대답이 일치하는 문제 B로 변환하는 것이다.

05 NP-완전 문제인 것은?

① 클리크 판정 문제(CDP ; Clique Decision Problem)
② KMP 알고리즘
③ 정렬 문제
④ 최단 경로 문제

05 클리크 판정 문제(CDP ; Clique Decision Problem)에서 NP 완전이며 클리크란 주어진 그래프에서 모든 점들 사이를 연결하는 선분이 있는 부분 그래프이며 클리크 문제는 최대 크기의 클리크를 찾는 문제이다. ②, ③, ④는 모두 다항식 시간 알고리즘이 존재한다.

06 NP-완전 문제에 속하지 않는 것은?

① 최소 신장 트리 문제
② 클리크 결정 문제
③ 0-1 배낭 문제
④ 해밀토니언 사이클 문제

06 최소 신장 트리를 구하기 위해서는 프림의 알고리즘이나 크루스칼 알고리즘을 사용할 수 있는데 이는 모두 다항식 시간 알고리즘에 해당한다. 따라서 NP 완전 문제에 해당하지 않는다.

정답 04 ③ 05 ① 06 ①

07 NP-완전 문제는 현실적인 시간에 풀 수 없다고 추정되면서 서로 강력한 논리적 연관성을 가진 특이한 문제군이다. NP 집합에 속하는 결정 문제 중에서 가장 어려운 문제의 부분 집합이라 할 수 있다.

07 NP-완전인 문제에 대한 설명으로 옳은 것은?

① 결정론적 다항식 시간 알고리즘이 존재한다.
② NP에 속하는 문제들 중 가장 어려운 문제인 것으로 간주할 수 있다.
③ 비결정론적 다항식 시간 알고리즘이 존재하지 않는다.
④ NP에 속하는 문제들 중 효율적인 알고리즘이 존재하는 문제들의 집합이다.

08 배낭 채우기 문제는 대표적인 NP-완전 문제 중 하나이며 복잡해서 수식으로 풀이할 수 없고 모든 경우의 수를 따져봐야 하는 문제이다.

08 배낭 채우기 문제(knapsack problem)에 대한 설명으로 틀린 것은?

① 짐을 쪼갤 수 있는 분할 가능 배낭 문제와 짐을 쪼갤 수 없는 0/1 문제가 있다.
② 짐을 쪼갤 수 없는 경우의 0/1 배낭 문제는 NP-완전이기 때문에 알려진 다항 시간 알고리즘은 없다.
③ 0/1 배낭 문제는 NP-완전 문제에 해당한다.
④ 배낭 채우기 문제는 다항 시간 안에 풀 수 있는 문제에 해당한다.

09 그리디 알고리즘은 현재 시점에 가장 이득이 되어 보이는 해를 선택하는 행위를 반복하는 방법이다. 매 순간마다 가장 좋다고 생각되는 것을 선택해나가며 최종적인 해답을 구하는데 만약 최적해를 찾을 수 있는 경우에는 그것을 목표로 삼고 찾기 어려운 경우에는 주어진 시간 내에 근사해를 찾는 것을 목표로 삼는 알고리즘이다.

09 최적해를 찾을 수 있는 경우에는 그것을 목표로 삼고 찾기 어려운 경우에는 주어진 시간 내에 근사해를 찾는 것을 목표로 삼는 알고리즘을 무엇이라 하는가?

① 동적 프로그래밍
② NP-완전 문제
③ 그리디 알고리즘
④ 0/1 배낭 알고리즘

정답 07 ② 08 ④ 09 ③

10 주어진 가중치 그래프에서 임의의 한 점에서 출발하여 다른 모든 점들을 한 번씩만 방문하고 다시 시작점으로 돌아오는 경로 중에서 최단 경로를 찾는 문제에 해당하는 것은?

① 여행자 문제
② 해밀토니언 사이클
③ 작업 스케줄링
④ 최장 경로

10 여행자 문제는 주어진 가중치 그래프에서 임의의 한 점에서 출발하여 다른 모든 점들을 한 번씩만 방문하고 다시 시작점으로 돌아오는 경로 중에서 최단 경로를 찾는 문제이다.

11 NP 문제에 대한 설명 중 틀린 것은?

① 문제의 답이 Yes인 경우 답이 Yes라는 것을 다항식 시간 내에 확인할 수 있는 적당한 모범 답안이 존재하는 문제를 의미한다.
② non-polynomial을 의미한다.
③ 비결정론적 알고리즘으로 다항식 시간이 걸리는 모든 판정 문제의 집합이다.
④ 명제 'P = NP'는 아직 증명되지 않았다.

11 NP는 Nondeterministic Polynomial 를 의미한다.

12 문제를 풀 때 걸리는 현실적인 시간, 즉 다항식 시간에 대한 설명으로 옳은 것은?

① 문제의 크기가 n이면 그 문제를 푸는 데 n의 다항식에 비례하는 시간이 드는 알고리즘을 의미한다.
② 어떤 문제가 다항식 시간에 해결되면 현실적인 시간에 풀 수 없는 경우로 간주한다.
③ 문제를 해결하는 데 비다항식 시간이 소요되면 현실적인 시간에 풀 수 있는 경우로 간주한다.
④ O(n)의 복잡도를 갖는 문제는 비다항식 시간이 걸리는 문제라고 할 수 있다.

12 다항식에 비례하는 시간이 드는 알고리즘은 현실적인 시간 안에 풀 수 있는 문제를 의미한다.

정답 10 ① 11 ② 12 ①

13 NP-완전 문제는 현실적인 시간 안에 풀 수 없다고 추정되면서 서로 강력한 논리적 연관성을 가진 특이한 문제군이라 할 수 있다.

01

정답 (1) P 문제는 주어진 문제를 푸는 알고리즘이 걸리는 시간이 어떤 다항식으로 나타날 때를 말한다. NP 문제는 어떤 문제의 해를 비결정성 알고리즘으로 다항 시간 내에 추측하고 입증할 수 있는 문제이다.

(2) 클리크 판정 문제, 버텍스 커버, 해밀토니언 사이클, 0-1 배낭, 그래프 색칠하기, SAT, 분할(partition), 부분 집합의 합, 독립 집합, 최장 경로, 여행자(traveling salesman) 문제, 통 채우기(bin packing), 작업 스케줄링, 집합 커버(set cover)

해설 P 문제는 다항 시간 내에 풀 수 있는 문제이다. 다항 시간이란 문제에 대한 하나의 알고리즘이 존재하여 그 알고리즘 내 단계들의 횟수가 n의 다항 함수에 의해 한정된다는 것이다. NP 문제는 어떤 문제의 해를 비결정성 알고리즘으로 다항 시간 내에 추측하고 입증할 수 있는 문제이다. 비결정성이라는 의미는 추측하는 데 있어 특정 규칙을 따르지 않는다는 것이다.
NP-완전 문제에는 클리크 판정 문제, 버텍스 커버, 해밀토니언 사이클, 0-1 배낭, 그래프 색칠하기, SAT, 분할(partition), 부분 집합의 합, 독립 집합, 최장 경로, 여행자(traveling salesman) 문제, 통 채우기(bin packing), 작업 스케줄링, 집합 커버(set cover) 등이 있다.

정답 13 ①

13 빠른 해답이 알려져 있지 않으며 현실적인 시간 안에 풀 수 없다고 추정되는 문제를 무엇이라 하는가?

① NP-완전 문제
② 근사해 문제
③ P-문제
④ 최적해 문제

✔ **주관식 문제**

01 (1) P 문제란 무엇인지 설명하고 (2) NP-완전 문제에 해당하는 예를 3가지 이상 쓰시오.

02 다음 그림에서 ㉠, ㉡, ㉢에 들어갈 내용을 쓰시오.

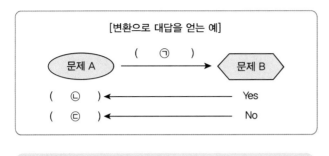

[변환으로 대답을 얻는 예]

02

정답 ㉠ 다항식 시간 변환
㉡ Yes
㉢ No

해설 다항식 시간 변환은 어떤 어려운 문제를 풀어야 하는 경우 이 문제를 좀 더 쉬운 다른 문제로 변환하는 시간을 의미한다. 문제 A를 Yes/No 대답이 일치하는 문제 B로 변환하는 시간이라 할 수 있다. 다항 시간 함수의 시간 복잡도를 가진 알고리즘을 사용하여 문제 A의 값 x를 다른 결정 문제 B의 값 y로 바꾸어 x의 A에 대한 결과와 y의 B에 대한 결과가 같게 하는 변환을 의미한다.

03 다음에 해당하는 용어를 쓰시오.

(1) 그래프의 구성 요소
(2) 그래프의 간선에 방향이 없는 그래프
(3) 정점에 연결된 간선의 수
(4) 모든 정점 사이에 간선이 존재하는 그래프

03

정답 (1) 정점, 간선
(2) 무방향 그래프
(3) 차수
(4) 완전 그래프

해설 그래프는 정점들의 집합과 간선들의 집합으로 구성된다.
무방향 그래프(indirect graph)는 그래프의 간선에 방향이 없는 그래프를 의미한다.
임의의 정점의 차수는 그 정점에 연결된 모든 간선들의 개수를 말한다.
완전 그래프는 그래프를 구성하는 모든 정점에서 자기 자신을 제외한 모든 정점에 대하여 간선이 있는 경우를 의미한다.

여기서 멈출 거예요? 근거가 바로 눈앞에 있어요.
마지막 한 걸음까지 SD에듀가 함께할게요!

제9장

병렬 알고리즘

제1절   기본 개념
제2절   최솟값 찾기
제3절   리스트 순위 부여
제4절   접두부 부분합 계산
제5절   행렬 곱셈
제6절   병렬 합병 정렬
실제예상문제

I wish you the best of luck!

제 9 장 병렬 알고리즘

제 1 절 기본 개념 중요 ★★

많은 컴퓨터 응용 분야에서는 막대한 양의 데이터를 일정 시간 내에 처리해야 한다. 따라서 초고속 연산을 수행하는 초고속 컴퓨터에 대한 관심이 증대되어 왔는데 단순히 전자 소자의 속도를 빠르게 하는 것만으로 이를 해결할 수는 없다. 따라서 여러 개의 처리 장치 또는 프로세서를 가진 컴퓨터를 이용하는 병렬 컴퓨터 (parallel computer)를 생각할 수 있다. 전통적으로 컴퓨터 소프트웨어는 [그림 9-1]과 같이 순차 컴퓨터 (sequential computer) 방식을 기본으로 작성되어 왔다. 문제를 해결하는 데 있어서 알고리즘은 순차적인 명령들로 이루어졌고 그 명령들은 하나의 CPU에 의해서 실행되었다. 한 명령이 한 번에 하나씩 실행되며 하나가 끝나면 그다음 명령이 실행되는 방식이다.

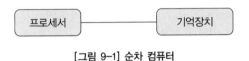

[그림 9-1] 순차 컴퓨터

병렬 컴퓨터는 하나의 작업을 여러 부분 작업으로 나누어서 그중에서 동시에 실행할 수 있는 부분에 대해서는 동시 실행을 할 수 있도록 여러 대의 프로세서를 가지고 있는 컴퓨터를 말한다. 병렬 연산은 동시에 많은 계산을 하는 연산의 한 방법이며 크고 복잡한 문제를 작게 나눠 동시에 병렬적으로 해결하는 데에 수로 사용된다. 두 개 이상의 프로세서가 동일한 문제를 실행하는 다양한 종류의 병렬 컴퓨터가 개발되어 사용된다. 병렬 컴퓨터가 단일 시스템으로 구성되는 경우 듀얼 코어, 쿼드 코어와 같이 하나의 CPU 내에 복수 개의 코어를 넣어 여러 명령어를 동시에 수행할 수 있다. 또한 병렬 컴퓨터가 여러 시스템으로 구성되는 경우 네트워크로 연결시켜 분산 처리를 수행할 수 있다. 병렬 컴퓨터는 병렬 OS, 병렬 PL, 병렬 알고리즘 등이 필수적이다. 병렬 알고리즘은 병렬 컴퓨터에서 실행되도록 작성된 알고리즘을 의미한다. 최근 하드웨어의 기술이 발달하고 값이 싸게 보급되므로 값싼 프로세서를 여러 개 연결하여 동시에 여러 개의 명령을 수행하도록 하는 것이 효율적이다. 병렬 컴퓨터는 일부 하드웨어 오류가 발생하더라도 전체 시스템은 동작할 수 있으며 기억장치를 공유할 수 있다는 장점이 있다. 병렬 컴퓨터는 병렬 처리를 위하여 문제(혹은 프로그램)를 여러 개로 나누는 문제 분할이 필요하다. 또한 분할된 부분을 나누어 처리하기 위해 프로세서 간의 데이터 교환을 위한 통신 메커니즘 필요하다. 병렬 컴퓨터 프로그램들은 순차적 프로그램보다 난해하며 프로그램 작성이 어렵다. 이러한 병렬 컴퓨터의 모델은 다양하며 여러 분야에서 응용되고 있는데 멀티미디어의 구축, 동화상 처리, 지리정보 시스템 개발, DNA 관련 연구 등에서 활용된다.

병렬 처리가 가능하기 위해서는 많은 수의 프로세서들로 하나의 시스템을 구성할 수 있도록 작고 저렴하며 고속인 프로세서들의 사용이 가능해야 한다. 이는 반도체 기술의 발달과 VLSI 집적도 향상으로 인하여 저렴한 가격으로 수백 개 이상의 프로세서들을 한 시스템 내에 통합할 수 있게 되어서 만족시킬 수 있다. 또한 병렬 처리가 가능하기 위해서는 한 프로그램을 여러 개의 작은 부분들로 분할하는 것이 가능해야 하며, 분할된 부분들을 병렬로 처리한 결과가 전체 프로그램을 순차적으로 처리한 결과와 동일해야 한다. 이러한 조건을 만족시키기 위해서는 다음과 같은 문제들을 해결해야 한다.

- 문제 분할(problem partition)
- 프로세서 간 통신(inter-processor communication)

문제 분할이란 병렬 처리를 위하여 하나의 문제를 여러 개로 나누는 것을 말하지만, 프로그램들 중에는 반드시 순차적으로 처리되어야 하는 것들도 있기 때문에 병렬 처리가 근본적으로 불가능한 경우도 있다. 또한 많은 수의 프로세서들이 제공되더라도 프로그램을 그 수만큼 분할할 수가 없는 경우에는 프로세서의 이용률 (utilization)이 낮아져서 원하는 만큼의 성능 향상을 얻을 수가 없기 때문에 문제 분할은 매우 중요하다. 하나의 프로그램이 여러 개의 작은 부분들로 나누어져서 서로 다른 프로세서들에 의해 처리되는 경우에 프로세서들 간에는 데이터 교환을 위한 통신이 필요하게 된다. 그런데 프로세서의 수가 증가하면 통신 선로의 수도 그만큼 더 많아지고 인터페이스를 위한 하드웨어도 복잡해진다. 그에 따라 통신 입출력 동작을 제어하기 위한 소프트웨어 오버헤드(software overhead)와 하드웨어 상의 지연 시간 때문에 통신에 소모되는 시간이 길어져서 시스템의 성능 향상에 한계가 있게 된다.

> **! 더 알아두기 Q**
>
> **병렬 컴퓨터**
> ① 내부의 연산장치를 여러 개 배치해 높은 연산 성능을 갖게 하여 동시에 동작하는 복수의 마이크로 프로세서를 사용하는 컴퓨터
> ② 다수의 CPU를 결합하여 단일 CPU 성능의 한계를 극복하기 위한 컴퓨터 구조
> ③ 작업(task)을 동시에 처리하는 복수의 프로세서에 골고루 분담시킴
> ④ 처리 속도가 대폭 빨라지고 단위 시간당 작업량을 증가시킬 수 있음
> ⑤ 병렬 컴퓨터를 더 발전시켜 수천 개 규모의 마이크로 프로세서를 사용하는 컴퓨터 시스템을 초병렬 컴퓨터(massively parallel computer)라고 함

1 병렬 컴퓨터의 분류

병렬 컴퓨터는 메모리의 공유 여부나 제어 방법에 의해 분류된다. 병렬 컴퓨터의 메모리의 공유 여부에 따른 분류는 프로세서들이 메모리를 공유하는지, 메모리가 분산되어 각 프로세서에 속해 있는지에 따른 분류이며 공유 메모리 모델(shared memory model)과 연결망 모델(interconnection network model)로 나뉜다. 공유 메모리 모델은 여러 개의 프로세서들이 하나의 메모리를 공유하는 방법을 사용하며 각 프로세서가 모든 메모

리 셀에 접근이 가능하다. 두 프로세서가 정보 교환을 할 경우에는 한 프로세서가 메모리의 약속된 위치에 메시지를 쓰고 다른 프로세서가 이를 읽음으로써 해결할 수 있다. 연결망 모델은 메모리가 분산되어 각 프로세서에 속하도록 하는 방법이다. 다른 프로세서의 메모리에 접근할 수 없으므로 메모리를 이용한 정보 교환이 불가능하기 때문에 프로세서들을 서로 연결하는 연결망을 사용해서 정보를 교환한다.

병렬 컴퓨터의 제어 방법에 따른 분류인 플린(Flynn)의 분류는 다음과 같다.

(1) SISD(Single Instruction Stream Single Data Stream)

폰 노이만 방식의 일반적인 컴퓨터 구조이며 단일 명령어 흐름에 따른 단일 데이터 흐름이다. 하나의 명령에 따른 하나의 자료를 처리하며 병렬 처리는 파이프라인 구조로 구현한다.

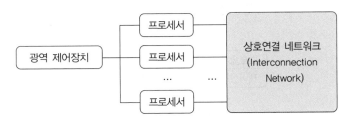

[그림 9-2] SISD 컴퓨터

(2) SIMD(Single Instruction Stream Multiple Data Stream)

하나의 명령에 여러 자료를 동시에 처리하며 단일 명령어 흐름에 따른 다중 데이터 흐름 컴퓨터이다. 배열, 벡터 처리로 병렬 처리 구현하며 모든 데이터 요소들은 같은 계산으로 수행한다. 모든 프로세서가 특정한 순간에 동일한 명령을 수행한다. 프로세서는 각각 프로그램과 데이터를 기억하기 위한 로컬 메모리를 가지고 동기를 취하면서 작동한다. 즉, 각 1단위 시간에는 어떤 프로세서들이 선택되어 그들 프로세서만이 실행 가능한 상태로 되어 각각 자기가 가지고 있는 데이터에 대해서 같은 명령을 실행하는 방식을 말한다. 이때 선택되지 않은 다른 프로세서는 아무런 작동을 취하지 않는다.

(3) MISD(Multiple Instruction Stream Single Data Stream)

다수 명령어 흐름에 따른 단일 데이터 흐름 컴퓨터이다. 여러 명령이 하나의 자료를 동시에 처리하는데 이 경우 작업의 일관성이 무너질 수 있는 큰 문제점이 있다. MISD는 실제로 구현이 불가능하며 이론으로만 제시된 시스템이다.

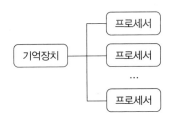

[그림 9-3] MISD 컴퓨터

(4) MIMD(Multiple Instruction Stream Multiple Data Stream)

여러 명령에 따른 여러 자료를 동시에 독립적으로 처리한다. 각 프로세서가 서로 다른 명령을 수행하며 병렬 처리는 다중 처리 구조로 구현된다. 처리기 상호 연결 시 Tightly Coupled System을 다중 처리기, Loosely Coupled System을 분산 처리 시스템이라 한다. 각 프로세서는 독자적인 명령 카운터를 가지고 비동기적으로 작동한다. SIMD와의 차이점은 어떤 시각에 실행 가능한 상태에 있는 프로세서가 반드시 같은 명령을 실행하지는 않는다는 점이다.

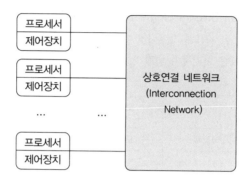

[그림 9-4] MIMD 컴퓨터

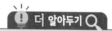

> **분산 처리**
> 클라이언트-서버를 의미한다. 클라이언트 자체적으로 메모리를 가지므로 서버에 종속될 필요가 없다.
>
> **Tightly Coupled System**
> 터미널(클라이언트)에 메모리가 없다. 즉, 오로지 클라이언트는 입출력밖에 처리할 수 없으며 모든 걸 서버에 위탁하므로 강결합이라고 한다.

2 PRAM 모델 중요 ★

PRAM(parallel random access machine) 모델은 [그림 9-5]와 같이 여러 개의 프로세서와 공유 메모리로 구성된다. n개의 프로세서 P_1, P_2, $\cdots$, P_n로 구성되며 n개의 프로세서는 기억 용량이 큰 직접 접근 기억 장치(random access memory)를 공용하는 모델이다.

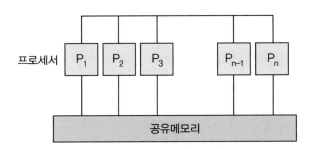

[그림 9-5] PRAM 구조

PRAM 모델은 이상적인 이론적 모델이다. PRAM은 공유 메모리를 사용하여 프로세스 간에 병렬 통신을 지원하는 구조이다. 그러나 PRAM은 통신, 동기, 메모리 파이프라인 등의 실제적인 구현 요소들을 고려하지 않고 있다.

PRAM 모델에서 각 프로세서는 로컬 계산을 위해서 로컬 메모리를 갖고 있으며 프로세서 사이의 통신은 공용 메모리를 통해서만 행해진다. 그리고 모든 프로세서는 같은 알고리즘을 실행한다. PRAM 모델에 대한 가정은 다음과 같다.

> ① 프로세서 인덱스는 0, 1, 2, … 이다.
> ② 특정 순간에 모든 프로세서는 동일한 명령을 수행한다. 즉, PRAM을 SIMD 모델로 사용한다.
> ③ 프로세서 실행을 조건을 주어 마스킹할 수 있다.
> ④ 각 프로세서는 메모리의 어떠한 부분에도 접근이 가능하며 읽고 쓰는 데 드는 시간은 상수 시간이다.

PRAM 모델에서 한 타임 스텝은 3단계로 구성되며 입력 단계, 계산 단계, 기억 단계이다. 입력 단계에서는 각 프로세서가 하나의 메모리 셀(memory cell)로부터 데이터를 읽는다. 계산 단계에서 각 프로세서는 주어진 문제 해결에 필요한 계산을 한다. 그리고 기억 단계에서 각 프로세서는 메모리 셀에 계산 결과를 기억시킨다. PRAM 모델에서 프로세서는 동기를 취한다. 즉, 모든 프로세서는 어떤 같은 시각에 입력 단계, 계산 단계, 기억 단계 중 어느 한 작업을 동시에 실행하며 데이터를 써 넣으려고 하는 모든 프로세서도 같은 시각에 데이터를 기억시킨다. 여러 개의 프로세서가 동시에 같은 메모리 셀로부터 데이터를 읽을 수는 있으나 같은 메모리 셀에 데이터를 동시에 써 넣으려고 할 때는 기억 충돌이 발생한다. 이와 같은 기억 충돌을 어떻게 피하느냐에 따라 여러 종류의 PRAM 모델로 분류할 수 있다.

3 PRAM 모델의 종류와 특징

(1) CRCW(Conclusive Read Concurrent Write)

가장 이상적이고 강력한 방식이며 여러 프로세서가 동시에 동일한 메모리 셀에서 읽고 쓰는 연산을 허용한다.

(2) CREW(Concurrent Read Exclusive Write)

가장 현실적인 방식이며 여러 프로세서가 동시에 한 메모리 셀에서 읽을 수는 있으나 쓰는 연산은 한 번에 한 프로세서만 허용한다. 두 번째로 강력한 PRAM 모델이며 특정한 시간에 한 개의 프로세서만이 특정 메모리 셀에 쓸 수 있으므로 CRCW에 비하여 실용적인 모델이다. 만일 CRCW에서 $O(f(n))$의 복잡도를 갖는 알고리즘이 있다면 CREW에서는 $O(f(n) \times \log n)$ 복잡도를 갖는 알고리즘으로 자동 변환이 가능하다.

(3) ERCW(Exclusive Read Concurrent Write)

현실성이 없는 모델이며 동일한 메모리 셀에서 읽을 때에는 한 번에 한 프로세서씩 허용하고 쓰는 연산은 여러 프로세서를 동시에 허용한다. 여러 개의 프로세서들이 동시에 공동 기억 장치에 쓰는 것은 가능하지만 오직 한 프로세서만이 독점적으로 읽는 것이 가능하다.

(4) EREW(Exclusive Read Exclusive Write)

가장 제한적인 방식이다. 특정 메모리 셀에 읽거나 쓰는 연산은 한 번에 한 프로세서만 허용한다. 주어진 시간대에 오직 한 프로세서만이 공동 기억 장치에 입·출력을 할 수 있으며 이 동안에 다른 프로세서들은 공동 기억 장치에 접근할 수 없다. 가장 강력하지 않은 모델이며 가장 현실적으로 구현이 쉬운 모델이다.

> **더 알아두기**
>
> **CRCW(동시 읽기 / 동시 쓰기)**
> 가장 이상적이고 강력한 방식
>
> **CREW(동시 읽기 / 독점 쓰기)**
> 데이터 관점에서 가장 현실적인 방식
>
> **ERCW(독점 읽기 / 동시 쓰기)**
> 현실성이 없는 모델
>
> **EREW(독점 읽기 / 독점 쓰기)**
> 가장 제한적인 방식

[그림 9-6]은 PRAM 모델에서의 읽기와 쓰기를 표현한 것이다.

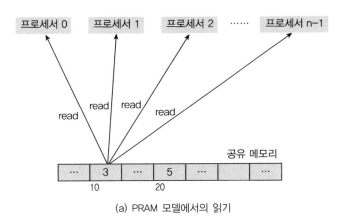

(a) PRAM 모델에서의 읽기

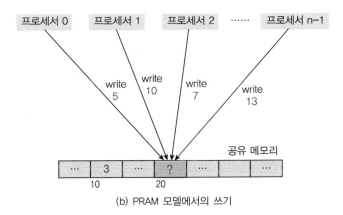

(b) PRAM 모델에서의 쓰기

[그림 9-6] PRAM 모델에서의 읽기와 쓰기

병렬 쓰기 규칙은 다음과 같다.

- common : 동일한 값을 쓰려고 할 때만 병렬 쓰기가 가능하다.
- arbitrary : 쓰려는 값 중에서 임의의 값이 쓰여진다.
- priority : 우선 순위가 가장 높은 프로세서의 값이 쓰여진다.
- sum : 쓰려는 값들의 합이 쓰여진다.

PRAM 모델은 현재의 기술로는 구현하기 힘든 모델이며 메모리의 각 셀에 모든 프로세서가 상수 시간에 접근할 수 있도록 하기 위해서는 실제로 프로세서 사이나 프로세서와 메모리 사이에 복잡한 연결망이 필요하지만 PRAM에서는 이런 시간을 무시한다. 모델이 간단하고 병렬 알고리즘 고안이 비교적 쉬우며 병렬 알고리즘 개발 시 프로세서 간의 정보 교환에 드는 비용을 무시할 수 있다. PRAM 모델은 이론 분야에서 병렬 알고리즘의 개발 분석에 사용될 수 있는 좋은 모델이다. PRAM 모델을 사용하는 이유는 간단하고 수월하게 병렬 알고리즘의 고안이 가능하기 때문이다. 프로세서 간의 통신 비용을 무시한 채로 풀고자 하는 문제를 최대한으로 병렬화하는 데에만 초점을 맞출 수 있다. 또한 고안된 알고리즘의 간단한 변형을 통해 많이 사용되는 다른 병렬 컴퓨터 모델에서 수행이 가능하다. 또한 다른 특정 모델에 비해 시간, 공간, 프로세서 수의 복잡도를 분석하는 것이 다른 특정 모델을 사용할 때보다 수월하다.

4 병렬 알고리즘의 효율성 중요 ★

하나의 문제를 푸는 병렬 알고리즘은 여러 개 있을 수 있는데 이들 중 어느 것이 더 효율적인지 판단하는 것을 효율성이라 한다. 병렬 알고리즘의 효율성 판단 척도는 시간 효율성, 속도 향상률, 작업량이다.

어떤 문제를 해결하는 가장 빠른 순차 알고리즘의 실행 시간을 S(n)이라 하자. 여기서 n은 입력 데이터의 개수이다. 문제 A를 해결하는 병렬 알고리즘이 p개의 프로세서를 사용하여 P(n)의 시간 안에 그 문제를 해결할 수 있다고 하자.

- S(n) : 문제 크기 n에 대한 최선의 순차 알고리즘의 수행 시간
- P(n) : 문제 크기 n에 대한 p개의 프로세서를 사용한 병렬 알고리즘의 수행 시간

병렬 알고리즘의 시간 효율성은 3가지의 요소가 필요한데 사용되는 프로세서(p개) 수, 문제의 입력 자료 개수(n개), 최선의 알고리즘의 실행 시간이다. P(n)은 S(n)/p보다 작을 수 없으며 병렬 알고리즘의 시간 효율성(Efficiency)은 S(n)/p와 P(n)의 비율로 표시한다.

시간 효율성

$$\text{Efficiency} = \frac{S(n)/p}{P(n)} = \frac{S(n)}{p \times P(n)}$$

효율성의 값은 0과 1 사이의 값을 가지며 1에 가까울수록 더 효율적인 알고리즘이다. 즉, 효율이 1인 병렬 알고리즘은 최적 병렬 알고리즘이라 할 수 있다. 예를 들어, 어떤 문제를 해결하는 가장 빠르다고 알려진 순차 알고리즘의 실행 시간이 S(n) = 12초이고 4개의 프로세서를 사용하는 병렬 알고리즘은 문제를 푸는 데 걸리는 시간이 P(n) = 3초라 하자. 이때 병렬 알고리즘의 효율성은 1이고 이러한 알고리즘은 병렬화 과정에서 부가적으로 걸리는 시간이 전혀 없는 최적 알고리즘(optimal algorithm)이다. 이때 P(n) = 4초라면 효율성은 0.75가 된다.

속도 향상률(speedup)은 병렬 알고리즘의 효율을 나타낼 수 있는 또 하나의 척도이다. 속도 향상률은 병렬 알고리즘이 동일한 문제를 푸는 순차 알고리즘에 비하여 몇 배의 속도를 낼 수 있는가를 나타낸다.

> **🖩 속도 향상률**
>
> $$\text{speedup} = \frac{S(n)}{P(n)}$$

프로세서 4개를 사용하면 4배보다 더 높은 속도를 낼 수 없다. 예를 들어 S(n) = 12초, P(n) = 4초, p = 4인 경우는 프로세서를 4개 사용하여 3배의 속도 향상을 얻은 경우이다.

작업량(total work)은 병렬 알고리즘이 사용한 프로세서의 개수를 그 알고리즘의 실행 시간에 곱한 것이다. 작업량은 수행 시간과 프로세서의 개수 곱이다. 작업량이 그 문제를 푸는 가장 빠르다고 알려진 순차 알고리즘의 실행 시간과 같으면 그 병렬 알고리즘은 최적 알고리즘이다.

> **💡 더 알아두기 🔍**
>
> **최적의 병렬 알고리즘**
> 작업량 = S(n)

> **🖩 작업량**
>
> total work = p × P(n)

제 2 절 최솟값 찾기

1 최솟값 찾는 순차 알고리즘

순차 알고리즘으로 최솟값을 찾기 위해서는 일렬로 나열된 데이터 집합의 맨 처음부터 마지막까지 순서대로 비교해가야 한다. 예를 들어 [그림 9-7]과 같이 데이터가 5, 13, 10, 2, 1, 8, 6, 15 순으로 저장되어 있다고 하자.

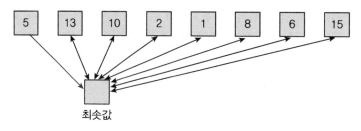

[그림 9-7] 최솟값을 찾는 순차 알고리즘

순차 알고리즘으로 최솟값을 구하기 위해서는 먼저 맨 앞에 있는 5를 최솟값으로 일단 설정한 후 이 최솟값과 나머지 n-1개의 데이터를 각각 비교하면 전체 데이터 중 가장 작은 최솟값을 찾을 수 있게 된다. 따라서 n개의 데이터가 저장되어 있는 배열이나 선형 리스트에서 최솟값을 찾기 위한 시간 복잡도는 O(n)이 된다.

또 다른 순차 알고리즘은 [그림 9-8]과 같이 토너먼트 방식으로 비교하는 방법이 있다. 토너먼트는 스포츠나 오락 경기 등에서 횟수를 거듭할 때마다 패자는 탈락해 나가고 최후에 남는 두 사람 또는 두 팀으로 하여금 우승을 결정하게 하는 방식이다.

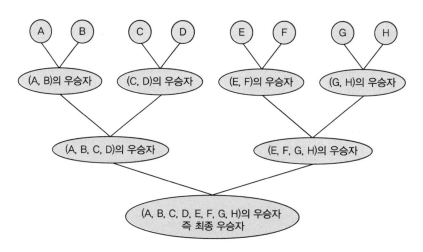

[그림 9-8] 토너먼트 방식의 최종 우승자 선발

토너먼트 방식으로 비교하기 위해 데이터의 개수 n을 2의 거듭제곱인 수로 가정하자. 즉 $n = 2^k$이다. 만일 $2^k < n < 2^{k+1}$이면 2^{k+1}을 자료의 개수로 가정한다. 이 알고리즘은 $\log n$ 단계로 나누어진다. 첫 번째 단계에서는 n개의 데이터를 2개씩 짝지어 비교하여 n/2개의 작은 수를 걸러낸다. 두 번째 단계에서는 첫 단계에서 선택된 n/2개의 수를 서로 2개씩 짝지어 비교하고 그중 n/4개의 최솟값이 될 수 있는 데이터를 선택한다. 이러한 과정을 $\log n$번 반복하면 최솟값을 찾을 수 있다. 이 알고리즘의 총 비교 회수는 n-1번이며 여러 개의 비교가 동시에 이루어질 수 있으므로 병렬화가 쉽다. [그림 9-9]의 각 레벨에서의 비교는 여러 프로세서가 동시에 처리할 수 있다.

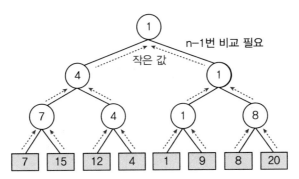

[그림 9-9] 최솟값 찾는 과정을 균형 이진 트리로 표현

2 최솟값 찾는 CREW PRAM 알고리즘

> 🗃 **병렬 알고리즘에 사용하는 문법**
>
> A[i] = min(A[2i], A[2i + 1]), {PE(i): $2^k \langle n \langle 2^{k+1}$}

이 명령을 수행하는 프로세서는 PE(i)이고 오른쪽 조건을 만족하는 PE(i)는 A[2i]와 A[2i + 1] 중에서 작은 값을 A[i]에 저장한다. 이 조건을 만족하지 않는 프로세서들은 이 명령이 실행되는 동안에 대기 상태에 있게 된다.

A[0:n-1]로부터 최솟값을 찾는 CREW PRAM 알고리즘이나, 최솟값은 A[0]에 저장한다.

```
FindMin(A, n)
{
  /* 입력: A [0:n-1],  n: 배열의 크기, 출력: A[0](최솟값) */
  for (j = 0; j < log n; j++)
    A[2i] = min(A[2i], A[2i+2^j]), {PE(i): i mod 2^{j+1} = 0 && 2i+2^j < n};
}
```

[그림 9-10]은 8개의 원소를 갖는 배열에 적용한 예이다.

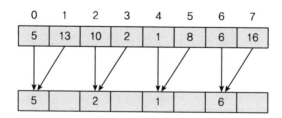

[그림 9-10] CREW PRAM을 이용하여 8개의 숫자 중에서 최솟값을 찾는 예

최솟값 찾는 병렬 알고리즘을 자세히 살펴보자. 각각 프로세서가 배열의 원소 2개씩을 비교해서 작은 값을 찾아내는 과정이다. 먼저 8개의 원소를 갖는 배열이 주어졌다.

먼저 주어진 8개의 데이터가 저장된 배열에서 이웃하는 값을 2개씩 비교해서 작은 값을 선택한다. 먼저 배열의 첫 번째 데이터인 5와 두 번째 데이터인 13을 비교하여 5가 더 작으므로 5를 선택한다. 그 다음 배열의 10과 2를 비교하는데 2가 더 작으므로 2를 선택한다. 나머지에 대해서도 같은 방법으로 반복한다. 최종적으로 첫 번째 과정이 끝난 후의 모습은 다음과 같다.

다음 과정을 시작한다. 같은 방법으로 두 값을 비교해서 작은 값을 선택한다. 5와 2를 비교하여 2가 더 작으므로 2를 선택한다. 다시 1과 6을 비교하여 1이 더 작으므로 1을 선택한다. 두 번째 과정을 끝낸 후의 모습은 다음과 같다.

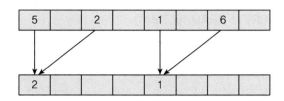

다음 과정을 시작한다. 같은 방법으로 두 값을 비교해서 작은 값을 선택하는데 2와 1을 비교하여 1이 더 작으므로 1을 선택한다. 세 번째 과정이 끝났다. 더 이상 비교 값이 없으므로 모든 과정을 마치고 최솟값인 1이 구해진다.

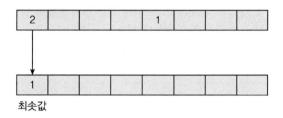

최솟값

최솟값을 찾는 CREW PRAM 알고리즘은 균형 이진 트리 방식, 토너먼트 방식이다. 두 원소씩 골라서 비교한 후 작은 값을 선택하여 다음 단계로 보내는 방식이다. n/2개 프로세서인 경우 O(log n) 시간이 걸린다.

최솟값을 찾는 CREW PRAM 알고리즘의 효율성을 살펴보자. n/2개의 프로세서를 사용하면 실행 시간은 O(log n)이다. 순차 알고리즘의 실행 시간이 O(n)이며 최솟값을 구하는 병렬 알고리즘의 시간 효율성 (efficiency)은 다음과 같다.

$$\frac{S(n)}{p \times P(n)} = \frac{O(n)}{\frac{n}{2}O(\log n)} = O(\frac{1}{\log n})$$

알고리즘의 첫 단계에서는 n/2 개의 프로세서가 사용된다. 두 번째 단계에서는 n/4개의 프로세서가 사용되는데 계속 단계가 진행됨에 따라 알고리즘 수행에 참여하지 않는 프로세서의 수가 증가하게 되므로 효율성이 떨어진다.

3 **최솟값 찾는 최적 CREW PRAM 알고리즘**

최적 병렬 알고리즘은 그 알고리즘에 사용하는 프로세서의 수와 실행 시간을 곱한 값이 순차 알고리즘의 실행 시간과 같아야 한다. 앞서 살펴본 병렬 알고리즘에서 실행 시간 $O(\log n)$을 더 줄이기는 힘들기 때문에 사용하는 프로세서의 개수를 줄이는 방법을 생각할 수 있다. $n/\log n$개의 프로세서를 사용하여 $O(\log n)$ 시간에 최솟값을 구할 수 있다면 프로세서와 실행 시간의 곱이 $O(n)$이 되어 순차 알고리즘 O(n)과 같아서 최적 알고리즘이 된다.

> 📁 **방법**
> ① n개의 데이터를 각각 $\log n$개의 데이터로 구성된 $n/\log n$개의 블록으로 나눈다.
> ② 각 프로세서가 한 블록씩 맡아서 최솟값을 순차적으로 구한다.
> ③ 각 블록에서 구해진 $n/\log n$개의 최솟값에 앞서 소개한 병렬 알고리즘을 적용하여 전체의 최솟값을 구한다.

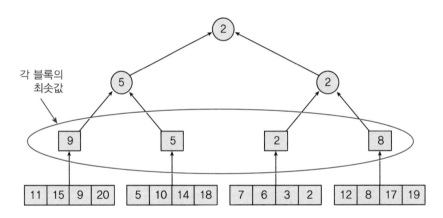

[그림 9-11] 4개의 프로세서를 사용하여 16개의 숫자 중에서 최솟값을 찾는 예

병렬 알고리즘에서 블록화(blocking)란 동일한 수행 시간을 유지하면서 프로세서의 수를 줄여서 최적의 알고리즘을 얻는 방식을 말한다. 예를 들어 [그림 9-12]와 같이 데이터가 16, 15, 10, 25, 13, 10, 18, 8, 9, 3, 19, 20, 21, 7, 5, 19 순으로 있는 경우를 살펴보자. 총 데이터가 16개이므로 $\log n$개의 데이터로 구성된 $n/\log n$개의 블록으로 나눈다. 즉, $\log 16$은 4이므로 4개의 데이터로 구성된 $n/\log n$개의 블록으로 나눈다. 즉, $n/\log n = 16/\log 16 = 16/4 = 4$이므로 4개의 블록으로 나누게 된다. 따라서 데이터는 16, 15, 10, 25와 13, 10, 18, 8과 9, 3, 19, 20과 21, 7, 5, 19로 구성된 4개의 블록으로 나뉜다. 즉, 4개의 프로세서가 사용된다.

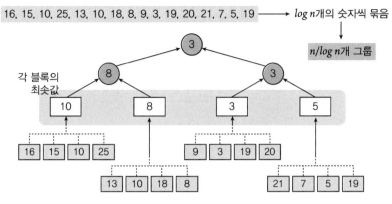

[그림 9-12] 16개의 데이터로 구성된 경우의 최솟값 찾기 예(4개의 프로세서 사용)

최솟값을 찾는 최적 CREW PRAM의 효율성을 살펴보자. 제 1단계에서 각 프로세서가 자신에게 할당된 $\log n$ 개의 데이터로부터 최솟값을 순차적으로 구하기 위해서는 $O(\log n)$이 걸린다. 두 번째 단계에서 각 블록의 최솟값들인 $n/\log n$개의 데이터로부터 최솟값을 찾기 위해 $O(\log n)$의 작업량이 필요하다. $n/\log n$개의 프로세서를 사용하여 $O(\log n)$ 시간에 실행을 끝낼 수 있다. 프로세서의 수와 실행 시간을 곱한 값이 $O(\log n)$이 되므로 최적 알고리즘이 된다.

4 최솟값 찾는 CRCW PRAM 알고리즘

CRCW PRAM 알고리즘은 CREW PRAM 모델보다 더 강력한 모델이다. n개의 프로세서인 경우 한 원소를 동시에 모든 n개의 원소와 비교 가능하다. n^2개 프로세서인 경우 모든 원소를 동시에 모든 n개의 원소와 비교 가능하다. 최솟값 찾는 CRCW PRAM 알고리즘은 다음과 같다.

🗃 최솟값 찾는 CRCW PRAM 알고리즘

```
FastFindMin(A, n, min)
{
 /* 입력: A[0:n – 1], n: 배열의 크기, 출력: min(최솟값) */
 mark[i] = 0, {PE(i, 0), 0 ≤ i ⟨ n};
 if (A[i] ⟨ A[j] || (A[i] = A[j] && i ⟨ j))
    mark[j] = 1, {PE(i, j), 0 ≤ i, j ⟨ n};
 if (mark[i] = 0)
    min = A[i], {PE(i, 0), 0 ≤ i ⟨ n};
}
```

여기서 A[0:n – 1]는 입력 데이터가 저장된 배열이다. mark[]는 각 프로세서가 배열의 나머지 숫자들과 크기를 비교하여 더 작은 값의 개수의 합을 저장한 배열이다. mark[]는 모두 0으로 초기화한다.

CRCW PRAM 알고리즘을 적용하면 [그림 9-13]과 같이 최솟값을 찾을 수 있다. 동시 쓰기에서는 쓰려는 값의 합이 쓰여진다고 가정한다.

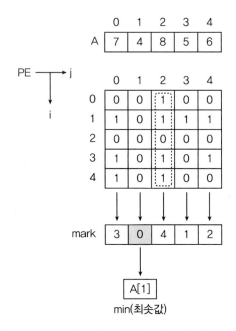

[그림 9-13] 합을 쓰는 CRCW PRAM을 이용하여 5개의 숫자 중에서 최솟값을 찾는 예

입력 데이터 7, 4, 8, 5, 6이 배열 A[]에 저장되어 있다. 각 프로세서 PE(i, j)는 A[i]가 A[j]보다 작거나 A[i]와 A[j]가 같은 경우 mark[j]에 1을 저장한다. 이는 A[j]보다 작은 값이 있다는 것을 mark[j]에 표시하는 것이다. 최종적으로 mark에 기억된 1의 수를 확인하여 가장 적게 표시된 배열의 값이 가장 작은 최솟값이 된다.

제 3 절 리스트 순위 부여

리스트 순위 부여는 리스트 끝으로부터의 순위를 의미한다. n개의 값으로 이루어진 리스트가 [그림 9-14]의 (a)와 같이 저장된 경우를 생각해 보자. 각 값들은 배열 A[0]부터 A[n - 1]까지 저장되어 있고 Next[i]에는 A[i]의 다음 노드에 해당하는 배열의 인덱스가 들어있다. Head는 리스트의 첫 번째 원소가 있는 인덱스이다. 먼저 배열 A에는 a, b, c, d, e, f, g가 순서대로 저장되어 있고 각 인덱스는 0부터 6까지이다.

노드 a 다음에는 노드 g가 위치하므로 Next[0]에는 g의 인덱스인 6이 저장된다.
노드 b 다음에는 노드 e가 위치하므로 Next[1]에는 d의 인덱스인 3이 저장된다.

노드 c 다음에는 노드 f가 위치하므로 Next[2]에는 f의 인덱스인 5가 저장된다.

노드 d 다음에는 노드 b가 위치하므로 Next[3]에는 b의 인덱스인 1이 저장된다.

노드 e 다음에는 노드 a가 위치하므로 Next[4]에는 a의 인덱스인 0이 저장된다.

노드 f 다음에는 자기 자신인 노드 f가 위치하므로 Next[5]에는 f의 인덱스인 5가 저장된다.

노드 g 다음에는 노드 c가 위치하므로 Next[6]에는 c의 인덱스인 2가 저장된다.

이렇게 하여 [그림 9-14] (a)의 Next 배열이 완성된다. 이 리스트의 첫 번째 원소는 d이므로 Head는 d의 인덱스인 3이 된다.

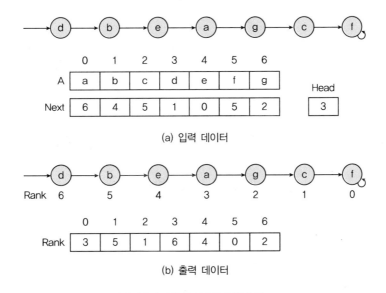

[그림 9-14] 리스트의 순위 부여

[그림 9-14]의 (b) 출력 데이터에서 순위를 나타내는 배열 Rank는 각각 A 배열에 대응되는 값의 순서를 나타낸다.

Rank[0] = 3은 A[0]에 해당하는 a를 의미하며 리스트에서 3번째 위치에 있음을 나타낸다.

Rank[1] = 5는 A[1]에 해당하는 b를 의미하며 리스트에서 5번째 위치에 있음을 나타낸다.

Rank[2] = 1은 A[2]에 해당하는 c를 의미하며 리스트에서 1번째 위치에 있음을 나타낸다.

Rank[3] = 6은 A[3]에 해당하는 d를 의미하며 리스트에서 6번째 위치에 있음을 나타낸다.

Rank[4] = 4는 A[4]에 해당하는 e를 의미하며 리스트에서 4번째 위치에 있음을 나타낸다.

Rank[5] = 0은 A[3]에 해당하는 f를 의미하며 리스트에서 0번째 위치에 있음을 나타낸다.

Rank[6] = 2는 A[4]에 해당하는 g를 의미하며 리스트에서 2번째 위치에 있음을 나타낸다.

[그림 9-14]에서 입력 데이터와 인덱스를 보면 A[i]에 해당하는 각 원소들은 A[Next[i]]를 가리키고 있으며 두 원소 사이의 거리는 1이 됨을 알 수 있다. 이것을 Rank[i]에 초깃값으로 저장한다. 원소 사이의 거리는 Rank[i]에 저장되며 이 값은 자신의 순위가 된다. $\log n$ 단계로 알고리즘이 구성되는데 [그림 9-15]와 같이

거리가 1인 원소에서 거리가 2인 원소로, 또 거리가 4인 원소로 포인터를 이동하면서 리스트에 순위를 부여하는 알고리즘을 포인터 점핑(pointer jumping) 또는 더블링(doubling)이라고 한다.

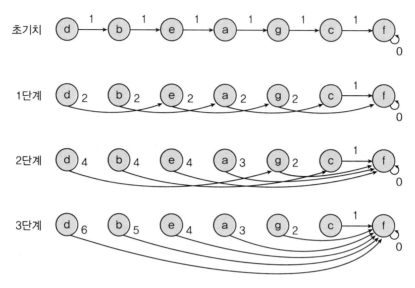

[그림 9-15] 포인터 점핑을 이용하여 순위 부여

리스트에 순위를 부여하는 CREW PRAM 알고리즘은 다음과 같다.

```
ListRanking (A, Next, n, Rank) {
 /* 입력: n(배열의 크기), A[0:n-1]: 원소의 배열, Next[0:n-1]: 포인터 배열,
    A[Next[i]]는 리스트 내에서 A[i] 다음에 오는 원소, 출력: Rank[0:n-1](순위 저장) */

  if (Next[i] = i)
     Rank[i] = 0, {PE(i), 0 ≤ i < n };
  if (Next[i] ! = i)
     Rank[i] = 1, {PE(i), 0 ≤ i < n };
  for (k = 1; k <= log n; k++) {
     Rank[i] = Rank[i] + Rank[Next[i]], {PE(i), 0 ≤ i < n};
     Next[i] = Next[Next[i]], {PE(i), 0 ≤ i < n};
  }
}
```

제 4 절 접두부 부분합 계산

배열 A에 n개의 숫자가 저장되어 있는 경우 각 숫자는 A[0]에서 A[n-1]에 저장되게 된다. 이때 접두부 부분합(prefix sum)은 A[0], A[0] + A[1], A[0] + A[1] + A[2], ..., A[0] + A[1] + A[2] + ⋯ + A[n − 1]을 계산하는 것을 의미한다. 접두부 부분합은 동일한 메모리에서 동시에 데이터를 읽지 않으므로 EREW PRAM 알고리즘이라고 생각할 수 있다.

[접두부 부분합을 구하는 CREW PRAM 알고리즘]

> 배열 A[0]에서 A[n-1]에 숫자가 저장되어 있을 때 접두부 부분합을 구해서 m번째 부분합인 A[0] + A[1] + A[2] + ⋯ + A[m − 1]을 S[m − 1]에 저장하는 과정을 보인 것이다. 알고리즘은 $\log n$ 단계로 구성된다.

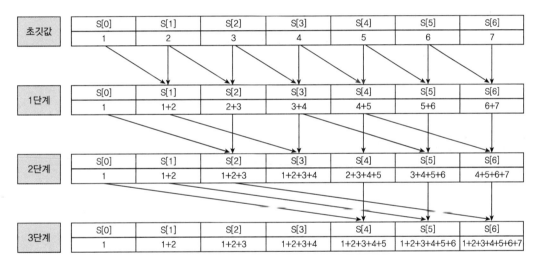

[그림 9-16] 각 단계별로 S[i]에 계산되는 값

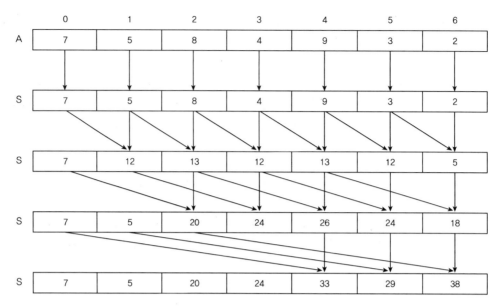

[그림 9-17] 접두부 부분합을 구하는 과정

행렬 곱셈

2개의 n×n 정방 행렬 A와 B가 주어졌을 때 A와 B를 곱한 결과를 C에 저장하려고 한다. [그림 9-18]과 같은 방법으로 행렬의 곱을 계산할 수 있다.

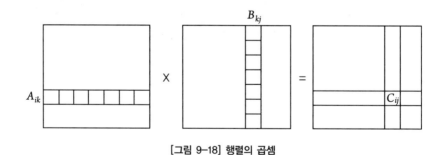

[그림 9-18] 행렬의 곱셈

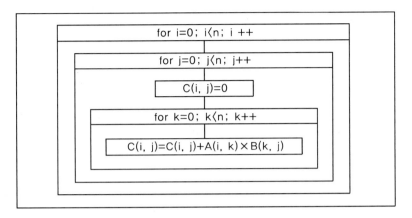

[그림 9-19] 행렬의 곱셈 알고리즘

행렬 A와 B가 3×3 행렬이라고 가정하면 다음과 같은 방법으로 C 행렬을 구할 수 있다.

$C(0, 0) = C(0, 0) + A(0, 0) \times B(0, 0) = 9$

$C(0, 0) - C(0, 0) + A(0, 1) \times B(1, 0) = 12$

$C(0, 0) = C(0, 0) + A(0, 2) \times B(2, 0) = 9 \quad \mathbf{C(0, 0) = 9 + 12 + 9}$

$C(0, 1) = C(0, 1) + A(0, 0) \times B(0, 1) = 8$

$C(0, 1) = C(0, 1) + A(0, 1) \times B(1, 1) = 10$

$C(0, 1) = C(0, 1) + A(0, 2) \times B(2, 1) = 6 \quad \mathbf{C(0, 1) = 8 + 10 + 6}$

$C(0, 2) = C(0, 2) + A(0, 0) \times B(0, 2) = 7$

$C(0, 2) = C(0, 2) + A(0, 1) \times B(1, 2) = 8$

$C(0, 2) = C(0, 2) + A(0, 2) \times B(2, 2) = 3 \quad \mathbf{C(0, 2) = 7 + 8 + 3}$

나머지에 대해서도 이와 같은 방법으로 계산할 수 있다.

n × n 행렬의 곱셈 알고리즘은 다음과 같다.

```
MatrixMultiplication(A, B, C, n)
{
/* 입력: n(행, 열의 크기), A[0:n-1, 0:n-1]와 B[0:n-1, 0:n-1]는 곱셈을 할 숫자의 배열,
   출력: C[0:n-1, 0:n-1](A와 B를 곱한 결과 행렬) */

  for(i = 0; i < n; i++)
     for(j = 0; j < n; j++)
        C(i, j) = 0,   {PE(i, j), 0 ≤ i, j < n}
  for (k = 0; k < n;  k++)
     C(i, j) = C(i, j) + A(i, k) * B(k, j),   {PE(i, j), 0 ≤ i, j < n};
}
```

이 알고리즘은 n번의 곱셈과 n번의 덧셈 연산을 실행하므로 실행 시간은 $O(n)$이 된다. 행렬의 곱셈을 순차적으로 수행하면 실행 시간은 $O(n^3)$이 된다. 그러나 n^3개의 프로세서의 수를 사용하면 $O(\log n)$ 시간이 걸리는 병렬 알고리즘을 구할 수 있게 된다.

제 6 절 병렬 합병 정렬

순차 합병 정렬은 정렬하려는 배열을 동일한 크기의 두 부분 배열로 먼저 분할하고 이렇게 분할된 부분 리스트를 정렬한 다음 두 리스트를 합하여 전체가 정렬된 리스트를 만드는 방법이다.

> **순차 합병 정렬 과정**
> ① 정렬하려는 배열을 동일한 크기의 두 부분 배열로 나눈다.
> ② 이들을 합병 정렬을 재귀 호출하여 독립적으로 정렬시킨다.
> ③ 정렬된 두 부분 배열을 합병한다.

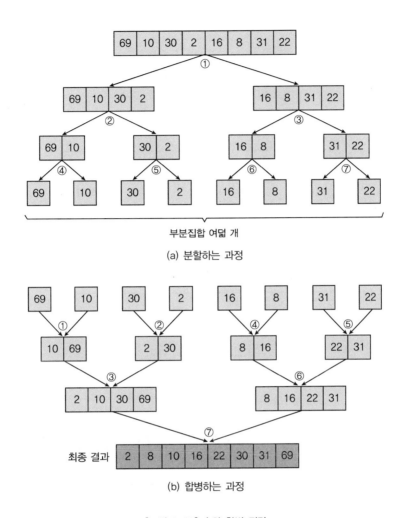

(a) 분할하는 과정

(b) 합병하는 과정

[그림 9-20] 순차 합병 정렬

병렬 합병 정렬은 순차 합병 알고리즘을 병렬화하는 것으로 동시에 여러 개의 합병을 진행시켜 빠르게 병합할 수 있는 알고리즘이다. 순차 합병 정렬 알고리즘을 병렬화하여 n/2개의 원소를 갖는 배열의 합병을 $O(\log n)$ 시간에 수행하고 여러 개의 합병을 동시에 진행함으로써 $O(\log^2 n)$의 시간 복잡도를 갖는 병렬 알고리즘이 된다.

병렬 합병의 원리는 [그림 9-21]과 같다. 입력은 A[Low : High]이며 이는 합병할 배열이다. Low[i]는 A[i]가 현재 속해 있는 부분 배열의 시작 인덱스를 의미하고 High[i]는 A[i]가 현재 속해 있는 부분 배열의 마지막 원소를 가리키는 인덱스이다. 출력은 합병된 배열인 A[Low : High]이며 정렬이 완료되었으므로 A[0] ≤ A[1] ≤ ⋯ ≤ A[n-1]이 된다.

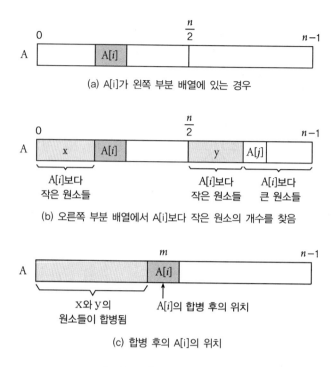

(a) A[i]가 왼쪽 부분 배열에 있는 경우

A[i]보다
작은 원소들

A[i]보다
작은 원소들

A[i]보다
큰 원소들

(b) 오른쪽 부분 배열에서 A[i]보다 작은 원소의 개수를 찾음

x와 y의
원소들이 합병됨

A[i]의 합병 후의 위치

(c) 합병 후의 A[i]의 위치

[그림 9-21] 병렬 합병의 원리

병렬 합병 정렬은 순차 합병 정렬과 원리는 같다. 정렬하고자 하는 초기 데이터 배열이 여러 번의 분할을 거쳐 각 부분 배열의 크기가 1이 되면 인접한 두 부분 배열을 합병한다. 이때 이 둘은 한꺼번에 병렬로 처리할 수 있다. 이러한 과정을 $\log n$번째 단계까지 계속 하면 $O(\log^2 n)$ 시간이 걸리게 되므로 정렬 알고리즘의 전체 실행 시간은 $O(\log n)$이 된다.

○×로 점검하자

※ 다음 지문의 내용이 맞으면 ○, 틀리면 ×를 체크하시오. [1 ~ 10]

01 병렬 컴퓨터는 여러 개의 처리 장치 또는 프로세서를 가진 컴퓨터를 말한다. (　　)

>>>◯ 병렬 컴퓨터는 크고 복잡한 문제를 작게 나눠 동시에 병렬적으로 해결하는 개념이며 여러 처리 장치를 가진 컴퓨터이다.

02 SISD는 하나의 명령에 여러 자료를 동시에 처리하는 방식이다. (　　)

>>>◯ SISD(Single Instruction Stream Single Data Stream)는 단일 명령어 흐름에 따른 단일 데이터 흐름을 의미한다. 하나의 명령에 따른 하나의 자료를 처리하며 병렬 처리는 파이프라인 구조로 구현한다.

03 MISD는 실제로 구현이 불가능하며 이론으로만 제시된 시스템이다. (　　)

>>>◯ MISD(Multiple Instruction Stream Single Data Stream)는 다수 명령어 흐름에 따른 단일 데이터 흐름 컴퓨터이다. 여러 명령이 하나의 자료를 동시에 처리할 수 있으나 이는 실제로 구현이 불가능하며 이론으로만 제시된 시스템이다.

04 PRAM 모델은 하나의 프로세서와 공유 메모리로 구성된다. (　　)

>>>◯ PRAM 모델은 이상적인 이론적 모델로서 여러 개의 프로세서와 공유 메모리로 구성된다. 공유 메모리를 사용하여 프로세스 간에 병렬 통신을 지원하는 구조이다.

05 PRAM 모델의 종류에는 CRCW, CREW, ERCW, EREW가 있다. (　　)

>>>◯ PRAM 모델의 종류에는 CRCW(동시 읽기 / 동시 쓰기), CREW(동시 읽기 / 녹섬 쓰기), ERCW(독점 읽기 / 동시 쓰기), EREW(독점 읽기 / 독점 쓰기)가 있다.

06 병렬 알고리즘의 시간 효율성 공식은 $\dfrac{S(n)}{p \times P(n)}$ 이다. (　　)

>>>◯ 병렬 알고리즘의 효율성 판단 척도는 시간 효율성, 속도 향상률, 작업량이 있으며 시간 효율성 공식은 Efficiency $= \dfrac{S(n)/p}{P(n)} = \dfrac{S(n)}{p \times P(n)}$ 이다.

정답 **1** ○ **2** × **3** ○ **4** × **5** ○ **6** ○

07 블록화(blocking)는 동일한 수행 시간을 유지하면서 프로세서의 수를 줄여서 최적의 알고리즘을 얻는 방식이다. (　　)

>>>⭘ 병렬 컴퓨터에서 블록화(blocking)는 동일한 수행 시간을 유지하면서 프로세서의 수를 줄여서 최적의 알고리즘을 얻는 방식이다.

08 EREW는 여러 프로세서가 동시에 동일한 메모리 셀에서 읽고 쓰는 연산을 허용한다. (　　)

>>>⭘ EREW(Exclusive Read Exclusive Write)는 특정 메모리 셀에 읽거나 쓰는 연산은 한 번에 한 프로세서만 허용한다.

09 병렬 컴퓨터의 종류 중 메모리의 공유 여부에 따른 분류로는 공유 메모리 모델과 연결망 모델이 있다. (　　)

>>>⭘ 병렬 컴퓨터는 메모리의 공유 여부에 따라 공유 메모리 모델과 연결망 모델로 분류한다.

10 순차 컴퓨터(sequential computer)는 단일 프로세서로 한 번에 한 개의 명령만을 수행할 수 있는 컴퓨터이다. (　　)

>>>⭘ 순차 컴퓨터는 하나의 프로세서를 가지며 한 번에 한 개의 명령만을 수행할 수 있는 컴퓨터이며 순차 컴퓨터에서 실행되도록 작성된 알고리즘을 순차 알고리즘이라고 한다.

정답 **7** ○ **8** × **9** ○ **10** ○

실제예상문제

01 병렬 알고리즘 효율성을 평가하는 척도 중에서 병렬 알고리즘이 사용한 프로세서의 개수와 그 알고리즘의 시간을 곱한 것을 무엇이라 하는가?

① 작업량
② 속도 향상률
③ 시간 효율성
④ 수행 시간

01 병렬 알고리즘의 작업량을 구하는 공식은 $p \times P(n)$이며 수행 시간과 프로세서 개수의 곱이다.

02 다음 PRAM 모델 중에서 데이터 관점에서 가장 현실적인 방식은 무엇인가?

① CRCW
② CREW
③ ERCW
④ EREW

02 CREW(동시 읽기 / 독점 쓰기)는 데이터 관점에서 가장 현실적인 방식이다. 여러 프로세서가 동시에 메모리에 같은 위치를 읽더라도 서로 아무런 영향을 미치지 않지만 동시에 메모리의 같은 위치에 쓰는 경우에는 서로 다른 값을 쓰게 된다면 다른 프로세서의 데이터 무결성을 보장할 수 없다.

03 CRCW PRAM 모델에서 최솟값을 상수 시간에 구하는 알고리즘에서 필요한 프로세서의 개수는?

① n^2
② n
③ $n/2$
④ $n/\log n$

03 n개의 프로세서가 있으면 한 원소를 동시에 모든 n개의 원소와 비교할 수 있지만 n^2개의 프로세서를 이용하면 모든 원소를 동시에 모든 n개의 원소와 비교할 수 있어서 상수 시간 내에 최솟값을 구할 수 있다.

정답 01 ① 02 ② 03 ①

04 최솟값을 찾는 최적화된 CREW PRAM 알고리즘에서는 블록화 방법을 사용해서 n개의 숫자를 $\log n$개씩 $n/\log n$개의 블록으로 나누어 계산한다. 따라서 데이터가 8개인 경우에는 3개의 블록($8/\log 2^3 = 3$)이 필요하다. 이때 $n/\log n$개의 프로세서를 사용해서 $O(\log n)$ 시간에 최솟값을 구할 수 있다.

04 최솟값을 찾는 최적화된 CREW PRAM 알고리즘으로 8개의 데이터를 처리하려고 한다. 이때 필요한 블록(그룹)의 개수는?

① 1
② 2
③ 3
④ 4

05 CRCW(Conclusive Read Concurrent Write)는 가장 이상적이고 강력한 방식이며 여러 프로세서가 동시에 동일한 메모리 셀에서 읽고 쓰는 연산을 허용한다.

05 여러 프로세서가 동시에 같은 메모리 위치를 읽거나 쓸 수 있으므로 가장 이상적이고 강력한 방식에 해당하는 것은?

① CRCW
② CREW
③ ERCW
④ EREW

06 연결망 모델(interconnection network model)은 메모리가 분산되어 각 프로세서에 속하도록 하는 방법이다. 다른 프로세서의 메모리에 접근할 수 없기 때문에 메모리를 이용한 정보 교환이 불가능하고 따라서 프로세서들을 서로 연결하는 연결망을 사용하여 정보를 교환한다.

06 메모리가 분산되어 각 프로세서에 속하도록 하는 방법이며 다른 프로세서의 메모리에 접근할 수 없으므로 메모리를 이용한 정보 교환이 불가능한 방식은 무엇인가?

① 병렬 병합 모델
② 공유 메모리 모델
③ 순차 컴퓨터 모델
④ 연결망 모델

정답 04 ③ 05 ① 06 ④

✔ 주관식 문제

01 PRAM 모델의 종류 4가지를 쓰시오.

02 PRAM 모델 중 다음에 해당하는 것을 쓰시오.

(1) 가장 현실적인 방식이며 여러 프로세서가 동시에 한 메모리 셀에서 읽을 수는 있으나 쓰는 연산은 한 번에 한 프로세서만 허용한다.
(2) 가장 이상적이고 강력한 방식이며 여러 프로세서가 동시에 동일한 메모리 셀에서 읽고 쓰는 연산을 허용한다.
(3) 가장 제한적인 방식이며 특정 메모리 셀에 읽거나 쓰는 연산은 한 번에 한 프로세서만 허용한다.

03

정답 (1) 속도 향상률(speedup)은 병렬 알고리즘이 동일한 문제를 푸는 순차 알고리즘에 비하여 몇 배의 속도를 낼 수 있는가를 나타낸다.

(2) 작업량(total work)은 병렬 알고리즘이 사용한 프로세서의 개수를 그 알고리즘의 실행 시간에 곱한 것이다. 작업량은 수행 시간과 프로세서의 개수 곱이다. 작업량이 그 문제를 푸는 가장 빠르다고 알려진 순차 알고리즘의 실행 시간과 같으면 그 병렬 알고리즘은 최적 알고리즘이다.

해설 하나의 문제를 푸는 병렬 알고리즘은 여러 개 있을 수 있는데 이들 중 어느 것이 더 효율적인지 판단하는 것을 효율성이라 하며 이러한 병렬 알고리즘의 효율성 판단 척도는 시간 효율성, 속도 향상률, 작업량이 있다.

03 병렬 알고리즘의 효율성 판단 척도에는 시간 효율성, 속도 향상률, 작업량이 있다. 이 중 (1) 속도 향상률과 (2) 작업량은 무엇인지 설명하시오.

※ 순차 알고리즘의 수행 시간, 병렬 알고리즘의 수행 시간, 프로세서의 개수를 다음과 같이 정의할 때 04~06번 문제에 대해 답하시오.

> **보기**
>
> - S(n) : 입력 크기 n에 대한 최선의 순차 알고리즘의 수행 시간
> - P(n) : 입력 크기 n에 대한 병렬 알고리즘의 수행 시간
> - p : 프로세서의 개수

04

정답 시간 효율성 $= \dfrac{S(n)/p}{P(n)} = \dfrac{S(n)}{p \times P(n)}$

이다.

(1) $\dfrac{S(n)}{p \times P(n)} = \dfrac{12}{4 \times 5} = 0.6$

(2) $\dfrac{S(n)}{p \times P(n)} = \dfrac{12}{4 \times 4} = 0.75$

해설 시간 효율성은

$\dfrac{S(n)/p}{P(n)} = \dfrac{S(n)}{p \times P(n)}$ 이므로

각각 계산하면 0.6과 0.75가 된다.

04 S(n) = 12초이고 4개의 프로세서를 사용하는 병렬 알고리즘이 있을 때 문제를 푸는 데 걸리는 시간이 다음과 같을 때 각각의 시간 효율성을 계산하시오.

> (1) P(n) = 5초
> (2) P(n) = 4초

05 S(n) = 15초, P(n) = 5초, p = 4인 경우 속도 향상률을 계산하시오.

05

정답 속도 향상률 $= \dfrac{S(n)}{P(n)} = \dfrac{15}{5} = 3$

해설 속도 향상률은 $\dfrac{S(n)}{P(n)}$ 이며
S(n) = 15초, P(n) = 5초, p = 4인 경우는 프로세서를 4개 사용하여 3배의 속도 향상을 얻을 수 있다.

06 p = 3이고 P(n) = 6초일 경우 작업량을 계산하시오.

06

정답 작업량 = p × P(n) = 3 × 6 = 18

해설 작업량은 병렬 알고리즘이 사용한 프로세서의 개수를 그 알고리즘의 실행 시간에 곱한 것이다. 작업량은 수행 시간과 프로세서의 개수 곱이다. 따라서 작업량 = p × P(n) = 3 × 6 = 18이 된다.

여기서 멈출 거예요? 고지가 바로 눈앞에 있어요.
마지막 한 걸음까지 SD에듀가 함께할게요!

제10장

특수한 알고리즘

제1절　확률적 알고리즘
제2절　유전 알고리즘
실제예상문제

I wish you the best of luck!

제 10 장 특수한 알고리즘

제 1 절 확률적 알고리즘 중요 ★

1 기본 개념

확률적 알고리즘(probabilistic algorithm)은 알고리즘의 근본적인 부분에서 확률이 관계하고 있는 것을 의미한다. 결정론적 알고리즘은 같은 입력에 대해서는 항상 같은 결과를 출력하고 처리한다. 그러나 **확률적 알고리즘**은 크기가 n인 문제를 풀 때 n 이하의 난수를 발생시켜 진행 과정을 결정하는 일종의 비결정성 알고리즘(nondeterministic algorithm)이다. 난수를 발생시키는 과정은 흔히 '동전을 던진다.'라고 표현하는데 이는 매번 결과가 같지는 않다는 의미이기도 하다. 이처럼 확률적 알고리즘은 경우에 따라서는 틀린 결과를 출력하거나 최적해가 아닌 근사해를 출력하기도 한다. 일정 확률로 틀린 결과를 출력한다는 것은 항상 정확한 답을 반환해야 한다는 알고리즘의 정의에 어긋나게 되지만 이와 같은 것들도 알고리즘의 일종으로 인정하고자 하는 것이 확률적 알고리즘이다. 확률적 알고리즘은 원하는 결과를 얻지 못할 확률이 매우 낮다는 조건하에서 주어진 문제를 해결하는 데 활용한다. 난수를 사용하기 때문에 알고리즘의 성능은 확률 변수이며 확률 변수의 기댓값이 실제로 원하는 성능이다. 알고리즘 성능의 최악의 경우는 일어날 확률이 극히 작기 때문에 대부분 무시한다. 확률적 알고리즘은 **무작위 알고리즘(randomized algorithm)**이라고도 한다. 암호학 분야에서도 확률적 알고리즘은 매우 중요하다. 예를 들어, 어떤 사람이 은행에 온라인 계좌 이체를 하려고 한다면 이러한 계좌 이체 명령은 암호화해서 전송해야 한다. 그런데 악의적인 다른 공격자가 이 사람의 계좌 이체 명령을 그대로 복사하여 재전송하는 공격을 한다고 가정하자. 매번 같은 패턴으로 계좌 이체 명령이 암호화된다면 쉽게 해킹될 수 있을 것이다. 따라서 이러한 공격에 안전하기 위해서는 고객과 은행이 프로토콜을 시행할 때 난수를 발생시켜서 알고리즘의 실행 과정이 매번 달라져야 한다. 암호학 분야에서 확률적 알고리즘은 매우 중요하게 사용된다. 확률적 알고리즘의 종류에는 몬테카를로 알고리즘과 라스베이거스 알고리즘이 있다.

2 몬테카를로 알고리즘

몬테카를로(monte carlo) 알고리즘은 확률적 알고리즘으로서 단 한 번의 과정으로 정확한 해를 구하기 어려운 경우 무작위로 난수를 반복적으로 발생하여 해를 구하는 알고리즘이다. 어떤 분석 대상에 대한 완전한 확률 분포가 주어지지 않을 때 유용하며 어떤 값을 계산할 때 난수를 이용하여 함수의 값을 확률적으로 계산하는 방법이다. 즉, 수학적인 결과를 얻기 위해 반복적으로 무작위 샘플링을 이용하는 넓은 범위의 컴퓨터 알고리즘이다. 결정론적일 수도 있는 문제를 해결하기 위해 무작위성을 이용하는 것이다. 보통 물리나 수학

문제를 해결하는 데 쓰이며 다른 방향으로의 접근이 불가능할 때 가장 유용하다. 계산하려는 값이 닫힌 형식으로 표현되지 않거나 복잡한 경우에 근사적으로 계산할 때 사용된다. 때때로 오류가 발생할 확률이 어느 정도 존재하더라도 알고리즘이 빠르게 실행되는 것을 원하는 경우가 있을 수 있는데 이런 경우 몬테카를로 알고리즘을 적용할 수 있다. 몬테카를로는 모나코의 유명한 도박 도시이며 알고리즘의 개발자인 스타니스와프 울람(Stanislaw Marcin Ulam)이 난수와 확률 계산을 도박에서 연상시켜 알고리즘 이름을 몬테카를로 알고리즘으로 명명하였다. 처음엔 난수 생성과 그에 따른 확률 계산으로 수치 계산에 사용되었고 이것을 응용하여 모르는 함수나 자료에 대한 시뮬레이션 기법으로 사용되다가 2000년대 들어서서 여러 트리 탐색 기법들과 결합되어 몬테카를로 트리 탐색법으로 발전하였다.

예를 들어 원의 넓이를 구하고자 한다면 원과 원을 둘러싸는(외접하는) 정사각형을 그리고 그 위에 임의의 점들을 막 생성해 보자. 그리고 나서 전체 찍힌 점들 중 원 위에 찍힌 점들의 비율을 구하면 확률적인 방법으로 원의 넓이를 대략적으로 구할 수 있게 된다. 몬테카를로 알고리즘은 적분 등으로 계산하기 어려운 특정 면적을 구할 때에도 사용되며 프로젝트 관리에도 사용된다.

몬테카를로 알고리즘의 기본 개념은 다음과 같다.

> ① 가능한 입력의 도메인을 정의한다.
> ② 도메인에 대한 확률 분포에서 임의로 입력을 생성한다.
> ③ 입력에 대한 결정론적인 계산을 수행한다.
> ④ 결과를 집계한다.

먼저 가능한 입력 도메인을 정의한 후 무작위로 난수를 생성하고 이러한 난수들을 기반으로 하여 구하고자 하는 정보의 확률을 계산한다. 만약 난수 생성이 무한에 가까워질 경우 우리가 원하는 정보의 실제 값에 근사하게 된다. 현실의 많은 문제들은 문제를 풀기 위해 얻을 수 있는 데이터들이 매우 적고 한정되어 있기도 하다. 이런 경우 문제를 풀기 위해 여러 변수들을 제외한 뒤 실제보다는 단순하게 모델을 구성하고 수많은 경우에 대해 실험할 수 있다. 이렇게 실험 횟수가 점점 많아지면 질수록 결과는 실제 값에 근사하게 된다는 것이 몬테카를로 알고리즘의 기본 구조이다.

몬테카를로 알고리즘은 난수를 사용하여 다양한 계산 문제를 푸는 알고리즘으로서 결정적 알고리즘(deterministic algorithm)의 반대되는 개념이다. 다른 알고리즘과는 달리 통계학적이고 일반적으로 무작위의 숫자를 사용한 비결정적 방법이다. 몬테카를로 알고리즘은 2000년대 들어 게임에 적용되었다. 포커나 스크래블(주어진 알파벳들로 단어를 만드는 게임) 같은 게임에 적용되기도 했고 특히 바둑에 적용하기도 했다. 몬테카를로 알고리즘을 간단히 설명하면 컴퓨터의 차례가 되면 둘 수 있는 각각의 수에 대해 무작위로 막 둬보는 것이다. 그리고 그중 승률이 높을 곳을 고르면 된다. 사실 아주 간단하고 실제로 알고리즘도 그렇게 복잡진 않다. 몬테카를로 알고리즘은 반복과 많은 수의 계산이 포함되기 때문에 물리나 수학적 시스템의 행동을 시뮬레이션하기 위한 계산 알고리즘으로 많이 이용되는 모델이다. 물리에서 유체, 무질서한 물질, 강하게 결합한 고체 및 세포 구조와 같은 많은 결합 자유도를 가진 시스템을 시뮬레이션 하는 데 유용하다. 또한 수학에서는 복잡한 경계 조건을 가진 다차원적의 정적분에서 사용되며 그 밖에 사업의 위험성 계산과 같은 입력 값에 상당한 불확실성이 있는 모델링 현상에도 응용된다. 몬테카를로 알고리즘은 근사해를 출력하거나 간혹 틀린 해를 출력하기도 하며 정확한 해를 출력하기도 하는데 이를 허용할 수 있는 환경에서 사용해야 한다.

> **더 알아두기**
>
> 몬테카를로 알고리즘은 무작위성이 들어가는 알고리즘으로 수행에 걸리는 시간은 확정적이지만 대신 결과물에 어떤 확률로 오차가 발생할 수 있는 알고리즘을 일컫는다. 즉, 정확한 답을 보장할 수 없는 단점이 있지만 정확한 답을 보장하는 알고리즘이 시간을 너무 많이 잡아먹거나 너무 복잡해서 이용하기 어려울 경우 현실적으로 사용하기 힘들기 때문에 대신 이용하는 것이다(몬테카를로 알고리즘은 시간적인 보장은 가능하지만 값의 정확도는 확률적으로만 보장하며 기본적으로 난수를 발생시켜서 문제를 해결한다).

3 라스베이거스 알고리즘

라스베이거스 알고리즘은 항상 똑같은 정답이 도출되지만 난수 발생기에 의해 확률적으로 이루어지기 때문에 실행 시간이 오래 걸릴 확률이 조금이나마 존재한다. 즉, 값의 정확도는 보장하지만 시간적인 보장은 확률적으로만 가능한 방법이다. 라스베이거스 알고리즘은 항상 올바른 해를 출력하므로 반드시 올바른 해를 원할 때 사용한다. 결정론적 알고리즘으로 빨리 수행되는 입력에 대해서 라스베이거스 알고리즘은 수행 시간이 길어질 수 있다. 하지만 결정론적 알고리즘으로 해결할 때 장시간이 걸리는 경우에는 라스베이거스 알고리즘은 빠르게 해를 구할 수 있다. 반드시 정답을 도출하지만 언제 연산이 끝날지는 정확히 보장할 수 없다. 다만 평균적으로 $O(\log n)$ 성노의 시간 내에 징답을 찾을 수 있다는 것이 실험적으로 증명되었다.

확률적 알고리즘은 몬테카를로 알고리즘과 라스베이거스 알고리즘으로 나뉘는데 나뉘는 기준은 문제를 푸는 방법이다. 라스베이거스 알고리즘은 비록 답을 구하는 시간이 오래 걸릴 확률이 조금 있더라도 답은 오직 정확한 것만 원하는 경우 이용하는 방법이다. 이에 반해 몬테카를로 알고리즘은 답이 부정확할 가능성을 감수하더라도 항상 답을 빠른 시간 안에 구하기를 바라는 경우 이용하는 방법이다. 그렇다고 해서 항상 틀린 답을 주는 건 아니고 부정확한 답을 낼 확률이 조금 있는 것이다.

제 2 절　유전 알고리즘 중요 ★

1 기본 개념

유전 알고리즘(genetic algorithm)은 생물체가 환경에 적응하면서 진화해가는 모습을 모방하여 최적해를 찾아내는 검색 방법이다. 자연계에서 생물의 유전과 진화를 통해 관찰된 메커니즘을 모방하여 문제를 컴퓨터 상에서 시뮬레이션 함으로써 복잡한 실세계의 문제를 해결하고자 하는 알고리즘이다. 다윈의 진화론으로부터 창안된 해 탐색 알고리즘이며 적자생존의 개념을 최적화 문제를 해결하는 데 적용하였다. 적자생존이란 주어진 환경에 적합한 개체가 생존하는 것을 의미하며 진화 방법은 적자가 생존 후 번식하게 되고 세대가 지날수록 그 집단은 강화되게 되는 것을 의미한다. 유전 알고리즘은 존 홀랜드(John Holland)에 의해 1970년 초에 소개되었다. 유전자란 유전 정보를 담당하는 DNA를 말한다. 부모의 유전자에 의해 다음 세대에 정보 전달이 행해지면 각 개체 중에서는 보다 우수하고 환경에 적응도가 높은 개체의 유전 정보가 우선적으로 전해진다. 적응도가 낮은 개체는 수명이 짧고 증식할 수 없게 되기 때문이다. 동시에 적응도가 낮은 종족도 자연 도태되어 간다. 이러한 원리에 기초하여 세대를 거듭해 가면 차례로 환경에 적응도가 높은 개체가 많아 진다. 이것이 유전(genetics)과 진화(evolution)의 기본적인 원리이다.

유전 알고리즘은 여러 세대를 지나는 동안 모집단의 개체들은 적자생존의 원칙에 의하여 최적의 상태를 목표 로 진화하며 궁극적으로는 최적의 상태에 도달하게 되는 생태계의 이론에서 도입된 알고리즘이다. 주어진 문제를 해결하기 위해 해가 계속하여 진화하고 연속적으로 세대를 거치면서 점진적으로 성능을 향상시켜 나가는 알고리즘이다. 풀고자 하는 문제에 대한 가능한 해들을 정해진 형태의 자료구조로 표현한 다음 이들을 점차적으로 변형함으로써 점점 더 좋은 해들을 생성하게 된다. 유전 알고리즘은 컴퓨터 과학에 진화 생물학의 원리를 응용하여 풀기 어려운 문제에 근사한 해를 찾기 위해 사용하는 알고리즘이다. 유전 알고리즘은 이론적 으로 전역 최적점을 찾을 수 있으며 수학적으로 명확하게 정의되지 않은 문제에도 적용할 수 있기 때문에 매우 유용하게 이용된다.

유전 알고리즘의 구성 요소는 다음과 같다.

> * **염색체(chromosome)**
>   생물학적으로는 유전 물질을 담고 있는 하나의 집합을 의미하며 유전 알고리즘에는 하나의 해(solution) 를 표현한다. 주어진 문제의 탐색 공간에서 하나의 가능한 해법을 함축하고 있다.
>
> * **개체군**
>   해법의 집합
>
> * **유전자(gene)**
>   염색체를 구성하는 요소로서 하나의 유전 정보를 나타낸다. 어떠한 염색체가 [A B C]라면, 이 염색체에는 각각 A, B 그리고 C의 값을 갖는 3개의 유전자가 존재한다.

- **자손(offspring)**

  특정 시간 t에 존재했던 염색체들로부터 생성된 염색체를 t에 존재했던 염색체들의 자손이라고 한다. 자손은 이전 세대와 비슷한 유전 정보를 갖는다.

- **적합도(fitness)**

  어떠한 염색체가 갖고 있는 고유값으로서 해당 문제에 대해 염색체가 표현하는 해가 얼마나 적합한지를 나타낸다.

유전 알고리즘은 염색체 정보의 결합을 통하여 부모보다 더 나은 자손을 생성하기 위해서 적자생존 원칙에 따라 해를 선택적으로 키워 나가는 방법이다. 유전 알고리즘을 이용하여 어떤 문제에 대한 해를 찾기 위해서는 먼저 두 가지의 준비 작업이 필요하다. 하나는 풀고자 하는 문제에 대한 가능한 해를 염색체의 형태로 표현하는 것이다. 또 다른 하나는 각 염색체가 문제를 해결하는 데 얼마나 좋은지를 측정하기 위한 평가 함수 즉, 적합 함수를 결정하는 것이다.

유전 알고리즘은 t에 존재하는 염색체들의 집합으로부터 적합도가 가장 좋은 염색체를 선택하고 선택된 해의 방향으로 검색을 반복하면서 최적해를 찾아가는 구조로 동작한다.

```
초기 후보해 집합 G₀을 생성한다.
G₀의 각 후보해를 평가한다.
t ← 0
repeat
    Gₜ로부터 Gₜ₊₁을 생성한다.
    Gₜ₊₁의 각 후보해를 평가한다.
    t ← t + 1
until (종료 조건이 만족될 때까지)
return Gₜ의 후보해 중에서 가장 우수한 해
```

유전자 알고리즘은 여러 개의 해를 임의로 생성하여 이들을 초기 세대(generation) G_0로 놓고, repeat-루프에서 현재 세대의 해로부터 다음 세대의 해를 생성해가며 루프가 끝났을 때의 마지막 세대에서 가장 우수한 해를 반환한다. 이 해들은 repeat-루프의 반복적인 수행을 통해서 최적해 또는 최적해에 근접한 해가 될 수 있으므로 후보해(chromosome)라고 한다.

2 후보해(chromosome)의 표현과 유전 연산자

여행자 문제(traveling salesman problem)는 n개의 도시가 주어지고 임의의 한 도시에서 출발하여 모든 도시를 한 번씩만 방문하고 출발했던 도시로 다시 돌아오는 방법 중에서 최적의 경로를 구하는 문제이다.

예를 들어 [그림 10-1]과 같이 5개의 도시 A, B, C, D, E가 있고 이 중 출발 도시는 A라고 하자. A 도시에서 출발하여 다른 모든 도시를 한 번씩만 방문하고 다시 A 도시로 돌아오는 여행자 문제를 적용해 보자. 이 문제에서 해가 될 수 있는 후보해는 A로 시작하고 A로 끝나면서 A를 제외한 나머지 모든 도시를 방문해야 한다. 따라서 ABCDEA, ACDEBA, AECDBA 등이 후보해가 될 수 있다. 후보해가 될 수 있는 경우의 수는 전체 5개의 도시 중에서 시작 도시를 뺀 나머지 4개의 도시를 나열하는 방법과 같으므로 4!이 되어 24가지이다. 만약 도시가 n개라면 여행자 문제의 후보해가 될 수 있는 경우의 수는 (n-1)!이 된다.

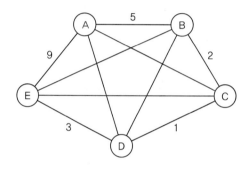

[그림 10-1] 여행자 문제

이제 여러 후보해들을 평가하여 비용을 최소로 하는 경로를 구해야 한다. 그러기 위해서는 각 후보해의 값을 계산해야 하며 후보해의 값은 도시 간의 가중치로 다음과 같이 계산할 수 있다.

> 후보해 ABCDEA의 값 = (A와 B 사이의 거리)
>   + (B와 C 사이의 거리)
>   + (C와 D 사이의 거리)
>   + (D와 E 사이의 거리)
>   + (E와 A 사이의 거리)
>   = 5 + 2 + 1 + 3 + 9
>   = 20

후보해의 값은 후보해의 적합도(fitness value)라고 한다. 후보해 중에서 최적해의 값에 근접한 적합도를 가진 후보해를 우수한 해라고 부른다. 유전 알고리즘에서 개개의 후보해를 표현하는 것은 매우 중요하다. 원칙적으로 일정한 크기의 비트 스트링으로 표현한다.

유전 알고리즘에서 가장 핵심적인 부분은 현재 세대의 후보해에 대해서 다음과 같은 3개의 유전 연산을 통해서 다음 세대의 후보해를 생성하는 것이다.

- 선택(selection) 연산
- 교차(crossover) 연산
- 돌연변이(mutation) 연산

(1) 선택 연산 중요 ★

선택(selection) 연산은 현재 세대의 후보해 중에서 우수한 후보해를 선택하는 연산이다. 우수한 후보해는 중복되어 선택될 수 있고 적합도가 상대적으로 낮은 후보해는 선택되지 않을 수도 있다. 이러한 선택은 적자생존 개념이 적용된다. 선택 연산은 룰렛 휠(roulette wheel) 방법을 이용하여 구현할 수 있다. 룰렛 휠 방법은 면적에 따라 선택 확률이 달라지는 가장 간단한 선택 연산이다. 먼저 각 후보해의 적합도에 비례하여 원반의 면적을 할당하고 원반을 회전시켜서 원반이 멈추었을 때 핀이 가리키는 후보해를 선택한다. 따라서 면적이 넓은 후보해가 선택될 확률이 높다.

각 후보해의 적합도(fitness)가 다음과 같을 때 선택 연산이 룰렛 휠 방법으로 수행되는 과정은 다음과 같다. 여기서 적합도는 염색체가 주어진 문제(환경)에 얼마나 적합한지를 판단하는 함수이다. 따라서 각 염색체의 적합도 점수는 각 개체의 환경에 대한 경쟁 능력을 나타낸다.

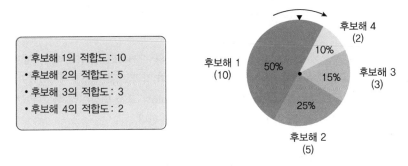

- 후보해 1의 적합도 : 10
- 후보해 2의 적합도 : 5
- 후보해 3의 적합도 : 3
- 후보해 4의 적합도 : 2

[그림 10-2] 룰렛 휠 방법

각 후보해의 원반 면적은 '후보해의 적합도/모든 후보해의 적합도의 합'에 비례한다. 따라서 모든 후보해의 적합도의 합이 10 + 5 + 3 + 2 = 20이며 각 후보해의 원반 면적을 계산하면 다음과 같다.

- 후보해 1의 면적은 10/20 = 50%
- 후보해 2의 면적은 5/20 = 25%
- 후보해 3의 면적은 3/20 = 15%
- 후보해 4의 면적은 2/20 = 10%

현재 후보해가 4개이므로 원반을 4번 돌리고 회전이 멈추었을 때 핀이 가리키는 후보해를 각각 선택한다.

(2) 교차 연산 중요 ★

교차(crossover) 연산은 두 해의 특징을 부분 결합하여 하나의 새로운 해를 만들어 내는 연산이다. 선택 연산을 수행한 후의 후보해 사이에 수행된다. 교차 연산은 2개의 염색체 사이에서 유전자를 바꾸어 넣어 새로운 개체를 발생시킨다. 선택된 두 염색체의 특징을 부분 결합하여 하나의 새로운 특징을 가진 자손 염색체를 만들어내는 연산이다. 개체의 진화는 돌연변이에 의해 발생할 수도 있지만 주로 개체들끼리의 교차를 통해 발생한다. 교차는 개체들끼리 유전자 배열을 섞는 과정을 말한다. 2개의 개체간의 염색체를 부분적으로 서로 바꿈으로써 새로운 개체를 생성한다. 두 부모를 교차시켜 부모의 형질을 나누어 가진 자손을 생성하는 것과 같다. 교차 연산은 두 해의 특징을 부분 결합하여 하나의 새로운 특징을 만들어내는 유전 알고리즘의 대표적 연산이다.

염색체 교차 전

염색체 교차 후

[그림 10-3] 염색체 교차 전 후

교차 연산은 [그림 10-3]과 같이 각각의 염색체로부터 임의의 위치를 선택하여 그 위치를 기준으로 head 부분과 tail 부분으로 구분한다. 교차점 이후의 tail 부분들은 새로운 후손 염색체를 만들어내기 위하여 서로 교환한다. 이렇게 교차 연산을 수행하면 후손 개체들은 부모 개체들로부터 염색체를 물려받게 된다.

예를 들어, 2개의 후보해가 각각 2진수로 [그림 10-4]와 같이 표현된다고 하자. 이때 교차점 이후의 tail 부분을 서로 교환하여 교차 연산이 수행된다. 그 결과 각각 새로운 후보해가 만들어진다. 이와 같이 하나의 교차 위치를 기준으로 교차하는 연산을 1-점(point) 교차 연산이라 하고 두 개의 교차 위치를 기준으로 교차하는 연산을 2-점(point) 교차 연산이라 한다.

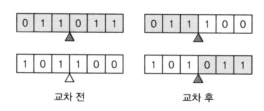

교차 전 교차 후

[그림 10-4] 1-점 교차 연산

길게 표현된 후보해는 여러 개의 교차점을 임의로 정하여 교차 연산을 할 수도 있다. 교차 연산을 하는 이유는 선택 연산을 통해서 얻은 우수한 후보해보다 우수한 후보해가 생성하기 위함이다.

(3) 돌연변이 연산 중요 ★

돌연변이(mutation) 연산은 유전자 배열 중의 어떤 부분의 유전자를 강제로 바꾸는 연산자이다. 교차는 개체군 내에서의 개체 진화에 한계가 존재한다. 주어진 환경에서 어느 한계까지는 진화하여 적응할 수 있지만 개체군 내의 개체의 유전자 스키마를 극복할 수는 없다. 돌연변이는 유전자 배열 중의 유전자를 바꾸는 연산자이다. 교차 연산이 수행된 후에 돌연변이 연산을 수행하며 돌연변이 연산은 아주 작은 확률로 후보해의 일부분을 임의로 변형시키는 것이다.

[그림 10-5]는 염색체 중 두 번째 비트가 0에서 1로 돌연변이된 것을 보여주고 있다.

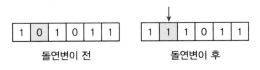

[그림 10-5] 돌연변이 연산

돌연변이가 수행되면 어떤 경우는 후보해의 적합도가 오히려 나빠지는 경우도 있다. 돌연변이 연산을 하는 이유는 다음 세대에 돌연변이가 이루어진 후보해와 다른 후보해를 교차 연산함으로써 이후 세대에서 매우 우수한 후보해를 생성하기 위한 것이다.

유전 알고리즘의 유전 연산은 다음과 같은 과정을 거쳐 적용된다.

① 초기 모집단(initial population) 안의 개체들은 무작위로 구성한다.
② 현재 모집단 안의 각 개체들의 적합도를 계산한다.
③ 다음 세대의 새로운 모집단을 구성하기 위하여 적합도가 높은 개체들을 선택한다.
  일반적으로 적합도가 좋을수록 후손을 남길 확률이 높아지고 나쁠수록 확률이 낮아지는 적자생존의 법칙이 적용된다.
④ 선택된 두 개체로부터 교차점을 무작위로 선택하여 그 교차점을 기준으로 교차 연산을 적용한다.
⑤ 지역 최적화(local optimum)가 되는 것을 막기 위하여 각각의 개체에서 무작위로 돌연변이시킨다.

[그림 10-6]과 같이 초기 모집단 A로부터 선택, 교차, 돌연변이 과정을 거치면서 모집단 B를 얻게 되고 이 모집단 B는 다음 세대를 위한 입력 자료가 된다. 주어진 모집단으로부터 적합도가 우수한 두 개의 개체를 선택하고 교차와 돌연변이 연산을 이용하여 두 개체의 염색체를 혼합한다.

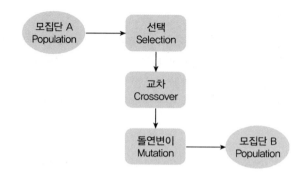

[그림 10-6] 유전 연산자의 적용 과정

3 초기 해집단의 생성, 적응도 계산함수 및 매개변수

유전 알고리즘에는 초기 후보해 집단을 생성해야 한다. 초기 후보해는 먼저 주어진 문제의 조건을 만족하는 해를 가져야 한다. 주어진 조건에 만족하는 후보해를 생성하는 방법은 2가지가 있다. 먼저 초기해 후보 집단을 휴리스틱 알고리즘을 이용하여 최적해에 가까운 기법으로 진화시켜 나가는 방법이 있다. 또한 난수를 발생하여 임의로 후보해를 생성하는 방법이 있다. 유전 알고리즘의 성능을 결정하는 요소 중 하나는 후보해의 적합성을 계산하는 적응도 함수가 있다. 적응도를 계산하는 연산은 염색체에 표현된 정보를 기반으로 적응도를 계산하게 된다. 적응도 계산 함수를 이용하여 적응도를 계산하는데 상대적으로 좋은 해가 결정되게 된다. 개체들 중 환경에 잘 적응한 개체는 진화하게 되고 적응하지 못하는 개체는 도태되게 될 것이다. 유전 알고리즘을 기술하기 위해서는 후보해 집단의 크기, 비율, 매개변수의 값을 결정해야 한다. 매개변수는 주로 휴리스틱 기법으로 사용하지만 결정하는 규칙이나 모델은 알려지지 않았다.

4 유전 알고리즘 응용

유전 알고리즘은 탐색, 최적화 및 기계학습을 위한 도구로도 많이 사용한다. 지금까지 유전 알고리즘은 과학, 공학, 비즈니스, 사회과학 등 많은 분야에서 응용되고 있다. 그중에서 조합적 최적화(combinatorial optimization)는 유전 알고리즘의 응용 예들 중 가장 많은 결과를 낸 것들 중의 하나이다. [표 10-1]은 유전 알고리즘의 연구 대상이 된 응용 분야와 그 예를 나타낸 것이다.

[표 10-1] 유전 알고리즘의 응용 분야

응용 분야	응용 사례
최적화	수치적 함수의 최적화, 가스 파이프라인의 최적화, 전력 송전망의 최적화, 컴퓨터 자판의 최적배정 문제, 항공기 승무원 배정 문제, 순회 판매원 문제, 그래프 분할 문제, 유전자 정보 해석
설계	VLSI 회로 설계, 비행기 날개의 공기 역학적 설계, 엔진 노즐의 설계, 컴퓨터 통신망의 최적 설계, 심장 박동기의 설계, 디지털 필터 설계, 퍼지 제어기 설계
인공지능	LISP 프로그램의 자동 생성, 문제 해결 규칙의 자동 습득, 신경망 합성 및 학습, 패턴 인식, 자연언어 처리, 멀티에이전트 시스템
시스템 분석 및 예측	시스템 동정, 케이오틱시계열의 예측, 환율 변화 예측, 단백질 구조 분석, 재정 및 경제 분야의 예측 및 분석 문제
제어 및 로보틱스	이동 로봇의 경로 계획, 신경망 및 퍼지 로직과 유전 알고리즘의 결합에 의한 제어

유전 알고리즘이 여러 분야에 응용되고 있는 이유는 어려운 문제들에 대해 빠르고 신빙성 있는 해답을 주기 때문이다. 또한 이미 사용되고 있는 시험 장치나 모델을 쉽게 공유할 수 있으며 다른 문제에 확장하기가 쉽다. 그리고 병렬 처리 구조로 쉽게 응용되며 탐색 능력이 뛰어나다. 유전 알고리즘은 특정한 문제를 풀기 위한 알고리즘이라기보다는 최적화 문제를 풀기 위한 방법론에 가깝다. 즉, 모든 문제에 적용 가능한 하나의 알고리즘이나 소스 코드가 있는 것이 아니기 때문에 유전 알고리즘의 원리를 이해하고 이를 자신이 원하는 문제에 적용할 수 있도록 하는 것이 중요하다.

5 유사 알고리즘

유사 알고리즘은 최적화 문제에서 최적해에 가까운 가능해를 구하는 알고리즘으로 가장 최적화한 답을 구할 수는 없다. 하지만 빠른 시간에 계산이 가능하고 어느 정도 보장된 근사해를 계산할 수 있다. 근사 알고리즘은 NP-완전 문제 등 현재 알려진 빠른 최적화 알고리즘이 없을 때 주로 사용한다.

(1) 언덕 오르기(hill climbing)

언덕 오르기는 현재 노드에서 휴리스틱에 의한 평가값이 가장 좋은 이웃 노드 하나를 확장해 가는 탐색 방법이다. 임의의 경로를 신속하게 탐색하기 위한 방법이지만 최적 경로를 탐색하지는 못한다. 후보해의 적응도를 점진적으로 개선하는 과정을 더 이상 하지 않을 때까지 반복 시행한다. 1개의 임의의 출발 후보해에서 시작하여 현재의 후보해에 이웃한 후보해를 선택하고 이것의 적응도를 계산하여 현재 후보해의 적응도와 비교한다. 언덕 오르기는 최적 경로 탐색을 보장하지 못하며 지역 최대치 문제가 있다. 지역 최대치는 실제 정상이 있는 봉우리 주위에 그보다 낮고 작은 봉우리가 있을 때 일단 작은 봉우리의 정상에 도달하게 되면 더 이상 현재 상태를 개선해 나갈 수 없게 된다는 것이다.

(2) 최소 비용 탐색 기법

최소 비용 탐색은 언덕 오르기 탐색과 반대 개념이다. 이 기법은 롤러스케이트를 신고 큰 언덕의 길 중간에 서 있는 것과 비슷하다 생각할 때 위로 가는 것보다 아래로 내려가는 것이 훨씬 더 쉽다는 것을 알 수 있다. 결국 최소의 노력이 드는 경로를 선택하는 것을 의미한다. 예를 들어 최소 비용 탐색 기법을 비행기 예약 문제에 적용한다면 비행기 예약 시 발견된 경로 중 가장 짧은 연결 비행기를 택하게 될 것이다.

(3) A* 알고리즘

A* 알고리즘은 휴리스틱(heuristics) 값을 이용해 최단 경로를 추정해나가는 방식이다. 한 지점에서 목표 지점으로 가는 방법 중 가장 짧은 길을 찾는 것을 최단 경로 탐색이라 하며 지점을 노드라고 표현한다. A* 알고리즘에서 최적의 경로는 초기 노드에서 목표 노드로 가는 경로 중 가장 최단 경로를 말한다. 이때 최단 경로를 찾아내는 과정에서 휴리스틱이라는 개념을 사용한다. 휴리스틱은 현재 노드에서 목표 노드까지 가는 최단 경로의 비용을 추정하는 것이다. 이 값은 추정값이기 때문에 실제로 이동해 보면 그 값처럼 되지 않을 수도 있다. 언덕 오르기 방법이나 최적 우선 방법에서는 어떠한 노드에서 목표 노드까지 도달하기 위한 비용을 평가 함수로 사용한다. 이때 출발 노드에서 그 노드까지 도달하는 데 소비한 비용은 고려하지 않는다. 따라서 출발 노드에서 목표 노드까지 도달하는 최적 경로의 탐색은 보장하지 않는다. A* 알고리즘은 출발 노드에서 목표 노드까지의 최적 경로를 탐색하기 위한 것이며 이를 위해서는 각각의 노드에 대한 평가 함수를 정의해야 한다.

> **더 알아두기**
>
> **휴리스틱(heuristics)**
> 어떤 사안 또는 상황에 대해 엄밀한 분석에 의하기보다 제한된 정보만으로 즉흥적, 직관적으로 판단하고 선택하는 의사결정 방식을 의미한다. 즉, 시간이나 정보가 불충분하여 합리적인 판단을 할 수 없거나 굳이 체계적이고 합리적인 판단을 할 필요가 없는 상황에서 신속하게 사용하는 어림짐작 기술이다.

A* 알고리즘은 현재 상태의 비용을 g(n)라고 하고 현재 상태에서 다음 상태로 이동할 때의 휴리스틱 함수를 h(n)라고 할 때 이 둘을 더한 f(n)=g(n)+h(n)이 최소가 되는 지점을 우선적으로 탐색하는 방법이다. 즉, 다음과 같은 평가 함수를 통해 최적의 경로를 탐색한다.

$$f(n) = g(n) + h(n)$$

[그림 10-7] A* 알고리즘

f(n)이 작은 값부터 탐색하는 특성상 우선순위 큐가 사용된다. 휴리스틱 함수 h(n)에 따라 성능이 극명하게 갈리며 f(n)=g(n)일 때는 다익스트라 알고리즘과 동일하다. 동작은 다음과 같이 된다.

① f(n)을 오름차순 우선순위 큐에 노드로 삽입한다.
② 우선순위 큐를 pop한다.
③ 해당 노드에서 이동할 수 있는 노드를 찾는다.
④ 그 노드들의 f(n)을 구한다.
⑤ 그 노드들을 우선순위 큐에 삽입한다.
⑥ 목표 노드에 도달할 때까지 반복한다.

A* 알고리즘을 사용하는 이유는 다익스트라 알고리즘의 현실 적용이 매우 어렵기 때문이다. 네트워크 같은 디지털적인 공간이 아닌 사람이 사는 현실의 공간에서 어떤 개념들을 전부 노드화시키기에는 그 수가 엄청나게 많아질 수 있다. 예를 들어, 차량 네비게이션의 경우 탐색해야 하는 공간도 커지게 되고 그만큼 시간 복잡도도 매우 커지게 된다. 설령 이들을 잘 노드화시켜서 다익스트라를 사용할 수 있는 상황을 만들어서 경로를 발견했다고 하더라도 그 경로가 자동차 정체 구간이나 출근길 등과 같은 다양한 변수로 인해 오히려 더 느려지는 경우도 발생할 수 있다. 이러한 변수 때문에 A* 알고리즘을 사용하는 것이다. 정보 사용과 목적에 따른 탐색 기법은 [표 10-2]와 같다.

[표 10-2] 정보 사용 방법과 목적에 따른 탐색 기법 비교

정보 사용 \ 목적	임의의 경로	최적 경로
맹목적 탐색	• 깊이 우선 탐색 • 너비 우선 탐색	균일 비용 탐색
휴리스틱 탐색	• 언덕 오르기 • 최적 우선 탐색	A* 알고리즘

맹목적 탐색은 정해진 순서에 따라 상태 공간 그래프를 점차 생성해 가면서 해를 탐색하는 방법이다. 깊이 우선 탐색과 너비 우선 탐색 등이 있다. 정보 사용 탐색은 휴리스틱 탐색이 해당되며 언덕 오르기, 최적 우선 탐색, A* 알고리즘 등이 있다.

○×로 점검하자

※ 다음 지문의 내용이 맞으면 ○, 틀리면 ×를 체크하시오. [1 ~ 10]

01 확률적 알고리즘(probabilistic algorithm)은 알고리즘의 근본적인 부분에서 확률이 관계하고 있는 것을 의미한다. (   )

>>>○ 확률적 알고리즘은 크기가 n인 문제를 풀 때 n 이하의 난수를 발생시켜 진행 과정을 결정하는 일종의 비결정성 알고리즘으로 확률이 관계하는 알고리즘이다.

02 확률적 알고리즘에는 몬테카를로 알고리즘과 라스베이거스 알고리즘이 있다. (   )

>>>○ 확률적 알고리즘은 무작위 알고리즘이라고도 하며 몬테카를로 알고리즘과 라스베이거스 알고리즘이 있다.

03 라스베이거스 알고리즘은 확률적 알고리즘으로서 단 한 번의 과정으로 정확한 해를 구하기 어려운 경우 무작위로 난수를 반복적으로 발생하여 해를 구하는 알고리즘이다. (   )

>>>○ 라스베이거스 알고리즘은 항상 똑같은 정답이 도출되지만 난수 발생기에 의해 확률적으로 이루어지기 때문에 실행 시간이 오래 걸릴 확률이 조금이나마 존재하는 알고리즘이다. 문제의 설명은 몬테카를로 알고리즘에 대한 설명이다.

04 라스베이거스 알고리즘은 항상 올바른 해를 출력하는 알고리즘이다. (   )

>>>○ 라스베이거스 알고리즘은 값의 정확도는 보장하지만 시간적인 보장은 확률적으로만 가능한 방법이다. 즉, 항상 올바른 해를 출력하며 다만 언제 연산이 끝날지는 정확히 보장할 수 없다.

05 유전 알고리즘(genetic algorithm)은 생물체가 환경에 적응하면서 진화해가는 모습을 모방하여 최적해를 찾아내는 검색 방법이다. (   )

>>>○ 유전 알고리즘은 자연계에서 생물의 유전과 진화를 통해 관찰된 메커니즘을 모방하여 문제를 컴퓨터상에서 시뮬레이션 함으로써 복잡한 실세계의 문제를 해결하고자 하는 알고리즘이다.

06 유전 연산자에는 선택 연산, 삭제 연산, 증식 연산이 있다. (   )

>>>○ 유전 연산자는 선택 연산, 교차 연산, 돌연변이 연산이 있다.

정답 **1** ○ **2** ○ **3** × **4** ○ **5** ○ **6** ×

07 선택 연산은 현재 세대의 후보해 중에서 우수한 후보해를 선택하는 연산이다. (　　　)

>>>◯ 선택 연산은 현재 세대의 후보해 중에서 우수한 후보해를 선택하는 연산이며 우수한 후보해는 중복되어 선택될 수 있고 적합도가 상대적으로 낮은 후보해는 선택되지 않을 수도 있다.

08 교차 연산은 유전자 배열 중의 어떤 부분의 유전자를 강제로 바꾸는 연산자이다. (　　　)

>>>◯ 교차 연산은 2개의 개체 간의 염색체를 부분적으로 서로 바꿈으로써 새로운 개체를 생성하는 연산이다. 유전자 배열 중의 어떤 부분의 유전자를 강제로 바꾸는 연산은 돌연변이 연산이다.

09 유사 알고리즘은 최적화 문제에서 최적해에 가까운 가능해를 구하는 알고리즘으로 가장 최적화한 답을 구할 수는 없다. (　　　)

>>>◯ 유사 알고리즘에는 언덕 오르기, 최소 비용 탐색 기법, A* 알고리즘이 있으며 최적화 문제에서 최적해에 가까운 가능해를 구하는 알고리즘으로 가장 최적화한 답을 구할 수는 없다.

10 유사 알고리즘 중 언덕 오르기는 임의의 경로를 신속하게 탐색하기 위한 방법이지만 최적 경로를 탐색하지는 못한다. (　　　)

>>>◯ 언덕 오르기는 현재 노드에서 휴리스틱에 의한 평가값이 가장 좋은 이웃 노드 하나를 확장해 가는 탐색 방법이다. 임의의 경로를 신속하게 탐색하기 위한 방법이지만 최적 경로를 탐색하지는 못한다.

01 확률적 알고리즘(probabilistic algorithm)은 알고리즘의 근본적인 부분에서 확률이 관계하고 있는 것이다. 무작위 알고리즘이라고도 하며 몬테카를로 알고리즘과 라스베이거스 알고리즘이 있다.

02 유전 알고리즘은 적자생존의 개념을 최적화 문제를 해결하는 데 적용한다. 생물체가 환경에 적응하면서 진화해가는 모습을 모방하여 최적해를 찾아내는 검색 방법이다.

03 몬테카를로 알고리즘은 무작위성이 들어가는 알고리즘으로 단 한 번의 과정으로 정확한 해를 구하기 어려운 경우 무작위로 난수를 반복적으로 발생하여 해를 구하는 알고리즘이다.

01 확률적 알고리즘이 <u>아닌</u> 것은?

① 몬테카를로 알고리즘
② 라스베이거스 알고리즘
③ 무작위 알고리즘
④ 프림 알고리즘

02 자연계에서 생물의 유전과 진화를 통해 관찰된 메커니즘을 모방하여 문제를 컴퓨터상에서 시뮬레이션 함으로써 복잡한 실세계의 문제를 해결하고자 하는 알고리즘을 무엇이라 하는가?

① 유전 알고리즘
② 자연 알고리즘
③ 관찰 알고리즘
④ 현상 알고리즘

03 확률적 알고리즘으로서 무작위성이 들어가는 알고리즘으로 수행에 걸리는 시간은 확정적이지만 대신 결과물에 어떤 확률로 오차가 발생할 수 있는 알고리즘에 해당하는 것은?

① A* 알고리즘
② 라스베이거스 알고리즘
③ 무작위 알고리즘
④ 몬테카를로 알고리즘

정답 01 ④ 02 ① 03 ④

04 유전 알고리즘의 주요 연산이 적용되는 순서로서 적당한 것은?

① 교차 → 변이 → 선택

② 선택 → 변이 → 교차

③ 변이 → 교차 → 선택

④ 선택 → 교차 → 변이

04 현재 세대의 개체군으로부터 좋은 두 개의 개체를 선택하고(선택), 이 개체들의 특징의 조합을 통해 자손 염색체를 생성한다(교차). 이렇게 생성된 자손 염색체의 특정 유전자의 임의적 변경을 수행(돌연변이)하는 일련의 과정을 반복적으로 거쳐 새로운 세대를 형성하여 점진적으로 성능을 향상해나간다.

05 룰렛 휠(roulette wheel) 방법을 이용하여 구현할 수 있는 유전 연산자는 무엇인가?

① 증감 연산

② 선택 연산

③ 교차 연산

④ 돌연변이 연산

05 룰렛 휠 방법은 면적에 따라 선택 확률이 달라지는 가장 간단한 선택 연산이며 선택 연산은 룰렛 휠(roulette wheel) 방법을 이용하여 구현할 수 있다.

06 유전자 배열 중의 어떤 부분의 유전자를 강제로 바꾸는 연산자는?

① 증감 연산

② 선택 연산

③ 교차 연산

④ 돌연변이 연산

06 돌연변이 연산은 유전자 배열 중의 어떤 부분의 유전자를 강제로 바꾸는 연산자이며 아주 작은 확률로 후보해의 일부분을 임의로 변형시키는 것이다.

정답 04 ④ 05 ② 06 ④

07 유사 알고리즘은 최적화 문제에서 최적해에 가까운 가능해를 구하는 알고리즘으로 가장 최적화한 답을 구할 수는 없다. 언덕 오르기, 최소 비용 탐색 기법, A* 알고리즘이 있다.

07 유사 알고리즘에 해당하지 <u>않는</u> 것은 무엇인가?

① 언덕 오르기
② 최소 비용 탐색 기법
③ A* 알고리즘
④ 라스베이거스 알고리즘

08 유전 알고리즘이 여러 분야에 응용되고 있는 이유는 어려운 문제들에 대해 빠르고 신빙성 있는 해답을 주기 때문이다. 또한 이미 사용되고 있는 시험 장치나 모델을 쉽게 공유할 수 있으며, 다른 문제에 확장하기가 쉽고, 병렬 처리 구조로 쉽게 응용되며 탐색 능력이 뛰어나다.

08 유전 알고리즘이 여러 분야에 응용되는 이유가 <u>아닌</u> 것은 무엇인가?

① 유전자 알고리즘은 어려운 문제들에 대해 빠르고 신빙성 있는 해답을 준다.
② 이미 사용되고 있는 시험 장치나 모델을 쉽게 공유할 수 있다.
③ 다른 문제에 확장하기 쉽다.
④ 순차 처리 구조로 쉽게 응용되며 탐색 능력이 뛰어나다.

✓ **주관식 문제**

01
정답 (1) 선택(selction)
(2) 교차(crossover)
(3) 돌연변이(mutation)
해설 유전 연산자는 선택 연산, 교차 연산, 돌연변이 연산이 있다.

01 유전 알고리즘에서 사용되는 주된 연산 3가지는 무엇인지 쓰시오.

정답 07 ④ 08 ④

02 유전 연산자 중 (1) 두 해의 특징을 부분 결합하여 하나의 새로운 해를 만들어 내는 연산과 (2) 유전자 배열 중의 어떤 부분의 유전자를 강제로 바꾸는 연산자는 무엇인지 쓰시오.

02

정답 (1) 교차 연산
(2) 돌연변이 연산

해설 교차 연산은 선택된 두 염색체의 특징을 부분 결합하여 하나의 새로운 특징을 가진 자손 염색체를 만들어 내는 연산이다. 개체의 진화는 돌연변이에 의해 발생할 수도 있지만 주로 개체들끼리의 교차를 통해 발생한다. 개체들끼리 유전자 배열을 섞는 과정이며 2개의 개체간의 염색체를 부분적으로 서로 바꿈으로써 새로운 개체를 생성한다.
돌연변이는 유전자 배열 중의 유전자를 바꾸는 연산자이며 유전자 배열 중의 어떤 부분의 유전자를 강제로 바꾸는 연산자에 해당한다.

03 (1) 유사 알고리즘이 무엇인지 설명하고 (2) 유사 알고리즘 중 현재 노드에서 휴리스틱에 의한 평가값이 가장 좋은 이웃 노드 하나를 확장해 가는 탐색 방법에 해당하며 임의의 경로를 신속하게 탐색하기 위한 방법이지만 최적 경로를 탐색하지는 못하는 것은 무엇인지 쓰시오.

03

정답 (1) 유사 알고리즘은 최적화 문제에서 최적해에 가까운 가능해를 구하는 알고리즘으로 가장 최적화한 답을 구할 수는 없다. 해의 근사값을 구하는 알고리즘을 의미한다.
(2) 언덕 오르기

해설 유사 알고리즘은 최적해에 가까운 가능해를 구하는 알고리즘이다. 언덕 오르기는 후보해의 적응도를 점진적으로 개선하는 과정을 더 이상 하지 않을 때까지 반복 시행한다. 1개의 임의의 출발 후보해에서 시작하여 현재의 후보해에 이웃한 후보해를 선택하고 이것의 적응도를 계산하여 현재 후보해의 적응도와 비교한다. 언덕 오르기는 최적 경로 탐색을 보장하지 못하며 지역 최대치 문제가 있다.

여기서 멈출 거예요? 끝까지 바로 눈앞에 있어요.
마지막 한 걸음까지 SD에듀가 함께할게요!

부록

최종모의고사

최종모의고사
정답 및 해설

I wish you the best of luck!

최종모의고사 | 알고리즘

제한시간: 50분 | 시작 ___시 ___분 – 종료 ___시 ___분

⊒ 정답 및 해설 387p

01 다음 중 알고리즘의 특성에 대한 설명으로 올바른 것은?

① 반드시 외부에서 제공되는 자료가 1개 이상 있다.
② 처리된 결과가 없는 경우도 있다.
③ 각 명령은 명확하며 모호하지 않아야 한다.
④ 컴퓨터 처리가 불가능할 수도 있다.

02 다음 설명 중 옳지 <u>않은</u> 것은?

① 순환(recursion)을 사용한 알고리즘은 반복 알고리즘보다 수행 시간이 빠르다.
② 데이터 타입이란 객체와 그 객체 위에 작동하는 연산들의 집합이다.
③ 알고리즘의 공간 복잡도는 알고리즘을 실행시켜 완료하는 데 필요로 하는 공간의 양을 나타낸다.
④ 알고리즘의 시간 복잡도는 알고리즘을 실행시켜 완료하는 데 필요한 컴퓨터의 시간의 양을 나타낸다.

03 다음 정렬 알고리즘으로 n개의 원소들을 정렬할 때 정렬된 입력에 대한 수행 시간의 복잡도와 역순으로 정렬된 입력에 대한 수행 시간의 복잡도 차이가 가장 큰 것은?

① 합병 정렬
② 히프 정렬
③ 삽입 정렬
④ 퀵 정렬

04 15개의 자료가 있다고 가정할 때 버블 정렬을 이용하여 정렬할 경우 최대로 나올 수 있는 비교 횟수는?

① 210
② 105
③ 52
④ 14

05 R = {26, 5, 37, 2, 61, 11, 59}의 레코드 파일에 최대 히프를 적용했을 때 최초 히프의 구성으로 맞는 것은?

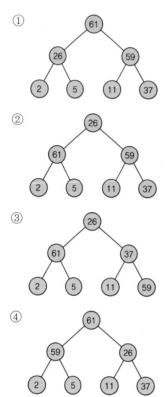

07 2-3-4 트리에 대한 설명 중 옳지 않은 것은?

① 내부 노드는 2-노드, 3-노드, 4-노드 중의 하나이다.

② 이진 트리가 한쪽으로 쏠리는 문제를 해결하기 위해 고안한 자료구조이다.

③ 삽입과 삭제는 내부 노드에서 일어난다.

④ 2-3-4 트리의 모든 단말 노드의 높이는 동일하다.

08 흑적 트리와 관련이 있는 트리는?

① 2-3 트리

② 2-3-4 트리

③ 스레드 이진 트리

④ 편향 이진 트리

06 퀵 정렬 알고리즘에 대한 설명 중 옳지 않은 것은?

① 평균 시간 복잡도는 $O(n \log n)$이다.

② 피벗을 중심으로 두 부분으로 분해해 가며 정렬하는 방법이다.

③ 알고리즘을 순환적으로 작성할 수 있다.

④ 배열의 첫 번째 키만을 피벗으로 정할 수 있다.

09 다음 중 이진 탐색에 적당하지 않은 것은?

> (ㄱ) 자료가 순차적이다.
> (ㄴ) 자료가 정렬되어 있지 않다.
> (ㄷ) 자료가 연결 리스트로 저장되어 있다.

① (ㄱ)

② (ㄴ)

③ (ㄱ), (ㄴ)

④ (ㄴ), (ㄷ)

10 텍스트 문자열의 길이가 n이고 패턴 문자열의 길이가 m인 경우 직선적 알고리즘의 시간 복잡도에 해당하는 것은?

① $O(m+n)$

② $O(mn)$

③ $O(m/n)$

④ $O(\log m/n)$

11 문자열 매칭 알고리즘 중 해싱을 사용하는 것은?

① 보이어-무어 알고리즘

② 라빈-카프 알고리즘

③ KMP 알고리즘

④ 직선적 알고리즘

12 어떤 기준점으로부터 다른 점까지의 각도를 각각 구한 다음 오름차순으로 정렬하고 기준점부터 정렬한 순서대로 연결하여 만들어지는 것은?

① 오일러 사이클

② 단순 폐쇄 경로

③ 교차 선분

④ 해밀턴 사이클

13 2차원 좌표에서 주어진 여러 개의 점을 모두 포함하는 가장 작은 볼록 다각형을 무엇이라 하는가?

① 볼록 껍질

② 오목 껍질

③ 다각형

④ 오각형

14 다음은 그래프 구조를 나타낸 것이다. 이 중 트리 구조가 아닌 것은?

> V(G) = 1, 2, 3, 4, 5

① E(G) = {(1, 2), (1, 3), (1, 4), (1, 5)}

② E(G) = {(1, 2), (2, 3), (3, 4), (3, 5)}

③ E(G) = {(1, 2), (2, 3), (3, 4), (4, 1)}

④ E(G) = {(1, 2), (2, 3), (3, 4), (4, 5)}

15 다음 그래프에서 위상 정렬 순서로 맞지 않는 것은?

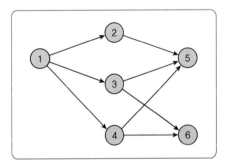

① 1→2→3→4→5→6

② 1→2→3→4→6→5

③ 1→3→4→5→2→6

④ 1→4→3→2→5→6

16 다음과 같이 인접 행렬로 표현된 방향 그래프에 대한 설명 중 옳지 <u>않은</u> 것은?

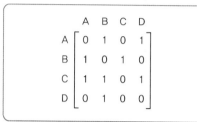

① 차수가 3인 노드는 2개이다.
② 정점 C의 진출 차수는 3이다.
③ 방향 사이클이 존재한다.
④ 정점 B와 D 사이에 강력 연결 요소가 존재한다.

17 다음은 어떤 그래프를 인접 리스트로 표현한 것이다. 해당 그래프를 바르게 그린 것은?

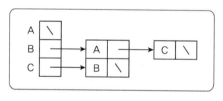

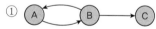

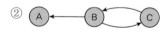

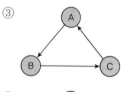

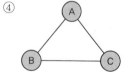

18 어떤 문제를 해결하는 데 시간 복잡도가 $O(n \log n)$이 걸렸다고 할 때 이 문제는 무엇인가?

① NP(Nondeterministic Polynomial) 문제
② NP-완전 문제
③ P(Polynomial) 문제
④ NP-hard 문제

19 어떤 문제의 최적해를 찾기가 매우 어려운 경우 최적해 대신 최적해에 아주 가까운 해를 찾는 방법에 해당하는 것은?

① 근사 알고리즘
② 크루스칼 알고리즘
③ 짐꾸리기 알고리즘
④ 그레이엄 알고리즘

20 NP-완전 문제에 속하지 <u>않는</u> 것은?

① 0-1 배낭 문제
② 통 채우기 문제
③ 해밀토니언 사이클 문제
④ 최단 경로 문제

21 PRAM 모델 중 동시 읽기와 동시 쓰기가 가능한 모델에 해당하는 것은?

① CRCW
② CREW
③ ERCW
④ ERRW

22 어떤 문제를 가장 빠르게 해결하는 순차 알고리즘의 실행 시간은 S(n) = 12초이고 3개의 프로세서를 사용하는 병렬 알고리즘이 문제를 해결하는 데 걸리는 시간이 P(n) = 5초인 경우 효율성은 얼마인가?

① 0.25
② 0.5
③ 0.75
④ 0.8

23 어떤 분석 대상에 대한 완전한 확률 분포가 주어지지 않을 때 유용하며 단 한 번의 과정으로 정확한 해를 구하기 어려운 경우 무작위로 난수를 반복적으로 발생하여 해를 구하는 알고리즘은?

① 라스베이거스 알고리즘
② 몬테카를로 알고리즘
③ 난수 알고리즘
④ 근사해 알고리즘

24 자연 세계의 진화 과정에 기초한 계산 모델로서 생물의 진화를 모방하여 최적해를 찾아내는 검색 알고리즘은?

① 유전 알고리즘
② 근사 알고리즘
③ 환경 알고리즘
④ 최적해 알고리즘

✔ **주관식 문제**

01 다음 설명에서 ㉠, ㉡, ㉢, ㉣, ㉤에 들어갈 내용을 쓰시오.

> 알고리즘의 실행 시간을 분석하는 기준이 되며 알고리즘을 이루고 있는 연산들이 몇 번이나 실행되는지를 표시한 것을 (㉠)(이)라고 한다. (㉠)을/를 표기하는 표기법에는 (㉢), (㉣), (㉤) 표기법이 있다. 알고리즘의 복잡도를 분석하는데 있어 입력이 충분히 큰 경우에 대한 분석을 (㉡)(이)라고 한다.

02 다음 설명에서 ㉠, ㉡, ㉢, ㉣, ㉤에 들어갈 내용을 쓰시오.

> 다음과 같은 데이터 배열에서 이진 탐색으로 15를 찾고자 할 때 맨 처음 비교되는 데이터는 (㉠)이고 한 번 비교한 후 탐색 대상에서 제외되는 데이터는 (㉡), (㉢), (㉣)이다.
>
> | 1 | 3 | 8 | 11 | 15 | 17 | 20 |
> |---|---|---|----|----|----|----|
>
> 또한, 이진 탐색의 시간 복잡도는 (㉤)이다.

03 다음 설명에서 ㉠, ㉡, ㉢에 들어갈 내용을 쓰시오.

> 라빈–카프 알고리즘은 (㉠)에 기반하고 있다. 패턴 내의 문자들을 일일이 비교하는 대신에 패턴의 해시값과 본문 안에 있는 하위 문자열의 해시값만을 비교한다. 해싱은 인덱스만 계산하면 바로 값을 참조할 수 있기 때문에 연산 속도가 (㉡)이며 매우 빠르다. 라빈–카프 알고리즘은 문자열을 숫자로 바꾸는 과정에서 숫자가 너무 커져서 오버플로가 발생하는 것을 피하기 위해 (㉢) 연산을 사용한다.

04 다음 그래프에서 최소 비용 신장 트리를 구하려고 한다. 이때 프림 알고리즘을 사용하여 3번 정점에서 시작했을 때 (1) 맨 처음 선택되는 간선의 가중치는 무엇이며 (2) 최종적으로 구해진 최소 비용 신장 트리의 총 비용은 얼마인가?

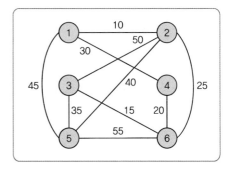

정답 및 해설 | 알고리즘

정답

01	02	03	04	05	06	07	08	09	10	11	12
③	①	③	②	①	④	③	②	④	②	②	②

13	14	15	16	17	18	19	20	21	22	23	24
①	③	③	①	②	③	①	④	①	④	②	①

주관식 정답	
01	㉠ 시간 복잡도, ㉡ O(빅-오), ㉢ Ω(빅-오메가) ㉣ Θ(빅-세타), ㉤ 점근적 분석(asymptotic analysis)
02	㉠ 11, ㉡ 1, ㉢ 3, ㉣ 8, ㉤ $O(\log n)$
03	㉠ 해싱, ㉡ O(1), ㉢ mod
04	(1) 15 (2) 105

---

01 정답 ③

외부로부터 자료 입력은 0개 이상 있어야 하고 최소 한 가지 이상의 출력이 있어야 한다. 알고리즘을 구성하는 명령문들은 하드웨어에서 실행 가능해야 한다.

02 정답 ①

순환 알고리즘이 프로그램의 단계 수는 적지만 프로시저 호출을 수행하게 되므로 일반적으로 반복 알고리즘보다 수행 시간이 느리다.

03 정답 ③

삽입 정렬은 거의 정렬이 되어 있는 데이터들에 대해 정렬할 때 매우 빠르고 효율적이다. 데이터가 역으로 정렬되어 있을 경우에는 최악의 경우이며 이 경우 모든 단계에서 앞에 놓인 데이터들을 전부 이동해야 하므로 정렬 속도가 매우 느려지게 된다.

04 정답 ②

버블 정렬의 시간 복잡도가 최선인 경우는 데이터가 이미 정렬되어 있을 때이며 1회전만으로 알고리즘이 종료된다. 이때 i번째 원소는 $(n-1)$ 번 비교하므로 전체 비교 횟수는 $\dfrac{n(n-1)}{2}$ 이 된다.

$\dfrac{n(n-1)}{2}$ 이므로 $\dfrac{15(15-1)}{2} = \dfrac{15 \times 14}{2} = 105$ 이다.

05 정답 ①

먼저 레코드들을 배열에 순서대로 넣어 완전 이진 트리를 구성한 후 최대 히프가 되도록 히프를 재구성하면 된다.

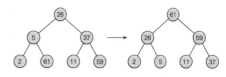

06 **정답** ④

피벗은 전체 데이터 중 첫 번째 데이터를 선택하거나 가운데 위치한 데이터를 선택할 수도 있다. 또는 마지막 데이터로 정하거나 별도의 수식을 사용하여 정하기도 한다.

07 **정답** ③

2-3-4 트리는 균형 트리에 해당하며 왼쪽과 오른쪽의 부분 트리 높이가 같은 트리이다. 2-3-4 트리에서 삽입과 삭제는 단말 노드에서 일어난다.

08 **정답** ②

흑적 트리는 이진 탐색 트리의 각각의 노드에 적색이나 흑색인 색상을 칠한 것이며 2-3-4 트리를 이진 탐색 트리 형태로 구현한 것이다.

09 **정답** ④

이진 탐색은 찾고자 하는 값을 대상 데이터 집합의 중간값과 비교하여 그 대상 범위를 축소시키면서 찾는 방법이다. 데이터가 정렬되어 있는 경우에 사용할 수 있으며 찾고자 하는 킷값을 먼저 가운데 있는 데이터와 비교한다. 이진 탐색은 탐색 효율이 좋고 데이터가 많을수록 효율적이다.

10 **정답** ②

직선적 알고리즘은 텍스트의 매 위치에서 패턴 일치가 발생하는지를 조사하는 방식이므로 n×m번의 비교를 수행해야 한다. 모든 위치에서 패턴을 비교해야 하므로 시간복잡도는 O(mn)이 된다.

11 **정답** ②

라빈-카프 알고리즘은 패턴 내의 문자들을 일일이 비교하는 대신에 패턴의 해시값과 본문 안에 있는 하위 문자열의 해시값만을 비교한다.

12 **정답** ②

임의의 기준점으로부터 각각의 다른 점까지의 각도를 구한 다음 오름차순으로 정렬한 후 기준점부터 정렬한 순서대로 이으면 단순 폐쇄 경로가 된다. 기준점이 다르면 생성된 단순 폐쇄 경로도 다르다. 여러 개의 점이 주어졌을 때 이를 꼭짓점으로 하면서 변이 서로 교차하지 않도록 하는 것을 단순 폐쇄 경로라고 한다.

13 **정답** ①

볼록 껍질(convex hull)은 2차원 좌표에서 어떤 점들의 집합으로 만든 다각형이며 다른 모든 점들을 포함하는 점들의 집합을 말한다.

14 **정답** ③

③번은 사이클을 형성하므로 트리가 될 수 없다.

15 **정답** ③

위상 정렬은 순서가 정해져 있는 어떤 작업을 차례로 수행해야 할 때 그 순서를 결정해주는 알고리즘이다. 1 → 3 → 4 다음에 5 정점 작업은 선행자 2를 작업하지 않았기 때문에 위상 정렬 순서에 맞지 않다. 위상 정렬은 비순환 방향 그래프인 DAG(Directed Acyclic Graph)인 경우에만 적용이 가능하다.

16 **정답** ①

인접 행렬로 표현된 방향 그래프에서 행의 합이 진출 차수이고 열의 합이 진입 차수이고 진입과 진출 차수의 합이 전체 차수가 된다. 그러므로 차수가 3인 노드는 D 노드(진입 2 + 진출 1) 1개이다. A 노드의 차수는 4이고, B 노드의 차수는 5이고, C 노드의 차수는 4이다.

17 **정답** ②

인접 리스트에서 표현된 간선을 보면 B → A, B → C, C → B임을 알 수 있다. 그러므로 답은 ②번이다.

18 **정답** ③

다항식 시간에 해결할 수 있는 문제를 P(Polynomial) 문제라고 한다. P에 속한 문제들은 쉬운 문제들이고, NP는 그와 반대로 어려운 문제를 의미한다.

19 **정답** ①

근사 알고리즘은 최적해에 아주 근사한 해를 찾아주는 근사 알고리즘이다. 어떤 문제에 대한 최적해를 구할 수 없을 경우 최적해 대신 근사해를 구하는 알고리즘이다.

20 **정답** ④

NP-완전 문제에는 클리크 판정 문제, 해밀토니언 사이클 문제, 0-1 배낭, 그래프 색칠하기, SAT, 분할, 통 채우기, 부분 집합의 합 등이 있다.

21 **정답** ①

PRAM 모델의 종류에는 CRCW(동시 읽기/동시 쓰기), CREW(동시 읽기/독점 쓰기), ERCW(독점 읽기/동시 쓰기), EREW(독점 읽기/독점 쓰기)가 있다.

22 **정답** ④

병렬 알고리즘의 효율성은 $\dfrac{S(n)}{p \times P(n)}$ 이므로 $\dfrac{12}{3 \times 5} = 0.8$이다.

23 **정답** ②

몬테카를로 알고리즘은 문제를 푸는 데 컴퓨터의 난수 발생기를 활용하여 해를 구하는 알고리즘이다. 라스베이거스 알고리즘은 항상 똑같은 정답이 도출되지만 난수 발생기에 의해 확률적으로 이루어지기 때문에 실행 시간이 오래 걸릴 확률이 조금이나마 존재하는 알고리즘이다.

24 **정답** ①

유전 알고리즘은 자연계의 생물 유전학에 기본 이론을 두며 병렬적이고 전역적인 탐색 알고리즘이다. 다윈의 적자생존을 기본 개념으로 한다. 유전 알고리즘은 풀고자 하는 문제에 대한 가능한 해들을 정해진 형태의 자료구조로 표현한 다음 이들을 점차적으로 변형함으로써 점점 더 좋은 해들을 만들어낸다.

주관식 해설

01 **정답** ㉠ 시간 복잡도
ⓛ O(빅-오)
ⓒ Ω(빅-오메가)
ⓔ Θ(빅-세타)
ⓜ 점근적 분석(asymptotic analysis)

해설 시간 복잡도는 알고리즘이 어떤 문제를 해결하는 데 걸리는 시간을 의미한다. 좋은 프로그램을 선별하는 기준 중 하나인 시간 복잡도는 알고리즘이 문제를 해결하는 데 얼마나 많은 시간을 필요로 하는지에 대한 것이다. 알고리즘의 복잡도를 분석하는 데 있어 입력이 충분히 큰 경우에 대한 분석을 점근적 분석(asymptotic analysis)이라고 한다. 점근적 분석은 각 알고리즘이 데이터의 크기에 따라 수행 시간이나 사용 공간이 얼마나 되는지를 객관적으로 비교할 수 있는 기준을 제시해준다. 시간 복잡도를 표기하는 표기법에는 O(빅-오), Ω(빅-오메가), Θ(빅-세타) 표기법이 있다.

02 정답 ㉠ 11
　　　㉡ 1
　　　㉢ 3
　　　㉣ 8
　　　㉤ $O(\log n)$

해설 이진 탐색은 찾고자 하는 값을 대상 데이터 집합의 중간값과 비교하여 그 대상 범위를 축소시키면서 찾는 방법이다. 먼저 중간에 위치한 데이터인 11과 찾고자 하는 15가 같은지를 비교한다. 15가 더 크므로 11의 오른쪽 데이터가 탐색 대상이 되고 왼쪽 데이터는 탐색 대상에서 제외된다. 따라서 1, 3, 8이 제외된다. 이진 탐색의 시간 복잡도는 $O(\log n)$이다.

03 정답 ㉠ 해싱
　　　㉡ O(1)
　　　㉢ mod

해설 라빈 카프(Rabin-Karp) 알고리즘은 해싱에 기반하며 문자열 검색을 위한 해시 함수를 이용해서 해시값만 비교해서 찾는 것이다. 즉, 패턴 내의 문자들을 일일이 비교하는 대신에 패턴의 해시값과 본문 안에 있는 하위 문자열의 해시값만을 비교한다. 해시는 일반적으로 긴 데이터를 그것이 상징하는 짧은 데이터로 바꾸어주는 기법이다. 따라서 단순 해시 알고리즘의 경우 시간 복잡도가 O(1)이 된다. 라빈-카프 알고리즘은 문자열을 숫자로 바꾸는 과정에서 숫자가 너무 커져서 오버 플로우가 발생하는 것을 피하기 위해 mod 연산을 사용한다.

04 정답 (1) 15
　　　(2) 105

해설 프림 알고리즘은 다음의 최소 비용 간선을 선택할 때 현재 트리에 있는 정점들과 연결된 간선 중에서 비용이 가장 작은 간선을 선택해 나간다. 따라서 정점 3을 시작하여 맨 처음 선택되는 간선의 가중치는 15이며 (2) 최종적으로 구해진 최소 비용 신장 트리의 총 비용은 105가 된다.

〈최소 비용 신장 트리〉

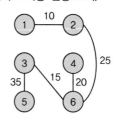

∴ 10 + 25 + 15 + 20 + 35 = 105

년도 학위취득종합시험 답안지(객관식)

★ 수험생은 수험번호와 응시과목 코드번호를 표기(마킹)한 후 일치여부를 반드시 확인할 것.

컴퓨터용 사인펜만 사용

전공분야

성명

※ 감독관 확인란

(인)

관리번호란

(연번)

(응시자수)

수험번호

(1)

4 | | | | - | | | |

(2)

답안지 작성시 유의사항

1. 답안지는 반드시 컴퓨터용 사인펜을 사용하여 다음 (보기)와 같이 표기할 것.
   (보기) 잘된 표기: ● 잘못된 표기: ⊘ ⊗ ● ◑ ◐ ○

2. 수험번호 (1)에는 아라비아 숫자로 쓰고, (2)에는 "●"와 같이 표기할 것.

3. 과목코드는 뒷면 "과목코드번호"를 보고 해당과목의 코드번호를 찾아 표기하고,
   응시과목란에는 응시과목명을 한글로 기재할 것.

4. 교시코드는 문제지 전면의 교시를 해당란에 "●"와 같이 표기할 것.

5. 한번 표기한 답은 긁거나 수정액 및 스티커 등 어떠한 방법으로도 고쳐서는
   아니되고, 고친 문항은 "0"점 처리됨.

과목코드

교시코드

응시과목

	응시과목			
1	①②③④	14	①②③④
2	①②③④	15	①②③④
3	①②③④	16	①②③④
4	①②③④	17	①②③④
5	①②③④	18	①②③④
6	①②③④	19	①②③④
7	①②③④	20	①②③④
8	①②③④	21	①②③④
9	①②③④	22	①②③④
10	①②③④	23	①②③④
11	①②③④	24	①②③④
12	①②③④		
13	①②③④		

과목코드

응시과목

	응시과목			
1	①②③④	14	①②③④
2	①②③④	15	①②③④
3	①②③④	16	①②③④
4	①②③④	17	①②③④
5	①②③④	18	①②③④
6	①②③④	19	①②③④
7	①②③④	20	①②③④
8	①②③④	21	①②③④
9	①②③④	22	①②③④
10	①②③④	23	①②③④
11	①②③④	24	①②③④
12	①②③④		
13	①②③④		

[이 답안지는 마킹연습용 모의답안지입니다.]

년도 학위취득
종합시험 답안지(주관식)

전공분야

성명

★ 수험생은 수험번호와 응시과목 코드번호를 표기(마킹)한 후 일치여부를 반드시 확인할 것.

과목코드

①	①	①	①
②	②	②	②
③	③	③	③
④	④	④	④
⑤	⑤	⑤	⑤
⑥	⑥	⑥	⑥
⑦	⑦	⑦	⑦
⑧	⑧	⑧	⑧
⑨	⑨	⑨	⑨
⓪	⓪	⓪	⓪

교시코드
① ② ③ ④

수험번호

응시과목 코드번호를 기재하고 표기할 것

번호 ※1차확인 ※2차확인 응시과목

1, 2, 3, 4, 5

1차 점수 / 1차 채점 / 2차 채점 / 2차 점수

⓪ ① ② ③ ④ ⑤ ⑥ ⑦ ⑧ ⑨ ⑩

답안지 작성시 유의사항

1. ※란은 표기하지 말 것.
2. 수험번호 (2)란, 과목코드, 교시코드 표기는 반드시 컴퓨터용 싸인펜으로 표기할 것
3. 교시코드는 문제지 전면 의 교시를 해당란에 컴퓨터용 싸인펜으로 표기할 것.
4. 답란은 반드시 흑·청색 볼펜 또는 만년필을 사용할 것.
   (연필 또는 적색 필기구 사용불가)
5. 답안을 수정할 때에는 두줄(=)을 긋고 수정할 것.
6. 답란이 부족하면 해당답란에 "뒷면기재"라고 쓰고
   뒷면 '추가답란'에 문제번호를 기재한 후 답안을 작성할 것.
7. 기타 유의사항은 객관식 답안지의 유의사항과 동일함.

※ 감독관 확인란

(인)

절취선

남도 학위취득종합시험 답안지(객관식)

★ 수험생은 수험번호와 응시과목 코드번호를 표기(마킹)한 후 일치여부를 반드시 확인할 것.

전공분야

성명

수험번호

(1) 4 - | - | - | - | - |

(2)

① ② ③ ●

| 과목코드 | 응시과목 |

교시코드
① ② ③

1 ① ② ③ ④ 14 ① ② ③ ④
2 ① ② ③ ④ 15 ① ② ③ ④
3 ① ② ③ ④ 16 ① ② ③ ④
4 ① ② ③ ④ 17 ① ② ③ ④
5 ① ② ③ ④ 18 ① ② ③ ④
6 ① ② ③ ④ 19 ① ② ③ ④
7 ① ② ③ ④ 20 ① ② ③ ④
8 ① ② ③ ④ 21 ① ② ③ ④
9 ① ② ③ ④ 22 ① ② ③ ④
10 ① ② ③ ④ 23 ① ② ③ ④
11 ① ② ③ ④ 24 ① ② ③ ④
12 ① ② ③ ④
13 ① ② ③ ④

답안지 작성시 유의사항

1. 답안지는 반드시 컴퓨터용 사인펜을 사용하여 다음 보기와 같이 표기할 것.
   보기 잘된 표기: ●
   잘못된 표기: ⊗ ⊙ ◐ ◑ ⊖

2. 수험번호 (1)에는 아라비아 숫자로 쓰고, (2)에는 " ● "와 같이 표기할 것.

3. 과목코드는 뒷면 "과목코드번호"를 보고 해당과목의 코드번호를 찾아 표기하고,

4. 응시과목란에는 응시과목명을 한글로 기재할 것.

5. 교시코드는 문제지 전면의 교시를 해당란에 " ● "와 같이 표기할 것.

※ 한번 표기한 답은 긁거나 수정액 및 스티커 등 어떠한 방법으로도 고쳐서는
안되며, 고친 문항은 "0"점 처리됨.

※ 감독관 확인란

(인)

관 리 번 호
(연번)

(응시자수)

[이 답안지는 마킹연습용 모의답안지입니다.]

| 과목코드 | 응시과목 |

1 ① ② ③ ④ 14 ① ② ③ ④
2 ① ② ③ ④ 15 ① ② ③ ④
3 ① ② ③ ④ 16 ① ② ③ ④
4 ① ② ③ ④ 17 ① ② ③ ④
5 ① ② ③ ④ 18 ① ② ③ ④
6 ① ② ③ ④ 19 ① ② ③ ④
7 ① ② ③ ④ 20 ① ② ③ ④
8 ① ② ③ ④ 21 ① ② ③ ④
9 ① ② ③ ④ 22 ① ② ③ ④
10 ① ② ③ ④ 23 ① ② ③ ④
11 ① ② ③ ④ 24 ① ② ③ ④
12 ① ② ③ ④
13 ① ② ③ ④

○○년도 학위취득 종합시험 답안지(주관식)

전공분야
성명

과목코드

① ② ③ ④ ⑤ ⑥ ⑦ ⑧ ⑨
① ② ③ ④ ⑤ ⑥ ⑦ ⑧ ⑨
① ② ③ ④ ⑤ ⑥ ⑦ ⑧ ⑨
① ② ③ ④ ⑤ ⑥ ⑦ ⑧ ⑨
① ② ③ ④ ⑤ ⑥ ⑦ ⑧ ⑨ ⓪

교시코드

① ② ③ ④

수험번호

(1) 4 - □□ - □□ -

(2)
① ② ③ ④ ⑤ ⑥ ⑦ ⑧ ⑨ ⓪

답안지 작성시 유의사항

1. ※란은 표기하지 말 것.
2. 수험번호 (2)란, 과목코드, 교시코드 표기는 반드시 컴퓨터용 싸인펜으로 표기할 것.
3. 교시코드는 문제지 전면 의 교시를 해당란에 컴퓨터용 싸인펜으로 표기할 것.
4. 답란은 반드시 흑·청색 볼펜 또는 만년필을 사용할 것.
   (연필 또는 적색 필기구 사용불가)
5. 답안을 수정할 때에는 두줄(=)을 긋고 수정할 것.
6. 답란이 부족하면 해당답란에 "뒷면기재"라고 쓰고 뒷면 '추가답란'에 문제번호를 기재한 후 답안을 작성할 것.
7. 기타 유의사항은 객관식 답안지의 유의사항과 동일함.

※ 감독관 확인란

(인)

★ 수험생은 수험번호와 응시과목 코드번호를 코드번호표 표기(마킹)한 후 일치여부를 반드시 확인할 것.

번호	※1차 점수	※1차 채점	※1차확인	응시과목	※2차확인	※2차 채점	※2차 점수
1	⓪① ② ③ ④ ⑤ ⑥ ⑦ ⑧ ⑨ ⑩						⓪① ② ③ ④ ⑤ ⑥ ⑦ ⑧ ⑨ ⑩
2	⓪① ② ③ ④ ⑤ ⑥ ⑦ ⑧ ⑨ ⑩						⓪① ② ③ ④ ⑤ ⑥ ⑦ ⑧ ⑨ ⑩
3	⓪① ② ③ ④ ⑤ ⑥ ⑦ ⑧ ⑨ ⑩						⓪① ② ③ ④ ⑤ ⑥ ⑦ ⑧ ⑨ ⑩
4	⓪① ② ③ ④ ⑤ ⑥ ⑦ ⑧ ⑨ ⑩						⓪① ② ③ ④ ⑤ ⑥ ⑦ ⑧ ⑨ ⑩
5	⓪① ② ③ ④ ⑤ ⑥ ⑦ ⑧ ⑨ ⑩						⓪① ② ③ ④ ⑤ ⑥ ⑦ ⑧ ⑨ ⑩

[이 답안지는 마킹연습용 모의답안지입니다.]

절취선

년도 학위취득
종합시험 답안지(주관식)

전공분야

성명

과목코드

교시코드 ① ② ③ ④

수험번호

(1) ④ — — —
(2)

번호	※1차 점수	※1차 채점	응시과목	※1차확인	※2차확인	※2차 채점	※2차 점수
1	⓪①②③④⑤⑥⑦⑧⑨⑩						⓪①②③④⑤⑥⑦⑧⑨⑩
2	⓪①②③④⑤⑥⑦⑧⑨⑩						⓪①②③④⑤⑥⑦⑧⑨⑩
3	⓪①②③④⑤⑥⑦⑧⑨⑩						⓪①②③④⑤⑥⑦⑧⑨⑩
4	⓪①②③④⑤⑥⑦⑧⑨⑩						⓪①②③④⑤⑥⑦⑧⑨⑩
5	⓪①②③④⑤⑥⑦⑧⑨⑩						⓪①②③④⑤⑥⑦⑧⑨⑩

답안지 작성시 유의사항

1. ※란은 표기하지 말 것.
2. 수험번호 (2)란, 과목코드, 교시코드 표기는 반드시 컴퓨터용 싸인펜으로 표기할 것
3. 교시코드는 문제지 전면 의 교시를 해당란에 컴퓨터용 싸인펜으로 표기할 것.
4. 답안은 반드시 흑·청색 볼펜 또는 만년필을 사용할 것. (연필 또는 적색 필기구 사용불가)
5. 답안을 수정할 때에는 두줄(=)을 긋고 수정할 것.
6. 답란이 부족하면 해당답란에 "뒷면기재"라고 쓰고 뒷면 추가답란에 문제번호를 기재한 후 답안을 작성할 것.
7. 기타 유의사항은 객관식 답안지의 유의사항과 동일함.

※ 감독관 확인란

(인)

참고문헌

1. 문병로, 『쉽게 배우는 알고리즘』, 한빛미디어.

2. 양성봉, 『알기 쉬운 알고리즘』, 생능출판사.

3. 김도형, 『Hello Coding 그림으로 개념을 이해하는 알고리즘』, 한빛미디어.

4. 박상현, 『뇌를 자극하는 알고리즘』, 한빛미디어.

5. 구종만, 『알고리즘 문제 해결 전략 세트』, 인사이트.

6. 주우석, 『C, C++로 배우는 자료구조론』, 한빛아카데미.

7. 이지영, 『자바로 배우는 쉬운 자료구조』, 한빛미디어.

8. 한치근, 『컴퓨팅 사고력』, 배움터.

9. 김대수, 『소프트웨어와 컴퓨팅 사고』, 생능출판사.

10. 김종훈, 『소프트웨어 세상을 여는 컴퓨터 과학』, 한빛아카데미.

여기서 멈출 거예요? 근지가 바로 눈앞에 있어요.
마지막 한 걸음까지 SD에듀가 함께할게요!

좋은 책을 만드는 길
독자님과 함께하겠습니다.

도서나 동영상에 궁금한 점, 아쉬운 점, 만족스러운 점이
있으시다면 어떤 의견이라도 말씀해 주세요.
SD에듀는 독자님의 의견을 모아 더 좋은 책으로 보답하겠습니다.

www.sdedu.co.kr

시대에듀 독학사 컴퓨터공학과 4단계 알고리즘

개정2판1쇄 발행	2022년 09월 07일 (인쇄 2022년 07월 22일)
초 판 발 행	2019년 10월 21일 (인쇄 2019년 08월 26일)
발 행 인	박영일
책 임 편 집	이해욱
편 저	류금한
편 집 진 행	송영진 · 양희정
표지디자인	박종우
편집디자인	차성미 · 박서희
발 행 처	(주)시대고시기획
출 판 등 록	제10-1521호
주 소	서울시 마포구 큰우물로 75 [도화동 538 성지 B/D] 9F
전 화	1600-3600
팩 스	02-701-8823
홈 페 이 지	www.sdedu.co.kr
I S B N	979-11-383-2784-8 (13000)
정 가	25,000원